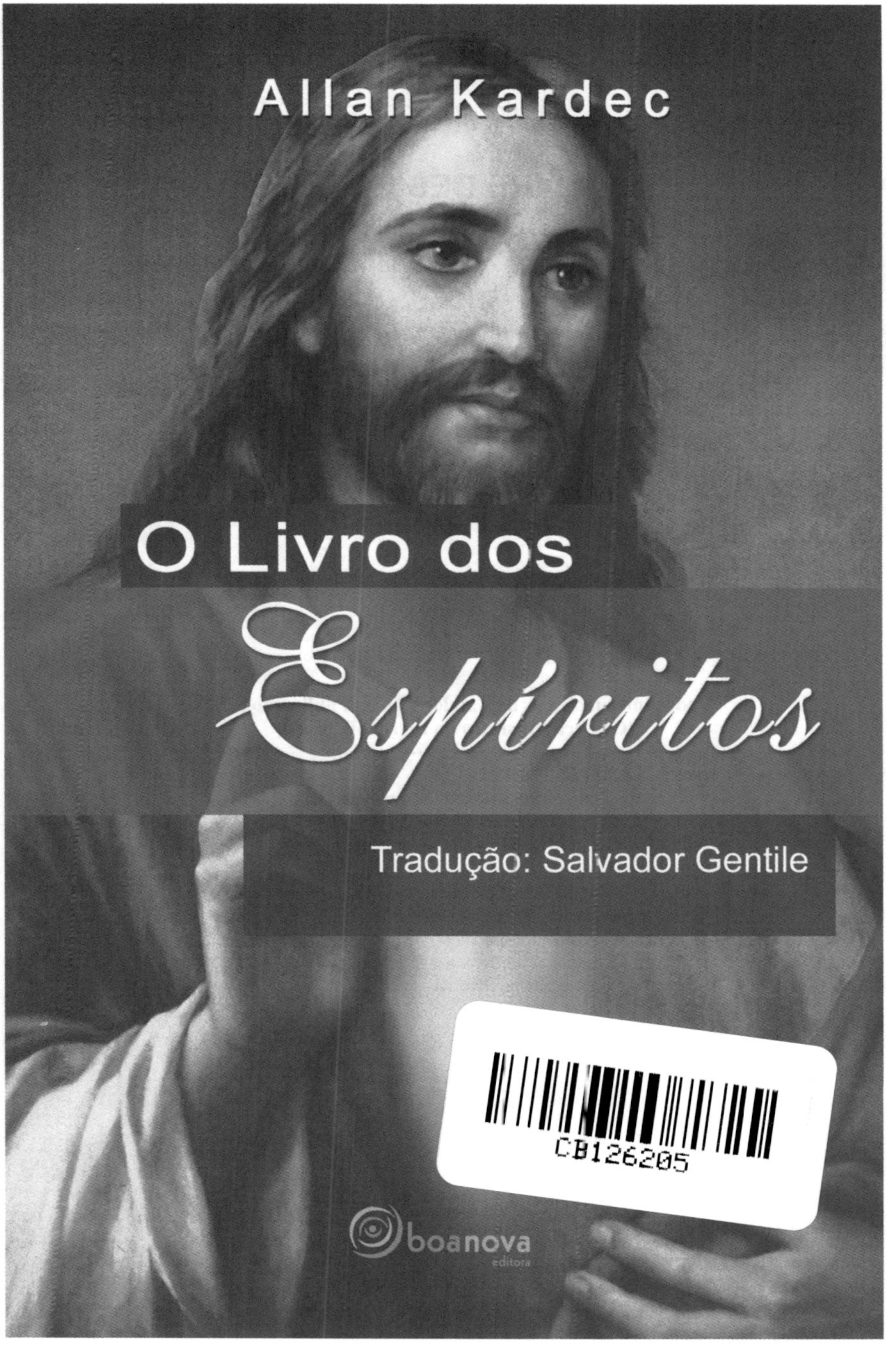
Allan Kardec
O Livro dos
Espíritos
Tradução: Salvador Gentile
boanova
editora

Título do original:

LE LIVRE DES ESPRITS
SECONDE EDITION
Entierement refondue et considerablement aumentée
1860

Dados Internacionais de Catalogação na Publicação (CIP)
(Câmara Brasileira do Livro, SP, Brasil)

Kardec, Allan, 1804-1869
O livro dos Espíritos / coletados e colocados em ordem por Allan Kardec ; [tradução Salvador Gentile]. -- Catanduva, SP : Boa Nova Editora, 2004.

Título original: Le livre des esprits
Acima do título: Filosofia espiritualista.
"Contendo os princípios da doutrina espírita...".
"Segundo o ensino dado pelos Espíritos superiores com a ajuda de diversos médiuns".

1. Espiritismo 2. Espiritismo - Filosofia
I. Título.

04-1322 CDD-133.901

Índices para catálogo sistemático:
1. Doutrina espírita 133.901
2. Espiritismo : Filosofia 133.901
3. Filosofia espírita 133.901

Impresso no Brasil/*Presita en Brazilo*

FILOSOFIA ESPIRITUALISTA

O livro dos Espíritos

contendo
OS PRINCÍPIOS DA DOUTRINA ESPÍRITA
sobre a imortalidade da alma, a natureza dos Espíritos e suas relações com os homens; as leis morais, a vida presente, a vida futura e o futuro da Humanidade. Segundo o ensino dado pelos Espíritos superiores com a ajuda de diversos médiuns.

coletados e colocados em ordem

por ALLAN KARDEC
Nova tradução e índice remissivo: Salvador Gentile

boanova editora

Instituto Beneficente Boa Nova
Entidade coligada à Sociedade Espírita Boa Nova
Av. Porto Ferreira, 1.031 | Parque Iracema
Catanduva/SP | CEP 15809-020
www.boanova.net | boanova@boanova.net
Fone: (17) 3531-4444

19ª edição
Do 235º ao 245º milheiro
10.000 exemplares
Outubro/2023

Capa e projeto gráfico
Juliana Mollinari

Diagramação
Juliana Mollinari

Tradução e revisão
Salvador Gentile

Assistente editorial
Ana Maria Rael Gambarini

Coordenação editorial
Ronaldo A. Sperdutti

Impressão
Gráfica Rettec

O produto da venda desta obra é
destinado à manutenção das
atividades assistenciais da Sociedade
Espírita Boa Nova, de Catanduva, SP.

1ª edição: Junho de 2004 - 10.000 exemplares

SUMÁRIO

Aviso sobre esta nova edição 9
Introdução ao estudo da Doutrina Espírita 11
Prolegômenos 45

Livro primeiro - As causas primeiras

1 - Deus 48
Deus e o infinito • Provas da existência de Deus • Atributos da divindade • Panteísmo

2 - Elementos gerais do universo 53
Conhecimento do princípio das coisas • Espírito e matéria • Propriedades da matéria • Espaço universal

3 - Criação 59
Formação dos mundos • Formação dos seres vivos • Povoamento da Terra. Adão • Diversidade das raças humanas • Pluralidade dos mundos • Considerações e concordâncias bíblicas referentes à criação

4 - Princípio Vital 67
Seres orgânicos e inorgânicos • A vida e a morte • Inteligência e instinto

Livro segundo - Mundo espírita ou dos Espíritos

1 - Dos Espíritos 72
Origem e natureza dos Espíritos • Mundo normal primitivo • Forma e ubiquidade dos Espíritos • Perispírito • Diferentes ordens de Espíritos • Escala espírita • Terceira ordem - Espíritos imperfeitos • Segunda ordem - Bons Espíritos • Primeira ordem - Espíritos puros • Progressão dos Espíritos • Anjos e demônios

2 - Encarnação dos Espíritos 90
Objetivo da encarnação • Da alma • Materialismo

3 - Retorno da vida corpórea à vida espiritual 97
A alma depois da morte • Separação da alma e do corpo • Perturbação espírita

4 - Pluralidade das existências 103
Da reencarnação • Justiça da reencarnação • Encarnação nos diferentes mundos • Transmigração progressiva • Destino das crianças depois da

morte • Sexos nos Espíritos • Parentesco, filiação • Semelhanças físicas e morais • Ideias inatas

5 - Considerações sobre a pluralidade das existências 120

6 - Vida espírita 129
Espíritos errantes • Mundos transitórios • Percepções, sensações e sofrimentos dos Espíritos • Ensaio teórico sobre a sensação nos Espíritos • Escolha das provas • Relações de além-túmulo • Relações simpáticas e antipáticas dos Espíritos. Metades eternas • Lembrança da existência corporal • Comemoração dos mortos. Funerais

7 - Retorno à vida corporal 160
Prelúdios do retorno • União da alma e do corpo • Faculdades morais e intelectuais • Influência do organismo • Idiotismo, loucura • Da infância • Simpatias e antipatias terrestres • Esquecimento do passado

8 - Emancipação da alma 179
O sono e os sonhos • Visitas espíritas entre pessoas vivas • Transmissão oculta do pensamento • Letargia, catalepsia e mortes aparentes • Sonambulismo • Êxtase • Segunda vista • Resumo teórico do sonambulismo, do êxtase e da segunda vista

9 - Intervenção dos Espíritos no mundo corporal 198
Penetração de nosso pensamento pelos Espíritos • Influência oculta dos Espíritos sobre os nossos pensamentos e sobre as nossas ações • Possessos • Convulsionários • Afeição dos Espíritos por certas pessoas • Anjos guardiães, Espíritos protetores, familiares ou simpáticos • Pressentimentos • Influência dos Espíritos sobre os acontecimentos da vida • Ação dos Espíritos sobre os fenômenos da natureza • Os Espíritos durante os combates • Dos pactos • Poder oculto. Talismãs. Feiticeiros • Bênçãos e maldições

10 - Ocupações e missões dos Espíritos 226

11 - Os três reinos 233
Os minerais e as plantas • Os animais e o homem • Metempsicose

Livro terceiro - As leis morais

1 - A lei divina ou natural 243
Caracteres da lei natural • Conhecimento da lei natural • O bem e o mal • Divisão da lei natural

2 - I. Lei de adoração 251
Objetivo da adoração • Adoração exterior • Vida contemplativa • Da prece • Politeísmo • Sacrifícios

3 - II. Lei do trabalho 260
Necessidade do trabalho • Limite do trabalho. Repouso

4 - III. Lei de reprodução 263
População do globo • Sucessão e aperfeiçoamento das raças • Obstáculos à reprodução • Casamento e celibato • Poligamia

5 - IV. Lei de conservação **267**
Instinto de conservação • Meios de conservação • Gozo dos bens terrestres • Necessário e supérfluo • Privações voluntárias. Mortificações

6 - V. Lei de destruição **274**
Destruição necessária e destruição abusiva • Flagelos destruidores • Guerras • Homicídio • Crueldade • Duelo • Pena de morte

7 - VI. Lei de sociedade **284**
Necessidade da vida social • Vida de isolamento. Voto de silêncio • Laços de família

8 - VII. Lei do progresso **287**
Estado natural • Marcha do progresso • Povos degenerados • Civilização • Progresso da legislação humana • Influência do espiritismo sobre o progresso

9 - VIII. Lei de igualdade **297**
Igualdade natural • Desigualdade de aptidões • Desigualdades sociais • Desigualdades das riquezas • Provas da riqueza e da miséria • Igualdade de direitos do homem e da mulher • Igualdade diante do túmulo

10 - IX. Lei de liberdade **303**
Liberdade natural • Escravidão • Liberdade de pensar • Liberdade de consciência • Livre-arbítrio • Fatalidade • Conhecimento do futuro • Resumo teórico da motivação das ações do homem

11 - X. Lei de justiça, de amor e de caridade **318**
Justiça e direitos naturais • Direito de propriedade. Roubo • Caridade e amor do próximo • Amor maternal e filial

12 - Perfeição moral **324**
As virtudes e os vícios • Das paixões • Do egoísmo • Caracteres do homem de bem • Conhecimento de si mesmo

Livro quarto - Esperanças e consolações

1 - Penas e gozos terrestres **336**
Felicidade e infelicidade relativas • Perda de pessoas amadas • Decepção. Ingratidão. Afeições destruídas. • Uniões antipáticas • Medo da morte • Desgosto da vida. Suicídio

2 - Penas e gozos futuros **350**
Nada. Vida futura • Intuição de penas e gozos futuros • Intervenção de Deus nas penas e recompensas • Natureza das penas e gozos futuros • Penas temporais • Expiação e arrependimento • Duração das penas futuras • Ressurreição da carne • Paraíso, inferno e purgatório

Conclusão **375**

Errata **389**

Índice Remissivo **390**

AVISO

SOBRE ESTA NOVA EDIÇÃO

Na primeira edição desta obra anunciamos uma parte suplementar. Ela deveria se compor de todas as questões que ali não puderam encontrar lugar, ou que as circunstâncias ulteriores e novos estudos deveriam fazer nascer; mas, como são relativas a algumas das partes já tratadas, das quais são o desenvolvimento, sua publicação isolada não teria apresentado nenhuma continuidade. Preferimos esperar a reimpressão do livro, para fundir o conjunto todo, e disso nos aproveitamos para dar, na distribuição das matérias, uma ordem muito mais metódica, ao mesmo tempo que suprimimos tudo o que tinha duplo emprego. Esta reimpressão pode, pois, ser considerada como uma obra nova, embora os princípios não tenham sofrido nenhuma mudança, há um número muito pequeno de exceções, que são antes complementos e esclarecimentos do que verdadeiras modificações. Essa conformidade nos princípios emitidos, apesar da diversidade das fontes onde as haurimos, é um fato importante para o estabelecimento da ciência espírita. Nossa correspondência nos acusa, ao contrário, que comunicações em todo ponto idênticas, se não pela forma pelo menos pelo fundo, foram obtidas em diferentes localidades, e isso antes mesmo da publicação do nosso livro, que as veio confirmar e lhes dar um corpo regular. A história, de seu lado, prova que a maioria desses princípios foram professados pelos homens mais eminentes dos tempos antigos e modernos, e vêm aqui trazer sua sanção.

O ensino relativo às manifestações, propriamente ditas, e aos médiuns, forma, de alguma sorte, uma parte distinta da filosofia e que pode ser o objeto de um estudo especial. Essa parte tendo recebido desenvolvimentos muito consideráveis, em consequência da experiência adquirida, acreditamos dever dela fazer um volume distinto, contendo as respostas dadas sobre todas as questões relativas às manifestações e aos médiuns, assim como numerosas notas sobre o Espiritismo prático; essa obra formará a continuação, ou o complemento de *O Livro dos Espíritos*.[1] [2]

---

[1] No prelo.

[2] Aviso de Allan Kardec - nota da editora.

INTRODUÇÃO AO ESTUDO DA DOUTRINA ESPÍRITA

I

Para as coisas novas se necessitam de palavras novas, assim o quer a clareza da linguagem para evitar a confusão inseparável do sentido múltiplo dos mesmos vocábulos. As palavras **espiritual, espiritualista, espiritualismo** têm uma acepção bem definida: dar-lhes uma nova para a aplicar à doutrina dos Espíritos seria multiplicar as causas já numerosas de anfibologia. Com efeito, o espiritualismo é o oposto do materialismo; quem crê haver em si outra coisa que a matéria, é espiritualista; mas não se segue daí que crê na existência dos Espíritos ou em suas comunicações com o mundo visível. Em lugar das palavras **espiritual, espiritualismo,** empregamos para designar esta última crença as de **espírita** e de **Espiritismo**, das quais a forma lembra a origem e o sentido radical, e que, por isso mesmo, têm a vantagem de ser perfeitamente inteligíveis, reservando à palavra espiritualismo a sua acepção própria. Diremos, pois, que a Doutrina Espírita ou o Espiritismo tem por princípios as relações do mundo material com os Espíritos ou seres do mundo invisível. Os adeptos do Espiritismo serão os **espíritas** ou, se o quiserem, os **espiritistas**.

Como especialidade, **O Livro dos Espíritos** contém a Doutrina Espírita; como generalidade, ele se prende à doutrina **espiritualista** da qual apresenta uma das fases. Tal é a razão porque traz no seu cabeçalho as palavras: **filosofia espiritualista.**

II

Há um outro termo sobre o qual importa igualmente se entender, porque é uma das chaves de abóboda de toda a doutrina moral, e que é o objeto de numerosas controvérsias, por falta de uma acepção bem determinada: é a palavra **alma**. A divergência de opiniões sobre a natureza da alma vem da aplicação particular que cada um faz dessa palavra. Uma língua perfeita, em que cada ideia teria sua representação por um termo próprio, evitaria muitas discussões; com uma palavra para cada coisa, todo o mundo se entenderia.

Segundo alguns, a alma é o princípio da vida material orgânica; ela não tem existência própria e cessa com a vida; é o materialismo puro. Nesse sentido, e por comparação, dizem de um instrumento rachado que não produz mais som: que ele não tem alma. Segundo essa opinião, a alma seria um efeito e não uma causa.

Outros pensam que a alma é o princípio da inteligência, agente universal do qual cada ser absorve uma porção. Segundo eles, não haveria, por todo o universo, senão uma só alma que distribui centelhas entre os diversos seres inteligentes durante a sua vida; depois da morte, cada centelha retorna à fonte comum onde se confunde no todo, como os riachos e os rios retornam ao mar de onde saíram. Esta opinião difere da precedente naquilo que, nesta hipótese, há em nós mais que a matéria e que resta alguma coisa depois da morte; mas é mais ou menos como se não restasse nada, uma vez que, não tendo mais individualidade, não teríamos mais consciência de nós mesmos. Nesta opinião, a alma universal seria Deus e cada ser uma porção da Divindade: é uma variedade do **panteísmo.**

Segundo outros, enfim, a alma é um ser moral, distinto, independente da matéria e que conserva sua individualidade depois da morte. Esta acepção é, sem contradita, a mais geral, porque, sob um nome ou sob outro, a ideia deste ser que sobrevive ao corpo se encontra no estado da crença instintiva, e independentemente de todo ensinamento, entre todos os povos, qualquer que seja o grau de sua civilização. Esta doutrina, segundo a qual a alma é a **causa e não o efeito,** é a dos **espiritualistas.**

Sem discutir o mérito dessas opiniões, e nelas não considerando senão o lado linguístico da coisa, diremos que essas três aplicações da palavra **alma** constituem três ideias distintas que reclamam, cada uma, um termo diferente. Essa palavra, pois, tem uma tríplice acepção, e cada um tem razão em seu ponto de vista, na definição que dá; o erro é a língua não ter senão uma palavra para três ideias. Para evitar todo equívoco, seria preciso restringir a acepção da palavra **alma** a uma dessas três ideias; a escolha é indiferente, tudo está em se entender, é um processo de convenção. Cremos mais lógico a tomar em sua acepção mais vulgar; por isso chamamos ALMA **ao ser imaterial e individual que reside em nós e sobrevive ao corpo.**

Ainda que esse ser não existisse e não fosse senão um produto da imaginação, seria preciso assim mesmo um termo para o designar.

Na falta de uma palavra especial para cada uma das duas outras, chamaremos:

Princípio vital, o princípio da vida material e orgânica, qualquer que lhe seja a fonte, e que é comum a todos os seres vivos, desde as plantas até o homem. A vida podendo existir, abstração feita da faculdade de pensar, o princípio vital é uma coisa distinta e independente. A palavra **vitalidade** não dá a mesma ideia. Para alguns, o princípio vital é uma propriedade da matéria, um efeito que se produz quando a matéria se encontra em certas circunstâncias dadas. Segundo outros, e é a ideia mais comum, ele reside num fluido especial, universalmente espalhado, e do qual cada ser absorve e assimila uma parte durante a vida, como vemos os corpos inertes absorverem a luz. Esse seria, então, o **fluido vital** que, segundo certas opiniões, não seria outro que o fluido elétrico animalizado, designado também sob os nomes de fluido magnético, fluido nervoso, etc.

Seja como for, há um fato que não se poderia contestar, por que é resultado da observação, e é que os seres orgânicos têm em si uma força íntima que produz o fenômeno da vida, tanto que essa força existe; que a vida material é comum a todos os seres orgânicos e que ela é independente da inteligência e do pensamento; que a inteligência e o pensamento são faculdades próprias de certas espécies orgânicas; enfim que, entre as espécies orgânicas dotadas de inteligência e de pensamento, há uma dotada de um senso moral especial que lhe dá uma incontestável superioridade sobre as outras e que é a espécie humana.

Concebe-se que, com um significado múltiplo, a alma não exclui nem o materialismo, nem o panteísmo. O próprio espiritualista pode muito bem entender a alma segundo uma ou outra das duas primeiras definições, sem prejuízo do ser imaterial distinto ao qual, então, ele dará um nome qualquer. Assim, essa palavra não representa uma opinião: é um Proteu que cada um acomoda à sua maneira; daí a fonte de tantas disputas intermináveis.

Evitar-se-ia igualmente a confusão, servindo-se da palavra alma nos três casos, juntando-lhe um qualificativo que especificasse o ponto de vista sob o qual a consideramos ou a aplicação que dela se faz. Seria, então, uma palavra genérica, representando ao mesmo tempo o princípio da vida material, da inteligência e do senso moral, e que se distinguiria por um atributo, como o gás, por exemplo, que se distingue lhe juntando as palavras **hidrogênio, oxigênio** ou **azoto**. Poder-se-ia então dizer, e talvez fosse o melhor, **a alma vital** para o princípio da vida material, **a alma intelectual** para o princípio da inteligência e **a alma espírita** para o princípio da nossa individualidade depois da morte. Como se vê, tudo isso é uma questão de palavras, mas uma questão muito importante para se entender. Segundo isso, **a alma vital** seria comum a todos os seres orgânicos: plantas, animais e homens; **a alma intelectual** seria a própria dos animais e homens, e **a alma espírita** pertenceria somente ao homem.

Acreditamos dever insistir tanto mais sobre essas explicações quanto a Doutrina Espírita repousa naturalmente sobre a existência em nós de um ser independente da matéria e sobrevivente ao corpo. A palavra **alma**, devendo aparecer frequentemente no curso desta obra, importava ser fixada no sentido que lhe atribuímos, a fim de evitar todo equívoco.

Vamos, agora, ao objeto principal desta instrução preliminar.

III

A Doutrina Espírita, como toda coisa nova, tem seus adeptos e seus contraditores. Vamos tentar responder a algumas das objeções destes últimos, examinando o valor dos motivos sobre os quais eles se apóiam, sem ter, todavia, a pretensão de convencer todo o mundo, porque há pessoas que creem ter a luz sido feita só para elas. Dirigimo-nos às pessoas de boa fé sem ideias preconcebidas ou mesmo intransigentes, mas sinceramente desejosas de se instruir, e lhes demonstraremos que a maioria das objeções que se opõem à doutrina provêm de uma observação incompleta dos fatos e de um julgamento feito com muita irreflexão e precipitação.

Lembraremos primeiro, em poucas palavras, a série progressiva dos fenômenos que deram nascimento a esta doutrina.

O primeiro fato observado foi o de objetos diversos colocados em movimento; designaram-no vulgarmente sob o nome de **mesas girantes** ou **dança das mesas**. Esse fenômeno, que parecia ter sido observado primeiro na América, ou antes, que se renovou nesse continente, porque a história prova que ele remonta à mais alta antiguidade, produziu-se acompanhado de circunstâncias estranhas, tais como ruídos insólitos, pancadas sem causa ostensiva conhecida. De lá, ele se propagou rapidamente pela Europa e outras partes do mundo. A princípio levantaram muita incredulidade, mas a multiplicidade das experiências logo não mais permitiu que se duvidasse da realidade.

Se esse fenômeno tivesse sido limitado ao movimento dos objetos materiais, poderia se explicar por uma causa puramente física. Estamos longe de conhecer todos os agentes ocultos da Natureza, e todas as propriedades daqueles que conhecemos: a eletricidade, aliás, multiplica cada dia ao infinito os recursos que proporciona ao homem, e parece dever iluminar a Ciência com uma nova luz. Não haveria, pois, nada de impossível em que a eletricidade, modificada por certas circunstâncias, ou outro agente desconhecido, fosse a causa desse movimento. A reunião de várias pessoas, aumentando a força de ação, parecia apoiar essa teoria, porque se poderia considerar esse conjunto como uma pilha múltipla cuja força está na razão do número de elementos.

O movimento circular não tinha nada de extraordinário. Está na Natureza. Todos os astros se movem circularmente. Poderíamos, pois, ter em ponto pequeno um reflexo do movimento geral do universo, ou, melhor dizendo, uma causa até então desconhecida poderia produzir, acidentalmente, com pequenos objetos e em dadas circunstâncias, uma corrente análoga à que arrasta os mundos.

Mas o movimento não era sempre circular. Frequentemente, era brusco, desordenado, o objeto violentamente sacudido, tombado, levado numa direção qualquer, e, contrariamente a todas as leis da estática, levantado da terra e mantido no espaço. Nada ainda, nesses fatos, que não se possa explicar pela força de um agente físico invisível. Não vemos a eletricidade derrubar os edifícios, destruir as árvores, lançar ao longe os corpos mais pesados, atraí-los ou repeli-los?

Os ruídos insólitos, as pancadas, supondo que não fossem um dos efeitos comuns da dilatação da madeira, ou de outra causa acidental, poderiam, ainda, muito bem ser produzidos pela acumulação do fluido oculto: a eletricidade não produz os mais violentos ruídos?

Até aí, como se vê, tudo pode entrar no domínio dos fatos puramente físicos e fisiológicos. Sem sair desse círculo de ideias, havia aí matéria de estudos sérias e dignos de fixar a atenção dos sábios. Por que assim não ocorreu? É penoso dizê-lo, mas isso se prende a causas que provam entre mil fatos semelhantes, a leviandade do Espírito humano. Primeiro, a vulgaridade do objeto principal que serviu de base às primeiras experimentações a isso não foi estranha. Que influência uma palavra, frequentemente, não tem tido sobre as coisas mais sérias? Sem considerar que o movimento poderia ser imprimido a um objeto qualquer, a ideia das mesas prevaleceu, sem dúvida, porque esse era o objeto mais cômodo e se assenta mais naturalmente ao redor de uma mesa que ao redor de outro móvel. Ora, os homens superiores são, algumas vezes, tão pueris que não seria nada impossível que certos Espíritos de elite tenham acreditado abaixo deles se ocupar daquilo que se tinha convencionado chamar a **dança das mesas**. É mesmo provável que, se o fenômeno observado por Galvani o tivesse sido por homens vulgares e ficasse caracterizado por um nome burlesco, estaria ainda relegado ao lado da varinha mágica.

Qual é, com efeito, o sábio que não teria acreditado transigir em se ocupando da **dança das rãs**?

Entretanto, alguns, bastante modestos para convir que a Natureza poderia bem não ter dito sua última palavra para eles, quiseram ver, para descarga de sua consciência; mas ocorreu que o fenômeno não respondeu sempre à sua espera, e porque não se produziu constantemente à sua vontade, e segundo seu método de experimentação, concluíram pela negativa.

Malgrado sua sentença, as mesas, pois há mesas, elas continuam a girar, e podemos dizer com Galileu: e, contudo, elas se movem!

Diremos mais: "é que os fatos se multiplicaram de tal forma que têm hoje direito de cidadania, que não se trata mais senão de lhes encontrar uma explicação racional". Pode-se induzir alguma coisa contra a realidade do fenômeno por não se produzir de maneira sempre idêntica, segundo a vontade e as exigências do observador?

Porque os fenômenos de eletricidade e de química não estão subordinados a certas condições, deve-se os negar porque não se produzem fora dessas condições? Portanto, não há nada de espantoso que o fenômeno do movimento dos objetos pelo fluido humano tenha também suas condições de ser e cesse de se produzir quando o observador, colocando-se em seu ponto de vista, pretende fazê-lo caminhar ao sabor de seu capricho ou o sujeitar às leis dos fenômenos conhecidos, sem considerar que, para fatos novos, pode e deve ter leis novas? Ora, para conhecer essas leis, é preciso estudar as circunstâncias nas quais esses fatos se produzem, e esse estudo não pode ser senão o fruto de uma observação firme, atenta e, frequentemente, durável.

Mas, objetam certas pessoas, com frequência há fraude evidente.

Mas lhes perguntaremos primeiro se elas estão bem certas de que havia fraude, e se não tomaram por tais os efeitos dos quais elas não entendiam, mais ou menos como o camponês que tomou um sábio professor de física, fazendo experiências, por um destro escamoteador.

Supondo mesmo que isso tenha podido ocorrer algumas vezes, seria uma razão para negar o fato? É preciso negar a física porque há prestidigitadores que se intitulam físicos? É preciso, aliás, ter em conta o caráter das pessoas e do interesse que elas poderiam ter em enganar. Isso seria, pois, um gracejo? Pode-se bem divertir um instante, mas um gracejo indefinidamente prolongado seria tão fastidioso para o mistificador como para o mistificado. De resto, numa mistificação que se propaga de um extremo ao outro do mundo, e entre pessoas das mais sérias, das mais honoráveis e das mais esclarecidas, haveria alguma coisa ao menos tão extraordinária quanto o próprio fenômeno?

IV

Se os fenômenos que nos ocupam fossem limitados ao movimento dos objetos, teriam ficado, como o dissemos, no domínio das ciências físicas; mas não foi assim: era-lhes dado nos colocar sobre o caminho de fatos de uma ordem estranha. Acreditou-se descobrir, não sabemos por qual iniciativa, que o impulso dado aos objetos não era somente o produto de uma força mecânica cega, mas que havia, nesse movimento, a intervenção de uma causa inteligente. Este caminho, uma vez aberto, era um campo todo novo de observações; era o véu levantado sobre muitos mistérios. Há nisso, com efeito, uma força inteligente? Tal é a questão. Se essa força existe, qual é ela, qual a sua natureza, a sua origem? Está acima da Humanidade? Tais são as outras perguntas que decorrem da primeira.

As primeiras manifestações inteligentes ocorreram por meio de mesas se levantando e batendo, com um pé, um número determinado de pancadas e respondendo, desse modo, por **sim** e por **não**, segundo a convenção, a uma questão posta. Até aqui, nada que convencesse seguramente os céticos, porque se poderia crer num efeito do acaso. Obtiveram-se depois respostas mais desenvolvidas por meio das letras do alfabeto: o objeto móvel, batendo um número de pancadas correspondente ao número de ordem de cada letra, chegava assim a formular palavras e frases que respondiam às questões propostas. A precisão das respostas, sua correlação com a pergunta, aumentaram o espanto. O ser misterioso, que assim respondia, interrogado sobre a sua natureza, declarou que era um Espírito ou **gênio**, deu-se um nome e forneceu diversas informações a seu respeito. Há aqui uma circunstância muito importante a notar. Ninguém imaginou os Espíritos como um meio de explicar os fenômenos; foi o próprio fenômeno que revelou a palavra. Frequentemente, fazem-se nas ciências exatas hipóteses para ter uma base de raciocínio; ora, isso não ocorreu neste caso.

O meio de correspondência era demorado e incômodo. O Espírito, e isto é ainda uma circunstância digna de nota, indicou um outro. É um desses seres invisíveis que dá o conselho de adaptar um lápis a um cesto ou a um outro objeto. Esse cesto, pousado sobre uma folha de papel, se pôs em movimento pela mesma força oculta que faz mover as mesas; mas em lugar de um simples movimento regular, o lápis traça, por ele mesmo, caracteres formando palavras, frases e discursos inteiros de várias páginas, tratando das mais altas questões de filosofia, de moral, de metafísica, de psicologia, etc., e isto com tanta rapidez como se o fosse escrito com a mão.

Esse conselho foi dado simultaneamente na América, na França e em diversos países. Eis os termos pelos quais ele foi dado em Paris, a 10 de junho de 1853, a um dos mais ardentes adeptos da doutrina que, já há vários anos, desde 1849, ocupava-se com a evocação dos Espíritos: "Vá pegar, no quarto ao lado, o pequeno cesto; prenda nele um lápis; coloque-o sobre um papel; coloque os dedos sobre a borda". Alguns instantes depois, o cesto se pôs em movimento e o lápis escreveu, muito visivelmente, esta frase: "O que vos digo aqui, eu vos proíbo expressamente de o dizer a alguém: a primeira vez que escrever, escreverei melhor".

O objeto ao qual se adapta o lápis, não sendo senão um instrumento, sua natureza e sua forma são completamente indiferentes. Procurou-se sua mais cômoda disposição; é assim que, muitas pessoas, fazem uso de uma pequena prancheta.

O cesto, ou a prancheta, não pode ser posto em movimento senão sob a influência de certas pessoas dotadas, a esse respeito, de uma força especial e que são designadas com o nome de **médiuns,** quer dizer, meios, ou intermediários entre os Espíritos e os homens. As condições que dão essa força especial se prendem a causas ao mesmo tempo físicas e morais, ainda imperfeitamente conhecidas, porque são encontrados médiuns de todas as idades, de ambos os sexos e em todos os graus de desenvolvimento intelectual. Essa faculdade, de resto, desenvolve-se pelo exercício.

V

Mais tarde se reconheceu que o cesto e a prancheta, na realidade, não formavam senão um apêndice da mão, e o médium, tomando diretamente o lápis, se pôs a escrever por um impulso involuntário e quase febril. Por esse meio, as comunicações se tornaram mais rápidas, mais fáceis e mais completas; é hoje o mais difundido, tanto mais que o número de pessoas dotadas dessa aptidão é muito considerável e se multiplica todos os dias. A experiência, enfim, fez conhecer várias outras variedades na faculdade medianímica, e se soube que as comunicações poderiam igualmente ter lugar pela palavra, pelo ouvido, pela vista, pelo tato, etc. e mesmo pela escrita direta dos Espíritos, quer dizer, sem o concurso da mão do médium, nem do lápis.

Obtido o fato, um ponto essencial ficava a constatar: o papel do médium nas respostas e a parte que ele pode nelas tomar, mecânica e moralmente. Duas circunstâncias capitais, que não poderiam escapar a um observador atento, podem resolver a questão. A primeira é a maneira pela qual o cesto se move sob sua influência, pela só imposição dos dedos sobre a borda; o exame demonstra a impossibilidade de uma direção qualquer. Essa impossibilidade se torna sobretudo patente quando duas ou três pessoas se colocam, ao mesmo tempo, no mesmo cesto; seria preciso entre elas uma concordância de movimentos verdadeiramente fenomenal; precisaria mais, concordância de pensamentos para que pudessem se entender sobre a resposta a dar para a questão proposta. Um outro fato, não menos singular, vem ainda se juntar à dificuldade, é a mudança radical da escrita segundo o Espírito que se manifesta, e, cada vez que o mesmo Espírito retorna, sua escrita se reproduz. Seria preciso, pois, que o médium se aplicasse a mudar sua própria caligrafia de vinte maneiras diferentes e, sobretudo, que ele pudesse se lembrar da que pertence a tal ou tal Espírito.

A segunda circunstância resulta da própria natureza das respostas que estão, na maioria das vezes, sobretudo quando se trata de questões abstratas ou científicas, notoriamente fora dos conhecimentos e, algumas vezes, da capacidade intelectual do médium, que, de resto, comumente, não tem consciência do que se escreve sob sua influência; que, muito frequentemente mesmo, não entende ou não compreende a questão proposta, uma vez que pode ser numa língua que lhe é estranha, ou mesmo mentalmente, e que a resposta pode ser dada nessa língua. Acontece, frequentemente, enfim, que o cesto escreve espontaneamente sem questão prévia, sobre um assunto qualquer e inteiramente inesperado.

Essas respostas, em certos casos, têm uma tal marca de sabedoria, de profundidade e de oportunidade; revelam pensamentos tão elevados, tão sublimes, que não poderiam emanar senão de uma inteligência superior, marcada pela mais pura moralidade: outras vezes são tão levianas, tão frívolas, tão triviais mesmo, que a razão se recusa a crer que possam proceder da mesma fonte.

Essa diversidade de linguagens não pode se explicar senão pela diversidade de inteligências que se manifestam. Essas inteligências estão na Humanidade ou fora da Humanidade? Tal é o ponto a esclarecer e do qual se encontrará explicação completa nesta obra, tal como foi dada pelos próprios Espíritos.

Eis aqui, pois, efeitos patentes que se produzem fora do círculo habitual de nossas observações, que não se passam com mistério, mas à luz do dia, que todo o mundo pode ver e constatar, que não são o privilégio de um único indivíduo, mas que milhares de pessoas repetem todos os dias, à vontade. Esses efeitos têm, necessariamente, uma causa, e do momento que eles revelam a ação de uma inteligência e de uma vontade, saem do domínio puramente físico. Várias teorias foram emitidas a esse respeito. Examiná-las-emos logo, e veremos se elas podem fornecer a razão de todos os fatos que se produzem. Admitamos, até lá, a existência de seres distintos da Humanidade, uma vez que tal é a explicação fornecida pelas inteligências que se revelam, e vejamos o que nos dizem.

VI

Os próprios seres que se comunicam se designam, como o dissemos, sob o nome de Espíritos ou de gênios, e como tendo pertencido, pelo menos alguns, a homens que viveram sobre a Terra. Constituem o mundo espiritual, como nós constituímos, durante a nossa vida, o mundo corporal.

Resumimos aqui, em poucas palavras, os pontos mais importantes da doutrina que eles nos transmitiram, a fim de responder mais facilmente a certas objeções.

"Deus é eterno, imutável, imaterial, único, todo-poderoso, soberanamente justo e bom.

Criou o Universo que compreende todos os seres animados e inanimados, materiais e imateriais.

Os seres materiais constituem o mundo visível ou corporal e os seres imateriais o mundo invisível ou espírita, quer dizer, dos Espíritos.

O mundo espírita é o mundo normal, primitivo, eterno, preexistente e sobrevivente a tudo.

O mundo corporal não é senão secundário; poderia cessar de existir, ou não ter jamais existido, sem alterar a essência do mundo espírita.

Os Espíritos revestem, temporariamente, um envoltório material perecível, cuja destruição, pela morte, torna-os livres.

Entre as diferentes espécies de seres corpóreos, Deus escolheu a espécie humana para a encarnação dos Espíritos chegados a um certo grau de desenvolvimento, o que lhe dá a superioridade moral e intelectual sobre as outras.

A alma é um Espírito encarnado, cujo corpo não é senão um envoltório.

Há no homem três coisas: 1º) o corpo ou ser material análogo aos dos animais e animado pelo mesmo princípio vital; 2º) a alma ou ser imaterial, Espírito encarnado no corpo; 3º) o laço que une a alma ao corpo, princípio intermediário entre a matéria e o Espírito.

O homem tem assim duas naturezas: por seu corpo, participa da natureza dos animais, dos quais tem o instinto; por sua alma, participa da natureza dos Espíritos.

O laço, ou **perispírito**, *que une o corpo e o Espírito é uma espécie de envoltório semimaterial. A morte é a destruição do envoltório mais grosseiro, o Espírito conserva o segundo, que constitui para ele um corpo etéreo, invisível para nós no estado normal, mas que pode, acidentalmente, tornar-se visível e mesmo tangível, como ocorre no fenômeno das aparições.*

O Espírito não é assim um ser abstrato, indefinido, que só o pensamento pode conceber; é um ser real, circunscrito, que, em certos casos, é apreciado pelos sentidos da **visão, audição** *e* **tato.**

Os Espíritos pertencem a diferentes classes e não são iguais nem em força, nem em inteligência, nem em saber, nem em moralidade.

Os da primeira ordem são os Espíritos superiores, que se distinguem dos outros pela sua perfeição, seus conhecimentos, sua aproximação de Deus, a pureza de seus sentimentos e seu amor ao bem; são os anjos ou Espíritos puros. As outras classes se distanciam cada vez mais dessa perfeição; os das classes inferiores são inclinados à maioria das nossas paixões: o ódio, a inveja, o ciúme, o orgulho, etc.; eles se comprazem no mal. Entre eles há os que não são nem muito bons nem muito maus, mais trapalhões e importunos que maus, a malícia e as inconsequências parecem ser sua diversão: são os Espíritos estouvados ou levianos.

Os Espíritos não pertencem perpetuamente à mesma ordem. Todos progridem, passando por diferentes graus da hierarquia espírita. Esse progresso tem lugar pela encarnação, que é imposta a uns como expiação e a outros como missão. A vida material é uma prova que devem suportar por várias vezes, até que hajam alcançado a perfeição absoluta. É uma espécie de exame severo ou depurador, de onde eles saem mais ou menos purificados.

Deixando o corpo, a alma reentra no mundo dos Espíritos, de onde havia saído, para retomar uma nova existência material, depois de um lapso de tempo mais ou menos longo, durante o qual permanece no estado de Espírito errante.

O Espírito, devendo passar por várias encarnações, disso resulta que todos tivemos várias existências e que teremos ainda outras, mais ou menos aperfeiçoadas, seja sobre a Terra, seja em outros mundos.

A encarnação dos Espíritos ocorre sempre na espécie humana: seria um erro acreditar que a alma ou Espírito possa se encarnar no corpo de um animal.[1]

As diferentes existências corporais do Espírito são sempre progressivas e jamais retrógradas; mas a rapidez do progresso depende dos esforços que fazemos para atingir a perfeição.

As qualidades da alma são as do Espírito que está encarnado em nós; assim, o homem de bem é a encarnação do bom Espírito, e o homem perverso a de um Espírito impuro.

A alma tinha sua individualidade antes da sua encarnação e a conserva depois da sua separação do corpo.

Na sua reentrada no mundo dos Espíritos, a alma aí reencontra todos aqueles que conheceu sobre a Terra, e todas as suas existências anteriores se retratam em sua memória com a lembrança de todo o bem e de todo o mal que fez.

O Espírito encarnado está sob a influência da matéria; o homem que supera essa influência pela elevação e depuração de sua alma, aproxima-se dos bons Espíritos com os quais estará um dia. Aquele que se deixa dominar pelas más paixões e coloca toda a sua alegria na satisfação dos apetites grosseiros, aproxima-se dos Espíritos impuros, dando preponderância à natureza animal.

Os Espíritos encarnados habitam os diferentes globos do Universo.

Os Espíritos não encarnados ou errantes não ocupam uma região determinada e circunscrita; estão por toda a parte, no espaço e ao nosso lado, nos vendo e nos acotovelando sem cessar; é toda uma população invisível que se agita em torno de nós.

Os Espíritos exercem, sobre o mundo moral e mesmo sobre o mundo físico, uma ação incessante. Agem sobre a matéria e sobre o pensamento, e constituem uma das forças da Natureza, causa eficiente de uma multidão de fenômenos, até agora inexplicados, ou mal explicados, e que não encontram uma solução racional senão no Espiritismo.

As relações dos Espíritos com os homens são constantes. Os bons Espíritos nos solicitam para o bem, nos sustentam nas provas

---

[1] Há entre esta doutrina da encarnação e a da metempsicose, tal como a admitem certas seitas, uma diferença característica que é explicada na sequência da obra.

da vida e nos ajudam a suportá-las com coragem e resignação; os maus nos solicitam ao mal: é para eles uma alegria nos ver sucumbir e nos assemelharmos a eles.

As comunicações dos Espíritos com os homens são ocultas ou ostensivas. As ocultas ocorrem pela influência, boa ou má, que eles exercem sobre nós com o nosso desconhecimento; cabe ao nosso julgamento discernir as boas e más inspirações. As comunicações ostensivas ocorrem por meio da escrita, da palavra, ou outras manifestações materiais, e mais frequentemente por intermédio dos médiuns que lhes servem de instrumento.

Os Espíritos se manifestam espontaneamente ou por evocação. Podem-se evocar todos os Espíritos: aqueles que animaram homens obscuros, como aqueles de personagens mais ilustres, qualquer que seja a época na qual tenham vivido; os de nossos parentes, de nossos amigos ou de nossos inimigos, e com isso obter, por comunicações escritas ou verbais, conselhos, informações sobre a sua situação no além-túmulo, sobre seus pensamentos a nosso respeito, assim como as revelações que lhes são permitidas nos fazer.

Os Espíritos são atraídos em razão de sua simpatia pela natureza moral do meio que os evoca. Os Espíritos superiores se alegram nas reuniões sérias onde dominem o amor ao bem e o desejo sincero de se instruir e se melhorar. Sua presença afasta os Espíritos inferiores que aí encontram, ao contrário, um livre acesso e podem agir com toda liberdade entre as pessoas frívolas ou guiadas só pela curiosidade, e por toda parte onde se encontrem os maus instintos. Longe de deles se obter bons conselhos ou ensinamentos úteis, não se deve esperar senão futilidades, mentiras, maus gracejos ou mistificações, porque eles tomam emprestado, frequentemente, nomes venerados para melhor induzir ao erro.

A distinção dos bons e dos maus Espíritos é extremamente fácil. A linguagem dos Espíritos superiores é constantemente digna, nobre, marcada pela mais alta moralidade, livre de toda paixão inferior; seus conselhos exaltam a mais pura sabedoria, e têm sempre por objetivo nosso progresso e o bem da Humanidade. A dos Espíritos inferiores, ao contrário, é inconsequente, frequentemente trivial e mesmo grosseira; dizem por vezes coisas boas e verdadeiras, mais frequentemente, dizem coisas falsas e absurdas, por malícia ou por ignorância; eles se divertem com a credulidade e se distraem às custas daqueles que os interrogam, adulando a sua vaidade, embalando seus desejos com falsas esperanças. Em resumo, as comunicações sérias, na total acepção da palavra, não ocorrem senão nos centros sérios, naqueles cujos membros estão unidos por uma comunhão de pensamentos para o bem.

A moral dos Espíritos superiores se resume, como a do Cristo, nesta máxima evangélica: "Agir para com os outros como quereríamos que os outros agissem para conosco"; quer dizer, fazer o bem e não fazer o mal. O homem encontra neste princípio a regra universal de conduta para as suas menores ações.

Eles nos ensinam que o egoísmo, o orgulho, a sensualidade, são paixões que nos aproximam da natureza animal e nos prendem à matéria; que o homem que, desde este mundo, se desliga da matéria pelo desprezo das futilidades mundanas, e pelo amor ao próximo, aproxima-se da natureza espiritual; que cada um de nós deve se tornar útil segundo suas faculdades e os meios que Deus colocou entre suas mãos para o provar; que o Forte e o Poderoso devem apoio e proteção ao Fraco, porque aquele que abusa de sua força e do seu poder, para oprimir seu semelhante, viola a lei de Deus. Ensinam, enfim, que, no mundo dos Espíritos, nada podendo ser oculto, o hipócrita será desmascarado e todas as suas torpezas descobertas; que a presença inevitável, e de todos os instantes, daqueles para com os quais agimos mal, é um dos castigos que nos estão reservados; que ao estado de inferioridade e de superioridade dos Espíritos são fixados penas e gozos que nos são desconhecidos sobre a Terra.

Mas eles nos ensinaram também que não há faltas irremissíveis, e que não possam ser apagadas pela expiação. O homem encontra o meio, nas diferentes existências, que lhe permite avançar, segundo seu desejo e seus esforços, na senda do progresso e na direção da perfeição que é seu objetivo final."

Tal é o resumo da Doutrina Espírita, como resulta do ensino dado pelos Espíritos superiores. Vejamos agora as objeções que se lhe opõem.

VII

Para muitas pessoas, a oposição dos cientistas se não é uma prova, é pelo menos uma forte presunção contrária. Não somos daqueles que se levantam contra os sábios, porque não queremos que digam que os insultamos; temo-los, ao contrário, em grande estima, e seríamos muito honrados de estar entre eles. Mas sua opinião não poderia ser, em todas as circunstâncias, um julgamento irrevogável.

Desde que a ciência sai da observação material dos fatos, e trata de apreciar e de explicar esses fatos, o campo está aberto às conjecturas. Cada um traz seu pequeno sistema, que quer fazer prevalecer, e o sustenta com obstinação. Não vemos todos os dias as opiniões mais divergentes alternativamente preconizadas e rejeitadas, logo repelidas como erros absurdos, depois proclamadas como verdades incontestáveis? Os fatos, eis o verdadeiro critério dos nossos julgamentos, o argumento sem réplica. Na ausência de fatos, a dúvida é a opinião do sábio.

Para as coisas notórias, a opinião dos sábios faz fé a justo título, porque eles sabem mais e melhor que o vulgo; mas em fatos de princípios novos, de coisas desconhecidas, sua maneira de ver não é sempre senão hipotética, porque não são mais que os outros isentos de preconceitos. Eu diria mesmo que o sábio, talvez, tem mais preconceito do que um outro, porque uma propensão natural o leva a tudo subordinar ao ponto de vista que ele aprofundou: o matemático não vê prova senão numa demonstração algébrica, o químico relaciona tudo com a ação dos elementos, etc. Todo homem que faz uma especialidade, a ela subordina todas as suas ideias; tirai-o de lá e, frequentemente, ele desarrazoa, porque quer submeter tudo ao mesmo crivo: é uma consequência da fraqueza humana. Consultarei, pois, voluntariamente e com toda a confiança, um químico sobre uma questão de análise, um físico sobre a força elétrica, um mecânico sobre uma força motriz; mas eles me permitirão, sem que isso prejudique o apreço de seu saber especial, de não ter na mesma conta a sua opinião negativa em fatos do Espiritismo, não mais que do julgamento de um arquiteto sobre uma questão de música.

As ciências vulgares repousam sobre as propriedades da matéria que se pode experimentar e manipular à vontade; os fenômenos espíritas repousam sobre a ação de inteligências que têm a sua própria vontade e nos provam, a cada instante, que elas não estão à disposição dos nossos caprichos. As observações, portanto, não podem ser feitas da mesma maneira; elas requerem condições especiais e um outro ponto de partida; querer submetê-las aos nossos processos ordinários de investigação, é estabelecer analogias que não existem. A ciência, propriamente dita, como ciência, portanto, é incompetente para se pronunciar na questão do Espiritismo: não tem que se ocupar com isso e seu julgamento, qualquer que seja, favorável ou não, não poderia ter nenhuma importância. O Espiritismo é o resultado de uma convicção pessoal que os sábios podem ter como indivíduos, abstração feita de sua qualidade de sábios; mas querer deferir a questão à ciência, equivaleria a decidir a existência da alma por uma assembleia de físicos ou de astrônomos. Com efeito, o Espiritismo está inteiramente baseado na existência da alma e seu estado depois da morte. Ora, é soberanamente ilógico pensar que um homem deve ser um grande psicólogo porque é um grande matemático, ou um grande anatomista. O anatomista, dissecando o corpo humano, procura a alma, e porque não a encontra sob o seu escalpelo, como nele encontra um nervo, ou porque não a vê fugir como um gás, conclui daí que ela não existe, porque ele se coloca em ponto de vista exclusivamente material; segue-se que ele tenha razão contra a opinião universal? Não. Vede, pois, que o Espiritismo não é da alçada da ciência. Quando as crenças espíritas forem vulgarizadas, quando forem aceitas pelas massas, e, a julgar pela rapidez com que elas se propagam, esse tempo não estaria muito longe, ocorrerá com ela o que ocorre com todas as ideias novas que encontraram oposição: os sábios se renderão à evidência. Eles a atingirão individualmente pela força das coisas. Até lá, é intempestivo desviá-los dos seus trabalhos especiais, para constrangê-los a se ocuparem de uma coisa estranha, que não está nem nas suas atribuições, nem em seu programa. À espera disso, aqueles que, sem um estudo prévio e aprofundado da matéria, se pronunciam pela negativa e zombam de quem não tem sua opinião, esquecem que o mesmo ocorreu na maioria das grandes descobertas que honram a Humanidade. Eles se expõem a ver seus nomes aumentarem a lista dos ilustres proscritores das ideias novas, e inscrito ao lado dos membros da douta assembleia que, em 1752, acolheram com uma imensa explosão de riso o relatório de Franklin sobre os pára-raios, julgando-o indigno de figurar entre as comunicações que lhe eram endereçadas; e desse outro que ocasionou perder a França o benefício da iniciativa da marinha a vapor, declarando o sistema de Fulton um sonho impraticável; e, no entanto, eram questões de sua alçada. Se, pois, essas assembleias que contavam em seu seio com a elite dos sábios do mundo, não tiveram senão o escárnio e o sarcasmo por ideias que não compreendiam, e que alguns anos mais tarde deveriam revolucionar a ciência, os costumes e a indústria, como esperar que uma questão estranha aos seus trabalhos obtenha mais favor?

Esses erros de alguns, lamentáveis por sua memória, não poderiam lhes tirar os títulos que, por outras coisas, adquiriram à nossa estima. Mas é necessário um diploma oficial para ter bom senso e não se contam fora das poltronas acadêmicas senão tolos e imbecis? Que se queira lançar os olhos sobre os adeptos da Doutrina Espírita e se verá se nela não se encontram senão ignorantes, e se o número imenso de homens de mérito que a abraçaram permite se a relegue ao nível das crenças vulgares. Seu caráter e seu saber valem bem o que se disse: uma vez que eles afirmam, é preciso ao menos que haja alguma coisa.

Repetimos ainda que se os fatos que nos ocupam se encerrassem no movimento mecânico dos corpos, a procura da causa física desse fenômeno entraria no domínio da ciência; mas, desde que se trata de uma manifestação fora das leis da Humanidade, ela escapa da competência da ciência material, porque ela não pode se exprimir nem por algarismos nem pela força mecânica. Quando surge um fato novo, que não compete a nenhuma ciência conhecida, o sábio, para o estudar, deve fazer abstração de sua ciência e se dizer que é para ele um estudo novo, que não se pode fazer com ideias preconcebidas.

O homem que considera a sua razão infalível está bem perto do erro; mesmo os que têm as ideias mais falsas se apóiam sobre a sua razão e é em virtude disso que rejeitam tudo o que lhes parece impossível. Os que outrora repeliram as admiráveis descobertas de que a Humanidade se honra, faziam todo apelo a esse julgamento para rejeitá-las.

Ao que se chama razão, frequentemente, não é senão orgulho disfarçado, e quem quer que se creia infalível se coloca como igual a Deus. Dirigimo-nos, pois, àqueles que são bastante sábios para duvidar daquilo que não viram, e que, julgando o futuro pelo passado, não creiam que o homem tenha alcançado seu apogeu, nem que a Natureza tenha virado para ele a última página de seu livro.

VIII

Acrescentemos que o estudo de uma doutrina, tal como a Doutrina Espírita, que nos lança de repente numa ordem de coisas tão novas e tão grandes, não pode ser feito com resultado senão por homens sérios, perseverantes, isentos de prevenções e animados de uma firme e sincera vontade de chegar a um resultado. Não poderíamos dar essa qualificação àqueles que julgam, **a priori**, levianamente e sem ter visto tudo; que não dão aos seus estudos nem a continuidade, nem a regularidade, nem o recolhimento necessários; saberíamos menos ainda dá-la a certas pessoas que, para não faltar à sua reputação de pessoas de Espírito, empenham-se em procurar um lado burlesco nas coisas mais verdadeiras, ou julgadas tais, por pessoas cujo saber, caráter e convicções dão direito ao respeito de quem se vanglorie de educação. Portanto, aqueles que não julgam os fatos dignos deles e da sua atenção, que se abstenham;

ninguém sonha violentar suas crenças, mas que queiram, pois, respeitar a dos outros.

O que caracteriza um estudo sério é a continuidade que se lhe dá. Deve-se admirar de não se obter, frequentemente, nenhuma resposta sensata a questões, graves por si mesmas, quando são feitas ao acaso e à queima-roupa, no meio de uma multidão de questões extravagantes? Uma questão aliás, frequentemente, é complexa e exige, para ser esclarecida, questões preliminares ou complementares. Quem quer adquirir uma ciência deve dela fazer um estudo metódico, começar pelo começo e seguir o encadeamento e o desenvolvimento das ideias. Aquele que dirigisse por acaso, a um sábio, uma pergunta sobre uma ciência da qual não sabe a primeira palavra, estará mais avançado? O próprio sábio poderia, com a maior boa vontade, dar-lhe uma resposta satisfatória? Essa resposta isolada será forçosamente incompleta e, frequentemente, por isso mesmo, ininteligível, ou poderá parecer absurda e contraditória. Ocorre exatamente o mesmo nas relações que estabelecemos com os Espíritos. Se quisermos nos instruir em sua escola, devemos fazer com eles um curso; mas, como entre nós, é preciso escolher os professores e trabalhar com assiduidade.

Dissemos que os Espíritos superiores não vêm senão em reuniões sérias e naquelas onde, sobretudo, reine uma perfeita comunhão de pensamentos e de sentimentos para o bem. A leviandade e as questões ociosas os afastam, como entre os homens distanciam as pessoas razoáveis; o campo, então, fica livre à turba de Espíritos mentirosos e frívolos, sempre à espreita de ocasiões para zombar e se divertir às nossas custas. Em que se torna, numa tal reunião, uma questão séria? Ali será respondida: mas por quem? É como se, no meio de um bando de alegres folgazões fôssemos lançar estas perguntas: o que é a alma? O que é a morte? E outras coisas também recreativas. Se quereis respostas sérias, sede sérios vós mesmos em toda a acepção da palavra, e colocai-vos em todas condições necessárias: só então obtereis grandes coisas. Sede mais laboriosos e perseverantes em vossos estudos, sem isso os Espíritos superiores vos abandonam, como faz um professor com os alunos negligentes.

IX

O movimento dos objetos é um fato firmado; a questão é saber se, nesse movimento, há, ou não, uma manifestação inteligente e, em caso afirmativo, qual é a fonte dessa manifestação.

Não falamos do movimento inteligente de certos objetos, nem das comunicações verbais, nem mesmo daquelas que são escritas diretamente pelo médium; esse gênero de manifestação, evidente para aqueles que viram e aprofundaram a coisa, não é, à primeira vista, bastante independente da vontade para assentar a observação de um observador novato. Não falaremos, pois, senão da escrita obtida com a ajuda de um objeto qualquer munido de um lápis, tal como o cesto, a prancheta, etc.. A maneira pela qual os dedos do médium pousam sobre o objeto desafia, como o dissemos, a destreza mais completa de poder participar, em que o seja, no traçado dos caracteres. Mas admitamos, ainda que por uma agilidade maravilhosa ele possa enganar o olhar mais perscrutador; como explicar a natureza das respostas, quando elas estão fora de todas as ideias e de todos os conhecimentos do médium? E que se queira notar que não se trata de respostas monossilábicas mas, frequentemente, de várias páginas escritas com a mais espantosa rapidez, seja espontaneamente, seja sobre um assunto determinado; sob a mão do médium, mais estranho à literatura, nascem, algumas vezes, poesias de uma sublimidade e de uma pureza irrepreensíveis, e que não renegariam os melhores poetas humanos; o que se adita, ainda, à estranheza desses fatos, é que eles se produzem por toda parte e que os médiuns se multiplicam ao infinito. São esses fatos reais ou não? Para isso não temos senão uma coisa a responder: vede e observai, as ocasiões não vos faltarão, mas, sobretudo, observai com frequência, por longo tempo, e segundo as condições necessárias.

Diante da evidência, que respondem os antagonistas? Sois, dizem eles, vítimas do charlatanismo ou o joguete de uma ilusão. Diremos primeiro que é preciso afastar a palavra charlatanismo de onde não há proveito; os charlatães não fazem seu trabalho de graça. Seria, pois, tudo no mais uma mistificação. Mas, por que estranha coincidência, esses mistificadores se teriam entendido dum extremo ao outro do mundo para agir da mesma maneira, produzir os mesmos efeitos e dar sobre os mesmos assuntos e em línguas diversas, respostas idênticas, senão quanto às palavras, ao menos quanto ao sentido? Como pessoas graves, sérias, honradas, instruídas se prestariam a semelhantes manobras e com que fim? Como se encontrar entre as crianças a paciência e a habilidade necessárias? Porque se os médiuns não são instrumentos passivos lhes é preciso uma habilidade e conhecimentos incompatíveis com certa idade e certas posições sociais.

Então, acrescentam que, se não há fraude, os dois lados podem ser vítimas de uma ilusão. Em boa lógica, a qualidade dos testemunhos tem um certo peso; ora, está aqui o caso de se perguntar se a Doutrina Espírita, que conta hoje seus adeptos aos milhares, não os recruta senão entre os ignorantes? Os fenômenos sobre os quais ela se apóia são tão extraordinários que concebemos a dúvida; mas, o que não se poderia admitir é a pretensão de certos incrédulos ao monopólio do bom senso, e que, sem respeito pelas conveniências ou o valor moral de seus adversários, taxam, sem cerimônia, de inaptos todos aqueles que não têm a sua opinião. Aos olhos de toda pessoa judiciosa, a opinião das pessoas esclarecidas que por muito tempo viram, estudaram e meditaram uma coisa, será sempre senão uma prova, ao menos uma presunção em seu favor, uma vez que pode fixar a atenção de homens sérios que não têm nenhum interesse em propagar um erro, nem tempo a perder com futilidades.

X

Entre as objeções, há as mais sutis, pelo menos na aparência, porque tiradas da observação e feitas por pessoas sérias.

Uma das objeções é tirada da linguagem de certos Espíritos que não parece digna da elevação que se supõe aos seres sobrenaturais. Se se quer se referir ao resumo da doutrina que apresentamos acima, ali se verá que os próprios Espíritos nos ensinam que eles não são iguais, nem em conhecimentos, nem em qualidades morais, e que não se deve tomar ao pé da letra tudo o que eles dizem. Cabe às pessoas sensatas distinguir o bom do mau. Seguramente, aqueles que tiram desse fato a consequência de que nós não temos contato senão com seres malfazejos, cuja única ocupação é a de nos mistificarem, não têm conhecimento das comunicações que ocorrem nas reuniões onde não se manifestam senão Espíritos superiores; de outro modo não pensariam assim. É deplorável que o acaso os tenha servido tão mal, por não lhes mostrar senão o lado mau do mundo espírita, porque queremos supor que uma tendência simpática atrai para eles os maus Espíritos, antes que os bons, os Espíritos mentirosos ou aqueles cuja linguagem é revoltante de grosseria. Poder-se-ia, no máximo, disso concluir que a solidez dos seus princípios não é tão potente para afastar o mal, e que, encontrando um certo prazer em satisfazer a sua curiosidade a esse respeito, os maus Espíritos disso aproveitam para se introduzir entre eles, enquanto os bons se afastam.

Julgar a questão dos Espíritos sobre esses fatos seria tão pouco lógico quanto julgar o caráter de um povo pelo que se diz, e se faz, numa assembleia de alguns estouvados ou de gente de má fama, à qual não frequentam nem os sábios, nem as pessoas sensatas. Essas pessoas se encontram na situação de um estranho que, chegando a uma grande capital pelo mais feio subúrbio, julgasse todos os habitantes pelos costumes e pela linguagem desse bairro ínfimo. No mundo dos Espíritos há, também, uma boa sociedade e uma sociedade má; que essas pessoas estudem bem o que se passa entre os Espíritos de elite, e elas ficarão convencidas de que a cidade celeste encerra outra coisa além do refugo do povo. Mas, dizem, os Espíritos de elite vêm entre nós? A isso respondemos: Não ficai no subúrbio; vede, observai e julgareis; os fatos aí estão para todo o mundo; a menos que não seja a elas que se apliquem estas palavras de Jesus: **Têm olhos e não veem, ouvidos e não ouvem**.

Uma variante dessa opinião consiste na de não ver, nas comunicações espíritas, em todos os fatos materiais a que elas dão lugar, senão a intervenção de uma força diabólica, novo Proteu que revestiria todas as formas para melhor nos enganar. Não a cremos suscetível de um exame sério, por isso nela não nos deteremos; ela se encontra refutada por aquilo que acabamos de dizer, aditaremos somente que, se assim fosse, seria preciso convir que o diabo, algumas vezes, é bem sábio, bem razoável e, sobretudo, bem moral, ou que há também bons diabos.

Como crer, com efeito, que Deus não permite senão ao Espírito do mal de se manifestar para nos perder, sem nos dar, por contrapeso, os conselhos dos bons Espíritos? Se ele não o pode, não tem poder; se pode e não o faz, isso é incompatível com a sua bondade; uma e a outra suposição seria uma blasfêmia. Notai que admitir a comunicação dos maus Espíritos é reconhecer o princípio das manifestações; ora, do momento que elas existem, isso não pode ser senão com a permissão de Deus; como crer, sem impiedade, que ele não permite senão o mal com exclusão do bem? Uma tal doutrina é contrária às mais simples noções do bom senso e da religião.

XI

Uma coisa bizarra, acrescentam, é que não se fala senão com Espíritos de personagens conhecidos, e se pergunta por que só eles se manifestam. É um erro proveniente, como muitos outros, de uma observação superficial. Entre os Espíritos que vêm espontaneamente, há mais desconhecidos para nós do que ilustres, que se designam por um nome qualquer e, frequentemente, por um nome alegórico ou característico. Quanto àqueles que se evocam, a menos que não seja um parente ou amigo, é bastante natural que se dirija àqueles que se conhece do que àqueles que não se conhece. O nome de personagens ilustres impressiona mais e é por isso que são mais notados.

Acham singular, ainda, que os Espíritos de homens eminentes venham familiarmente ao nosso apelo e se ocupem, algumas vezes, de coisas insignificantes em comparação com as que realizaram durante a sua vida. Isso não tem nada de espantoso para aqueles que sabem que a força ou a consideração da qual esses homens gozaram neste mundo não lhes dá nenhuma supremacia no mundo dos Espíritos; os Espíritos confirmam nisso estas palavras do Evangelho: "Os grandes serão rebaixados e os pequenos elevados", o que se deve entender como a posição que cada um de nós ocupará entre eles. É assim que, aquele que foi o primeiro sobre a Terra, pode lá se achar um dos últimos; aquele diante do qual curvamos a cabeça durante sua vida pode, pois, vir entre nós como o mais humilde operário, porque, deixando a vida, ele deixou toda a sua grandeza, e o mais poderoso monarca pode ser que esteja abaixo do último dos seus soldados.

XII

Um fato demonstrado pela observação e confirmado pelos próprios Espíritos, é que os Espíritos inferiores tomam emprestado, frequentemente, nomes conhecidos e reverenciados. Quem, pois, pode nos assegurar que aqueles que dizem ter sido, por exemplo, Sócrates, Júlio César, Carlos Magno, Fénelon, Napoleão, Washington, etc., tenham realmente animado esses personagens? Essa dúvida existe entre certos adeptos muito fervorosos da Doutrina Espírita; eles admitem a intervenção e a manifestação dos Espíritos, mas se perguntam qual o controle que se pode ter de sua identidade. Esse controle é, com efeito, bastante difícil de se estabelecer; se ele não o pode ser de maneira tão autêntica quanto por um ato de estado civil, pode-o ao menos por presunção, depois de certos indícios.

Quando o Espírito de qualquer um que nos é pessoalmente conhecido se manifesta, um parente ou um amigo, por exemplo, sobretudo se morreu há pouco tempo, ocorre, em geral, que sua linguagem está em relação perfeita com o caráter que lhe conhecemos; é já um indício de identidade. Mas a dúvida não é quase mais permitida quando esse Espírito fala de coisas íntimas, lembra de circunstâncias de família que não são conhecidas senão do interlocutor. Um filho não se equivocaria, seguramente, com a linguagem de seu pai e de sua mãe, nem os pais sobre a dos seus filhos. Passam-se, algumas vezes, nessas espécies de evocações íntimas, coisas surpreendentes, de natureza a convencer o mais incrédulo. O cético mais endurecido, frequentemente, fica assombrado com as revelações inesperadas que lhe são feitas.

Uma outra circunstância, muito característica, vem em apoio da identidade.

Dissemos que a escrita do médium muda geralmente com o Espírito evocado, e que essa escrita se reproduz exatamente a mesma cada vez que o mesmo Espírito se apresenta; têm-se constatado muitas vezes que, sobretudo para as pessoas mortas há pouco tempo, essa escrita tem uma semelhança marcante com a da pessoa em sua vida; têm-se visto assinaturas de uma exatidão perfeita. Estamos, de resto, longe de dar esse fato como uma regra e, sobretudo, como constante; mencionamo-lo como uma coisa digna de nota.

Só os Espíritos que atingiram um certo grau de depuração estão libertos de toda influência corporal; mas, quando não estão completamente desmaterializados (é a expressão da qual se servem), eles conservam a maioria das ideias, das tendências e mesmo das manias que tinham sobre a Terra, e é ainda esse um meio de reconhecimento; mas ele se encontra sobretudo numa multidão de fatos, de detalhes, que só podem ser revelados por uma observação atenta e firme. Veem-se escritores discutir suas próprias obras ou suas doutrinas, aprová-las ou condenarem certas partes; outros Espíritos lembrarem circunstâncias ignoradas ou pouco conhecidas de sua vida, ou de sua morte, coisas, enfim, que são todas ao menos provas morais de identidade, as únicas que se podem invocar tratando-se de coisas abstratas.

Se, pois, a identidade do Espírito evocado pode ser, até certo ponto, estabelecida em alguns casos, não há razão para que não o seja em outros, e se não há, para as pessoas cuja morte é mais antiga, os mesmos meios de controle, se tem sempre o da linguagem e do caráter; porque, seguramente, o Espírito de um homem de bem não falará como o de um homem perverso ou de um debochado. Quanto aos Espíritos que se enfeitam com nomes respeitáveis, eles se traem logo pela sua linguagem e suas máximas; aquele que se dissesse Fénelon, por exemplo, e que ofendesse, não fosse senão acidentalmente, o bom senso e a moral, mostraria, por isso, a fraude. Se, ao contrário, os pensamentos que ele exprime são sempre puros, sem contradição e constantemente à altura do caráter de Fénelon, não há motivos para duvidar da sua identidade; de outro modo seria preciso supor que um Espírito que não prega senão o bem, pode conscientemente empregar a mentira, e isto sem utilidade. A experiência nos ensina que os Espíritos do mesmo grau, do mesmo caráter, e animados dos mesmos sentimentos, reúnem-se em grupos e em famílias; ora, o número de Espíritos é incalculável e estamos longe de conhecer a todos; a maioria não tem mesmo nome para nós.

Um Espírito da categoria de Fénelon pode, pois, vir em seu lugar, frequentemente, mesmo enviado por ele como mandatário; ele se apresenta sob o seu nome, porque lhe é idêntico e pode o substituir e porque nos é preciso um nome para fixar as ideias. Mas que importa, em definitivo, que um Espírito seja realmente, ou não, o de Fénelon? Do momento em que ele não diz senão coisas boas e que fala como o teria dito o próprio Fénelon, é um bom Espírito; o nome sob o qual se faz conhecer é indiferente e, frequentemente, não é senão um meio de fixar nossas ideias. Não seria o mesmo nas evocações íntimas; mas aí, como o dissemos, a identidade pode ser estabelecida por provas de alguma forma patentes.

De resto, é certo que a substituição dos Espíritos pode dar lugar a uma multidão de enganos, e que isso pode resultar em erros e, frequentemente, em mistificações; é essa uma dificuldade do **Espiritismo prático**; mas não dissemos jamais que esta ciência era uma coisa fácil nem que se a podia aprender brincando, não mais que nenhuma outra ciência. Não será demasiado repetir: ela exige um estudo assíduo e, frequentemente, muito longo; não podendo provocar os fatos, é preciso esperar que eles se apresentem e, no geral, eles são conduzidos por circunstâncias das quais nem ao menos se sonha. Para o observador atento e paciente, os fatos se produzem em quantidade, porque ele descobre milhares de nuanças características que são, para ele, rasgos de luz. Assim o é nas ciências vulgares; enquanto que o homem superficial não vê numa flor senão uma forma elegante, o sábio nela descobre tesouros pelo pensamento.

XIII

As observações acima nos levam a dizer algumas palavras de uma outra dificuldade: a da divergência que existe na linguagem dos Espíritos.

Os Espíritos sendo muito diferentes, uns dos outros, sob ponto de vista dos conhecimentos e da moralidade, é evidente que a mesma pergunta pode ser resolvida num sentido oposto, segundo a posição que eles ocupam, absolutamente como se ela fosse colocada, entre os homens, alternativamente a um sábio, a um ignorante ou a um mau gracejador. O ponto essencial, já o dissemos, é saber a quem é dirigida.

Mas, acrescenta-se, como ocorre que os Espíritos, reconhecidos por seres superiores, não estejam sempre de acordo? Diremos, primeiro, que independentemente da causa que acabamos de assinalar, há outras que podem exercer uma certa influência sobre a natureza das respostas, abstração feita da qualidade dos Espíritos. Este é um ponto capital, cujo estudo dará a explicação; por isso, dizemos que esses estudos requerem uma atenção firme, uma observação profunda e sobretudo, como de resto em todas as ciências humanas, continuidade e perseverança. São necessários anos para fazer um médico medíocre e os três quartos da vida para fazer um sábio, e se quer, em algumas horas, adquirir a ciência do Infinito. Portanto, não nos enganemos: o estudo do Espiritismo é imenso, toca em todas as questões da metafísica e da ordem social, e é todo um mundo que se abre diante de nós. Deve-se espantar que é preciso de tempo, e muito tempo, para o adquirir?

A contradição, aliás, não é sempre tão real como pode parecer. Não vemos, todos os dias, homens que professam a mesma ciência, variar na definição que dão de uma coisa, seja porque empregam termos diferentes, seja porque a examinam sob um outro ponto de vista, ainda que a ideia fundamental seja sempre a mesma? Que se conte, se possível o número de definições que deram da gramática. Acrescentemos, ainda, que a forma da resposta depende, frequentemente, da forma da pergunta. Haveria, pois, puerilidade em procurar uma contradição onde não há, o mais frequentemente, senão uma diferença de palavras. Os Espíritos superiores não se prendem de modo algum à forma; para eles o fundo do pensamento é tudo.

Tomemos, por exemplo, a definição da alma. Esta palavra não tendo acepção fixa, os Espíritos podem, pois, assim como nós, diferir na definição que dela dão; um poderá dizer que ela é o princípio da vida, outro chamá-la centelha anímica, um terceiro dizer que ela é interna, um quarto que ela é externa, etc., e todos terão razão do seu ponto de vista. Poder-se-ia mesmo crer que, dentre eles, alguns professam teorias materialistas e, todavia, não ser assim. Ocorre o mesmo com relação a Deus; ele será: o princípio de todas as coisas, o Criador do Universo, a soberana inteligência, o Infinito, o grande Espírito, etc., etc., e, em definitivo, será sempre Deus. Citamos, enfim, a classificação dos Espíritos. Eles formam uma sequência ininterrupta desde o grau inferior ao grau superior; a classificação é, pois, arbitrária: um poderá lhe dar três classes, outro cinco, dez ou vinte, à vontade, sem estar, por isso, em erro. Todas as ciências humanas, a esse respeito, nos oferecem o exemplo: cada sábio tem seu sistema; os sistemas mudam, mas a ciência não muda. Que se aprenda a botânica pelo sistema de Linneu, de Jussieu, ou de Tournefort, e ela será sempre a botânica. Cessemos, pois, de dar às coisas de pura convenção mais importância do que merecem, para nos prender àquilo que é verdadeiramente sério e, frequentemente, a reflexão fará descobrir, naquilo que parece o mais discordante, uma semelhança que havia escapado a um primeiro exame.

XIV

Passaríamos ligeiramente sobre a objeção de certos céticos a respeito das falhas de ortografia cometidas por alguns Espíritos, se ela não devesse dar lugar a uma observação essencial. Sua ortografia, é preciso dizê-lo, não é sempre irrepreensível; mas é preciso ser bem curto de razão para fazê-la objeto de uma crítica séria, dizendo que, uma vez que os Espíritos sabem de tudo, eles devem saber ortografia. Poderíamos lhes opor os numerosos pecados desse gênero cometidos por mais de um sábio da Terra, o que não lhes tira o mérito. Mas há nesse fato uma questão mais séria. Para os Espíritos, e sobretudo para os Espíritos superiores, a ideia é tudo, a forma não é nada. Livres da matéria, sua linguagem, entre eles, é rápida como o pensamento, uma vez que é o pensamento que se comunica sem intermediário; eles devem, pois, se encontrarem desacomodados quando são obrigados, para se comunicarem conosco, a se servir das formas longas e embaraçosas da linguagem humana, e sobretudo da insuficiência e da imperfeição dessa linguagem, para exprimir todas as ideias; é o que eles mesmos dizem. Também é curioso ver os meios que eles empregam, frequentemente, para atenuar esse inconveniente. Seria o mesmo conosco se tivéssemos que nos exprimir numa língua mais extensa em suas palavras e em suas expressões, e mais pobre nessas expressões do que aquela que usamos. É o embaraço que experimenta o homem de gênio se impacientando com a lentidão de sua pena que está sempre aquém do seu pensamento. Concebe-se, depois disso, que os Espíritos liguem pouca importância à puerilidade da ortografia, quando se trata, sobretudo, de um ensino grave e sério. Já não é maravilhoso, aliás, que eles se exprimam indiferentemente em todas as línguas e as compreendam todas? Não é preciso concluir-se disso, todavia, que a correção convencional da linguagem lhes seja desconhecida: eles a observam quando isso é necessário. É assim que, por exemplo, a poesia ditada por eles desafia, frequentemente, a crítica do mais meticuloso purista, e isso **apesar da ignorância do médium**.

XV

Há, ainda, pessoas que encontram perigo por toda a parte e em tudo o que não conhecem; também não faltam de tirar uma consequência desfavorável do fato de certas pessoas, em se entregando a estes estudos, terem perdido a razão. Como homens sensatos podem ver nesse fato uma objeção séria? Não ocorre o mesmo com todas as preocupações intelectuais sobre um cérebro fraco?

Sabe-se o número de loucos e de maníacos produzidos pelos estudos matemáticos, médicos, musicais, filosóficos e outros? É preciso por isso banir esses estudos? O que isso prova? Pelos trabalhos corporais se estropiam os braços e as pernas, que são os instrumentos da ação material; pelos trabalhos da inteligência se estropia o cérebro, que é o instrumento do pensamento. Mas se o instrumento está quebrado, o Espírito não o está por isso: ele está intacto e, quando desligado da matéria, não goza menos da plenitude de suas faculdades. É no seu gênero, como homem, um mártir do trabalho.

Todas as grandes preocupações do Espírito podem ocasionar a loucura: as ciências, as artes, a própria religião fornecem seus contingentes. A loucura tem por causa primeira uma predisposição orgânica do cérebro que o torna mais ou menos acessível a certas impressões. Estando dada uma predisposição à loucura, esta toma o caráter da preocupação principal que se torna então uma ideia fixa. Essa ideia fixa poderá ser a dos Espíritos, naquele que se ocupa com eles, como poderá ser a de Deus, dos anjos, do diabo, da fortuna, do poder, de uma arte, de uma ciência, da maternidade, de um sistema político ou social. É provável que o louco religioso viesse a ser um louco espírita, se o Espiritismo tivesse sido sua preocupação dominante, como o louco espírita o teria sido sob uma outra forma, segundo as circunstâncias.

Digo, pois, que o Espiritismo não tem nenhum privilégio sob esse aspecto; mas, vou mais longe: digo que, bem compreendido, é um preservativo contra a loucura.

Entre as causas mais numerosas de superexcitação cerebral, é preciso contar as decepções, os desgostos, as afeições contrariadas, que são, ao mesmo tempo, as causas mais frequentes de suicídio. Ora, o verdadeiro espírita vê as coisas deste mundo de um ponto de vista tão elevado; elas lhe parecem tão pequenas, tão mesquinhas, diante do futuro que o espera; a vida é para ele tão curta, tão fugidia, que as atribulações não são, aos seus olhos, senão os incidentes de uma viagem desagradável. O que, em outro, produziria uma violenta emoção, afeta-o mediocremente; ele sabe, aliás, que os desgostos da vida são provas que servem para a seu adiantamento, se as suporta sem murmurar, porque será recompensado segundo a coragem com a qual as tenha suportado. Suas convicções lhe dão, pois, uma resignação que o preserva do desespero e, por conseguinte, de uma causa permanente de loucura e de suicídio. Ele sabe, por outro lado, pelo espetáculo que lhe dão as comunicações com os Espíritos, a sorte daqueles que abreviam voluntariamente os seus dias, e esse quadro é o bastante para o fazer refletir; também o número daqueles que se detiveram sobre essa inclinação funesta, é considerável. É este um dos resultados do Espiritismo. Que os incrédulos se riam dele quanto o quiserem; eu lhes desejo as consolações que ele proporciona a todos aqueles que se dão ao trabalho de lhe sondar as misteriosas profundezas.

Ao número das causas de loucura é preciso acrescentar ainda o medo, e o medo do diabo desarranjou mais de um cérebro. Sabe-se o número de vítimas que se fez amedrontando imaginações fracas com esse quadro que se esforça por tornar mais pavoroso com hediondos detalhes? O diabo, diz-se, não amedronta senão a crianças; é um freio para as tornar ajuizadas; sim, como o bicho papão e o lobisomem, e, quando não têm mais medo deles, estão piores do que antes; e por esse belo resultado não se conta o número das epilepsias causadas pelo abalo de um cérebro delicado. A religião seria bem fraca se, na falta do medo, sua força pudesse ser comprometida; felizmente, não é assim; há outros meios de ação sobre as almas. O Espiritismo, para isso, lhe fornece os mais eficazes e os mais sérios, se ela sabe usá-los com proveito: ele mostra a realidade das coisas e, com isso, neutraliza os efeitos funestos de um medo exagerado.

XVI

Resta-nos examinar duas objeções, as únicas que merecem verdadeiramente esse nome, porque estão baseadas sobre teorias racionais. Uma e outra admitem a realidade de todos os fenômenos, materiais e morais, mas excluem a intervenção dos Espíritos.

Segundo a primeira dessas teorias, todas as manifestações atribuídas aos Espíritos não seriam outra coisa que efeitos magnéticos. Os médiuns estariam num estado que se poderia chamar de sonambulismo desperto, fenômeno do qual toda pessoa que estudou o magnetismo pôde ser testemunha. Nesse estado, as faculdades intelectuais adquirem um desenvolvimento anormal: o círculo das percepções intuitivas se estende fora dos limites da nossa concepção normal. Desde então, o médium tiraria de si mesmo, e pelo fato da sua lucidez, tudo o que ele diz e todas as noções que transmite, mesmo sobre as coisas que lhe são as mais estranhas em seu estado habitual.

Não seremos nós que contestaremos a força do sonambulismo, do qual vimos os prodígios e estudamos todas as fases durante mais de trinta e cinco anos; concordamos que, com efeito, muitas manifestações espíritas podem se explicar por esse meio. Mas uma observação firme e atenta mostra uma multidão de fatos onde a intervenção do médium, de outro modo que como instrumento passivo, é materialmente impossível. Àqueles que partilham dessa opinião, diremos como aos outros: "Vede e observai, porque seguramente não vistes tudo". Opor-lhe-emos, em seguida, duas considerações tiradas da sua própria doutrina. De onde veio a teoria espírita? É um sistema imaginado por alguns homens para explicar os fatos? De nenhum modo. Quem, pois, a revelou? Precisamente esses mesmos médiuns, cuja lucidez exaltais. Se, pois, essa lucidez é tal quanto a supondes, porque teriam eles atribuído aos Espíritos o que teriam haurido em si mesmos? Como teriam dado essas informações tão precisas, tão lógicas, tão sublimes sobre a natureza dessas inteligências extra-humanas? De duas coisas, uma: ou eles são lúcidos ou não o são; se o são e se se confia em sua veracidade, não se poderia, sem contradição, admitir que eles não estão com a verdade. Em segundo lugar, se todos os fenômenos tivessem sua fonte no médium, eles seriam idênticos no mesmo indivíduo, e não se veria a mesma pessoa ter uma linguagem discordante e exprimir alternativamente as coisas mais contraditórias. Essa falta de unidade nas manifestações obtidas pelo médium prova a diversidade das fontes; se, pois, não se pode encontrá-las todas no médium, é preciso procurá-las fora dele.

Segundo uma outra opinião, o médium é bem a fonte das manifestações, mas em lugar de as tirar de si mesmo, assim como o pretendem os partidários da teoria sonambúlica, ele as tira do meio ambiente. O médium seria assim uma espécie de espelho refletindo todas as ideias, todos os pensamentos e todos os conhecimentos das pessoas que o cercam; ele não diria nada que não fosse conhecido pelo menos de alguns. Não se poderia negar, e isso é mesmo um princípio da doutrina, a influência exercida pelos assistentes sobre a natureza das manifestações. Mas essa influência é diferente daquela que se supõe existir, e, daí a que o médium seja o eco de seus pensamentos, há uma grande distância, porque milhares de fatos estabelecem peremptoriamente o contrário. Há nisso, pois, um erro grave que prova, uma vez mais, o perigo das conclusões prematuras. Essas pessoas, não podendo negar a existência de um fenômeno, do qual a ciência vulgar não pode se aperceber, e não querendo admitir a presença dos Espíritos, o explicam a seu modo. Sua teoria seria especiosa se ela pudesse abraçar todos os fatos; mas não é assim. Quando se lhes demonstra, até a evidência, que certas comunicações do médium são completamente estranhas aos pensamentos, aos conhecimentos, às próprias opiniões de todos os assistentes, que essas comunicações são, frequentemente, espontâneas e contradizem todas as ideias preconcebidas, eles não se detiveram por tão pouca coisa. A irradiação, dizem eles, se estende muito além do círculo imediato que nos cerca; o médium é o reflexo da Humanidade inteira, de tal sorte que se ele não haure suas inspirações ao lado dele, vai procurá-las fora, na cidade, no país, em todo o globo, e mesmo em outras esferas.

Não penso que se encontre nessa teoria uma explicação mais simples e mais provável do que aquela do Espiritismo, porque ela supõe uma causa bem mais maravilhosa. A ideia de que seres povoam os espaços e que, estando em contato permanente conosco, nos comunicam seus pensamentos, nada tem que choque mais à razão do que a suposição dessa irradiação universal, vindo de todos os pontos do Universo, se concentrar no cérebro de um indivíduo.

Ainda uma vez, e está aí um ponto capital sobre o qual não poderíamos insistir muito, a teoria sonambúlica e a que se poderia chamar **refletiva**, foram imaginadas por alguns homens; são opiniões individuais criadas para explicar um fato, enquanto que a Doutrina dos Espíritos não é de concepção humana. Ela foi ditada pelas próprias inteligências que se manifestam, quando ninguém as sonhava e a opinião geral as repudiava. Ora, perguntamos: onde os médiuns hauriram uma doutrina que não existia no pensamento de ninguém sobre a Terra? Perguntamos, por outro lado: por qual estranha coincidência, milhares de médiuns disseminados sobre todos os pontos do globo, que jamais se viram, se combinaram para dizer a mesma coisa? Se o primeiro médium que apareceu na França suportou a influência de opiniões já aceitas na América, por que esquisitice foi procurar suas ideias a 2000 léguas além dos mares, entre um povo estranho de costumes e de linguagem, em lugar de tomá-las ao seu redor?

Mas há uma outra circunstância sobre a qual não se tem pensado o bastante. As primeiras manifestações, na França, como na América, não ocorreram pela escrita, nem pela palavra, mas por pancadas concordando com as letras do alfabeto, e formando palavras e frases. Foi por esse meio que as inteligências que se revelaram, declararam ser Espíritos. Se, pois, poder-se-ia supor a intervenção do pensamento dos médiuns nas comunicações verbais ou escritas, o mesmo não ocorreria com as pancadas, cuja significação não poderia ser conhecida previamente.

Poderíamos citar numerosos fatos que demonstram, na inteligência que se manifesta, uma individualidade evidente e uma independência absoluta de vontade. Remetemos, pois, os dissidentes a uma observação mais atenta; se querem estudar sem prevenção e não concluir antes de ver tudo, eles reconhecerão a impossibilidade de sua teoria para dar a razão de tudo. Limitar-nos-emos a colocar as questões seguintes: Por que a inteligência que se manifesta, qualquer que ela seja, recusa responder a certas questões sobre assuntos perfeitamente conhecidos como, por exemplo, sobre o nome ou a idade do interrogante, sobre o que tem na mão, o que fez na véspera, seu projeto do dia seguinte, etc.? Se o médium é o espelho do pensamento dos assistentes, nada lhe seria mais fácil do que responder.

Os adversários retrucam o argumento perguntando, por seu turno, por que os Espíritos, que devem tudo saber, não podem dizer coisas tão simples, segundo o axioma: **Quem pode o mais, pode o menos**; de onde concluem que não são os Espíritos. Se um ignorante ou um zombador, apresentando-se diante de uma douta assembleia, perguntasse, por exemplo, por que é dia em pleno meio dia, crê-se que ela se daria ao trabalho de responder seriamente? Seria lógico se concluir, de seu silêncio ou escárnio com que gratificasse o perguntador, que seus membros não são senão tolos? Ora, é precisamente porque os Espíritos são superiores, que eles não respondem a questões ociosas e ridículas, e não querem ser colocados em evidência. Por isso, eles se calam ou dizem se ocupar de coisas mais sérias.

Perguntaremos enfim, por que os Espíritos vêm e se vão, frequentemente, num momento dado, e por que passado esse momento, não há preces nem súplicas que os possam fazer voltar? Se o médium não agisse senão pelo impulso dos assistentes, é evidente que, nessa circunstância, o concurso de todas as vontades reunidas deveria estimular sua clarividência. Se, pois, ele não cede ao desejo da assembleia, corroborado pela sua própria vontade, é porque obedece a uma influência estranha a ele e aos que o rodeiam, e essa influência acusa, com isso, a sua independência e a sua individualidade.

XVII

O ceticismo, no tocante à Doutrina Espírita, quando não é o resultado de uma oposição sistemática interessada, tem quase sempre sua fonte no conhecimento incompleto dos fatos, o que não impede certas pessoas de decidir a questão como se a conhecessem perfeitamente. Pode-se ter muito Espírito, instrução mesmo, e carecer de julgamento. Ora, o primeiro indício de uma falha no julgamento é se crer infalível. Muitas pessoas, também, não veem nas manifestações espíritas senão um objeto de curiosidade; esperamos que, pela leitura deste livro, elas encontrarão nesses fenômenos estranhos outra coisa além de um simples passatempo.

A ciência espírita compreende duas partes: uma experimental, sobre as manifestações em geral, outra filosófica, sobre as manifestações inteligentes. Aquele que não observou senão a primeira, está na posição daquele que não conhece a física senão por experiências recreativas, sem ter penetrado no fundo da ciência. A verdadeira Doutrina Espírita está no ensino dado pelos Espíritos, e os conhecimentos que esse ensino comporta são muito graves para serem adquiridos de outro modo que por um estudo sério e continuado, feito no silêncio e no recolhimento; porque só nessa condição se pode observar um número infinito de fatos e de nuanças que escapam ao observador superficial e permitem assentar uma opinião. Este livro, não tivesse ele por resultado senão mostrar o lado sério da questão e provocar estudos nesse sentido, isso já seria muito, e nos aplaudiríamos de ter sido escolhido para realizar uma obra da qual não pretendemos, de resto, nos fazer nenhum mérito pessoal, uma vez que os princípios que ela encerra não são nossa criação; seu mérito, portanto, é inteiramente dos Espíritos que a ditaram. Esperamos que ela tenha um outro resultado, o de guiar os homens desejosos de se esclarecerem, em lhes mostrando, nesses estudos, um objetivo grande e sublime: o do progresso individual e social, e de lhes indicar o caminho a seguir para o atingir.

Terminamos com uma última consideração. Os astrônomos, sondando o espaço, encontraram, na distribuição dos corpos celestes, lacunas não justificadas e em desacordo com as leis do conjunto; eles supuseram que essas lacunas deveriam estar ocupadas por globos que escaparam à sua observação; de outro lado, observaram certos efeitos cuja causa lhes era desconhecida, e disseram a si mesmos: Ali deve haver um mundo, porque essa lacuna não pode existir e esses efeitos devem ter uma causa. Julgando, então, da causa pelo efeito, puderam calcular os elementos, e mais tarde os fatos vieram justificar as suas previsões.

Apliquemos esse raciocínio a uma outra ordem de ideias. Se se observar a série dos seres, verifica-se que eles formam uma cadeia sem solução de continuidade, desde a matéria bruta, até o homem mais inteligente. Mas entre o homem e Deus, que é o alfa e o ômega de todas as coisas, que imensa lacuna! É racional pensar que nele terminam os anéis dessa cadeia? Que ele transponha, sem transição, a distância que o separa do infinito? A razão nos diz que entre o homem e Deus deve haver outros escalões, como disse aos astrônomos que entre os mundos conhecidos devia haver mundos desconhecidos. Qual é a filosofia que preencheu essa lacuna? O Espiritismo no-la mostra ocupada pelos seres de todas as categorias do mundo invisível, e esses seres não são outros senão os Espíritos dos homens que atingiram os diferentes graus que conduzem à perfeição; então tudo se liga, tudo se encadeia, desde o alfa até o ômega. Vós, que negais a existência dos Espíritos, preenchei, pois, o vazio que eles ocupam; e vós que rides deles, ousai, pois, rir das obras de Deus e de sua onipotência.

ALLAN KARDEC

PROLEGÔMENOS

Fenômenos que escapam das leis da Ciência vulgar se manifestam em toda a parte e revelam, em sua causa, a ação de uma vontade livre e inteligente.

A razão diz que um efeito inteligente deve ter por causa uma força inteligente, e os fatos provaram que essa força pode entrar em comunicação com os homens por meio de sinais materiais.

Essa força, interrogada sobre a sua natureza, declarou pertencer ao mundo dos seres espirituais que se despojaram do envoltório corporal do homem. É assim que foi revelada a Doutrina dos Espíritos.

As comunicações entre o mundo espírita e o mundo corporal estão na natureza das coisas e não constituem nenhum fato sobrenatural. Por isso, delas se encontram vestígios entre todos os povos e em todas as épocas. Hoje, elas são gerais e patentes para todo o mundo.

Os Espíritos anunciam que os tempos marcados pela Providência, para uma manifestação universal, são chegados, e que, sendo os ministros de Deus e os agentes de sua vontade, sua missão é instruir e esclarecer os homens, abrindo uma nova era para a regeneração da Humanidade.

Este livro é a compilação dos seus ensinamentos. Foi escrito por ordem e sob o ditado dos Espíritos superiores para estabelecer os fundamentos de uma filosofia racional, livre dos preconceitos do Espírito de sistema. Nada contém que não seja a expressão do seu pensamento e que não tenha se submetido ao seu controle. Somente a ordem e a distribuição metódica das matérias, assim como as notas e a forma de algumas partes da redação, são obras daquele que recebeu a missão de a publicar.

Entre os Espíritos que concorreram para a realização desta obra, vários viveram em diversas épocas sobre a Terra, onde pregaram e praticaram a virtude e a sabedoria. Outros não pertencem,

---

[1] A cepa acima é o fac-símile daquela *desenhada* pelos Espíritos.

pelo seu nome, a nenhum personagem do qual a história tenha guardado a lembrança, mas sua elevação é atestada pela pureza de sua doutrina e sua união com aqueles que trazem um nome venerado.

Eis os termos pelos quais deram por escrito, e por intermédio de vários médiuns, a missão de escrever este livro:

Ocupa-te com zelo e perseverança do trabalho que empreendeste com o nosso concurso, porque esse trabalho é nosso. Nele pusemos as bases do novo edifício que se eleva e deve um dia reunir todos os homens num mesmo sentimento de amor e de caridade; mas antes de o propagar, nós o reveremos em conjunto, a fim de controlar todos os detalhes.

Estaremos contigo todas as vezes que o pedires e para te ajudar em teus outros trabalhos, porque esta não é senão uma parte da missão que te está confiada, e que te já foi revelada por um de nós.

Entre os ensinos que te são dados, há os que deves guardar só para ti, até nova ordem. Nós te indicaremos quando o momento de os publicar tiver chegado; até lá, medite-os, a fim de estar pronto quando te o dissermos.

Colocarás na cabeça do livro a cepa de vinha que te desenhamos[1]*, porque ela é o emblema do trabalho do Criador; todos os princípios materiais que podem melhor representar o corpo e o Espírito nela se encontram reunidos: o corpo é a cepa; o Espírito é o licor; a alma, ou o Espírito unido à matéria, é o grão. O homem quintessencia o Espírito pelo trabalho e tu sabes que não é senão pelo trabalho do corpo que o Espírito adquire conhecimentos.*

Não te deixes desencorajar pela crítica. Encontrarás contraditores obstinados, sobretudo entre as pessoas interessadas nos abusos. Encontrá-los-a mesmo entre os Espíritos, porque os que não estão completamente desmaterializados procuram, frequentemente, semear a dúvida por malícia ou por ignorância. Mas prossegue sempre.

Crê em Deus e caminha com confiança. Aqui estaremos para te sustentar, e está próximo o tempo em que a verdade brilhará por toda a parte.

A vaidade de certos homens que creem tudo saber e querem tudo explicar à sua maneira, fará nascer opiniões dissidentes. Mas todos aqueles que tiverem em vista o grande princípio de Jesus, se confundirão no mesmo sentimento de amor ao bem, e se unirão por um laço fraternal que abrangerá o mundo inteiro. Eles deixarão de

---

[1] São João Evangelista, Santo Agostinho, São Vicente de Paulo, São Luís, O Espírito de Verdade, Sócrates, Platão, Fénelon, Franklin, Swedenborg, etc., etc.

lado as miseráveis disputas de palavras para não se ocupar senão das coisas essenciais, e a doutrina será sempre a mesma, quanto ao fundo, para todos aqueles que receberão as comunicações dos Espíritos superiores.

É com a perseverança que chegarás a recolher o fruto de teus trabalhos. O prazer que experimentarás vendo a doutrina se propagar e ser bem compreendida te será uma recompensa da qual conhecerás todo o valor, talvez mais no futuro do que no presente. Não te inquietes, pois, com as sarças e as pedras que os incrédulos ou os maus semearão sobre teu caminho. Conserva a confiança: com a confiança tu chegarás ao fim, e merecerás ser sempre ajudado.

Lembra-te de que os bons Espíritos não assistem senão àqueles que servem a Deus com humildade e desinteresse, e repudiam a qualquer que procure, no caminho do céu, um degrau para as coisas da Terra. Eles se afastam do orgulhoso e do ambicioso. O orgulho e a ambição serão sempre uma barreira entre o homem e Deus; é um véu atirado sobre as claridades celestes, e Deus não pode se servir do cego para fazer compreender a luz.

NOTA. – Os princípios contidos neste livro resultam, sejam as respostas dadas pelos Espíritos às perguntas diretas que lhes foram propostas em diversas épocas e por intermédio de um grande número de médiuns, sejam as instruções dadas espontaneamente à nós ou a outras pessoas sobre as matérias que ele encerra. O todo foi coordenado de maneira a apresentar um conjunto regular e metódico, e não foi entregue à publicidade senão depois de ter sido cuidadosamente revisto, em várias vezes, e corrigido pelos próprios Espíritos. Esta segunda edição também foi de sua parte o objeto de um novo e minucioso exame.

O que está itálico, em seguida às perguntas, é a resposta textual dada pelos Espíritos. O que está assinalado por um corpo de letra menor, ou designado de modo especial para esse efeito, compreende as notas ou desenvolvimentos acrescentados pelo autor, e que igualmente sofreram o controle dos Espíritos.

LIVRO PRIMEIRO

AS CAUSAS PRIMEIRAS

CAPÍTULO 1

DEUS

Deus e o Infinito • Provas da existência de Deus • Atributos da Divindade • Panteísmo

DEUS E O INFINITO

1 – Que é Deus?

– *Deus é a inteligência suprema, causa primeira de todas as coisas.*[1]

2 – Que se deve entender por Infinito?

– *O que não tem começo e nem fim; o desconhecido; tudo o que é desconhecido é infinito.*

3 – Poder-se-ia dizer que Deus é o infinito?

– *Definição incompleta. Pobreza da linguagem dos homens, que é insuficiente para definir as coisas que estão acima de sua inteligência.*

Deus é infinito em suas perfeições, mas o infinito é uma abstração. Dizer que Deus é o **infinito** é tomar o atributo pela própria coisa, e definir uma coisa que não é conhecida, por uma coisa que não o é mais.

PROVAS DA EXISTÊNCIA DE DEUS

---

[1] O texto itálico, em seguida às perguntas, é a própria resposta dada pelos Espíritos. Distinguiu-se por uma letra menor (corpo 10) as notas e desenvolvimentos acrescentados pelo autor, quando haveria a possibilidade de os confundir com o texto da resposta. Quando formam capítulos inteiros, a confusão não sendo possível, conservou-se a letra normal.

4 – Onde se pode encontrar a prova da existência de Deus?

– *Num axioma que aplicais às vossas ciências: Não há efeito sem causa. Procurai a causa de tudo o que não é obra do homem, e vossa razão vos responderá.*

Para crer em Deus basta lançar os olhos sobre as obras da criação. O Universo existe; ele tem, pois, uma causa. Duvidar da existência de Deus seria negar que todo efeito tem uma causa, e adiantar que o nada pôde fazer alguma coisa.

5 – Que consequência se pode tirar do sentimento intuitivo que todos os homens carregam em si mesmos da existência de Deus?

– *Que Deus existe; porque de onde lhe viria esse sentimento se ele não repousasse sobre nada? é ainda uma consequência do princípio de que não há efeito sem causa.*

6 – O sentimento íntimo, que temos em nós mesmos, da existência de Deus, não seria o fato da educação e o produto de ideias adquiridas?

– *Se assim fosse, por que os vossos selvagens teriam esse sentimento?*

Se o sentimento da existência de um ser supremo não fosse senão o produto de um ensino, ele não seria universal, e não existiria, como as noções de ciência, senão naqueles que teriam podido receber esse ensino.

7 – Poder-se-ia encontrar a causa primeira da formação das coisas nas propriedades íntimas da matéria?

– *Mas então qual seria a causa dessas propriedades? É preciso sempre uma causa primeira.*

Atribuir a formação primeira das coisas às propriedades íntimas da matéria seria tomar o efeito pela causa, porque essas propriedades são, elas mesmas, um efeito que deve ter uma causa.

8 – Que pensar da opinião que atribui a formação primeira a uma combinação fortuita da matéria, de outro modo dita, ao acaso?

– *Outro absurdo! Que homem de bom senso pode olhar o acaso como um ser inteligente? E depois, que é o acaso? Nada.*

A harmonia que regula as atividades do Universo revela combinações e fins determinados e, por isso mesmo, revela uma força inteligente. Atribuir a formação primeira ao acaso seria um contrassenso, porque o acaso é cego e não pode produzir os efeitos da inteligência. Um acaso inteligente não seria mais o acaso.

9 – Onde se vê, na causa primeira, uma inteligência suprema e superior a todas as inteligências?

– Tendes um provérbio que diz isto: pela obra se reconhece o artífice. Pois bem! olhai a obra e procurai o artífice. É o orgulho que engendra a incredulidade. O homem orgulhoso não vê nada acima dele e é por isso que ele se chama de Espírito forte. Pobre ser, que um sopro de Deus pode abater!

Julga-se o poder de uma inteligência pelas suas obras; nenhum ser humano não podendo criar o que a Natureza produz, a causa primeira, pois, é uma inteligência superior à Humanidade.

Quaisquer que sejam os prodígios realizados pela inteligência humana, essa inteligência tem, ela mesma, uma causa, e quanto mais o que ela realiza é grande, mais a causa primeira deve ser grande. Esta inteligência é a causa primeira de todas as coisas, qualquer que seja o nome sob o qual o homem a designe.

ATRIBUTOS DA DIVINDADE

10 – O homem pode compreender a natureza íntima de Deus?

– Não; é um sentido que lhe falta.

11 – Será dado, um dia, ao homem compreender o mistério da Divindade?

– Quando seu Espírito não estiver mais obscurecido pela matéria e, pela sua perfeição, estiver próximo dele, então, ele o verá e o compreenderá.

A inferioridade das faculdades do homem não lhe permite compreender a natureza íntima de Deus. Na infância da Humanidade, o homem o confunde, frequentemente, com a criatura, da qual lhe atribui as imperfeições. Mas, à medida que o senso moral se desenvolve nele, seu pensamento penetra melhor o fundo das coisas, e dele se faz uma ideia mais justa e mais conforme a sã razão, embora sempre incompleta.

12 – Se não podemos compreender a natureza íntima de Deus, podemos ter uma ideia de algumas de suas perfeições?

– Sim, de algumas. O homem as compreende melhor à medida que se eleva acima da matéria; ele as entrevê pelo pensamento.

13 – Quando dizemos que Deus é eterno, infinito, imutável, imaterial, único, todo-poderoso, soberanamente justo e bom, não temos uma ideia completa dos seus atributos?

– Do vosso ponto de vista, sim, porque credes tudo abraçar. Mas sabei bem que há coisas acima da inteligência do homem mais inteligente, e para as quais vossa linguagem limitada às vossas ideias e às vossas sensações, não tem expressões. A razão vos

diz, com efeito, que Deus deve ter essas perfeições no supremo grau, porque se delas tivesse uma só de menos ou que não fosse de um grau infinito, ele não seria superior a tudo, e por conseguinte não seria Deus. Por estar acima de todas as coisas, Deus não deve suportar nenhuma vicissitude e não ter nenhuma das imperfeições que a imaginação pode conceber.

Deus é **eterno**; se ele tivesse tido um começo, teria saído do nada, ou teria sido criado, ele mesmo, por um ser anterior. É assim que, de degrau em degrau, remontamos ao infinito e à eternidade.

É **imutável**; se estivesse sujeito às mudanças, as leis que regem o Universo não teriam nenhuma estabilidade.

É **imaterial**; quer dizer, sua natureza difere de tudo o que chamamos matéria, de outro modo ele não seria imutável, porque estaria sujeito às transformações da matéria.

É **único**; se houvesse vários Deuses, não haveria nem unidade de vistas, nem unidade de poder no ordenamento do Universo.

É **todo-poderoso**; porque é único. Se não tivesse o soberano poder, haveria alguma coisa mais poderosa ou tão poderosa quanto ele; não teria feito todas as coisas, e as que não tivesse feito seriam a obra de um outro Deus.

É **soberanamente justo e bom**. A sabedoria providencial das leis divinas se revela nas menores coisas, como nas maiores, e essa sabedoria não permite duvidar nem da sua justiça, nem da sua bondade.

PANTEÍSMO

14 – Deus é um ser distinto, ou seria, segundo a opinião de alguns, o resultante de todas as forças e de todas as inteligências do universo reunidas?

– *Se o fora assim, Deus não seria, porque seria o efeito e não a causa; ele não pode ser ao mesmo tempo um e outra.*

Deus existe, disso não podeis duvidar, é o essencial. Crede-me, não vades além. Não vos percais num labirinto de onde não podereis sair. Isso não vos tornaria melhores, mas talvez um pouco mais orgulhosos, porque acreditaríeis saber o que na realidade nada saberíeis. Deixai, pois, de lado todos esses sistemas; tendes muitas coisas que vos tocam mais diretamente, a começar por vós mesmos; estudai as vossas próprias imperfeições, a fim de vos desembaraçardes delas, isto vos será mais útil do que querer penetrar o que é impenetrável.

15 – Que pensar da opinião segundo a qual todos os corpos da Natureza, todos os seres, todos os globos do Universo seriam

partes da Divindade e constituiriam, pelo seu conjunto, a própria Divindade; de outro modo dita, da doutrina panteísta?

– O homem não podendo se fazer Deus, quer ao menos ser uma parte dele.

16 – Aqueles que professam esta doutrina pretendem nela encontrar a demonstração de alguns dos atributos de Deus. Os mundos sendo infinitos, Deus é, por isso mesmo, infinito; o vazio ou nada não estando em nenhuma parte, Deus está por toda parte; Deus estando por toda parte, uma vez que tudo é parte integrante de Deus, ele dá a todos os fenômenos da Natureza uma razão de ser inteligente. Que se pode opor a esse raciocínio?

– A razão. Refleti maduramente e não vos será difícil lhe reconhecer o absurdo.

Esta doutrina faz de Deus um ser material que, embora dotado de uma inteligência suprema, seria em grande o que somos em pequeno. Ora, a matéria se transformando sem cessar, se o fosse assim, Deus não teria nenhuma estabilidade, e estaria sujeito a todas as vicissitudes, mesmo a todas as necessidades da Humanidade; faltar-lhe-ia um dos atributos essenciais da Divindade: a imutabilidade. As propriedades da matéria não podem se aliar à ideia de Deus sem o rebaixar em nosso pensamento e todas as sutilezas do sofisma não chegariam para resolver o problema de sua natureza íntima. Não sabemos tudo o que ele é, mas sabemos o que ele não pode deixar de ser, e esse sistema está em contradição com as suas propriedades mais essenciais. Ele confunde o criador com a criatura, absolutamente como se se quisesse que uma máquina engenhosa fosse uma parte integrante do mecânico que a concebeu.

A inteligência de Deus se revela em suas obras, como a de um pintor em seu quadro; mas as obras de Deus não são mais o próprio Deus quanto o quadro não é o pintor que o concebeu e executou.

CAPÍTULO 2

ELEMENTOS GERAIS DO UNIVERSO

Conhecimento do princípio das coisas • Espírito e matéria • Propriedades da matéria • Espaço universal

CONHECIMENTO DO PRINCÍPIO DAS COISAS

17 – É dado ao homem conhecer o princípio das coisas?
– Não. Deus não permite que tudo seja revelado ao homem, neste mundo.

18 – O homem penetrará um dia o mistério das coisas que lhe estão ocultas?
– O véu se levanta para ele à medida que se depura; contudo, para compreender certas coisas, precisa de faculdades, que ainda não possui.

19 – Pelas investigações científicas, não pode o homem penetrar alguns dos segredos da Natureza?
– A ciência lhe foi dada para o seu adiantamento em todas as coisas, mas ele não pode ultrapassar os limites fixados por Deus.

Quanto mais é dado ao homem penetrar antes nesses mistérios, mais sua admiração deve ser grande pelo poder e a sabedoria do Criador; mas, seja por orgulho, seja por fraqueza, sua própria inteligência o faz, com frequência, joguete da ilusão; ele amontoa sistemas sobre sistemas e cada dia lhe mostra quantos erros tomou por verdades e quantas verdades rejeitou como erros. São outras tantas decepções para o seu orgulho.

20 – Fora das investigações científicas, é dado ao homem receber comunicações de uma ordem mais elevada acerca do que lhe escapa ao testemunho dos sentidos?
– Sim, se Deus o julgar útil, pode lhe revelar o que a ciência não consegue apreender.

É por essas comunicações que o homem adquire, em certos limites, o conhecimento do seu passado e da sua destinação futura.

ESPÍRITO E MATÉRIA

21 – A matéria é de toda a eternidade como Deus, ou bem foi criada por ele em um tempo qualquer?

– Só Deus o sabe. Entretanto, há uma coisa que a vossa razão deve vos indicar: é que Deus, modelo de amor e de caridade, jamais esteve inativo. Por mais distante que se consiga imaginar o início da sua ação, poder-se-á compreendê-lo um segundo sequer na ociosidade?

22 – Define-se, geralmente, a matéria: o que tem extensão; o que pode impressionar os nossos sentidos; o que é impenetrável. Estas definições são exatas?

– Do vosso ponto de vista isso é exato, porque não falais senão segundo o que conheceis; mas a matéria existe em estados que vos são desconhecidos. Pode ser, por exemplo, de tal modo etérea e sutil que não faça nenhuma impressão sobre vossos sentidos; entretanto, é sempre matéria, embora para vós não o seja.

22.a – Que definição podeis dar da matéria?

– A matéria é o laço que retém o Espírito; é o instrumento que o serve e sobre o qual, ao mesmo tempo, exerce a sua ação.

Sob este ponto de vista, pode-se dizer que a matéria é o agente, o meio com o auxílio do qual e sobre o qual age o Espírito.

23 – Que é o Espírito?

– O princípio inteligente do Universo.

23.a – Qual é a natureza íntima do Espírito?

– O Espírito não é fácil de ser analisado em vossa linguagem. Porque o Espírito não é uma coisa palpável, para vós ele não é nada; mas para nós é alguma coisa. Sabei bem: o nada é coisa nenhuma, e o nada não existe.

24 – O Espírito é sinônimo de inteligência?

– A inteligência é um atributo essencial do Espírito; todavia, um e outro se confundem num princípio comum, de sorte que, para vós, é uma mesma coisa.

25 – O Espírito é independente da matéria ou não é senão uma propriedade desta, como as cores são propriedades da luz e o som uma propriedade do ar?

– Ambos são distintos; mas é necessária a união do Espírito e da matéria para dar inteligência à matéria.

25.a – Esta união é igualmente necessária para a manifestação do Espírito? (Entendemos aqui, por Espírito, o princípio da

inteligência, abstração feita das individualidades designadas sob esse nome).

– *Ela é necessária para vós porque não tendes organização para perceber o Espírito sem a matéria; vossos sentidos não são feitos para isso.*

26 – Pode-se conceber o Espírito sem a matéria e a matéria sem o Espírito?

– *Pode-se, sem dúvida, pelo pensamento.*

27 – Haveria assim dois elementos gerais do Universo: a matéria e o Espírito?

– *Sim, e acima de tudo Deus, o criador, o pai de todas as coisas; essas três coisas são o princípio de tudo o que existe, a trindade universal. Mas, ao elemento material é preciso juntar o fluido universal, que desempenha papel intermediário entre o Espírito e a matéria propriamente dita, muito grosseira para que o Espírito possa ter uma ação sobre ela. Ainda que, sob certo ponto de vista, se possa incluí-lo no elemento material, ele se distingue por propriedades especiais; se fosse matéria positivamente não haveria razão para que o Espírito também não o fosse. Ele está colocado entre o Espírito e a matéria; é fluido, como a matéria é matéria, suscetível, pelas inumeráveis combinações com esta e sob a ação do Espírito, de produzir uma infinita variedade de coisas das quais não conheceis senão uma pequena parte. Esse fluido universal, ou primitivo, ou elementar, sendo o agente que o Espírito utiliza, é o princípio sem o qual a matéria estaria em perpétuo estado de divisão e jamais adquiriria as propriedades que a gravidade lhe dá.*

27.a – Esse fluido seria o que designamos sob o nome de eletricidade?

– *Dissemos que ele é suscetível de inúmeras combinações e o que chamais fluido elétrico, fluido magnético são modificações do fluido universal, que não é, propriamente falando, senão uma matéria mais perfeita, mais sutil, e que se pode considerar como independente.*

28 – Uma vez que o Espírito é, ele mesmo, alguma coisa, não seria mais exato, e menos sujeito à confusão, designar esses dois elementos gerais pelas palavras: *matéria inerte* e *matéria inteligente?*

– *As palavras pouco nos importam; cabe a vós formular vossa linguagem de maneira a vos entender. Vossas disputas vêm, quase sempre, de que não vos entendeis sobre as palavras, porque a vossa linguagem é incompleta para as coisas que não ferem os vossos sentidos.*

Um fato patente domina todas as hipóteses: vemos a matéria que não é inteligente; vemos um princípio inteligente independente da matéria. A origem e a conexão dessas duas coisas nos são desconhecidas. Que elas tenham, ou não, uma fonte comum, com pontos de contato necessários; que a inteligência tenha sua existência própria ou que ela seja uma propriedade, um efeito; que seja mesmo, segundo a opinião de alguns, uma emanação da Divindade, é o que ignoramos. Elas nos parecem distintas e, por isso, admitimo-las como formando dois princípios constituintes do universo. Vemos, acima de tudo isso, uma inteligência que domina todas as outras, que as governa todas, que delas se distingui por atributos essenciais; a esta inteligência suprema é que se chama Deus.

PROPRIEDADES DA MATÉRIA

29 – A ponderabilidade é um atributo essencial da matéria?

– Da matéria como a entendeis, sim; mas não da matéria considerada como fluido universal. A matéria etérea e sutil que forma esse fluido é imponderável para vós, e nem por isso é menos o princípio da vossa matéria pesada.

A gravidade é uma propriedade relativa; fora das esferas de atração dos mundos, não há peso, do mesmo modo que não há nem acima, nem abaixo.

30 – A matéria é formada de um só ou de vários elementos?

– De um só elemento primitivo. Os corpos que considerais como corpos simples, não são verdadeiros elementos, mas transformações da matéria primitiva.

31 – De onde provêm as diferentes propriedades da matéria?

– São modificações que as moléculas elementares sofrem pela sua união, e em certas circunstâncias.

32 – Segundo isso, os sabores, os odores, as cores, o som, as qualidades venenosas ou salutares dos corpos não seriam senão as modificações de uma só e mesma substância primitiva?

– Sim, sem dúvida, e que não existem senão pela disposição de órgãos destinados a os perceber.

Esse princípio é demonstrado pelo fato de que todo o mundo não percebe as qualidades dos corpos do mesmo modo; um acha uma coisa agradável ao gosto, um outro a acha ruim; alguns veem azul o que outros veem vermelho; o que é um veneno para uns é inofensivo ou salutar para outros.

33 – A mesma matéria elementar é suscetível de receber todas as modificações e de adquirir todas as propriedades?

– *Sim, e isso é o que se deve entender quando dizemos que* ***tudo está em tudo.***[1]

O oxigênio, o hidrogênio, o azoto, o carbono e todos os corpos que catalogamos como simples, não são senão modificações de uma substância primitiva. Na impossibilidade em que estamos, até o presente, de remontarmos, a não ser pelo pensamento, a essa matéria primitiva, esses corpos são para nós verdadeiros elementos, e podemos, sem maiores consequências, considerá-los como tais até nova ordem.

33.a – Essa teoria parece dar razão à opinião daqueles que não admitem na matéria senão duas propriedades essenciais: a força e o movimento, e que pensam que todas as outras propriedades não são senão efeitos secundários variando segundo a intensidade da força e a direção do movimento?

– *Essa opinião é exata. É preciso ajuntar também segundo a disposição das moléculas, como vês, por exemplo, num corpo opaco que pode se tornar transparente, e vice-versa.*

34 – As moléculas têm uma forma determinada?

– *Sem dúvida, as moléculas têm uma forma, mas que não é para vós apreciável.*

34.a – Essa forma é constante ou variável?

– *Constante para as moléculas elementares primitivas, mas variável para as moléculas secundárias que não são, elas mesmas, senão aglomerações das primeiras; porque o que chamais molécula está ainda distante da molécula elementar.*

ESPAÇO UNIVERSAL

35 – O espaço universal é infinito ou limitado?

– *Infinito. Supondo-lhe limites, que haveria além? Isto te confunde a razão, bem o sei, e, todavia, tua razão diz que não pode ser de*

[1] Este princípio explica o fenômeno conhecido de todos os magnetizadores e que consiste em dar, pela ação da vontade, a uma substância qualquer, a água, por exemplo, propriedades diversas: um gosto determinado e mesmo as qualidades ativas de outras substâncias. Visto que não há senão um elemento primitivo, e que as propriedades dos diferentes corpos não são senão modificações desse elemento, disso resulta que a substância mais inofensiva tem o mesmo princípio que a mais deletéria. Assim, a água, que é formada de uma parte de oxigênio e duas de hidrogênio, torna-se corrosiva, se se duplica a proporção de oxigênio. Uma transformação análoga pode se produzir pela ação magnética dirigida pela vontade.

outro modo. Ele é como o infinito em todas as coisas; não é na vossa pequena esfera que o podereis compreender.

Supondo-se um limite ao espaço, por mais distante que o pensamento o possa conceber, a razão diz que, além desse limite, há alguma coisa, e assim, passo a passo, até o infinito, porque se essa alguma coisa fosse o vazio absoluto, ainda assim seria o espaço.

36 – O vazio absoluto existe em alguma parte do espaço universal?

– Não, nada é vazio; o que é vazio para ti está ocupado por uma matéria que escapa aos teus sentidos e aos teus instrumentos.

CAPÍTULO 3

CRIAÇÃO

Formação dos mundos • Formação dos seres vivos • Povoamento da Terra. Adão • Diversidade das raças humanas • Pluralidade dos mundos • Considerações e concordâncias bíblicas a respeito da criação

FORMAÇÃO DOS MUNDOS

O Universo compreende a infinidade dos mundos que vemos e aqueles que não vemos, todos os seres animados e inanimados, todos os astros que se movem no espaço, assim como os fluidos que o enchem.

37 – O universo foi criado ou bem é de toda a eternidade como Deus?

– Sem dúvida que ele não pôde se fazer por si mesmo, e se fosse de toda a eternidade, como Deus, não poderia ser a obra de Deus.

A razão nos diz que o Universo não pôde se ter feito a si mesmo e que, não podendo ser obra do acaso, deve ser a obra de Deus.

38 – Como Deus criou o Universo?

– Para me servir de uma expressão: sua Vontade. Nada traduz melhor essa vontade todo-poderosa do que estas belas palavras do Gênese: "Deus disse: Que a luz seja, e a luz foi".

39 – Poderemos conhecer o modo da formação dos mundos?

– Tudo o que se pode dizer, e o que podeis compreender, é que os mundos se formam pela condensação da matéria disseminada no espaço.

40 – Os cometas seriam, como se pensa atualmente, um começo de condensação da matéria, e dos mundos em via de formação?

– Isso é exato; mas o que é absurdo é se crer em sua influência. Quero dizer, essa influência que vulgarmente se lhe atribui; porque todos os corpos celestes têm sua parte de influência em certos fenômenos físicos.

41 – Um mundo completamente formado pode desaparecer e a matéria que o compõe se disseminar de novo no espaço?

– Sim. Deus renova os mundos como renova os seres vivos.

42 – Podemos conhecer a duração da formação dos mundos: da Terra, por exemplo?

– Nada te posso dizer, porque só o Criador o sabe, e bem louco quem o pretendesse saber ou conhecer o número de séculos dessa formação.

FORMAÇÃO DOS SERES VIVOS

43 – Quando a Terra começou a ser povoada?

– No começo, tudo era caos; os elementos estavam em confusão. Pouco a pouco, cada coisa tomou o seu lugar; então, apareceram os seres vivos apropriados ao estado do globo.

44 – De onde vieram os seres que vivem sobre a Terra?

– A Terra continha os germes que aguardavam momento favorável para se desenvolverem. Os princípios orgânicos se congregaram desde que cessou a força que os mantinha afastados, e eles formaram os germes de todos os seres vivos. Os germes estiveram em estado latente e inerte, como a crisálida e as sementes das plantas, até o momento propício para a eclosão de cada espécie; então, os seres de cada espécie se reuniram e se multiplicaram.

45 – Onde estavam os elementos orgânicos antes da formação da Terra?

– Eles estavam, por assim dizer, em estado de fluido pelo espaço, no meio dos Espíritos, ou em outros planetas, esperando a criação da Terra para começar uma nova existência sobre um novo globo.

A química nos mostra as moléculas dos corpos inorgânicos unindo-se para formarem cristais de uma regularidade constante, segundo cada espécie, desde que estejam nas condições desejadas. A menor perturbação nessas condições basta para impedir a reunião dos elementos, ou, pelo menos, a disposição regular que constitui o cristal. Por que não ocorreria o mesmo com os elementos orgânicos? Conservamos durante anos sementes de plantas e de animais que não se desenvolvem senão em uma dada temperatura e num meio propício; têm-se visto grãos de trigo germinarem depois de vários séculos. Há, portanto, nessas sementes, um princípio latente de vitalidade que não espera senão uma circunstância favorável para se desenvolver. O que se passa diariamente sob nossos olhos, não pode ter existido desde a origem do globo? Essa formação de seres vivos, partindo do caos pela força da própria Natureza, diminuiu alguma coisa da grandeza de Deus? Longe disso, ela responde melhor à ideia que fazemos de sua força se exercendo sobre os mundos infinitos por meio de leis eternas. Essa teoria não resolve, é verdade, a questão da origem dos elementos vitais; mas Deus tem seus mistérios e pôs limites às nossas investigações.

46 – Existem, ainda, seres que nasçam espontaneamente?
– Sim, mas o germe primitivo já existia em estado latente. Sois testemunhas, todos os dias, desse fenômeno. Os tecidos dos homens e dos animais não encerram os germes de uma multidão de vermes que aguardam, para eclodir, a fermentação pútrida necessária à sua existência? É um pequeno mundo que dormita e que se cria.

47 – A espécie humana se encontrava entre os elementos orgânicos contidos no globo terrestre?
– Sim, e ela veio a seu tempo; foi o que levou a se dizer que o homem foi feito do limo da Terra.

48 – Podemos conhecer a época do aparecimento do homem e dos outros seres vivos sobre a Terra?
– Não; todos os vossos cálculos são quiméricos.

49 – Se o germe da espécie humana se encontrava entre os elementos orgânicos do globo, por que não se formam mais, espontaneamente, os homens como na sua origem?
– O princípio das coisas está nos segredos de Deus; todavia, pode-se dizer que os homens uma vez espalhados sobre a Terra, absorveram neles os elementos necessários à sua formação para os transmitir segundo as leis da reprodução. O mesmo se deu com as diferentes espécies de seres vivos.

POVOAMENTO DA TERRA. ADÃO

50 – A espécie humana começou por um só homem?
– Não; aquele a quem chamais Adão não foi o primeiro, nem o único que povoou a Terra.

51 – Podemos saber em que época viveu Adão?
– Mais ou menos na que assinalais: aproximadamente 4000 anos antes do Cristo.

O homem, cuja tradição se conservou sob a nome de Adão, foi um dos que sobreviveram, em certo país, após alguns dos grandes cataclismos que, em épocas diversas, perturbaram a superfície do globo e veio a ser o tronco de uma das raças que hoje o povoam. As leis da Natureza se opõem a que os progressos da Humanidade, constatados muito tempo antes de Cristo, tenham-se cumprido em alguns séculos, se o homem não estivesse sobre a Terra senão depois da época assinalada para a existência de Adão. Alguns consideram, e com muita razão, Adão como um mito ou uma alegoria, personificando as primeiras idades do mundo.

DIVERSIDADE DAS RAÇAS HUMANAS

52 – De onde vêm as diferenças físicas e morais que distinguem as variedades de raças humanas sobre a Terra?

– *Do clima, da vida e dos costumes. O mesmo ocorre com dois filhos da mesma mãe que, educados um longe do outro e diferentemente, não se assemelham em nada quanto ao moral.*

53 – O homem nasceu sobre diversos pontos do globo?

– *Sim, e em épocas diversas, e está aí uma das causas da diversidade de raças; depois os homens, em se dispersando sob diferentes climas e se aliando a outras raças, formaram os novos tipos.*

53.a – Essas diferenças constituem espécies distintas?

– *Certamente que não, todos são da mesma família; as diferentes variedades de um mesmo fruto impedem que pertençam à mesma espécie?*

54 – Se a espécie humana não procede de um só, os homens devem deixar por isso de se reconhecerem como irmãos?

– *Todos os homens são irmãos em Deus, porque são animados pelo Espírito e tendem ao mesmo fim. Quereis sempre tomar literalmente as palavras.*

PLURALIDADE DOS MUNDOS

55 – Todos os globos que circulam no espaço são habitados?

– *Sim, e o homem da Terra está longe de ser, como crê, o primeiro em inteligência, em bondade e em perfeição. Todavia, há homens que se creem muito fortes, que imaginam que somente seu pequeno globo tem o privilégio de abrigar seres racionais. Orgulho e vaidade! Julgam que Deus criou o Universo só para eles.*

Deus povoou os mundos de seres vivos, concorrendo todos ao objetivo final da Providência. Acreditar que os seres vivos estão limitados ao único ponto que habitamos no Universo, seria pôr em dúvida a sabedoria de Deus, que não fez nada inútil; ele deve ter determinado para esses mundos um fim mais sério que o de recrear nossa visão. Nada, aliás, nem na posição, nem no volume, nem na constituição física da Terra, não pode razoavelmente fazer supor que só ela tenha o privilégio de ser habitada, com exclusão de tantos milhares de mundos semelhantes.

56 – A constituição física dos diferentes globos é a mesma?

– Não, eles não se assemelham de modo algum.

57 – A constituição física dos mundos não sendo a mesma para todos, seguir-se-á para os seres que os habitam uma organização diferente?

– Sem dúvida, como entre vós os peixes são feitos para viverem na água e os pássaros no ar.

58 – Os mundos que estão mais afastados do Sol estão privados de luz e de calor, uma vez que o Sol não se mostra a eles senão sob a aparência de uma estrela?

– Credes, pois, que não haja outras fontes de luz e de calor senão o Sol; e não contais por nada a eletricidade que, em certos mundos, tem um papel que desconheceis, e muito mais importante que sobre a Terra? Aliás, não dissemos que todos os seres vejam da mesma maneira vossa e com órgãos dispostos como os vossos.

As condições de existência dos seres que habitam os diferentes mundos devem ser apropriadas ao meio para o qual foram chamados a viver. Se não tivéssemos jamais visto os peixes, não compreenderíamos como esses seres podem viver na água. Assim acontece em outros mundos que contêm, sem dúvida, elementos que desconhecemos. Não vemos nós, sobre a Terra, as longas noites polares iluminadas pela eletricidade das auroras boreais? Que há de impossível que, em certos mundos, a eletricidade seja mais abundante que sobre a Terra e desempenhe um papel de ordem geral cujos efeitos não podemos compreender? Esses mundos podem, pois, conter em si mesmos as fontes de calor e de luz necessárias aos seus habitantes.

CONSIDERAÇÕES E CONCORDÂNCIAS BÍBLICAS REFERENTES À CRIAÇÃO

59 – Os povos formaram ideias muito divergentes sobre a criação, segundo o grau dos seus conhecimentos. A razão, apoiada na ciência, reconheceu a impossibilidade de certas teorias. Aquela que foi dada pelos Espíritos confirma a opinião admitida, há longo tempo, pelos homens mais esclarecidos.

A objeção que se pode fazer a essa teoria é que está em contradição com o texto dos livros sagrados; mas um exame sério faz reconhecer que essa contradição é mais aparente que real e que ela resulta da interpretação dada a um significado frequentemente alegórico.

A questão do primeiro homem, na pessoa de Adão, como única fonte da Humanidade, não é a única sobre a qual as crenças religiosas tiveram que se modificar. O movimento da Terra pareceu, em certa época, de tal forma oposto ao texto sagrado, que não houve tipo de perseguições que essa teoria não tivesse servido de pretexto e, todavia, a Terra gira malgrado os anátemas, não podendo, hoje, ninguém o contestar sem agravar a sua própria razão.

A Bíblia diz, igualmente, que o mundo foi criado em seis dias e fixa a época em torno de 4000 anos antes da era cristã. Antes disso a Terra não existiria; foi tirada do nada; o texto é formal; eis que a ciência positiva, a ciência inexorável, veio provar o contrário. A formação do globo está escrita em caracteres perenes no mundo fóssil, estando provado que os seis dias da criação são tantos períodos, cada um talvez de várias centenas de milhares de anos. Isto não é um sistema, uma doutrina, uma opinião isolada, é um fato também constante como aquele do movimento da Terra e que a teologia não pode se recusar a admitir, prova evidente do erro em que podem cair tomando pela letra as expressões de uma linguagem frequentemente figurada. É preciso concluir que a Bíblia é um erro? Não, mas que os homens se equivocaram em a interpretando.

A ciência, escavando os arquivos da Terra, reconheceu a ordem pela qual os diferentes seres vivos apareceram em sua superfície, e esta ordem está de acordo com aquela indicada no *Gênese*, com a diferença de que esta obra, ao invés de sair milagrosamente das mãos de Deus, em algumas horas, se realizou sempre pela sua vontade, mas segundo a lei das forças da Natureza, em alguns milhões de anos. Deus ficou, por isso, menor ou menos poderoso? Sua obra ficou menos sublime por não ter o prestígio da instantaneidade? Não, evidentemente; seria preciso se fazer da divindade uma ideia bem mesquinha para não se reconhecer a sua onipotência nas leis eternas que estabeleceu para reger os mundos. A ciência, longe de diminuir a obra divina, no-la mostra sob um aspecto mais grandioso e mais conforme as noções que temos do poder e da majestade de Deus, pela razão mesma de se cumprir sem derrogar as leis da Natureza.

A ciência, de acordo nisso com Moisés, coloca o homem em último lugar na ordem da criação dos seres vivos. Todavia, Moisés indica o dilúvio universal no ano 1654 do mundo, enquanto a Geologia nos mostra o grande cataclismo anterior à aparição do homem, atendendo que, até hoje, não se encontrou nas camadas primitivas qualquer traço de sua presença, nem de animais da mesma categoria sob o ponto de vista físico. Mas nada prova que isso seja impossível; várias descobertas já fizeram surgir dúvidas a tal respeito; pode ocorrer que, de um momento para outro, se adquira a certeza material dessa anterioridade da raça humana, e então se reconhecerá que, sob esse ponto, como sobre os outros, o texto bíblico é uma alegoria. A questão é de saber se o cataclismo geológico é o mesmo que o de Noé; ora, a duração necessária à formação das camadas fósseis não permite mais os confundir e do momento em que se encontrem os vestígios da existência do homem antes da grande catástrofe, ficará provado, ou que Adão não foi o primeiro homem, ou que a sua criação se perde na noite dos tempos. Contra a evidência não há raciocínios possíveis, e seria preciso aceitar esse fato como se aceitou aquele do movimento da Terra e dos seis períodos da criação.

A existência do homem antes do dilúvio geológico, em verdade, é ainda hipotética, mas eis aqui o que o é menos. Admitindo-se que o homem apareceu pela primeira vez sobre a Terra, 4000 anos antes de Cristo, se 1650 anos depois toda a raça humana foi destruída, à exceção de uma só família, disso resulta que o povoamento da Terra não data senão de Noé, quer dizer, de 2350 anos antes da nossa era. Ora, quando os Hebreus emigraram do Egito, no décimo-oitavo século, encontraram esse país muito povoado e já bem avançado em civilização. A história prova que, nessa época, a Índia e outros países estavam igualmente florescentes, sem mesmo se levar em conta a cronologia de certos povos que remontam a uma época bem mais recuada. Seria preciso, pois, que, do vigésimo-quarto ao décimo-oitavo século, quer dizer, num espaço de 600 anos, não somente a posteridade de um único homem pudesse povoar todos os imensos países então conhecidos, supondo-se que os outros não o fossem, mas que, nesse curto intervalo, a espécie humana pudesse se elevar da ignorância absoluta do estado primitivo, ao mais alto grau de desenvolvimento intelectual, o que é contrário a todas as leis antropológicas.

A diversidade das raças vem, ainda, em apoio desta opinião. O clima e os costumes produzem, sem dúvida, modificações nos caracteres físicos, mas se conhece até onde podem chegar as influências dessas causas, e o exame fisiológico prova que há, entre certas raças, diferenças constitucionais mais profundas que aquelas que podem o clima produzir. O cruzamento das raças produz os tipos intermediários; ele tende a apagar os caracteres extremos, mas não os produz; não cria senão variedades; ora, para que houvesse cruzamento de raças era preciso que houvesse raças distintas, e como explicar sua existência lhes dando um tronco comum e, sobretudo, ainda próximo? Como se admitir que, em alguns séculos, certos descendentes de Noé se transformaram ao ponto de produzirem a raça etíope, por exemplo? Uma tal metamorfose não é mais admissível que a hipótese de um tronco comum entre o lobo e o cordeiro, o elefante e o pulgão, o pássaro e o peixe. Ainda uma vez, nada pode prevalecer contra a evidência dos fatos. Tudo se explica, ao contrário, em se admitindo a existência do homem antes da época que lhe é vulgarmente assinalada; a diversidade das fontes; Adão que vivia há seis mil anos, como tendo povoado uma região ainda desabitada; o dilúvio de Noé como uma catástrofe parcial confundida com o cataclismo geológico; tendo-se em conta, enfim, a forma alegórica particular ao estilo oriental e que se encontra nos livros sagrados de todos os povos. Por isso, é prudente não se negar, apressadamente, como falsas, doutrinas que cedo ou tarde, como tantas outras, podem dar um desmentido àqueles que as combatem. As ideias religiosas, longe de perderem, engrandecem-se, caminhando com a ciência; esse é o único meio de não apresentarem, ao ceticismo, um lado vulnerável.

CAPÍTULO 4

PRINCÍPIO VITAL

Seres orgânicos e inorgânicos • A vida e a morte • Inteligência e instinto

SERES ORGÂNICOS E INORGÂNICOS

Os seres orgânicos são aqueles que têm, em si mesmos, uma fonte de atividade íntima que lhes dá a vida. Eles nascem, crescem, reproduzem-se por si mesmos e morrem. São providos de órgãos especiais para a realização dos diferentes atos da vida, e que são apropriados às suas necessidades, para a sua conservação. Compreendem os homens, os animais e as plantas. Os seres inorgânicos são todos aqueles que não têm vitalidade, nem movimentos próprios e não se formam senão pela agregação da matéria. Tais são os minerais, a água, o ar, etc.

60 – É a mesma força que une os elementos da matéria nos corpos orgânicos e nos corpos inorgânicos?

– *Sim, a lei de atração é a mesma para tudo.*

61 – Existe alguma diferença entre a matéria dos corpos orgânicos e aquela dos corpos inorgânicos?

– *É sempre a mesma matéria, porém, nos corpos orgânicos, ela está animalizada.*

62 – Qual é a causa da animalização da matéria?

– *Sua união com o princípio vital.*

63 – O princípio vital reside num agente particular ou não é senão uma propriedade da matéria organizada; numa palavra, é um efeito ou uma causa?

– *É uma e a outra. A vida é um efeito produzido pela ação de um agente sobre a matéria; esse agente, sem a matéria, não é a vida, da mesma forma que a matéria não pode viver sem esse agente. Ele dá a vida a todos os seres que a absorvem e a assimilam.*

64 – Vimos que o Espírito e a matéria são dois elementos constitutivos do Universo; o princípio vital forma com eles um terceiro?

– Sem dúvida, é um dos elementos necessários à constituição do universo, mas ele mesmo tem sua fonte na matéria universal modificada; é, para vós, um elemento como o oxigênio e o hidrogênio que, todavia, não são elementos primitivos, porque tudo isto parte de um mesmo princípio.

64.a – Parece resultar daí que a vitalidade não tem seu princípio num agente primitivo distinto, mas numa propriedade especial da matéria universal, em razão de certas modificações?

– É a consequência do que dissemos.

65 – O princípio vital reside em alguns dos corpos que conhecemos?

– Ele tem sua fonte no fluido universal; é o que chamais de fluido magnético ou fluido elétrico animalizado. É o intermediário, o elo entre o Espírito e a matéria.

66 – O princípio vital é o mesmo para todos os seres orgânicos?

– Sim, modificado segundo as espécies. É ele que lhes dá o movimento e atividade, e os distingue da matéria inerte, pois o movimento da matéria não é a vida. Ela recebe esse movimento, não o dá.

67 – A vitalidade é um atributo permanente do agente vital ou se desenvolve senão pelo funcionamento dos órgãos?

– Não se desenvolve senão com o corpo. Não dissemos que esse agente sem a matéria não é a vida? É necessária a união das duas coisas para produzir a vida.

– Poder-se-á dizer que a vitalidade está em estado latente quando o agente vital não está unido ao corpo?

– Sim, é isso.

O conjunto dos órgãos constitui uma espécie de mecanismo que recebe seu impulso da atividade íntima ou princípio vital que existe neles. O princípio vital é a força motriz dos corpos orgânicos.

Ao mesmo tempo que o agente vital dá o impulso aos órgãos, a ação dos órgãos entretém e desenvolve a atividade do agente vital, aproximadamente como o atrito desenvolve o calor.

A VIDA E A MORTE

68 – Qual a causa da morte entre os seres orgânicos?

– O esgotamento dos órgãos.

68.a – Poder-se-ia comparar a morte à cessação do movimento numa máquina desorganizada?

Sim; se a máquina está mal montada, a atividade cessa; se o corpo adoece, a vida dele se vai.

69 – Por que uma lesão do coração, antes que a dos outros órgãos, causa a morte?

– O coração é máquina de vida; mas o coração não é o único órgão cuja lesão ocasiona a morte; não é mais que uma das peças essenciais.

70 – Em que resultam a matéria e o princípio vital dos seres orgânicos em sua morte?

– A matéria inerte se decompõe e toma nova forma; o princípio vital retorna à massa.

O ser orgânico estando morto, os elementos dos quais está formado sofrem novas combinações que constituem novos seres; estes tiram da fonte universal o princípio da vida e da atividade, o absorvem e o assimilam para devolvê-lo à mesma fonte, quando deixarem de existir.

Os órgãos estão, por assim dizer, impregnados de fluido vital. Esse fluido dá, a todas as partes do organismo, uma atividade que lhes opera a aproximação em certas lesões, e restabelece as funções momentaneamente suspensas. Mas quando os elementos essenciais ao funcionamento dos órgãos estão destruídos, ou muito profundamente alterados, o fluido vital é impotente para lhes transmitir o movimento da vida, e o ser morre.

Os órgãos reagem, mais ou menos necessariamente, uns sobre os outros; é da harmonia do seu conjunto que resulta a sua ação recíproca. Quando uma causa qualquer destrói essa harmonia, suas funções cessam, como o movimento de um mecanismo cujas peças principais estão desarranjadas. Tal um relógio que se desgasta com o tempo ou se desconjunta por acidente, no qual a força motriz fica impotente para pô-lo em movimento.

Temos uma imagem mais exata da vida e da morte num aparelho elétrico. Esse aparelho recolhe eletricidade, como todos os corpos da Natureza, em estado latente. Os fenômenos elétricos não se manifestam senão quando o fluido é posto em atividade por uma causa especial; então, poder-se-ia dizer que o aparelho está vivo. A causa da atividade vindo a cessar, o fenômeno cessa; o aparelho volta ao estado de inércia. Os corpos orgânicos seriam assim como espécies de pilhas ou aparelhos elétricos nos quais a atividade do fluido produz o fenômeno da vida; a cessação dessa atividade produz a morte.

A quantidade de fluido vital não é absoluta em todos os seres orgânicos; varia segundo as espécies e não é constante, seja no mesmo indivíduo, seja nos indivíduos da mesma espécie. Há os que são, por assim dizer, saturados, enquanto que outros dispõem apenas de uma quantidade suficiente; daí, para alguns, a vida mais ativa, mais tenaz, e, de certo modo, superabundante.

A quantidade de fluido vital se esgota; pode vir a ser insuficiente para manter a vida, se não se renova pela absorção e a assimilação das substâncias que o contêm.

O fluido vital se transmite de um indivíduo para outro. Aquele que dele tem mais, pode dá-lo àquele que dele tem menos e, em certos casos, restabelecer a vida prestes a se extinguir.

INTELIGÊNCIA E INSTINTO

71 – A inteligência é um atributo do princípio vital?

– *Não, pois as plantas vivem e não pensam; tem apenas a vida orgânica. A inteligência e a matéria são independentes, uma vez que um corpo pode viver sem a inteligência; mas a inteligência não pode se manifestar senão por meio dos órgãos materiais; é necessária a união com o Espírito para intelectualizar a matéria animalizada.*

A inteligência é uma faculdade especial, própria de certas classes de seres orgânicos e que lhes dá, com o pensamento, a vontade de agir, a consciência de sua existência e de sua individualidade, assim como os meios de estabelecer intercâmbio com o mundo exterior e de prover às suas necessidades.

Podem-se distinguir assim: 1º) os seres inanimados, formados só de matéria, sem vitalidade nem inteligência, são os corpos brutos; 2º) os seres animados não pensantes, formados de matéria e dotados de vitalidade, mas desprovidos de inteligência; 3º) os seres animados pensantes, formados de matéria, dotados de vitalidade e tendo a mais um princípio inteligente que lhes dá a faculdade de pensar.

72 – Qual é a fonte da inteligência?

– *Já o dissemos: a inteligência universal.*

72.a – Poder-se-ia dizer que cada ser toma uma porção de inteligência da fonte universal e a assimila, como toma e assimila o princípio da vida material?

– *Isto não é senão uma comparação, mas que não é exata, porque a inteligência é uma faculdade própria de cada ser, e constitui sua individualidade moral. De resto, como o sabeis, há coisas que não é dado ao homem penetrar e esta é desse número, para o momento.*

73 – O instinto é independente da inteligência?

– *Não, não precisamente, porque é uma espécie de inteligência. O instinto é uma inteligência não racional e é por aí que todos os seres provêm às suas necessidades.*

74 – Pode-se assinalar um limite entre o instinto e a inteligência, quer dizer, precisar onde termina um e onde começa a outra?

– Não, porque frequentemente eles se confundem; mas se podem muito bem distinguir os atos que pertencem ao instinto e aqueles que pertencem à inteligência.

75 – É exato se dizer que as faculdades instintivas diminuem à medida que crescem as faculdades intelectuais?

– Não; o instinto existe sempre, mas o homem o negligencia. O instinto pode também conduzir ao bem; ele nos guia quase sempre e, algumas vezes, com mais segurança que a razão. Ele não se transvia nunca.

75.a – Por que a razão não é sempre um guia infalível?

– Ela seria infalível se não fosse falseada pela má educação, o orgulho e o egoísmo. O instinto não raciocina; a razão permite a escolha e dá ao homem o livre-arbítrio.

O instinto é uma inteligência rudimentar que difere da inteligência propriamente dita, em que suas manifestações são quase sempre espontâneas, enquanto que as da inteligência são o resultado de uma combinação e de um ato deliberado.

O instinto varia em suas manifestações, segundo as espécies e suas necessidades. Nos seres que têm a consciência e a percepção das coisas exteriores, ele se alia à inteligência, quer dizer, à vontade e à liberdade.

LIVRO SEGUNDO

MUNDO ESPÍRITA OU DOS ESPÍRITOS

CAPÍTULO 1

DOS ESPÍRITOS

Origem e natureza dos Espíritos • Mundo normal primitivo • Forma e ubiquidade dos Espíritos • Perispírito • Diferentes ordens de Espíritos • Escala espírita • Progressão dos Espíritos • Anjos e demônios.

ORIGEM E NATUREZA DOS ESPÍRITOS

76 – Que definição se pode dar dos Espíritos?

– *Pode-se dizer que os Espíritos são os seres inteligentes da Criação. Povoam o Universo fora do mundo material.*

Nota. O vocábulo **Espírito** é empregado aqui para designar as individualidades dos seres extra-corpóreos, e não mais o elemento inteligente universal.

77 – Os Espíritos são seres distintos da Divindade ou seriam apenas emanações ou porções da Divindade e chamados, por essa razão, filhos de Deus?

– *Meu Deus! são sua obra absolutamente como um homem que faz uma máquina; essa máquina é obra do homem e não ele mesmo. Sabes que quando o homem faz uma coisa bela, útil, ele a chama sua filha, sua criação. Pois bem, o mesmo se dá com relação a Deus: somos seus filhos, uma vez que somos sua obra.*

78 – Os Espíritos tiveram um começo, ou bem são como Deus, de toda a eternidade?

– *Se os Espíritos não tivessem tido princípio, seriam iguais a Deus, ao passo que eles são sua criação e submetidos à sua vontade. Deus existe de toda eternidade e isto é incontestável; mas saber quando e como nos criou, não o sabemos. Podes dizer que não tivemos princípio, se entenderes com isso que, sendo Deus eterno, tem criado sem descanso; mas quando e como ele criou cada um de nós, digo-te, ainda, ninguém o sabe; aí é que está o mistério.*

79 – Visto que há dois elementos gerais no Universo: o elemento inteligente e o elemento material, poder-se-á dizer que os Espíritos são formados do elemento inteligente como os corpos inertes são formados do elemento material?

– *Evidentemente; os Espíritos são individualizações do princípio inteligente, como os corpos são individualizações do princípio material. A época e o modo dessa formação é que são desconhecidos.*

80 – A criação dos Espíritos é permanente, ou teve lugar apenas na origem dos tempos?

– *É permanente; quer dizer, Deus não cessou jamais de criar.*

81 – Os Espíritos se formam espontaneamente ou procedem uns dos outros?

– *Deus os cria, como a todas as outras criaturas, pela sua vontade; mas, ainda uma vez, a origem deles é mistério.*

82 – É exato se dizer que os Espíritos são imateriais?

– *Como se pode definir uma coisa, quando faltam termos de comparação e com uma linguagem insuficiente? Um cego de nascimento pode definir a luz? Imaterial não é o termo; incorpóreo seria mais exato, pois deves compreender que sendo o Espírito uma criação, deve ser alguma coisa. É uma matéria quintessenciada, mas sem analogia para vós, e tão etérea que não pode ser percebida pelos vossos sentidos.*

Dizemos que os Espíritos são imateriais, porque sua essência difere de tudo o que conhecemos sob o nome de matéria. Uma comunidade de cegos não teria termos para definir a luz e seus efeitos. Um cego de nascença crê possuir todas as percepções pelo ouvido, o odor, o gosto e o tato; ele não compreende as ideias que lhe dariam o sentido que lhe falta. Da mesma forma, com relação à essência dos seres sobre-humanos somos verdadeiros cegos. Não os podemos definir senão por comparações sempre imperfeitas, ou por um esforço da nossa imaginação.

83 – Os Espíritos têm fim? Compreende-se que o princípio de onde eles emanam seja eterno, mas o que perguntamos é se sua individualidade tem um termo e se, num tempo dado, mais ou menos longo, o elemento de que são formados não se dissemina e não retorna à massa, como ocorre com os corpos materiais. É difícil de compreender que uma coisa que teve começo, possa não ter fim.

– Há muitas coisas que não compreendeis porque a vossa inteligência é limitada e isso não é uma razão para que as rejeiteis. A criança não compreende tudo o que seu pai compreende, nem o ignorante tudo o que compreende o sábio. Dissemos que a existência do Espírito não tem fim; é tudo o que podemos dizer agora.

MUNDO NORMAL PRIMITIVO

84 – Os Espíritos constituem um mundo à parte, fora daquele que vemos?

– Sim, o mundo dos Espíritos ou das inteligências incorpóreas.

85 – Qual é dos dois, o mundo espírita ou o mundo corpóreo, que é o principal na ordem das coisas?

– O mundo espírita; ele é preexistente e sobrevivente a tudo.

86 – O mundo corpóreo poderia deixar de existir, ou não ter jamais existido, sem alterar a essência do mundo espírita?

– Sim, eles são independentes e, no entanto, sua correlação é incessante, porque reagem incessantemente um sobre o outro.

87 – Os Espíritos ocupam uma região determinada e circunscrita no espaço?

– Os Espíritos estão por toda a parte; os espaços infinitos são por eles povoados ao infinito. Há os que estão sem cessar ao vosso lado, que vos observam e agem sobre vós com o vosso desconhecimento, porque os Espíritos são uma das forças da Natureza, e instrumentos de que Deus se serve para a realização dos seus objetivos providenciais; mas nem todos vão a toda parte, pois há regiões interditadas aos menos avançados.

FORMA E UBIQUIDADE DOS ESPÍRITOS

88 – Os Espíritos têm uma forma determinada, limitada e constante?

– Aos vossos olhos, não; aos nossos, sim. Se quiserdes, é uma chama, um clarão ou uma centelha etérea.

88.a – Essa chama ou centelha tem uma cor qualquer?

– Para vós, ela varia da sombra ao brilho do rubi, segundo seja o Espírito mais ou menos puro.

Representam-se ordinariamente os gênios com uma flama ou estrela sobre a fronte; é uma alegoria que lembra a natureza essencial dos

Espíritos. Colocam-na na altura da cabeça porque aí está a sede da inteligência.

89 – Os Espíritos gastam um tempo qualquer para transpor o espaço?

– Sim, porém, rápido como o pensamento.

89.a – O pensamento não é a própria alma que se transporta?

– Quando o pensamento está em qualquer parte, a alma aí está também, pois é a alma quem pensa. O pensamento é um atributo.

90 – O Espírito que se transporta de um lugar a outro tem consciência da distância que percorre e dos espaços que atravessa; ou bem é subitamente transportado para o lugar onde quer ir?

– Ambas as coisas. O Espírito pode, muito bem, se ele quiser, tomar conhecimento da distância que percorre, mas essa distância pode desaparecer completamente; isso depende da sua vontade, e também da sua natureza mais ou menos depurada.

91 – A matéria faz obstáculo aos Espíritos?

– Não; eles penetram em tudo: o ar, a terra, as águas e mesmo o fogo lhes são igualmente acessíveis.

92 – Os Espíritos têm o dom da ubiquidade; por outras palavras, o mesmo Espírito pode se dividir ou existir em vários lugares ao mesmo tempo?

– Não pode haver divisão do mesmo Espírito, mas cada um é um centro que irradia em diversas direções e é por isso que parecem estar em vários lugares ao mesmo tempo. Vês o Sol, é apenas um, e, no entanto, ilumina tudo ao redor e leva seus raios a longas distâncias; apesar disso, ele não se divide.

92.a – Todos os Espíritos se irradiam com o mesmo poder?

– Muito lhes é preciso; isso depende do grau da sua pureza.

Cada Espírito é uma unidade indivisível, mas cada um deles pode irradiar seu pensamento em diversas direções sem com isso se dividir. É nesse sentido somente que se deve entender o dom da ubiquidade atribuída aos Espíritos. Tal como uma centelha que projeta ao longe sua claridade, e pode ser percebida de todos os pontos do horizonte. Tal como, ainda, um homem que, sem mudar de lugar e sem se repartir, pode transmitir suas ordens, seus sinais e o movimento para diferentes pontos.

PERISPÍRITO

93 – O Espírito, propriamente dito, está a descoberto ou está, como pretendem alguns, envolvido de uma substância qualquer?

– *O Espírito está revestido de uma substância vaporosa para ti, mas ainda bem grosseira para nós; muito vaporosa, entretanto, para poder se elevar na atmosfera e se transportar para onde queira.*

Assim como o germe de um fruto é envolvido pelo perisperma, da mesma forma o Espírito, propriamente dito, está revestido de um envoltório que, por comparação, pode-se chamar de **perispírito**.

94 – De onde o Espírito toma o seu invólucro semimaterial?

– *Do fluido universal de cada globo. Por isso, ele não é o mesmo em todos os mundos; passando de um mundo para outro, o Espírito troca de envoltório, como mudais de roupa.*

94.a – Assim, quando os Espíritos que habitam mundos superiores vêm entre nós, tomam um perispírito mais grosseiro?

– *Já o dissemos: é preciso que eles se revistam da vossa matéria.*

95 – O envoltório semimaterial do Espírito tem formas determinadas e pode ser perceptível?

– *Sim; tem uma forma que o Espírito deseja, e é assim que ele se vos apresenta algumas vezes, seja nos sonhos, seja no estado de vigília, podendo tomar uma forma visível e mesmo palpável.*

DIFERENTES ORDENS DE ESPÍRITOS

96 – Os Espíritos são iguais, ou bem existe entre eles uma hierarquia qualquer?

– *São de diferentes ordens, segundo o grau de perfeição ao qual chegaram.*

97 – Há um número determinado de ordens ou de graus de perfeição entre os Espíritos?

O número é ilimitado, pois não existe entre essas ordens uma linha de demarcação traçada como uma barreira, e assim se podem multiplicar, ou restringir, as divisões à vontade; todavia, se considerarmos os caracteres gerais, elas podem se reduzir a três principais.

Podem-se colocar em primeiro lugar aqueles que chegaram à perfeição: os Espíritos puros. Os da segunda ordem alcançaram a metade da escala: o desejo do bem é a sua preocupação. Os da última ordem estão ainda no início da escala: os Espíritos imperfeitos. São caracterizados pela ignorância, o desejo do mal e todas as más paixões que lhes retardam o progresso.

98 – Os Espíritos da segunda ordem não têm senão o desejo do bem; têm também o poder de fazê-lo?

– Eles têm esse poder, segundo o grau de sua perfeição: alguns possuem a ciência, os outros têm a sabedoria e a bondade, mas todos têm, ainda, provas a suportar.

99 – Os Espíritos da terceira ordem são, todos eles, essencialmente maus?

– Não, alguns não fazem nem bem nem mal; outros, ao contrário, se comprazem no mal e ficam satisfeitos quando encontram oportunidade de fazê-lo. Aliás, existem ainda os Espíritos levianos ou estouvados, mais enganadores do que malvados, que se comprazem antes na malícia que na maldade, e que encontram prazer em mistificar e causar as pequenas contrariedades das quais se riem.

ESCALA ESPÍRITA

100 – Observações preliminares: – A classificação dos Espíritos se baseia sobre o grau do seu adiantamento, sobre as qualidades que adquiriram e sobre as imperfeições das quais devem ainda se despojar. Esta classificação, de resto, nada tem de absoluta; cada categoria não apresenta um caráter nítido senão no seu conjunto. Todavia, de um grau a outro a transição é insensível e, sobre os limites, a pequena diferença se apaga, como nos reinos da Natureza, como nas cores do arco-íris, ou ainda como nos diferentes períodos da vida do homem. Pode-se, pois, formar maior ou menor número de classes, segundo o ponto de vista sobre o qual se considera a coisa. Ocorre aqui, como em todos os sistemas de classificações científicas; esses sistemas podem ser mais ou menos completos, mais ou menos racionais, mais ou menos cômodos para a inteligência; mas, quaisquer que sejam, não mudam em nada as bases da ciência. Os Espíritos interrogados sobre esse ponto podem, pois, variar no número de categorias, sem que isso tenha consequência. Alguns se armaram dessa contradição aparente, sem refletirem que eles não ligam nenhuma importância ao que é puramente convencional; para eles, o pensamento é tudo: deixam para nós a forma, a escolha dos termos, as classificações, numa palavra, os sistemas.

Acrescentamos ainda esta consideração que não se deve jamais perder de vista, é que entre os Espíritos, do mesmo modo que entre os homens, há os muito ignorantes, não sendo demais se colocar em guarda contra a tendência a crer que todos devem tudo saber porque são Espíritos. Toda classificação exige método, análise e conhecimento profundo do assunto. Ora, no mundo dos Espíritos, aqueles que têm conhecimentos limitados são, como neste mundo, os ignorantes, os inábeis a abranger um conjunto, a formular um sistema; não conhecem ou não compreendem, senão imperfeitamente, uma classificação qualquer; para eles, todos os Espíritos que lhes são superiores são da primeira ordem, sem que possam apreciar as diferenças de saber, de capacidade e de moralidade que os distinguem, como entre nós um homem rude em relação aos homens civilizados. Aqueles mesmos que estão aptos podem variar nos detalhes segundo seu ponto de vista, sobretudo quando uma divisão não tem nada de absoluta.

Lineu, Jussieu e Tournefort tiveram, cada um, seu método, e a botânica não mudou por isso; é que não inventaram nem as plantas, nem seus caracteres; observaram as analogias segundo as quais formaram os grupos ou classes. Foi assim que procedemos; não inventamos nem os Espíritos, nem seus caracteres; vimos e observamos, julgando-os pelas suas palavras e seus atos, e depois os classificamos pelas semelhanças, baseados sobre os dados que eles próprios nos forneceram.

Os Espíritos, geralmente, admitem três categorias principais ou três grandes divisões. Na última, aquela que está no início da escala, estão os Espíritos imperfeitos, caracterizados pela predominância da matéria sobre o Espírito e pela inclinação ao mal. Os da segunda são caracterizados pela predominância do Espírito sobre a matéria e pelo desejo do bem: são os bons Espíritos. A primeira, enfim, compreende os Espíritos puros, aqueles que alcançaram o supremo grau de perfeição.

Esta divisão nos parece perfeitamente racional e apresenta caracteres bem definidos; retava-nos ressaltar, por um número suficiente de subdivisões, as diferenças principais do conjunto; foi o que fizemos, com o concurso dos Espíritos, cujas instruções benevolentes jamais nos faltaram.

Com o auxílio deste quadro será fácil determinar a ordem e o grau de superioridade ou inferioridade dos Espíritos com os quais podemos entrar em comunicação e, por consequência, o grau de confiança e de estima que merecem. É, de alguma forma, a chave da ciência espírita, porque só ele pode nos dar conta das anomalias que as comunicações apresentam, em nos esclarecendo quanto às desigualdades intelectuais e morais dos Espíritos. Observaremos, contudo, que os Espíritos não pertencem para sempre exclusivamente a tal ou tal classe; seu progresso, não se realizando senão gradualmente, e frequentemente mais num sentido que em outro, eles podem reunir os caracteres de várias categorias, o que é fácil de se apreciar pela sua linguagem e pelos seus atos.

TERCEIRA ORDEM - ESPÍRITOS IMPERFEITOS

101 – Caracteres gerais. – Predominância da matéria sobre o Espírito. Propensão ao mal. Ignorância, orgulho, egoísmo e todas as más paixões que lhes são consequências.

Têm a intuição de Deus, mas não o compreendem.

Não são todos essencialmente maus; em alguns há mais de leviandade, de inconsequência e de malícia, do que verdadeira maldade. Uns não fazem nem bem, nem mal; porém só por isso, que não fazem o bem, denotam a sua inferioridade. Outros, ao contrário, se comprazem no mal e ficam satisfeitos quando encontram oportunidade de fazê-lo.

Eles podem aliar a inteligência à maldade ou à malícia; mas qualquer que seja seu desenvolvimento intelectual, suas ideias são pouco elevadas e seus sentimentos mais ou menos inferiores.

Os seus conhecimentos sobre as coisas do mundo espírita são limitados, e o pouco que sabem se confunde com as ideias e os preconceitos da vida corpórea. Não podem dele nos dar senão noções falsas e incompletas; porém, o observador atento encontra, frequentemente, em suas comunicações, mesmo imperfeitas, a confirmação das grandes verdades ensinadas pelos Espíritos superiores.

O seu caráter se revela pela sua linguagem. Todo Espírito que, em suas comunicações, revela um mau pensamento, pode ser classificado na terceira ordem; por conseguinte, todo mau pensamento que nos é sugerido, nos vem de um Espírito dessa ordem.

Veem a felicidade dos bons e essa visão é para eles um tormento incessante, porque experimentam todas as angústias que a inveja e o ciúme podem produzir.

Conservam a lembrança e a percepção dos sofrimentos da vida corporal e essa impressão, frequentemente, é mais penosa que a realidade. Sofrem, pois, verdadeiramente, pelos males que suportaram e pelos que fizeram os outros suportarem, e, como sofrem por longo tempo, creem sofrer sempre: Deus, para os punir, quer que eles creiam assim.

Pode-se dividi-los em cinco classes principais.

102 – *Décima classe*. – ESPÍRITOS IMPUROS. – São inclinados ao mal e fazem dele objeto de suas preocupações.

Como Espíritos, dão conselhos desleais, fomentam a discórdia, a desconfiança e se mascaram de todas as formas para melhor enganar. Ligam-se aos caracteres bastante fracos para cederem às suas sugestões, a fim de os prejudicar, satisfeitos por poderem retardar o seu progresso e fazê-los sucumbir nas provas por que passam.

Nas manifestações reconhece-os pela sua linguagem: a trivialidade e a grosseria das expressões, nos Espíritos como nos homens, é sempre um indício de inferioridade moral, senão intelectual. Suas comunicações revelam a baixeza de suas inclinações e se tentam enganar falando de maneira sensata, não podem sustentar por muito tempo seu papel e acabam sempre por trair a sua origem.

Certos povos fizeram deles divindades malfazejas, outros os designaram sob o nome de demônios, gênios maus e Espíritos do mal.

Quando estão encarnados, os seres que eles animam são inclinados a todos os vícios que engendram as paixões vis e degradantes: a sensualidade, a crueldade, o embuste, a hipocrisia, a cupidez e a avareza sórdida. Fazem o mal pelo prazer de fazê-lo, e muito frequentemente sem motivos, escolhendo suas vítimas, por ódio que têm ao bem, quase sempre entre as pessoas honestas. São flagelos para a Humanidade, qualquer que seja a categoria social a que pertençam, e o verniz da civilização não os livra do opróbrio e da ignomínia.

103 – *Nona classe*. – ESPÍRITOS LEVIANOS. – São ignorantes, maliciosos, inconsequentes e zombeteiros. Envolvem-se em tudo, respondem a tudo, sem se preocuparem com a verdade. Comprazem-se em causar pequenos desgostos e pequenas alegrias, atormentando, induzindo maliciosamente ao erro por meio de mistificações e travessuras. A esta classe pertencem os Espíritos vulgarmente designados sob os nomes de *gnomos, duendes, diabretes, trasgos*. Estão sob a dependência dos Espíritos superiores, que, frequentemente, empregam-nos, como fazemos com os nossos servidores.

Nas suas comunicações com os homens, a sua linguagem é algumas vezes espiritual e engraçada, mas, quase sempre, sem conteúdo. Compreendem os defeitos e o ridículo que exprimem em tiradas mordazes e satíricas. Se usam nomes supostos, é mais por malícia do que por maldade.

104 – *Oitava classe*. – ESPÍRITOS PSEUDO-SÁBIOS. – Seus conhecimentos são bastante amplos, mas creem saber mais do que realmente sabem. Tendo realizado algum progresso em diversos pontos de vista, sua linguagem tem um caráter sério que pode iludir sobre as suas capacidades e suas luzes; mas isso não é, o mais frequentemente, senão um reflexo dos preconceitos e das ideias sistemáticas da vida terrestre; é uma mistura de algumas verdades ao lado dos erros mais absurdos, no meio dos quais se percebe a presunção, o orgulho, a inveja e a obstinação das quais não puderam se despojar.

105 – *Sétima classe.* – ESPÍRITOS NEUTROS. – Não são nem muito bons para fazerem o bem, nem muito maus para fazerem o mal, inclinando-se tanto para um como para o outro, e não se elevam acima da condição vulgar da Humanidade, tanto pelo moral como pela inteligência. Apegam-se às coisas deste mundo, de cujas alegrias grosseiras têm saudades.

106 – *Sexta classe.* – ESPÍRITOS BATEDORES E PERTURBADORES. – Estes Espíritos não formam, propriamente falando, uma classe distinta pelas suas qualidades pessoais; podem pertencer a todas as classes da terceira ordem. Manifestam, frequentemente, sua presença por meio de efeitos sensíveis e físicos, tais como as pancadas, o movimento e o deslocamento anormal dos corpos sólidos, a agitação do ar, etc. Parecem, mais do que os outros, agarrados à matéria; parecem ser os agentes principais das perturbações dos elementos do globo, seja que atuem sobre o ar, a água, o fogo, os corpos duros, ou nas entranhas da terra. Reconhece-se que esses fenômenos não são devidos a uma causa fortuita e física, quando têm um caráter intencional e inteligente. Todos os Espíritos podem produzir esses fenômenos, mas os Espíritos elevados os deixam, em geral, como atribuições dos Espíritos subalternos, mais aptos às coisas materiais do que às coisas inteligentes. Quando julgam que as manifestações desse gênero são úteis, se servem desses Espíritos como auxiliares.

SEGUNDA ORDEM - BONS ESPÍRITOS

107 – Caracteres gerais. – Predominância do Espírito sobre a matéria; desejo do bem. Suas qualidades e seu poder em fazer o bem estão em razão com o adiantamento que alcançaram: uns têm a ciência, os outros a sabedoria e a bondade. Os mais avançados, reúnem o saber às qualidades morais. Não estando ainda completamente desmaterializados, conservam, mais ou menos, segundo sua categoria, os traços da existência corpórea, seja na forma da linguagem, seja nos seus hábitos, onde se descobrem mesmo algumas de suas manias; de outro modo, seriam Espíritos perfeitos.

Compreendem Deus e o infinito e já desfrutam da felicidade dos bons. São venturosos pelo bem que fazem e pelo mal que impedem. O amor que os une é para eles a fonte de uma inefável bondade, que não se altera nem pela inveja, nem pelos remorsos, nem por nenhuma das más paixões que fazem o tormento dos Espíritos imperfeitos. Todavia, todos ainda têm provas a suportar, até que tenham alcançado a perfeição absoluta.

Como Espíritos, suscitam bons pensamentos, desviam os homens do caminho do mal, protegem na vida aqueles que se tornam dignos disso e neutralizam a influência dos Espíritos imperfeitos naqueles que não se comprazem em suportá-la.

Quando encarnados, são bons e benevolentes para com os semelhantes. Não são movidos nem pelo orgulho, nem pelo egoísmo, nem pela ambição. Não experimentam nem ódio, nem rancor, nem inveja, nem ciúme, e fazem o bem pelo bem.

A esta ordem pertencem os Espíritos designados pelas crenças vulgares sob o nome de *gênios bons, gênios protetores, Espíritos do bem*. Nas épocas de superstição e ignorância, fizeram deles divindades benfazejas.

Pode-se dividi-los em quatro grupos principais:

108 – *Quinta classe.* – ESPÍRITOS BENEVOLENTES. – Sua qualidade dominante é a bondade; alegram-se em prestar serviço aos homens e os proteger, mas seu saber é limitado: seu progresso se cumpriu mais no sentido moral do que no sentido intelectual.

109 – *Quarta classe.* – ESPÍRITOS SÁBIOS. – O que os distingue, principalmente, é a extensão dos seus conhecimentos. Preocupam-se menos com as questões morais do que com as questões científicas, para as quais têm mais aptidão. Não encaram a ciência senão do ponto de vista de sua utilidade, e não a misturam com nenhuma das paixões que são próprias dos Espíritos imperfeitos.

110 – *Terceira classe.* – ESPÍRITOS DE SABEDORIA. – As qualidades morais da ordem mais elevada formam o seu caráter distintivo. Sem terem conhecimentos ilimitados, são dotados de uma capacidade intelectual que lhes dá um julgamento sadio sobre os homens e sobre as coisas.

111 – *Segunda classe.* – ESPÍRITOS SUPERIORES. – Reúnem a ciência, a sabedoria e a bondade. Sua linguagem, não respira senão a benevolência; é constantemente digna, elevada e, frequentemente, sublime. Sua superioridade os torna, mais do que os outros, aptos para nos darem noções mais justas sobre as coisas do mundo incorpóreo, nos limites do que é permitido aos homens conhecerem. Comunicam-se voluntariamente com aqueles que procuram a verdade de boa fé, e cuja alma desligada é bastante desprendida dos laços terrestres para a compreender. Mas se distanciam daqueles que se animam só de curiosidade ou que a influência da matéria afasta da prática do bem.

Quando, por exceção, encarnam sobre a Terra, é para nela cumprirem uma missão de progresso, e nos oferecem, então, o modelo de perfeição a que a Humanidade pode aspirar neste mundo.

PRIMEIRA ORDEM - ESPÍRITOS PUROS

112 – Caracteres gerais. – A influência da matéria é nula. Superioridade intelectual e moral absoluta em relação aos Espíritos das outras ordens.

113 – *Primeira classe*. – Classe única. – Percorreram todos os graus da escala e se despojaram de todas as impurezas da matéria. Tendo alcançado a soma de perfeições de que é suscetível a criatura, não têm mais que suportar nem provas nem expiações. Não estando mais sujeitos à reencarnação em corpos perecíveis, é para eles a vida eterna, que realizam no seio de Deus.

Gozam de inalterável felicidade, visto que não estão sujeitos nem às necessidades, nem às vicissitudes da vida material; mas essa felicidade não é a de uma *ociosidade monótona passada numa contemplação perpétua*. São os mensageiros e os ministros de Deus, cujas ordens executam para a manutenção da harmonia universal. Comandam a todos os Espíritos que lhe são inferiores, ajudam-nos a se aperfeiçoarem e lhes designam suas missões. Assistir os homens em suas aflições, concitá-los ao bem ou à expiação das faltas que os afastam da felicidade suprema é, para eles, uma doce ocupação. São designados às vezes sob os nomes de anjos, arcanjos ou serafins.

Os homens podem entrar em comunicação com eles, mas bem presunçoso seria aquele que pretendesse tê-los constantemente às suas ordens.

PROGRESSÃO DOS ESPÍRITOS

114 – Os Espíritos são bons ou maus por natureza, ou são eles mesmos que se melhoram?

– *São os próprios Espíritos que se melhoram e, em se melhorando, passam de uma ordem inferior para uma ordem superior.*

115 – Entre os Espíritos, alguns foram criados bons e outros maus?

– *Deus criou todos os Espíritos simples e ignorantes, quer dizer, sem ciência. Deu a cada um uma missão com o fim de os esclarecer e os fazer alcançar, progressivamente, a perfeição para o conhecimento da verdade e para os aproximar dele. A felicidade eterna e sem mistura está para eles nessa perfeição. Os Espíritos adquirem esses conhecimentos passando pelas provas que Deus lhes impõe. Alguns aceitam essas provas com submissão e alcançam mais prontamente o fim de sua destinação. Outros não as suportam senão murmurando e, por suas faltas, permanecem distanciados da perfeição e da felicidade prometida.*

115.a – Segundo isto, os Espíritos pareceriam ser, em sua origem, como são as crianças, ignorantes e sem experiência, mas adquirindo pouco a pouco os conhecimentos que lhes faltam em percorrendo as diferentes fases da vida?

– *Sim, a comparação é justa; a criança rebelde permanece ignorante e imperfeita; segundo sua docilidade, ela aproveita mais ou menos. Todavia, a vida do homem tem um termo e a dos Espíritos se estende ao infinito.*

116 – Há Espíritos que permanecerão perpetuamente nas ordens inferiores?

– *Não; todos se tornarão perfeitos; eles mudam mas lentamente; porque, como já dissemos de outra vez, um pai justo e misericordioso não pode banir eternamente seus filhos. Pretenderias, pois, que Deus, tão grande, tão bom, tão justo, fosse pior que vós mesmos?*

117 – Depende dos Espíritos apressar seu progresso para a perfeição?

– *Certamente, eles a alcançam mais ou menos rapidamente segundo seu desejo e sua submissão à vontade de Deus. Uma criança dócil não se instrui mais rapidamente do que uma criança insubmissa?*

118 – Podem os Espíritos degenerar?

– *Não; à medida que avançam, compreendem o que os distancia da perfeição. Quando o Espírito finda uma prova, fica com o conhecimento que não esquece mais. Pode permanecer estacionário, mas não retrograda.*

119 – Deus não poderia isentar os Espíritos das provas que devem suportar para alcançarem a primeira ordem?

– *Se eles tivessem sido criados perfeitos seriam sem mérito para desfrutar os benefícios dessa perfeição. Onde estaria o merecimento sem a luta? Aliás, a desigualdade que existe entre eles é necessária à sua personalidade; e, depois, a missão que eles cumprem nesses diferentes graus está nos desígnios da Providência, para a harmonia do Universo.*

Visto que, na vida social, todos os homens podem alcançar as primeiras funções, igualmente se poderia perguntar por que o soberano de um país não faz generais de cada um dos seus soldados; por que todos os empregados subalternos não são empregados superiores; por que todos os estudantes não são mestres. Ora, há esta diferença entre a vida social e a vida espiritual, que a primeira é limitada e não permite sempre alcançar todos os graus, enquanto que a segunda é indefinida, e deixa a cada um a possibilidade de se elevar ao grau supremo.

120 – Todos os Espíritos passam pela fieira do mal para chegar ao bem?

– *Não pela fieira do mal, mas pela da ignorância.*

121 – Por que certos Espíritos seguiram o caminho do bem e outros o do mal?

– *Não têm eles seu livre-arbítrio? Deus não criou Espíritos maus; os criou simples e ignorantes, quer dizer, tendo tanto de aptidão para o bem quanto para o mal; aqueles que são maus, assim se tornaram por sua vontade.*

122 – Como os Espíritos, em sua origem, quando não têm consciência de si mesmos, têm a liberdade de escolha entre o bem e o mal? Existe neles um princípio, uma tendência qualquer, que os leve antes a um caminho que a outro?

– *O livre-arbítrio se desenvolve à medida que o Espírito adquire a consciência de si mesmo. Não haveria mais liberdade se a escolha fosse determinada por uma causa independente da vontade do Espírito. A causa não está nele, está fora dele, nas influências a que cede em virtude de sua vontade livre. É a grande figura da queda do homem e do pecado original; alguns cederam à tentação, outros resistiram.*

122.a – De onde provêm as influências que se exercem sobre ele?

– Dos Espíritos imperfeitos, que procuram se apoderar dele, o dominar, e que se alegram em o fazer sucumbir. Foi isso que se quis pintar na figura de Satanás.

122.b – Esta influência não se exerce sobre o Espírito senão em sua origem?

– Ela o segue na sua vida de Espírito, até que tenha de tal modo domínio sobre si mesmo, que os maus desistam de o obsidiar.

123 – Por que Deus tem permitido que os Espíritos possam seguir o caminho do mal?

– Como ousais pedir a Deus contas de seus atos? Pensais poder lhe penetrar os desígnios? Todavia, podeis dizer isto: A sabedoria de Deus está na liberdade que ele deixa a cada um de escolher, porque cada um tem o mérito de suas obras.

124 – Uma vez que há Espíritos que, desde o princípio, seguem o caminho do bem absoluto, e outros o do mal absoluto, sem dúvida, há degraus entre esses dois extremos?

– Sim, certamente, e é a grande maioria.

125 – Os Espíritos que seguiram o caminho do mal poderão alcançar o mesmo grau de superioridade que os outros?

– Sim; porém, as eternidades serão para eles mais longas.

Por essa expressão **as eternidades** se deve entender a ideia que os Espíritos inferiores têm da perpetuidade dos seus sofrimentos, visto que não lhes é dado anteverem seu fim, e essa ideia se renova em todas as provas nas quais eles sucumbem.

126 – Os Espíritos que alcançaram o grau supremo depois de passarem pelo mal, têm menos mérito que os outros, aos olhos de Deus?

– Deus contempla os transviados com o mesmo olhar, e os ama todos do mesmo coração. São chamados maus, porque sucumbiram; não eram, antes, senão simples Espíritos.

127 – Os Espíritos são criados iguais em faculdades intelectuais?

– São criados iguais, mas não sabendo de onde vêm, é preciso que o livre-arbítrio tenha seu curso. Progridem mais ou menos rapidamente, em inteligência quanto em moralidade.

Os Espíritos que seguiram, desde o princípio, o caminho do bem não são, por isso, Espíritos perfeitos; se não têm más tendências, precisam adquirir a experiência e os conhecimentos necessários para chegarem à perfeição. Podemos compará-los a crianças que, qualquer que seja a bondade de seus instintos naturais, têm necessidades de se desenvolverem, de se esclarecerem e que não chegam sem transição da infância à madureza. Somente que, como há homens que são bons e outros maus desde a sua infância, do mesmo modo existem Espíritos que são bons ou maus desde o seu princípio, com esta diferença capital de que a criança tem os instintos todos formados enquanto que, o Espírito, em sua formação, não é nem mau, nem bom; tem todas as tendências e toma uma ou a outra direção, por efeito de seu livre-arbítrio.

ANJOS E DEMÔNIOS

128 – Os seres que chamamos de anjos, arcanjos, serafins, formam uma categoria especial de natureza diferente das dos outros Espíritos?

– Não; esses são os Espíritos puros; os que se acham no mais alto grau da escala e reúnem todas as perfeições.

A palavra **anjo** revela, geralmente, a ideia da perfeição moral; entretanto, se a aplica, frequentemente, a todos os seres bons e maus que estão fora da humanidade. Diz-se: o bom e o mau anjo; o anjo de luz e o anjo das trevas; nesse caso é sinônimo de **Espírito** ou de **gênio**. Nós a tomamos aqui na sua boa acepção.

129 – Os anjos percorreram todos os graus?

– Eles percorreram todos os graus mas, como dissemos: alguns aceitaram sua missão sem murmurar e chegaram mais depressa; os outros, gastaram um tempo mais ou menos longo para chegarem à perfeição.

130 – Se a opinião que admite seres criados perfeitos e superiores a todas as outras criaturas é errônea, como se explica que essa crença esteja na tradição de quase todos os povos?

– Fica sabendo que teu mundo não é de toda a eternidade e que, muito tempo antes que ele existisse, já havia Espíritos que tinham atingido o grau supremo. Os homens, então, puderam crer que eles foram sempre do mesmo modo.

131 – Há demônios, no sentido que se dá a esta palavra?

– Se houvesse demônios, eles seriam a obra de Deus, e Deus seria justo e bom se houvesse criado seres devotados eternamente ao mal e infelizes? Se há demônios, é em teu mundo inferior e em outros semelhantes que habitam. São esses homens hipócritas que fazem de um Deus justo, um Deus mau e vingativo, e que creem lhe serem agradáveis pelas abominações que cometem em seu nome.

A palavra **demônio** não implica na ideia de maus Espíritos senão na sua significação moderna, porque a palavra grega **daimôn**, da qual é formada, significa **gênio**, **inteligência**, e se dizia dos seres incorpóreos, bons ou maus, sem distinção.

Os demônios, segundo a acepção vulgar da palavra, supõem seres essencialmente malfazejos; seriam, como todas as coisas, a criação de Deus. Ora, Deus que é soberanamente justo e bom, não pode ter criado seres predispostos ao mal por sua natureza, e condenados pela eternidade. Se não são obras de Deus, seriam, pois, como ele, de toda a eternidade, ou então haveria várias potências soberanas.

A primeira condição de toda doutrina é de ser lógica. Ora, a dos demônios, em seu sentido absoluto, peca por essa base essencial.

Na crença dos povos atrasados, que não conheciam os atributos de Deus, admitiam-se as divindades malfazejas, como também os demônios, isto se concebe; mas, para quem faz da bondade de Deus um atributo por excelência, é ilógico e contraditório supor que ele possa ter criado seres devotados ao mal e destinados a fazê-lo perpetuamente, porque é negar sua bondade. Os partidários da Doutrina dos demônios se apóiam nas palavras do Cristo; certamente não seremos nós que contestaremos a autoridade dos seus ensinamentos que desejaríamos ver no coração mais do que na boca dos homens. Mas estarão bem certos do sentido que ele dava à palavra demônio? Não se sabe que a forma alegórica era um dos caracteres distintivos da sua linguagem? Tudo que o Evangelho contém deve ser tomado ao pé da letra? Não precisamos de outra prova além desta passagem:

"Logo após esses dias de aflição, o Sol obscurecerá e a Lua não derramará mais sua luz, as estrelas cairão do céu e as potências celestes serão abaladas. Eu vos digo em verdade, que esta raça não passará sem que todas estas coisas se tenham cumprido". Não temos visto a **forma** do texto bíblico ser contraditada pela Ciência no que se refere à criação e ao movimento da Terra? Não pode ocorrer o mesmo com certas figuras empregadas pelo Cristo, que devia falar de acordo com os tempos e os lugares? O Cristo não poderia dizer, conscientemente, uma coisa falsa. Assim, pois, se em suas palavras há coisas que parecem chocar a razão, é porque não as compreendemos ou as interpretamos mal.

Os homens fizeram com os demônios o que fizeram com os anjos; da mesma forma que acreditaram em seres perfeitos de toda a eternidade, tomaram os Espíritos inferiores por seres perpetuamente maus. Pela palavra demônio devem, pois, se entender os Espíritos impuros que, frequentemente, não valem mais do que as entidades designadas por esse nome, mas, com a diferença de que seu estado é transitório. São os Espíritos imperfeitos que murmuram contra as provas que devem suportar, e que, por isso, suportam-nas por mais tempo, mas que chegarão a sair desse estado, porém, por seu turno, quando tiverem a vontade. Poder-se-ia aceitar então a palavra demônio com esta restrição. Mas como é entendida num sentido exclusivo, poderia induzir ao erro fazendo crer na existência de seres especiais, criados para o mal.

Com relação a Satanás, é evidentemente a personificação do mal sob uma forma alegórica, pois não se poderia admitir um ser mau a lutar, de potência a potência, com a Divindade e cuja única preocupação seria a de contrariar os seus desígnios. Como é preciso ao homem figuras e imagens para impressionar a sua imaginação, ele pintou os seres incorpóreos sob uma forma material, com atributos lembrando as suas qualidades ou os seus defeitos. É assim que os antigos, querendo personificar o tempo, pintaram-no com a figura de um ancião portando uma foice e uma ampulheta; a figura de um homem jovem seria um contra-senso. Ocorre o mesmo com as alegorias da fortuna, da verdade, etc.

Os modernos representaram os anjos, ou Espíritos puros, sob uma figura radiosa, com asas brancas, símbolo da pureza; Satanás com dois chifres, garras e os atributos da animalidade, emblemas das paixões inferiores. O vulgo, que toma as coisas pela letra, viu nesses emblemas um indivíduo real, como outrora vira Saturno na alegoria do Tempo.

CAPÍTULO 2

ENCARNAÇÃO DOS ESPÍRITOS

Objetivo da encarnação • Da alma • Materialismo

OBJETIVO DA ENCARNAÇÃO

132 – Qual o objetivo da encarnação dos Espíritos?

– Deus a impôs a eles com o objetivo de os fazer chegar à perfeição: para alguns é uma expiação, para outros é uma missão. Todavia, para alcançarem essa perfeição, ***devem suportar todas as vicissitudes da existência corporal****; nisto é que está a expiação. A encarnação tem também outro objetivo, que é o de colocar o Espírito em condições de suportar sua parte na obra da criação; para realizá-la é que, em cada mundo, ele toma um aparelho em harmonia com a matéria essencial desse mundo, para executar aí, daquele ponto de vista, as ordens de Deus; de tal sorte que, concorrendo para a obra geral, ele próprio se adianta.*

A ação dos seres corpóreos é necessária à marcha do universo; mas Deus, em sua sabedoria, quis que, por essa mesma ação, eles encontrassem um meio de progredir e de se aproximarem Dele. É assim que, por uma lei admirável de sua providência, tudo se encadeia, tudo é solidário na Natureza.

133 – Os Espíritos que, desde o princípio, seguiram o caminho do bem, têm necessidade da encarnação?

– Todos são criados simples e ignorantes; instruem-se nas lutas e tribulações da vida corporal. Deus, que é justo, não poderia fazer a alguns felizes, sem dificuldade e sem trabalho e, por conseguinte, sem mérito.

133.a – Mas, então, de que serve aos Espíritos terem seguido o caminho do bem, se isso não os isenta das dificuldades da vida corporal?

– Eles chegam mais depressa ao objetivo; depois, as dificuldades da vida, frequentemente, são a consequência da imperfeição do Espírito; quanto menos tenha de imperfeições, menos tem de tormentos. Aquele que não é nem invejoso, nem ciumento, nem avarento, nem ambicioso, não terá os tormentos que nascem desses defeitos.

DA ALMA

134 – Que é a alma?
– Um Espírito encarnado.

134.a – Que era a alma antes de se unir ao corpo?
– Espírito.

134.b – As almas e os Espíritos são, pois, identicamente a mesma coisa?
– Sim, as almas não são senão os Espíritos. Antes de se unir ao corpo, a alma é um dos seres inteligentes que povoam o mundo invisível e que revestem temporariamente um envoltório carnal para se purificar e se esclarecer.

135 – Existe no homem outra coisa que a alma e o corpo?
– Existe o laço que une a alma ao corpo.

135.a – Qual é a natureza desse laço?
– Semimaterial, quer dizer, intermediário entre o Espírito e o corpo. E lhe é necessário para que possam se comunicar um com o outro. É por esse laço que o Espírito atua sobre a matéria, e reciprocamente.

O homem é formado, assim, de três partes essenciais:

1º) O corpo, ou ser material, análogo ao dos animais e animado pelo mesmo princípio vital;

2º) A alma, Espírito encarnado, do qual o corpo é a habitação;

3º) O princípio intermediário ou perispírito, substância semimaterial que serve de primeiro envoltório ao Espírito e une a alma e o corpo. Tais são, num fruto, o germe, o perisperma, e a casca.

136 – A alma é independente do princípio vital?
– O corpo não é senão um envoltório, repetimo-lo sem cessar.

136.a – O corpo pode existir sem a alma?
– Sim; todavia, desde que o corpo cessa de viver, a alma o deixa. Antes do nascimento, não há ainda união definitiva entre a alma e o corpo; enquanto que depois que essa união foi estabelecida,

a morte do corpo rompe os laços que o unem à alma, e a alma o deixa. A vida orgânica pode animar um corpo sem alma, mas a alma não pode habitar um corpo privado da vida orgânica.

136.a – Que seria o nosso corpo se não tivesse alma?

– Massa de carne sem inteligência, tudo o que desejardes, menos um homem.

137 – O mesmo Espírito pode se encarnar em dois corpos diferentes ao mesmo tempo?

– Não, o Espírito é indivisível e não pode animar, simultaneamente, dois seres diferentes. (Ver em O Livro dos Médiuns, *capítulo: Bicorporeidade e transfiguração).*

138 – Que pensar da opinião daqueles que consideram a alma como o princípio da vida material?

– É uma questão de palavras; nós não a temos; começai por vos entenderdes vós mesmos.

139 – Certos Espíritos, e antes deles alguns filósofos, definiram a alma: *Uma centelha anímica emanada do grande Todo*; por que essa contradição?

– Não há contradição; depende da significação das palavras. Por que não tendes uma palavra para cada coisa?

A palavra **alma** é empregada para designar coisas muito diferentes. Alguns chamam assim o princípio da vida e, nesta significação, é exato dizer, **em sentido figurado**, que: a alma é uma centelha anímica emanada do grande Todo. Essas últimas palavras indicam a fonte universal do princípio vital, de onde cada ser absorve uma porção, e que, depois da morte, retorna à massa. Essa ideia não exclui, de modo algum, a de um ser moral distinto, independente da matéria e que conserva a sua individualidade. É a esse ser que se chama igualmente **alma** e é nessa significação que se pode dizer que a alma é um Espírito encarnado. Dando da alma definições diferentes, os Espíritos falaram segundo a aplicação que faziam da palavra, e segundo as ideias terrestres de que estavam ainda mais ou menos imbuídos. Isso decorre da insuficiência da linguagem humana que não tem uma palavra para cada ideia, e daí a fonte de uma multidão de enganos e discussões. Eis porque os Espíritos superiores nos dizem que nos entendamos primeiro acerca das palavras.[1]

140 – Que pensar da teoria da alma subdividida em tantas partes quantas são os músculos e presidindo, assim, a cada uma das funções do corpo?

– Isso depende, ainda, do sentido que se dê à palavra alma; entendida como o fluido vital, se tem razão; se se a entende o Espírito

[1] Ver na "Introdução", a explicação sobre a palavra **alma**, § II

encarnado, está errado. Dissemos que o Espírito é indivisível; ele transmite o movimento aos órgãos por meio do fluido intermediário, sem por isso se dividir.

140.a – Entretanto, alguns Espíritos deram essa definição.

– Os Espíritos ignorantes podem tomar o efeito pela causa.

A alma atua por intermédio dos órgãos e os órgãos são animados pelo fluido vital que se reparte entre eles e mais abundantemente naqueles que são centros ou sede dos movimentos. Mas essa explicação não pode convir à alma considerada como sendo o Espírito que habita o corpo durante a vida e o deixa na morte.

141 – Há alguma coisa de verdadeira na opinião daqueles que pensam que a alma é exterior e circunda o corpo?

– A alma não está aprisionada no corpo como o pássaro numa gaiola. Ela irradia e se manifesta ao seu redor como a luz através de um globo de vidro, ou como o som em torno de um centro sonoro; é assim que se pode dizer que ela é exterior, mas não é, por isto, o envoltório do corpo. A alma tem dois envoltórios: um sutil e leve, que é o primeiro e que chamas ***perispírito****; o outro grosseiro, material e pesado, que é o corpo. A alma é o centro de todos esses envoltórios, como o germe em um núcleo; já o dissemos.*

142 – Que dizer desta outra teoria segundo a qual a alma, numa criança, se completa a cada período da vida?

– O Espírito não é senão um; está inteiro na criança como no adulto; são os órgãos, ou instrumentos de manifestação da alma, que se desenvolvem e se completam. É ainda tomar o efeito pela causa.

143 – Por que todos os Espíritos não definem a alma da mesma maneira?

– Os Espíritos não são todos igualmente esclarecidos sobre essas matérias; há Espíritos ainda com limitações que não compreendem as coisas abstratas; como, entre vós, com as crianças; há também Espíritos pseudo-sábios que fazem desfile de palavras para se imporem; é ainda como entre vós. Aliás, os próprios Espíritos esclarecidos, podem se exprimir em termos diferentes que, no fundo, têm o mesmo valor, sobretudo quando se trata de coisas que a vossa linguagem é inadequada para exprimir claramente; precisam de figuras, de comparações que tomais pela realidade.

144 – Que se deve entender por alma do mundo?

– É o princípio universal da vida e da inteligência de onde nascem as individualidades. Mas aqueles que se servem dessas expressões, frequentemente, não se compreendem uns aos outros. A palavra

***alma** é tão elástica que cada um a interpreta ao sabor das suas fantasias. Já se atribuiu, também, uma alma à Terra; é preciso a entender como o conjunto dos Espíritos devotados que dirigem as vossas ações no bom caminho quando os escutais, e que, de alguma sorte, são os prepostos de Deus junto de vosso globo.*

145 – Como tantos filósofos, antigos e modernos, tenham discutido tanto tempo sobre a ciência psicológica sem terem chegado à verdade?

– Esses homens eram precursores da doutrina espírita eterna; prepararam os caminhos. Eram homens, e puderam se enganar, por tomarem as suas próprias ideias pela luz; mas seus próprios erros servem para fazer ressaltar a verdade mostrando o pró e o contra. Aliás, entre esses erros se encontram grandes verdades, que um estudo comparativo vos faz compreender.

146 – A alma tem uma sede determinada e circunscrita no corpo?

– Não; mas ela está mais particularmente na cabeça nos grandes gênios, em todos aqueles que pensam muito, e no coração, naqueles que sentem muito e cujas ações se referem à Humanidade.

146.a – Que pensar da opinião daqueles que situam a alma num centro vital?

– Quer dizer que o Espírito habita, de preferência, essa parte do vosso organismo, uma vez que é para lá que convergem todas as sensações. Aqueles que a situam no que consideram como o centro da vitalidade, confundem-na com o fluido ou princípio vital. Contudo, pode-se dizer que a sede da alma está mais particularmente nos órgãos que servem às manifestações intelectuais e morais.

MATERIALISMO

147 – Por que os anatomistas, os fisiologistas e, em geral, aqueles que se aprofundam nas ciências naturais são, com frequência, levados ao materialismo?

– O fisiologista narra tudo aquilo que vê. Orgulho dos homens que creem tudo saber e não admitem que alguma coisa possa ultrapassar seu entendimento. Sua própria ciência os torna presunçosos; pensam que a Natureza não pode nada ter ocultado para eles.

148 – Não é de lamentar que o materialismo seja uma consequência de estudos que deveriam, ao contrário, mostrar ao

homem a superioridade da inteligência que governa o mundo? É necessário concluir que eles são perigosos?

– *Não é verdade que o materialismo seja uma consequência desses estudos; o homem é quem tira deles uma falsa consequência, porque ele pode abusar de tudo, mesmo das melhores coisas. O nada, aliás, os amedronta mais do que querem fazer parecer, e os Espíritos fortes, são, frequentemente, mais fanfarrões do que corajosos. O maior número deles, não são materialistas senão porque não têm nada para encher esse vazio; diante do abismo que se abre diante deles, mostre-lhes uma âncora de salvação e a ela se agarrarão apressadamente.*

Por uma aberração da inteligência, há pessoas que não veem nos seres orgânicos senão a ação da matéria a que atribuem todos os nossos atos. Não veem, no corpo humano, senão a máquina elétrica; não estudaram o mecanismo da vida senão pelo funcionamento dos órgãos que viram se apagar, frequentemente, pela ruptura de um fio, e não viram nada mais que esse fio. Pesquisaram se restava alguma coisa, e como não encontraram mais que a matéria que se tornara inerte, e não viram a alma se escapar, não a puderam apanhar, concluíram que tudo estava nas propriedades da matéria e, assim, depois da morte nada havia do pensamento. Triste consequência se assim fora, porque então o bem e o mal não teriam finalidade. O homem teria razão em pensar senão em si mesmo e em colocar acima de tudo, a satisfação dos seus prazeres materiais; os laços sociais se romperiam e as mais santas afeições se romperiam para sempre. Felizmente, essas ideias estão longe de serem gerais: pode-se mesmo dizer que são muito circunscritas, e não constituem senão opiniões individuais, pois, em parte alguma, ainda se constituíram em doutrina. Uma sociedade apoiada sobre essas bases carregaria em si o germe da sua dissolução, e seus membros se entredevorariam como animais ferozes.

O homem tem, instintivamente, o pensamento de que tudo para ele, não se acaba com a vida; tem horror ao nada; obstina-se, inutilmente, contra a ideia do futuro, quando chega o momento supremo, e são poucos os que não perguntam o que vai ser deles; porque a ideia de deixar a vida para não mais retornar, tem qualquer coisa de dolorosa. Quem poderia, com efeito, encarar com indiferença uma separação absoluta, eterna, de tudo aquilo que amou? Quem poderia ver, sem pavor, abrir-se diante de si o abismo imenso do nada, onde virão se dissipar para sempre todas as nossas faculdades, todas as nossas esperanças, e se dizer: O quê! depois de mim nada, nada mais que o vazio; tudo acabado para sempre, ainda alguns dias e minha lembrança terá se apagado da memória daqueles que me sobreviveram; bem cedo não restará nenhum traço de minha passagem sobre a Terra. O próprio bem que fiz será esquecido pelos ingratos que eu servi; e nada para compensar tudo isto, nenhuma outra perspectiva que aquela do meu corpo roído pelos vermes!

Este quadro não tem alguma coisa de apavorante, de glacial? A religião nos ensina que não pode ser assim e a razão nos confirma; mas esta existência futura, vaga e indefinida não tem nada que satisfaça o nosso amor pelo positivo; é o que, para muitos, engendra a dúvida. Temos uma alma, seja; mas o que é a nossa alma? Ela tem uma forma, uma aparência qualquer? É um ser limitado ou indefinido? Alguns dizem que é um sopro de Deus, outros uma centelha, outros uma parte do grande Todo, o princípio da vida e da inteligência; mas, o que tudo isto nos ensina? Que nos importa ter uma alma se, depois de nós, ela se confunde na imensidade, como as gotas d´água no oceano? A perda da nossa individualidade não é para nós como o nada? Diz-se, ainda, que ela é imaterial; mas uma coisa imaterial não poderia ter proporções definidas; para nós isso não é nada. A religião nos ensina, também, que seremos felizes ou infelizes segundo o bem ou o mal que houvermos feito; mas qual é essa felicidade que nos espera no seio de Deus? É uma beatitude, uma contemplação eterna sem outra finalidade que cantar louvores ao Criador? As chamas do inferno são uma realidade ou uma figura? A própria Igreja o entende nesta última acepção, mas quais são esses sofrimentos? Onde está o lugar de suplício? Numa palavra, que se faz, que se vê nesse mundo que nos espera a todos? Diz-se que ninguém voltou para nos prestar contas. É um erro, e a missão do Espiritismo é precisamente de nos esclarecer sobre esse futuro, de nos fazer, até certo ponto, atingi-lo com o dedo e com o olhar, não mais pela razão, mas pelos fatos. Graças às comunicações espíritas, isto não é mais uma presunção, uma probabilidade sobre a qual cada um entende à sua vontade, que os poetas embelezam suas ficções ou semeiam imagens alegóricas que nos enganam, é a realidade que se nos apresenta, pois que são os próprios seres de além-túmulo que vêm nos descrever sua situação, dizer-nos o que fazem, que nos permitem assistir, por assim dizer, a todas as peripécias de sua nova vida e, por esse meio, mostram-nos o destino inevitável que nos está reservado, segundo os nossos méritos e os nossos deméritos. Há nisto algo de anti-religioso? Muito ao contrário, uma vez que os incrédulos aí encontram a fé e os indecisos uma renovação de fervor e de confiança. O Espiritismo é, pois, o mais poderoso auxiliar da religião. Uma vez que é assim, é porque Deus o permite, e ele o permite para reanimar as nossas esperanças vacilantes e nos reconduzir ao caminho do bem, pela perspectiva do futuro.

CAPÍTULO 3

RETORNO DA VIDA CORPÓREA À VIDA ESPIRITUAL

A alma depois da morte; sua individualidade. Vida eterna • Separação da alma e do corpo • Perturbação espírita

A ALMA DEPOIS DA MORTE

149 – Em que se torna a alma no instante da morte?

– *Volta a ser Espírito, quer dizer, reentra ao mundo dos Espíritos, que havia deixado momentaneamente.*

150 – A alma, depois da morte, conserva a sua individualidade?

– *Sim, não a perde jamais. Que seria ela se não a conservasse?*

150.a – Como a alma constata a sua individualidade, uma vez que não tem mais seu corpo material?

– *Ela tem ainda um fluido que lhe é próprio, tomado da atmosfera de seu planeta e que representa a aparência de sua última encarnação: seu perispírito.*

150.b – A alma nada leva consigo deste mundo?

– *Nada senão a lembrança e o desejo de ir para um mundo melhor. Essa lembrança é cheia de doçura ou de amargura, segundo o emprego que fez da vida; quanto mais é pura, mais compreende a futilidade do que deixa sobre a Terra.*

151 – Que pensar da opinião que, após a morte, a alma reentra no todo universal?

– *É que o conjunto dos Espíritos não forma um todo? não é todo um mundo? Quando estás numa assembleia, és parte integrante dessa assembleia e, todavia, tens sempre a tua individualidade.*

152 – Que prova poderemos ter da individualidade da alma após a morte?

– *Não tendes esta prova pelas comunicações que obtendes? Se não fôsseis cegos, veríeis; se não fôsseis surdos, ouviríeis, pois, frequentemente, uma voz vos fala, revelando a existência de um ser fora de vós.*

Aqueles que pensam que, na morte, a alma reentra no todo universal, estão errados se entendem com isso que, semelhante a uma gota d'água que cai no Oceano, ela aí perde a sua individualidade; eles estão na verdade se entendem pelo todo universal o conjunto dos seres incorpóreos do qual cada alma ou Espírito é um elemento.

Se as almas estivessem confundidas na massa, não teriam senão as qualidades do conjunto e nada as distinguiria, umas das outras. Elas não teriam nem inteligência, nem qualidades próprias; ao passo que, em todas as comunicações, elas acusam a consciência do seu **eu** e uma vontade distinta. A infinita diversidade que apresentam durante todas as comunicações é a consequência mesma das individualidades. Se não houvesse, após a morte, senão isto que chamam o grande Todo, absorvendo todas as individualidades, este Todo seria uniforme, e, desta maneira, todas as comunicações que se recebesse do mundo invisível, seriam idênticas. Uma vez que aí se encontram seres bons e outros maus, sábios e ignorantes, felizes e infelizes, alegres e tristes, levianos e sérios, etc., é evidente que são seres distintos. A individualidade se mostra mais evidente ainda quando esses seres provam sua identidade por sinais incontestáveis, por detalhes pessoais relativos à sua vida terrestre e que se pode constatar; ela não pode ser colocada em dúvida quando se manifesta à visão, nas aparições. A individualidade da alma nos era ensinada em teoria, como um artigo de fé; o Espiritismo a torna patente e, de certo modo, material.

153 – Em que sentido se deve entender a vida eterna?

– É a vida do Espírito que é eterna; a do corpo é transitória e passageira. Quando o corpo morre, a alma reentra na vida eterna.

153.a – Não seria mais exato chamar vida eterna a dos Espíritos puros, daqueles que, tendo atingido o grau de perfeição, não têm mais provas a suportar?

– É antes a felicidade eterna; mas isto é uma questão de palavras; chamai as coisas como quiserdes, contanto que vos entendais.

SEPARAÇÃO DA ALMA E DO CORPO

154 – A separação da alma e do corpo é dolorosa?

– Não, o corpo sofre, frequentemente, mais durante a vida que no momento da morte; neste a alma não toma parte. Os sofrimentos que experimenta, algumas vezes, no momento da morte, são um ***prazer para o Espírito****, que vê chegar o fim do seu exílio.*

Na morte natural, a que chega pelo esgotamento dos órgãos, em consequência da idade, o homem deixa a vida sem o perceber: é uma lâmpada que se apaga por falta de alimentação.

155 – Como se opera a separação da alma e do corpo?

– Sendo rompidos os laços que a retinham, ela se liberta.

155.a – A separação se opera instantaneamente e por uma transição brusca? Há uma linha de demarcação nitidamente traçada entre a vida e a morte?

– Não, a alma se liberta gradualmente e não se escapa como um pássaro cativo que ganha subitamente a liberdade. Esses dois estados se tocam e se confundem; assim o Espírito se libera pouco a pouco de seus laços: ***eles se desatam e não se quebram.***

Durante a vida, o Espírito se liga ao corpo por seu envoltório semimaterial ou perispírito; a morte é apenas a destruição do corpo e não desse segundo envoltório que se separa do corpo quando cessa neste a vida orgânica. A observação prova que no instante da morte o desligamento do perispírito não se completa subitamente; ele não se opera senão gradualmente e com uma lentidão que varia muito segundo os indivíduos; para alguns ele é muito rápido, pode-se dizer que o momento da morte é aquele do desligamento, algumas horas após. Mas para outros, aqueles sobretudo cuja vida foi toda **material** e **sensual**, o desligamento é muito menos rápido e dura, algumas vezes, dias, semanas e mesmo meses, o que não implica no corpo a menor vitalidade, nem a possibilidade de um retorno à vida, mas uma simples afinidade entre o corpo e o Espírito, afinidade que está sempre em razão da preponderância que, durante a vida, o Espírito deu à matéria. Com efeito, é racional conceber que quanto mais o Espírito se identifica com a matéria, mais ele sofre ao se separar dela. Ao passo que a atividade intelectual e moral, a elevação dos pensamentos, operam um começo de libertação mesmo durante a vida do corpo e, quando chega a morte, ela é quase instantânea. Tal é o resultado dos estudos feitos sobre todos os indivíduos observados no momento da morte. Essas observações provam ainda que a afinidade que persiste entre a alma e o corpo, em certos indivíduos, é algumas vezes muito penosa porque o Espírito pode experimentar o horror da decomposição. Este caso é excepcional e particular a certos gêneros de vida e a certos gêneros de morte; ele se apresenta entre alguns suicidas.

156 – A separação definitiva da alma e do corpo pode ocorrer antes de cessação completa da vida orgânica?

– Na agonia, algumas vezes, a alma já deixou o corpo: não há mais que a vida orgânica. O homem não tem mais consciência de si mesmo e, entretanto, resta-lhe ainda um sopro de vida. O corpo é uma máquina que o coração faz mover; existe enquanto o coração faz circular o sangue nas veias; e, para isso, não necessita da alma.

157 – No momento da morte, a alma tem, algumas vezes, uma inspiração ou êxtase que lhe faça entrever o mundo em que vai reentrar?

– Frequentemente, a alma sente se desatarem os laços que a ligam ao corpo; ***ela faz então todos os seus esforços para os romper inteiramente****. Já em parte desligada da matéria, vê o futuro se desenrolar diante dela e se alegra, por antecipação, do estado de Espírito.*

158 – O exemplo da lagarta que primeiro rasteja sobre a terra, depois se encerra em sua crisálida sob uma morte aparente, para renascer numa existência brilhante, pode nos dar uma ideia da vida terrestre, depois do túmulo e, finalmente, de nossa nova existência?

– Uma ideia restrita. A imagem é boa, mas não é necessário tomá-la ao pé da letra, como frequentemente o fazem.

159 – Que sensação experimenta a alma no momento em que se reconhece no mundo dos Espíritos?

– Isso depende. Se fizeste o mal com o desejo de fazê-lo, no primeiro momento, te envergonharás de tê-lo feito. Para o justo é bem diferente: ele se sente como aliviado de um grande peso, pois não teme nenhum olhar perquiridor.

160 – O Espírito reencontra imediatamente aqueles que ele conheceu sobre a Terra e que morreram antes dele?

– Sim, segundo a afeição que lhes tinha e a que tinham por ele; frequentemente, eles o vêm receber em sua reentrada no mundo dos Espíritos, e o ***ajudam a se libertar das faixas da matéria****; como também há muitos que reencontra e que havia perdido de vista em sua permanência sobre a Terra. Vê aqueles que estão errantes; aqueles que estão encarnados, e os vai visitar.*

161 – Na morte violenta e acidental, quando os órgãos não estão, ainda, enfraquecidos pela idade ou pelas doenças, a separação da alma e a cessação da vida ocorrem simultaneamente?

– Geralmente é assim, mas em todos os casos o instante que os separa é muito curto.

162 – Após a decapitação, por exemplo, o homem conserva por alguns instantes a consciência dele mesmo?

– Frequentemente, ele a conserva por alguns minutos, até que a vida orgânica esteja completamente extinta. Mas, muitas vezes, também, a expectativa da morte lhe faz perder esta consciência antes do instante do suplício.

Trata-se aqui da consciência que o supliciado pode ter de si mesmo, como homem e por intermédio dos órgãos, e não como Espírito. Se não perdeu esta consciência antes do suplício, pode conservá-la alguns instantes, que são de muito curta duração, e que cessa, necessariamente, com a vida orgânica do cérebro, o que não implica, por isso, que o perispírito esteja inteiramente desligado do corpo, ao contrário; em todos os casos de morte violenta, quando ela não é levada pela extinção gradual das forças vitais, os laços que unem o corpo ao perispírito são mais tenazes, e o desligamento completo é mais lento.

PERTURBAÇÃO ESPÍRITA

163 – A alma, deixando o corpo, tem imediata consciência de si mesma?

– *Consciência imediata não é bem o termo; ela fica algum tempo na perturbação.*

164 – Todos os Espíritos experimentam, no mesmo grau e durante o mesmo tempo, a perturbação que se segue à separação da alma e do corpo?

– *Não, isso depende da sua elevação. Aquele que já está purificado se reconhece quase imediatamente, visto que já se libertou da matéria durante a vida do corpo, ao passo que o homem carnal, aquele cuja consciência não é pura, conserva por tempo mais longo a impressão dessa matéria.*

165 – O conhecimento do Espiritismo exerce influência sobre a duração, mais ou menos longa, da perturbação?

– *Uma influência muito grande, uma vez que o Espírito já compreendia antes a sua situação; mas a prática do bem e a consciência pura são os que exercem mais influência.*

No momento da morte tudo, a princípio, é confuso; a alma necessita de algum tempo para se reconhecer; ela se acha como aturdida e no estado de um homem saindo de um sono profundo e que procura se dar conta de sua situação. A lucidez das ideias e a memória do passado lhe retorna à medida que se apaga a influência da matéria da qual se libertou, e se dissipe a espécie de neblina que obscurece seus pensamentos.

A duração da perturbação que se segue à morte é muito variável: pode ser de algumas horas, como de vários meses, e mesmo de muitos anos. Entre os que é menos longa, são aqueles que se identificaram, quando vivos, com o seu estado futuro, porque, então, compreendem imediatamente a sua posição

Essa perturbação apresenta circunstâncias particulares, segundo o caráter dos indivíduos e, sobretudo, segundo o gênero de morte. Nas mortes violentas, por suicídio, suplício, acidente, apoplexia, ferimentos, etc., o Espírito é surpreendido, espanta-se, e não acredita estar morto; e o sustenta com obstinação. Entretanto, vê seu corpo, sabe que esse corpo é o seu e não compreende que dele esteja separado; acerca-se das pessoas a quem estima, fala-lhes e não compreende porque elas não o ouvem. Essa ilusão dura até a inteira libertação do perispírito; só então o Espírito se reconhece e compreende que não faz mais parte dos vivos. Este fenômeno se explica facilmente. Surpreendido de improviso pela morte, o Espírito fica atordoado com a brusca mudança que nele se operou. Para ele a morte é ainda sinônimo de destruição, de aniquilamento; ora, como ele pensa, vê e escuta, em seu entendimento não está morto; o que aumenta sua ilusão, é que se vê num corpo semelhante ao precedente pela forma, mas cuja natureza etérea ainda não teve tempo de estudar; ele o crê sólido e compacto como o primeiro; e, quando chamam sua atenção para esse ponto, admira-se de não o poder apalpar. Esse fenômeno é análogo ao dos sonâmbulos iniciantes que não acreditam dormir. Para eles o sono é sinônimo de suspensão das faculdades; ora, como pensam livremente e veem, julgam que não dormem. Certos Espíritos apresentam essa particularidade, embora a morte não lhes tenha chegado inesperadamente; todavia, é sempre mais geral naqueles que, apesar de doentes, não pensam em morrer. Vê-se, então, o singular espetáculo de um Espírito assistindo ao seu funeral como ao de um estranho, e dele falando como de uma coisa que não lhe dissesse respeito, até o momento em que compreende a verdade.

A perturbação que se segue à morte nada tem de penosa para o homem de bem; é calma e em tudo semelhante à que acompanha um despertar tranquilo. Para aquele cuja consciência não é pura, ela é cheia de ansiedade e de angústias, que aumentam à medida que se reconhece.

Nos casos de morte coletiva, tem-se observado que todos os que perecem ao mesmo tempo, nem sempre se reveem imediatamente. Na perturbação que se segue à morte, cada um vai para o seu lado ou se preocupa com aqueles que lhe interessam.

CAPÍTULO 4

PLURALIDADE DAS EXISTÊNCIAS

Da reencarnação • Justiça da reencarnação • Encarnação nos diferentes mundos • Transmigração progressiva • Destino das crianças depois da morte • Sexo nos Espíritos • Parentesco, filiação • Semelhanças físicas e morais • Ideias inatas

DA REENCARNAÇÃO

166 – A alma que não alcançou a perfeição na vida corpórea, como acaba de se depurar?

– *Suportando a prova de uma nova existência.*

166.a – Como a alma realiza essa nova existência? É por sua transformação como Espírito?

– *A alma, em se depurando, sofre, sem dúvida, uma transformação; mas para isso lhe é necessária a prova da vida corporal.*

166.b – A alma tem, pois, várias existências corporais?

– *Sim, todos nós temos várias existências. Os que dizem o contrário, pretendem vos manter na ignorância em que eles próprios se encontram; é seu desejo.*

166.c – Parece resultar desse princípio que a alma, depois de ter deixado um corpo, toma um outro; dito de outro modo, ela se reencarna em um novo corpo; é assim que se deve entender?

– *É evidente.*

167 – Qual é o objetivo da reencarnação?

– *Expiação, aprimoramento progressivo da Humanidade, sem o que, onde estaria a justiça?*

168 – O número de existências corporais é limitado, ou bem o Espírito se reencarna perpetuamente?

– A cada nova existência o Espírito dá um passo no caminho do progresso; quando está despojado de todas as suas impurezas, não tem mais necessidade das provas da vida corporal.

169 – O número de encarnações é o mesmo para todos os Espíritos?

– Não, aquele que caminha depressa se poupa das provas. Todavia, essas encarnações sucessivas são sempre muito numerosas porque o progresso é quase infinito.

170 – Em que se transforma o Espírito depois da sua última encarnação?

– Espírito bem-aventurado; é um Espírito puro.

JUSTIÇA DA REENCARNAÇÃO

171 – Sobre o que está baseado o dogma da reencarnação?

– Sobre a justiça de Deus e a revelação, pois, repetimos sem cessar: Um bom pai deixa sempre aos seus filhos uma porta aberta ao arrependimento. Não lhe diz a razão que seria injusto privar para sempre, da felicidade eterna, todos aqueles que não dependeu deles mesmos se melhorar? É que todos os homens não são filhos de Deus? Não é senão entre os homens egoístas que se encontram a iniquidade, o ódio implacável e os castigos sem perdão.

Todos os Espíritos tendem à perfeição e, para isso, Deus lhes fornece os meios pelas provas da vida corpórea; mas, em sua justiça, faculta-lhes realizar, em novas existências, **o que não puderam fazer ou concluir numa primeira prova**.

Não estaria nem segundo a equidade, nem com a bondade de Deus, castigar para sempre aqueles que puderam encontrar obstáculos ao seu progresso, fora da sua vontade, no próprio meio onde se acham colocados. Se o destino do homem está irrevogavelmente fixado após a sua morte, Deus não teria pesado as ações de todos na mesma balança, e não os teria tratado com imparcialidade.

A doutrina da reencarnação, isto é, aquela que consiste em admitir para o homem várias existências sucessivas, é a única que responde à ideia que fazemos da justiça de Deus em relação aos homens colocados em uma condição moral inferior, a única que pode nos explicar o futuro e fundamentar nossas esperanças, uma vez que nos oferece o meio de resgatar nossos erros através de novas provas. A razão indica e os Espíritos no-la ensinam.

O homem que tem consciência da sua inferioridade, tem, na doutrina da reencarnação, uma esperança consoladora. Se acredita na justiça de Deus, não pode esperar, por toda a eternidade, estar em pé de igualdade com aqueles que agiram melhor do que ele. O pensamento de que essa inferioridade não o deserdará para sempre do bem supremo, e que ele poderá o conquistar por novos esforços, sustenta-o e lhe reanima a coragem. Qual é aquele que, no fim do seu caminho, não lamenta ter adquirido muito tarde uma experiência que não pode mais aproveitar. Essa experiência tardia não está perdida; ele a aproveitará numa nova vida.

ENCARNAÇÃO NOS DIFERENTES MUNDOS

172 – Nossas diferentes existências corporais se cumprem todas sobre a Terra?

Não todas, mas nos diferentes mundos; a deste mundo não é nem a primeira, nem a última, e é uma das mais materiais e das mais distanciadas da perfeição.

173 – A alma, a cada nova existência corporal, passa de um mundo a outro ou bem pode cumprir várias sobre o mesmo globo?

– *Pode reviver várias vezes sobre o mesmo globo, se não está bastante avançada para passar para um mundo superior.*

173.a – Assim, podemos reaparecer várias vezes sobre a Terra?

– *Certamente.*

173.b – Podemos voltar a ela depois de termos vivido em outros mundos?

– *Seguramente; já vivestes em outros mundos e sobre a Terra.*

174 – É uma necessidade reviver sobre a Terra?

– *Não, mas se não progredistes, podereis ir para outro mundo que não seja melhor, e que pode ser pior.*

175 – É uma vantagem voltar a habitar sobre a Terra?

– *Nenhuma vantagem particular, a menos que seja em missão; nesse caso, se progride aí como em outra parte.*

175.a – Não seria mais feliz permanecer como Espírito?

– *Não, não! Estacionar-se-ia e o que se quer é avançar para Deus.*

176 – Os Espíritos, depois de terem encarnado em outros mundos, podem encarnar neste sem jamais terem aparecido aqui?

– *Sim, como vós em outros.* ***Todos os mundos são solidários;*** *o que não se realiza num, se cumpre num outro.*

176.a – Assim, há homens que estão sobre a Terra pela primeira vez?

– Há muitos e em diversos graus.

176.b – Pode-se reconhecer, por um sinal qualquer, quando um Espírito está em sua primeira aparição sobre a Terra?

– Nenhuma utilidade teria isso.

177 – Para chegar à perfeição e ao bem supremo, que é o objetivo final de todos os homens, o Espírito deve passar pela fieira de todos os mundos que existem no universo?

– Não, pois há muitos mundos que estão no mesmo nível e onde o Espírito não aprenderia nada de novo.

177.a – Como então explicar a pluralidade de suas existências sobre um mesmo globo?

– Ele pode se encontrar aí cada vez em posições bem diferentes, que são para ele outras tantas ocasiões de adquirir experiência.

178 – Os Espíritos podem reviver corporalmente num mundo relativamente inferior àquele em que já viveram?

– Sim, quando devem cumprir uma missão para ajudar o progresso, e, nesse caso, aceitam com alegria as tribulações dessa existência, visto que lhes fornecem um meio de progredir.

178.a – Isso não pode ocorrer por expiação e Deus não pode enviar os Espíritos rebeldes para mundos inferiores?

– Os Espíritos podem permanecer estacionários, mas não retrogradam, e, então, a sua punição é a de não avançar e de recomeçar as existências mal empregadas num meio conveniente à sua natureza.

178.b – Quais são aqueles que devem recomeçar a mesma existência?

– Os que faliram em sua missão ou em suas provas.

179 – Os seres que habitam cada mundo alcançaram um mesmo grau de perfeição?

– Não, é como sobre a Terra: há deles mais ou menos avançados.

180 – Passando deste mundo para um outro, o Espírito conserva a inteligência que tinha neste?

– Sem dúvida, a inteligência não se perde, mas ele pode não dispor dos mesmos meios para a manifestar, dependendo isso da

sua superioridade e do estado do corpo que tomar. (Ver ***Influência do organismo****).*

181 – Os seres que habitam os diferentes mundos têm corpos semelhantes aos nossos?

– Sem dúvida, eles têm corpos, porque é preciso que o Espírito esteja revestido de matéria para agir sobre a matéria; mas esse envoltório é mais ou menos material segundo o grau de pureza a que chegaram os Espíritos, e é isso que faz a diferença dos mundos que devemos percorrer; porque há várias moradas na casa de nosso Pai e muitos graus, portanto. Alguns sabem disso e estão conscientes aqui na Terra; outros nada sabem.

182 – Podemos conhecer exatamente o estado físico e moral dos diferentes mundos?

– Nós, Espíritos, não podemos responder senão de acordo com o grau de adiantamento em que vos achais; quer dizer que não devemos revelar estas coisas a todos, porque nem todos estão em condições de as compreender, ***e isso os perturbaria****.*

À medida que o Espírito se purifica, o corpo que ele reveste se aproxima igualmente da natureza espírita. A matéria é menos densa, não rasteja mais penosamente na superfície do solo, as necessidades físicas são menos grosseiras e os seres vivos não têm mais necessidade de se entredevorarem para se nutrir. O Espírito é mais livre e tem, para as coisas distantes, percepções que nos são desconhecidas; vê pelos olhos do corpo o que não vemos senão pelo pensamento.

A purificação dos Espíritos leva, nos seres em que estão encarnados, o aperfeiçoamento moral. As paixões animais se enfraquecem e o egoísmo cede lugar ao sentimento fraternal. É assim que, nos mundos superiores à Terra, as guerras são desconhecidas; os ódios e as discórdias não têm motivo, visto que ninguém pensa em causar dano ao seu semelhante. A intuição que têm do seu futuro, a segurança que lhes dá uma consciência isenta de remorsos, fazem com que a morte não lhes cause nenhuma apreensão; recebem-na sem medo e como uma simples transformação.

A duração da vida nos diferentes mundos parece ser proporcional ao grau de superioridade física e moral desses mundos; e isto é perfeitamente racional. Quanto menos o corpo é material, menos está sujeito às vicissitudes que o desorganizam; quanto mais puro o Espírito, menos paixões para o destruir. Está ainda aí um auxílio da Providência, que deseja assim abreviar os sofrimentos.

183 – Passando de um mundo a outro, o Espírito passa por uma nova infância?

– A infância é, em toda parte, uma transição necessária, porém, não é em toda a parte assim precária como entre vós.

184 – O Espírito tem a escolha do novo mundo que vai habitar?

– *Nem sempre, mas pode pedir e, se tiver méritos, pode ser atendido; pois os mundos são acessíveis aos Espíritos segundo o grau de sua elevação.*

184.a – Se o Espírito nada pede, o que determina o mundo em que deve se reencarnar?

– *O grau de sua elevação.*

185 – O estado físico e moral dos seres vivos, é perpetuamente o mesmo em cada globo?

– *Não; os mundos também estão submetidos à lei do progresso. Todos começaram como o vosso, por um estado inferior, e a própria Terra suportará uma transformação semelhante. Tornar-se-á um paraíso terrestre, quando os homens se tornarem bons.*

É assim que as raças que povoam hoje a Terra desaparecerão um dia e serão substituídas por seres cada vez mais perfeitos; essas raças transformadas sucederão às atuais, como estas sucederam a outras mais grosseiras ainda.

186 – Há mundos onde o Espírito, cessando de habitar corpos materiais, não têm por envoltório senão o perispírito?

– *Sim, e esse próprio envoltório se torna tão etéreo que, para vós, é como se não existisse; é o estado dos Espíritos puros.*

186.a – Parece resultar daí que não há uma demarcação definida entre o estado das últimas encarnações e aquele dos Espíritos puros?

– *Essa demarcação não existe; a diferença, que se desfaz pouco a pouco, torna-se imperceptível, como a noite que se desfaz aos primeiros clarões do dia.*

187 – A substância do perispírito é a mesma em todos os globos?

– *Não; ela é mais ou menos etérea. Passando de um mundo para outro o Espírito se reveste da matéria própria de cada um, com a rapidez do relâmpago.*

188 – Os Espíritos puros habitam mundos especiais, ou estão no espaço universal sem estarem mais ligados a um mundo que a outro?

– *Os Espíritos puros habitam certos mundos, mas não estão*

confinados neles como os homens sobre a Terra; eles podem, melhor que os outros, estar por toda a parte.[1]

[1] Segundo os Espíritos, de todos os globos que compõem o nosso sistema planetário, a **Terra** é um daqueles onde os habitantes são os menos avançados, física e moralmente. **Marte** seria ainda inferior e **Júpiter** o mais superior em relação a todos. O **Sol** não seria um mundo habitado por seres corporais, mas um local de reunião dos Espíritos superiores que, de lá, irradiam seus pensamentos para outros mundos, que dirigem por intermédio dos Espíritos menos elevados, transmitindo-os a estes, por intermédio do fluido universal. Como constituição física, o Sol seria um foco de eletricidade. Todos os sóis parecem estar numa posição idêntica.

O volume e a distância do Sol não têm nenhuma relação necessária com o grau de adiantamento dos mundos, pois parece que Vênus é mais adiantado que a Terra, e Saturno menos que Júpiter.

Vários Espíritos que animaram pessoas conhecidas sobre a Terra, disseram estar encarnados em Júpiter, um dos mundos mais próximos da perfeição, e ficaram admirados de ver, nesse globo tão adiantado, homens que, na opinião do nosso mundo, não eram tão elevados. Isso não deve causar admiração, se se considera que certos Espíritos, que habitam aquele planeta, podiam ter sido enviados sobre a Terra para cumprir uma missão, que, aos nossos olhos, não os colocava em primeiro plano; em segundo lugar que, entre a sua existência terrestre e a que vivem em Júpiter, devem ter tido intermediárias, nas quais se melhoraram; em terceiro lugar, enfim, que nesse mundo, como no nosso, há diferentes graus de adiantamento, e que, entre esses graus, pode haver a mesma distância que separa, entre nós, o selvagem do homem civilizado. Assim, do fato de habitarem Júpiter não se segue que estão ao nível dos seres mais avançados, da mesma forma que não se está ao mesmo nível de um sábio do Instituto, porque se habita em Paris.

As condições de longevidade não são, em toda a parte, as mesmas de sobre a Terra e a idade não se pode comparar. Uma pessoa desencarnada havia alguns anos, sendo evocada, disse estar encarnada há seis meses num mundo cujo nome nos é desconhecido. Interrogada sobre a idade que tinha nesse mundo, respondeu: “Não posso avaliá-la porque não contamos como vós; depois o modo de existência não é mais o mesmo; desenvolve-se aqui com muito maior rapidez; no entanto, embora não faça senão seis dos vossos meses que lá estou, quanto à inteligência, posso dizer que tenho trinta anos da idade que tive sobre a Terra”.

Muitas respostas análogas nos foram dadas por outros Espíritos e isso nada tem de inacreditável. Não vemos sobre a Terra um grande número de animais adquirir, em poucos meses, o seu desenvolvimento normal? Por que não seria a mesma coisa com o homem de outras esferas? Notemos, por outro lado, que o desenvolvimento alcançado pelo homem na Terra, na idade de trinta anos, pode ser uma espécie de infância comparado àquele que deve alcançar. Bem curto de vista se revela quem nos toma em tudo por protótipos da criação, e é muito rebaixar a Divindade se acreditar que, fora de nós, não haja nada que lhe seja possível.

TRANSMIGRAÇÃO PROGRESSIVA

189 – Desde o princípio de sua formação, goza o Espírito da plenitude de suas faculdades?

– Não, porque o Espírito, como o homem, tem também sua infância. Em sua origem, os Espíritos não têm senão uma existência instintiva e possuem apenas a consciência de si mesmos e de seus atos. Não é senão pouco a pouco que a inteligência se desenvolve.

190 – Qual é o estado da alma em sua primeira encarnação?

– O estado da infância na vida corpórea; sua inteligência apenas desabrocha: ***ela se ensaia para a vida****.*

191 – As almas dos nossos selvagens são almas em estado de infância?

– O estado da infância relativa; mas são almas que já progrediram; têm paixões.

191.a – As paixões são, pois, um sinal de desenvolvimento?

– De desenvolvimento sim, mas não de perfeição; as paixões são um sinal de atividade e da consciência do eu, enquanto que, na alma primitiva, a inteligência e a vida estão em estado de germe.

A vida do Espírito, no seu conjunto, percorre as mesmas fases que vemos na vida corporal; passa gradualmente do estado de embrião ao da infância, para alcançar, por uma sucessão de períodos, o estado de adulto que é o da perfeição, com esta diferença de que não há o declínio e a decrepitude como na vida corporal; que sua vida, que teve um começo, não terá fim; que lhe é preciso um tempo imenso, do nosso ponto de vista, para passar da infância espírita a um desenvolvimento completo, e seu progresso se realiza não sobre uma só esfera mas passando por mundos diversos. A vida do Espírito se compõe assim de uma série de existências corporais, sendo cada uma, para ele, uma oportunidade de progresso, da mesma forma que cada existência corporal se compõe de uma série de dias em cada um dos quais o homem adquire um acréscimo de experiências e de instrução. Todavia, da mesma forma que na vida do homem existem dias que não produzem nenhum fruto, na vida do Espírito há existências corporais sem nenhum resultado, porque ele não as soube aproveitar.

192 – Pode-se, desde esta vida, por uma conduta perfeita, superar todos os graus e se tornar Espírito puro, sem passar por outros intermediários?

– Não, pois o que o homem acredita ser perfeito, está longe da perfeição; há qualidades que lhe são desconhecidas e que não

pode compreender. Ele pode ser tão perfeito quanto o permita a sua natureza terrestre, mas isso não é a perfeição absoluta. Uma criança, do mesmo modo, por precoce que seja, deve passar pela juventude antes de atingir a idade madura; da mesma forma, também, o doente passa pela convalescença antes de recuperar toda a saúde. Aliás, o Espírito deve avançar em ciência e em moralidade; e, se ele não progrediu senão num sentido, é necessário que progrida também no outro para alcançar o alto da escala; todavia, quanto mais o homem avança na sua vida presente, menos as provas seguintes são longas e penosas.

192.a – Pode o homem, ao menos, assegurar desde esta vida uma existência futura menos cheia de amarguras?

– Sim, sem dúvida, ele pode abreviar a extensão e as dificuldades do caminho. ***Só o negligente se encontra sempre na mesma situação.***

193 – Um homem, em suas novas existências, pode descer mais baixo do que estava?

– Como ***posição social****, sim; como Espírito, não.*

194 – A alma de um homem de bem pode, numa nova encarnação, animar o corpo de um celerado?

– Não, visto que ela não pode degenerar.

194.a – A alma de um homem perverso pode vir a ser a de um homem de bem?

– Sim, se está arrependido e, então, é uma recompensa.

A marcha dos Espíritos é progressiva, jamais retrógrada. Eles se elevam gradualmente na hierarquia e não descem da categoria à qual chegaram. Nas suas diferentes existências corporais, podem descer como homens mas não como Espíritos. Assim, a alma de um potentado da Terra pode, mais tarde, animar o mais humilde artesão e **vice-versa**, porque as posições entre os homens, frequentemente, estão na razão inversa da elevação dos sentimentos morais. Herodes era rei, e Jesus carpinteiro.

195 – A possibilidade de se melhorar numa outra existência, não pode conduzir certas pessoas a perseverarem no mau caminho com a ideia de que poderão sempre se corrigir mais tarde?

– Aquele que pensa assim não crê em nada e a ideia de um castigo eterno não o deteria mais, porque a sua razão a repele, e essa ideia conduz à incredulidade sobre todas as coisas. Se se houvesse empregado meios racionais para conduzir os homens, não haveria tantos céticos. Um Espírito imperfeito pode, com

*efeito, pensar, durante sua existência corporal, como dizes; mas, uma vez desligado da matéria, ele pensará de outra forma, pois perceberá logo que fez cálculo errado, **e é, então, que traz um sentimento contrário em uma nova existência**. É assim que se realiza o progresso e é por essa razão que, sobre a Terra, tendes homens uns mais adiantados do que os outros; alguns já têm experiências que outros não tiveram ainda, mas que adquirirão pouco a pouco. Depende de cada um apressar seu progresso ou se atrasar indefinidamente.*

O homem que ocupa uma posição má, deseja trocá-la o mais depressa possível. Aquele que está convencido de que as tribulações desta vida são a consequência de suas imperfeições, procurará se assegurar numa nova existência, menos penosa. Este pensamento o desviará mais depressa do caminho do mal, que o do fogo eterno, no qual não acredita.

196 – Os Espíritos não podendo se melhorar, senão suportando as tribulações da existência corporal, seguir-se-ia que a vida material seria uma espécie de *cadinho* ou *depurador*, por onde devem passar os seres do mundo espírita para atingirem a perfeição?

*– Sim, é bem isso. Eles se melhoram nessas provas, em evitando o mal e em praticando o bem. Porém, somente depois de várias encarnações ou depurações sucessivas, que alcançam, num tempo **mais ou menos longo, segundo seus esforços**, o objetivo para o qual tendem.*

196.a – É o corpo que influi sobre o Espírito para o melhorar ou o Espírito que influi sobre o corpo?

– Teu Espírito é tudo; teu corpo é uma veste que apodrece; eis tudo.

Encontramos uma comparação material dos diferentes graus de depuração da alma no suco da videira. Ele contém o licor chamado Espírito ou álcool, mas enfraquecido por uma multidão de matérias estranhas que lhe alteram a essência; ele não chega à pureza absoluta senão depois de várias destilações, em cada uma das quais se depura de algumas impurezas. O alambique é o corpo no qual ele deve entrar para se depurar; as matérias estranhas são como o perispírito que se depura, ele mesmo, à medida que o Espírito se aproxima da perfeição.

DESTINO DAS CRIANÇAS DEPOIS DA MORTE

197 – O Espírito de uma criança, morta em tenra idade, é tão avançado como o do adulto?

– Algumas vezes muito mais, porque pode ter vivido muito mais e ter mais experiência, sobretudo se progrediu.

197.a – O Espírito de uma criança pode, assim, ser mais adiantado do que o do seu pai?

– *Isto é muito frequente; vós mesmos não vedes isso muitas vezes na Terra?*

198 – A criança que morre em tenra idade, não tendo feito o mal, seu Espírito pertence às categorias superiores?

– *Se não fez o mal, não fez o bem, e Deus não o isenta das provas que deve suportar. Se é puro não é porque é criança, mas porque era mais avançado.*

199 – Por que a vida, frequentemente, é interrompida na infância?

– *A duração da vida da criança pode ser, para o Espírito que está nela encarnado, o complemento de uma existência interrompida antes do fim desejado, e sua morte, amiúde,* ***é uma prova ou uma expiação para os pais.***

199.a – Que sucede ao Espírito de uma criança que morre em tenra idade?

– *Recomeça uma nova existência.*

Se o homem tivesse uma só existência, e se, depois dessa existência, sua sorte futura fosse fixada para a eternidade, qual seria o mérito da metade da espécie humana que morre em tenra idade para desfrutar, sem esforços, da felicidade eterna, e por qual direito ficaria isenta das condições, frequentemente, tão duras, impostas à outra metade? Uma tal ordem de coisas não poderia estar segundo a justiça de Deus. Pela reencarnação, a igualdade é para todos; o futuro pertence a todos sem exceção e sem favor para ninguém; os que chegam por último não podem culpar senão a si mesmos. O homem deve ter o mérito dos seus atos, como deles tem a responsabilidade.

Não é racional, aliás, considerar a infância como um estado normal de inocência. Não se veem crianças dotadas dos piores instintos em idade na qual a educação não pôde, ainda, exercer sua influência? Não se as vê que parecem trazer, em nascendo, a astúcia, a felonia, a perfídia, o instinto mesmo para o roubo e o homicídio, isto não obstante os bons exemplos dos quais estão cercadas? A lei civil absolve seus delitos porque, diz ela, agiram sem discernimento; ela tem razão porque, com efeito, elas agem mais instintivamente do que de propósito deliberado; mas de onde podem provir esses instintos tão diferentes em crianças da mesma idade, educadas nas mesmas condições e submetidas, amiúde, às mesmas influências? De onde vem essa perversidade precoce, senão da inferioridade do Espírito, uma vez que a educação nisso não está por nada? As que são viciadas é porque seu Espírito progrediu menos e, então, sofrem disso as consequências, não por seus atos de crianças, mas por aqueles de suas existências anteriores. Assim é que a lei é a mesma para todos e a justiça de Deus alcança todo o mundo.

SEXOS NOS ESPÍRITOS

200 – Os Espíritos têm sexos?

– Não como o entendeis, porque os sexos dependem do organismo. Entre eles há amor e simpatia, baseados na semelhança de sentimentos.

201 – O Espírito que animou o corpo de um homem, em nova existência, pode animar o de uma mulher, e vice-versa?

– Sim, são os mesmos Espíritos que animam os homens e as mulheres.

202 – Quando se é Espírito, prefere-se estar encarnado no corpo de um homem ou de uma mulher?

– Isso pouco importa ao Espírito; é segundo as provas que deve suportar.

Os Espíritos se encarnam homens ou mulheres porque eles não têm sexos. Como devem progredir em tudo, cada sexo, como cada posição social, oferece-lhes provas e deveres especiais, e a ocasião de adquirir experiência. Aquele que fosse sempre homem não saberia senão o que sabem os homens.

PARENTESCO, FILIAÇÃO

203 – Os pais transmitem aos seus filhos uma porção da sua alma, ou se limitam a dar-lhes a vida animal a que uma nova alma, mais tarde, vem adicionar a vida moral?

– A vida animal somente, porque a alma é indivisível. Um pai estúpido pode ter filhos inteligentes, e vice-versa.

204 – Uma vez que temos tido várias existências, a parentela remonta além da nossa existência atual?

– Isso não pode ser de outra forma. A sucessão das existências corporais estabelece entre os Espíritos laços que remontam às existências anteriores; daí, muitas vezes, as causas da simpatia entre vós e certos Espíritos que vos parecem estranhos.

205 – Aos olhos de certas pessoas, a doutrina da reencarnação parece destruir os laços de família os fazendo remontar além da existência atual?

– Ela os estende, mas não os destrói. A parentela, estando baseada sobre as afeições anteriores, os laços que unem os membros de uma mesma família são menos precários. Ela aumenta os

deveres da fraternidade, visto que, entre os vizinhos ou em vosso servidor, pode se encontrar um Espírito que esteve ligado a vós pelos laços consanguíneos.

205.a – Ela diminui, entretanto, a importância que alguns dão à sua genealogia, visto que pode ter tido por pai um Espírito pertencente a uma outra raça, ou tendo vivido numa condição diferente?

– É verdade, mas essa importância se funda no orgulho; o que a maioria honra em seus ancestrais, são os títulos, a classe e a fortuna. Alguém que coraria por ter tido por antepassado um honesto sapateiro, se gabaria de descender de um gentil-homem debochado. Mas o que quer que digam ou façam, não impedirão que as coisas sejam como são, porque Deus não regulou as leis da Natureza pela sua vaidade.

206 – De que não há filiação entre os Espíritos descendentes de uma mesma família, segue-se que o culto dos ancestrais seja uma coisa ridícula?

– Seguramente que não, porque se deve sentir feliz de pertencer a uma família na qual Espíritos elevados se encarnaram. Embora os Espíritos não procedam uns dos outros, eles não têm menos afeição aos que lhes estão ligados pelos laços de família, visto que os Espíritos, frequentemente, são atraídos em tal ou tal família em razão de simpatia ou por laços anteriores. Mas crede bem que os Espíritos dos vossos ancestrais não se honram pelo culto que lhes fazeis por orgulho. Seus méritos não refletem sobre vós senão pelo esforço que fizerdes para seguir os bons exemplos que vos deram, e é só assim que a vossa lembrança pode não somente lhes ser agradável, mas mesmo lhes ser útil.

SEMELHANÇAS FÍSICAS E MORAIS

207 – Os pais transmitem, quase sempre, aos seus filhos uma semelhança física. Transmitem-lhes também uma semelhança moral?

– Não, uma vez que têm almas ou Espíritos diferentes. O corpo procede do corpo, mas o Espírito não procede do Espírito. Entre os descendentes das raças não há senão consanguinidade.

207.a – De onde provêm as semelhanças morais que existem, algumas vezes, entre os pais e seus filhos?

– São Espíritos simpáticos, atraídos pela semelhança de suas tendências.

208 – O Espírito dos pais não exerce influência sobre o do filho, depois do nascimento?

– Há uma influência muito grande; como dissemos, os Espíritos devem concorrer para o progresso uns dos outros. Muito bem! os Espíritos dos pais têm por missão desenvolver os dos seus filhos pela educação; é para ele uma tarefa: ***se nisso falha é culpável.***

209 – Por que pais bons e virtuosos dão nascimento a filhos de natureza perversa? Melhor dizendo, por que as boas qualidades dos pais não atraem sempre, por simpatia, um bom Espírito para animar seu filho?

– Um mau Espírito pode pedir pais bons, na esperança de que seus conselhos o encaminhem para um caminho melhor e, frequentemente, Deus lhos concede.

210 – Podem os pais, por seus pensamentos e suas preces, atrair para o corpo do filho um bom Espírito, antes que a um Espírito inferior?

– Não. Mas podem melhorar o Espírito do filho a que deram nascimento e que lhes foi confiado; é seu dever. Os maus filhos são uma prova para os pais.

211 – De onde provém a semelhança de caráter que existe, muitas vezes, entre dois irmãos, sobretudo entre os gêmeos?

– São Espíritos simpáticos que se aproximam pela semelhança de seus sentimentos ***e que são felizes por estarem juntos.***

212 – Nas crianças cujos corpos estão ligados e que têm certos órgãos em comum, existem dois Espíritos, melhor dizendo, duas almas?

– Sim, mas sua semelhança, frequentemente, faz com que pareçam apenas um aos vossos olhos.

213 – Visto que os Espíritos se encarnam nos gêmeos por simpatia, de onde vem a aversão que se vê, algumas vezes, entre estes últimos?

– Não é uma regra que os gêmeos sejam Espíritos simpáticos; maus Espíritos podem querer lutar juntos no teatro da vida.

214 – Que pensar das histórias de crianças que se agridem no ventre da mãe?

– Lendas! Para pintar que seu ódio era inveterado, fizeram-no remontar antes do seu nascimento. Geralmente, não levais em bastante conta as figuras poéticas.

215 – De onde provém o caráter distintivo que se nota em cada povo?

– Os Espíritos têm também famílias formadas pela semelhança de seus pendores, mais ou menos purificados, segundo sua elevação. Muito bem! um povo é uma grande família na qual se reúnem os Espíritos simpáticos. A tendência que têm os membros dessas famílias a se unirem é a origem da semelhança que existe no caráter distintivo de cada povo. Julgas que os Espíritos bons e humanitários procurem um povo duro e grosseiro? Não; os Espíritos simpatizam com as coletividades como simpatizam com os indivíduos; aí eles estão em seu meio.

216 – O homem conserva, em suas novas existências, os traços do caráter moral de suas existências anteriores?

– Sim, isso pode acontecer; mas, em se melhorando, ele muda. Sua posição social pode, também, não ser mais a mesma; se de senhor passa a escravo, seus gostos serão todos diferentes e teríeis dificuldades em reconhecê-lo. Sendo o mesmo Espírito nas diversas encarnações, suas manifestações podem ter, de uma a outra, certas analogias, modificadas, todavia, pelos costumes da sua nova posição, até que um aperfeiçoamento notável haja mudado completamente seu caráter, porque de orgulhoso e mau, pode se tornar humilde e humano, se se arrependeu.

217 – O homem, em suas diferentes encarnações, conserva os traços do caráter físico das existências anteriores?

– O corpo está destruído e o novo não tem nenhuma relação com o antigo. Entretanto, o Espírito se reflete sobre o corpo; certamente, o corpo não é senão matéria; mas, malgrado isso, ele é modelado sobre as capacidades do Espírito que lhe imprime um certo caráter, principalmente sobre o rosto, e é com fundamento que se designam os olhos como o espelho da alma; quer dizer que, o rosto, mais particularmente, reflete a alma. Por isso, tal pessoa excessivamente feia, tem, no entanto, alguma coisa que agrada quando ela está envolvida por um Espírito bom, sábio, humano, ao passo que existem rostos muito belos que nada fazem sentir e pelos quais se tem, mesmo, repulsa. Poderias crer que só os corpos bem feitos sejam o envoltório dos Espíritos mais perfeitos, embora encontres todos os dias homens de bem sob aparências disformes? Sem haver uma semelhança pronunciada, a similitude de gostos e de pendores pode, pois, dar o que se chama "um ar de família".

O corpo que reveste a alma, numa nova encarnação, não tendo nenhuma relação **necessária** com o corpo que ela deixou, uma *vez que o pode ter de uma outra fonte diferente, seria absurdo se admitir uma sucessão de existências de uma semelhança que não é senão fortuita. Entretanto, as qualidades do Espírito modificam, muitas vezes, os órgãos que servem à sua manifestação e imprimem sobre o rosto, e mesmo ao conjunto de maneiras, um cunho distintivo. É assim que, sob o envoltório mais humilde, podem-se encontrar a expressão da grandeza e de dignidade, enquanto que, sob o vestuário de um grande senhor, veem-se, às vezes, as da baixeza e da ignomínia. Certas pessoas saídas das posições mais obscuras, adquirem, sem esforços, os hábitos e as maneiras da alta sociedade, parece que elas* ***reencontram*** *seu ambiente, ao passo que outras, malgrado o seu berço e a sua educação, estão sempre deslocadas. Como explicar esse fato senão como um reflexo do que foi o Espírito?*

IDEIAS INATAS

218 – O Espírito encarnado conserva algum traço das percepções que teve e dos conhecimentos que adquiriu nas suas existências anteriores?

– Resta-lhe uma vaga lembrança que lhe dá o que se chama de ideias inatas.

218.a – A teoria das ideias inatas não é, pois, uma quimera?

– Não, os conhecimentos adquiridos em cada existência não se perdem; o Espírito, libertado da matéria, deles se lembra sempre. Durante a encarnação, ele os pode esquecer em parte momentaneamente, mas a intuição que deles guarda ajuda o seu adiantamento. Sem isso, deveria sempre recomeçar.

A cada nova existência, o Espírito toma o seu ponto de partida daquele em que estava em sua precedente existência.

218.b – Deve haver, assim, uma grande conexão entre duas existências sucessivas?

– Nem sempre tão grande como poderias supor, porque as posições, muito frequentemente, são bem diferentes e, no intervalo, o Espírito pode ter progredido. (216).

219 – Qual é a origem das faculdades extraordinárias de indivíduos que, sem estudo prévio, parecem ter a intuição de certos conhecimentos, como as línguas, o cálculo, etc.?

– Lembrança do passado; progresso anterior da alma, mas do qual ela mesma não tem consciência. De onde queres que elas

venham? O corpo muda, mas o Espírito não muda, embora troque de vestimenta.

220 – Em mudando de corpo, pode-se perder certas faculdades intelectuais, deixando-se de ter, por exemplo, o gosto pelas artes?

– Sim, se conspurcou essa inteligência ou se fez dela um mau emprego. Ademais, uma faculdade pode permanecer adormecida durante uma existência, porque o Espírito quer exercer uma outra que com ela não tem relação; então, ela fica em estado latente para reaparecer mais tarde.

221 – É a uma lembrança retrospectiva que o homem deve, mesmo no estado selvagem, o sentimento instintivo da existência de Deus e o pressentimento da vida futura?

– É uma lembrança que ele conservou daquilo que sabia como Espírito antes de encarnar; mas o orgulho sufoca, muitas vezes, esse sentimento.

221.a – É a essa mesma lembrança que se devem certas crenças relativas à Doutrina Espírita, e que se registram em todos os povos?

– Esta doutrina é tão antiga quanto o mundo; por isso, encontramo-la por toda a parte, e está aí uma prova de que é verdadeira. O Espírito encarnado, conservando a intuição de seu estado de Espírito, tem a consciência instintiva do mundo invisível, porém, muitas vezes, ela é falseada pelos preconceitos, e a ignorância a mistura com a superstição.

CAPÍTULO 5

CONSIDERAÇÕES SOBRE A PLURALIDADE DAS EXISTÊNCIAS

222 – O dogma da reencarnação, dizem certas pessoas, não é novo; ele foi ressuscitado de Pitágoras. Jamais dissemos que a Doutrina Espírita fosse de invenção moderna; o Espiritismo, sendo uma lei da Natureza, deve ter existido desde a origem dos tempos, e nos esforçamos sempre em provar que se encontram traços dele desde a mais alta antiguidade. Pitágoras, como se sabe, não é o autor do sistema da metempsicose; tomou-o dos filósofos indianos e entre os Egípcios, onde existia desde tempos imemoriais. A ideia da transmigração das almas era, pois, uma crença comum, admitida pelos homens mais eminentes. Por qual caminho ela chegou? Pela revelação ou pela intuição? Não o sabemos; porém, qualquer que seja, uma ideia não atravessa os tempos e não é aceita por inteligências destacadas, sem ter um lado sério. A antiguidade dessa doutrina seria, pois, antes uma prova do que uma objeção. Todavia, como se sabe igualmente, há entre a metempsicose dos antigos e a doutrina moderna da reencarnação, esta grande diferença que os Espíritos rejeitam da maneira mais absoluta: a transmigração da alma do homem para os animais e reciprocamente.

Os Espíritos, ensinando a doutrina da pluralidade das existências corporais, renovam, pois, uma doutrina que nasceu nas primeiras idades do mundo, e que se conservou até os nossos dias no pensamento íntimo de muitas pessoas; somente a apresentam sob um ponto de vista mais racional, mais conforme com as leis progressivas da Natureza e mais em harmonia com a sabedoria do Criador, despojando-na de todos os acessórios da superstição. Uma circunstância digna de nota é que não foi somente neste livro que eles a ensinaram nos últimos tempos: desde antes da sua publicação, numerosas comunicações da mesma natureza foram obtidas, em diversos países, e depois se multiplicaram consideravelmente. Seria talvez aqui o caso de examinar, porque todos os Espíritos não parecem de acordo sobre este ponto; a isto retornaremos mais tarde.

Examinemos a coisa sob um outro ponto de vista, e abstração feita de toda a intervenção dos Espíritos, deixemo-los de lado por um instante; suponhamos que esta teoria não seja deles; suponhamos mesmo que não se tenha jamais cogitado de Espíritos. Nos coloquemos, pois, momentaneamente, em um terreno neutro, admitindo o mesmo grau de probabilidade para uma e a outra hipótese, a saber: a da pluralidade e da unidade das existências corpóreas, e vejamos para qual delas nos levará a razão e o nosso próprio interesse.

Certas pessoas repelem a ideia da reencarnação pelo único motivo de que não lhes convém, dizendo acharem bastante uma existência e que não gostariam de recomeçar uma semelhante; reconhecemos que o simples pensamento de reaparecer sobre a Terra, fá-las pularem de furor. Não temos senão uma coisa a lhes perguntar, é se pensam que Deus tenha pedido seus conselhos e consultado seu gosto para regular o Universo. Ora, de duas coisas, uma: ou a reencarnação existe, ou ela não existe; se existe, embora os contrarie, será preciso suportá-la, Deus não lhes pedirá a permissão. Nos parece ouvir um doente dizer: "Sofri demais hoje, e não quero mais sofrer amanhã". Qualquer que seja o seu mau humor, não lhe será preciso sofrer menos no dia seguinte e nos subsequentes, até que esteja curado; portanto, se eles devem tornar a viver corporalmente, eles viverão, eles se reencarnarão; protestarão inutilmente, como uma criança que não quer ir à escola ou um condenado que não quer ir à prisão, é necessário que passem por lá. Semelhantes objeções são muito pueris para merecerem um exame mais sério. Diremos, entretanto, para os tranquilizar, que a doutrina espírita sobre a reencarnação não é tão terrível quanto o creem, e se a tivessem estudado a fundo não ficariam tão assustados. Saberiam que a condição dessa nova existência depende deles; ela será feliz ou infeliz segundo o que tiverem feito neste mundo, *e podem, desde esta vida, se elevarem tão alto que não temerão mais cair no lodaçal.*

Supomos que falamos a pessoas que creem em um futuro qualquer depois da morte, e não àqueles que se dão o nada por perspectiva, ou que pretendem afogar sua alma no todo universal, sem individualidade, como as gotas de chuva no Oceano, o que vem a ser o mesmo. Se pois, credes num futuro qualquer, não admitireis, sem dúvida, que ele seja o mesmo para todos, pois, de outro modo, onde estaria a utilidade do bem? Por que se reprimir, não satisfazer todas as suas paixões, todos os seus desejos, fosse mesmo à custa de outros, uma vez que com isto não teria consequência? Credes que este futuro será mais ou menos feliz ou infeliz segundo o que fizermos durante a vida; tendes, pois, o desejo de que seja tão feliz quanto possível, uma vez que o deve ser pela eternidade. Teríeis, por acaso, a pretensão de serdes um dos homens mais perfeitos dos que existiram sobre a Terra e de ter, assim, o direito de alcançar sem dificuldade a felicidade suprema dos eleitos? Não. Admitis que há homens que valem mais que vós e que têm direito a uma melhor situação, sem que com isso estejais entre os condenados. Muito bem! colocai-vos, por um instante, pelo pensamento, nessa situação intermediária que seria a vossa, como o admitir, e supondo que alguém venha vos dizer: "Sofreis; não sois tão felizes como poderíeis ser, enquanto tendes diante de vós seres que gozam uma felicidade sem mescla, quereis trocar vossa posição com a deles?" – Sem dúvida direis, "que é preciso fazer?" – Menos que nada; recomeçar o que fizestes mal e procurar fazer melhor. – Hesitaríeis em aceitar mesmo ao preço de várias existências de provas? Tomemos uma comparação mais prosaica. Se a um homem que, sem estar entre os últimos dos miseráveis, sofre privações em consequência da escassez de seus recursos, viessem dizer: "Eis uma imensa fortuna de que podeis gozar, sendo necessário, para isso, trabalhar arduamente durante um minuto". Fosse ele o mais preguiçoso da Terra e diria sem hesitar: – "Trabalhemos um minuto, dois minutos, uma hora, um dia se for preciso; que é isso se vou terminar minha vida na abundância?" Ora, o que é a duração da vida corpórea em confronto com a eternidade? Menos que um minuto, menos que um segundo.

Pensamos em fazer este raciocínio: Deus, que é soberanamente bom, não pode impor ao homem o recomeço de uma série de misérias e de tribulações. Concluiremos, por acaso, que há mais bondade em condenar o homem a um sofrimento perpétuo por alguns momentos de erro, antes que lhe dar os meios de reparar suas faltas? "Dois fabricantes tinham, cada um, um operário que podia aspirar vir a ser o sócio do patrão. Ora, aconteceu que esses dois operários empregaram uma vez muito mal a sua jornada de trabalho e mereceram ser despedidos. Um dos dois fabricantes despediu seu operário, malgrado suas súplicas, e ele não tendo encontrado trabalho, morreu de miséria. O outro disse ao seu: perdestes um dia e me deveis outro em compensação; executastes mal o teu trabalho e dele me deveis a reparação. Eu vos permito recomeçar; tratai de o executar bem e eu vos conservarei, e podereis sempre aspirar à posição superior que vos prometi". Há necessidade de se perguntar qual dos dois fabricantes foi o mais humano? Será Deus, a própria clemência, mais impiedoso que um homem? O pensamento de que nosso destino está fixado para sempre em razão de alguns anos de provas, mesmo quando não tenha dependido de nós alcançarmos a perfeição sobre a Terra, tem qualquer coisa de doloroso, enquanto que a ideia contrária é eminentemente consoladora: ela nos deixa a esperança. Assim, sem nos pronunciarmos pró ou contra a pluralidade das existências, sem admitir uma hipótese antes que à outra, diremos que, se tivéssemos a escolha, não existe ninguém que preferiria um julgamento sem apelação. Um filósofo disse que se Deus não existisse seria preciso inventá-lo para a felicidade do gênero humano; poder-se-ia dizer o mesmo da pluralidade das existências. Mas, como dissemos, Deus não nos pede permissão; não consulta nosso gosto; isto é ou isto não é. Vejamos de que lado estão as probabilidades e tomemos a coisa em um outro ponto de vista, sempre abstração feita do ensino dos Espíritos e unicamente como estudo filosófico.

Se não há reencarnação, não há senão uma existência corporal, isto é evidente; se nossa atual existência corporal é a única, a alma de cada homem é criada no seu nascimento, a menos que se admita a anterioridade da alma, caso em que se perguntaria o que era a alma antes do nascimento, e se esse estado não consistiria uma existência sob uma forma qualquer. Não há meio-termo: ou a alma existia ou não existia antes do corpo; se ela existia qual era a sua situação? Tinha ela ou não, consciência de si mesma. Se não tinha consciência é quase como se não existisse. Se tinha sua individualidade, era ela progressiva ou estacionária? Num e noutro caso, em que grau ela chegou ao corpo? Admitindo, de acordo com a crença vulgar, que a alma nasce com o corpo, ou, o que vem a ser o mesmo, que, anteriormente à sua encarnação, ela não tinha senão faculdades negativas, colocamos as seguintes perguntas:

1 – Por que a alma mostra aptidões tão diversas e independentes das ideias adquiridas pela educação?

2 – De onde vem a aptidão extra-normal, de certas crianças de tenra idade por tal arte ou tal ciência, enquanto outras se conservam inferiores ou medíocres, por toda a vida?

3 – De onde provêm, para alguns, as ideias inatas ou intuitivas que não existem em outros?

4 – De onde vêm, para certas crianças, os instintos precoces de vícios ou de virtudes, esses sentimentos inatos de dignidade ou de baixeza, que contrastam com o meio em que nasceram?

5 – Por que certos homens, abstração feita da educação, são uns mais avançados do que os outros?

6 – Por que há selvagens e homens civilizados? Se tomardes uma criança hotentote recém-nascida e se a educardes nas escolas mais renomadas, jamais fareis dela um Laplace ou um Newton?

Perguntamos qual é a filosofia ou a teosofia que pode resolver estes problemas? Não resta dúvida, ou as almas são iguais ao nascerem ou são desiguais. Se são iguais, por que essas aptidões tão diversas? Dir-se-ia que isto depende do organismo? Mas, então, é a doutrina mais monstruosa e mais imoral. O homem não é mais que uma máquina, o joguete da matéria; não tem mais a responsabilidade dos seus atos; pode tudo repelir em razão de suas imperfeições físicas. Se elas são desiguais é que Deus as criou assim; mas, então, por que essa superioridade inata concedida a algumas? Esta parcialidade está conforme a sua justiça e o amor igual que ele tem a todas as suas criaturas?

Admitamos, ao contrário, uma sucessão de existências anteriores progressivas e tudo está explicado. Os homens trazem, ao nascer, a intuição do que adquiriram. São mais ou menos avançados segundo o número de existências que percorreram, segundo estejam mais ou menos distantes do ponto de partida; absolutamente como numa reunião de indivíduos de todas as idades, cada um terá um desenvolvimento proporcional ao número de anos que tenha vivido. As existências sucessivas serão, para a vida da alma, o que os anos são para a vida do corpo. Reuni, um dia, mil indivíduos de um a oitenta anos; suponde que um véu caia sobre todos os dias que precederam e que na vossa ignorância os creiais nascidos no mesmo dia; perguntareis, naturalmente, por que uns são grandes e outros pequenos, uns velhos e outros jovens, uns instruídos e outros ainda ignorantes; mas se a nuvem que oculta o passado vem a se dissipar, compreendereis que eles viveram um tempo mais ou menos longo, tudo será explicado. Deus, em sua justiça, não pôde ter criado almas mais, ou menos, perfeitas; mas, com a pluralidade das existências, a desigualdade que vemos não contraria a mais rigorosa equidade: é que não vemos senão o presente, e não o passado. Repousa este raciocínio sobre um sistema ou uma suposição gratuita? Não; partimos de um fato patente, incontestável: a desigualdade das aptidões e do desenvolvimento intelectual e moral, que se encontra inexplicado em todas as teorias correntes; enquanto que a explicação é simples, natural, lógica, por uma outra teoria. É racional preferir aquela que não explica nada a esta que explica?

Em relação à sexta questão, dir-se-á, sem dúvida, que o hotentote é de uma raça inferior; então perguntaremos se o hotentote é um homem ou não. Se é um homem, por que Deus deserdou, a ele e à sua raça, dos privilégios concedidos à raça caucásica? Se não é um homem, por que o procurar fazer cristão? A Doutrina Espírita tem mais amplitude do que tudo isto. Para ela, não há várias espécies de homens, não há senão homens cujos Espíritos estão mais ou menos atrasados, mas suscetíveis de progredir: isto não está mais conforme a justiça de Deus?

Acabamos de ver a alma em seu passado e em seu presente; se a considerarmos quanto ao seu futuro, encontraremos as mesmas dificuldades:

1 – Se nossa existência atual, unicamente, deve decidir o nosso destino, qual é, na vida futura, a posição respectiva do selvagem e do homem civilizado? Estão eles no mesmo nível ou distanciados em relação à felicidade eterna?

2 – O homem que trabalhou toda a sua vida no seu aprimoramento está na mesma posição daquele que permaneceu inferior, não por sua culpa, mas porque não teve o tempo, nem a possibilidade de se aperfeiçoar?

3 – O homem que praticou o mal porque não pôde se esclarecer, é passível de um estado de coisas que não dependeu dele?

4 – Trabalha-se para esclarecer os homens, moralizá-los, civilizá-los. Mas por um que se esclarece há milhões deles que morrem, cada dia, antes que a luz chegue até eles; qual o destino destes? São tratados como réprobos? No caso contrário, que fizeram para merecerem estar na mesma categoria que os outros?

5 – Qual o destino das crianças que morrem em tenra idade, antes de poderem fazer o bem ou o mal? Se estão entre os eleitos, por que este favor, sem haverem nada feito para o merecer? Por qual privilégio estão isentas das tribulações da vida?

Existe uma doutrina que possa resolver essas questões?

Admiti as existências consecutivas e tudo se explicará conforme a justiça de Deus. O que não se pôde fazer numa existência, se fará em outra; é assim que ninguém escapa à lei do progresso, que cada um será recompensado segundo o seu mérito *real*, e que ninguém está excluído da felicidade suprema, a que todos podem pretender, quaisquer que sejam os obstáculos que tenham encontrado em seu caminho.

Essas questões poderiam ser multiplicadas ao infinito, porque os problemas psicológicos e morais que não encontram solução, senão na pluralidade das existências, são inumeráveis; limitamo-nos aos mais gerais. Qualquer que ele seja, dir-se-á talvez, a doutrina da reencarnação não é admitida pela Igreja; isto seria, pois, a subversão da religião.

Nosso objetivo não é tratar esta questão neste momento; é-nos suficiente o termos demonstrado que ela é eminentemente moral e racional. Ora, o que é moral e racional, não pode ser contrário a uma religião que proclama Deus a bondade e a razão por excelência. Que teria sido da religião se, contra a opinião universal e o testemunho da ciência, ela tivesse se obstinado contra a evidência, e tivesse rejeitado do seu seio todos os que não acreditassem no movimento do Sol e nos seis dias da criação? Que crédito houvera merecido, e que autoridade teria tido, entre povos esclarecidos, uma religião baseada em erros manifestos dados como artigos de fé? Quando a evidência foi demonstrada, a Igreja se colocou sabiamente do lado da evidência. Se está provado que, as coisas que existem são impossíveis sem a reencarnação, se certos pontos do dogma não podem ser explicados senão por este meio, será preciso se admitir e se reconhecer que o antagonismo desta doutrina e desses dogmas não é senão aparente. Mais tarde mostraremos que a religião dela está menos distanciada do que se pensa, e que não sofreria mais do que já sofreu com a descoberta do movimento da Terra e dos períodos geológicos que, à primeira vista, pareceram desmentir os textos sagrados. O princípio da reencarnação ressalta, aliás, de várias passagens das Escrituras e se encontra notavelmente formulado, de maneira explícita, no Evangelho:

"Quando desciam do monte (após a transfiguração), Jesus lhes ordenou, dizendo: A ninguém falai do que acabais de ver, até que o Filho do homem seja ressuscitado de entre os mortos. Os seus discípulos então o interrogaram dizendo: Por que, pois, dizem os Escribas que é preciso que Elias venha antes? Mas Jesus lhes respondeu: É verdade que Elias deve vir e que restabelecerá todas as coisas. Mas vos declaro que Elias já veio, e não o conheceram, mas o fizeram sofrer como quiseram. Assim farão eles morrer o filho do homem. Então entenderam os discípulos que era de João Batista que lhes havia falado" (São Mateus, 17).

Uma vez que João Batista era Elias, houve, pois, reencarnação do Espírito ou da alma de Elias no corpo de João Batista.

Qualquer que seja, de resto, a opinião que se tenha sobre a reencarnação, que se a aceite ou não se a aceite, não se pode deixar de a suportar se ela existe, não obstante toda crença em contrário; o ponto essencial é que o ensino dos Espíritos é eminentemente cristão: apóia-se sobre a imortalidade da alma, as penas e as recompensas futuras, a justiça de Deus, o livre-arbítrio do homem, a moral do Cristo; portanto, não é anti-religioso.

Raciocinamos, como o dissemos, abstração feita de todo ensino espírita que, para certas pessoas, não é uma autoridade. Se nós, e tantos outros, adotamos a opinião da pluralidade das existências, não foi só porque ela nos veio dos Espíritos, mas porque nos pareceu a mais lógica, e que só ela resolveu questões até então insolúveis.

Tivesse ela nos vindo de um simples mortal e a teríamos adotado da mesma forma e não teríamos hesitado mais tempo em renunciar às nossas próprias ideias; do momento que um erro está demonstrado, o amor-próprio tem mais a perder, que a ganhar, se se obstina em uma ideia falsa. Do mesmo modo nós a teríamos repelido, embora vinda dos Espíritos, se nos parecesse contrária à razão, como repelimos tantas outras; porque sabemos por experiência que não é preciso aceitar cegamente tudo o que vem de sua parte, não mais do que vem da parte dos homens. Seu primeiro título, para nós, antes de tudo, é de ser lógica; ela tem um outro, que é de ser confirmada pelos fatos: fatos positivos, e, por assim dizer, materiais, que um estudo atento e racional pode revelar a qualquer um que se dê ao trabalho de observar com paciência e perseverança, e em presença daqueles que não permitem mais a dúvida. Quando esses fatos se popularizarem como os da formação e do movimento da Terra, será necessário se render à evidência, e os seus opositores terão gasto em vão, os argumentos contrários.

Reconheçamos, pois, em resumo, que a doutrina da pluralidade das existências é a única que explica isto que, sem ela, é inexplicável; que ela é eminentemente consoladora e conforme a mais rigorosa justiça e que ela é, para o homem, a âncora de salvação dada por Deus em sua misericórdia.

As próprias palavras de Jesus não podem deixar dúvidas a respeito. Eis o que se lê, no Evangelho segundo São João, capítulo 3:

3 – "Jesus, respondendo a Nicodemos, disse: Em verdade, em verdade te digo, que se um homem não *nascer de novo*, não pode ver o reino de Deus.

4 – Disse-lhe Nicodemos: Como pode um homem nascer, quando está velho? Pode tornar a entrar no ventre de sua mãe, e nascer uma segunda vez?

5 – Jesus respondeu: Em verdade, em verdade te digo que se um homem não nascer da água e do Espírito, não pode entrar no reino de Deus. O que é nascido da carne é carne, e o que é nascido do Espírito é Espírito. Não te espantes do que te disse: *É preciso que nasçais de novo*". (Ver adiante o artigo *Ressurreição da carne*, item 1010).

CAPÍTULO 6

VIDA ESPÍRITA

Espíritos errantes • Mundos transitórios • Percepções, sensações e sofrimentos dos Espíritos • Ensaio teórico sobre a sensação nos Espíritos • Escolha das provas • Relações de além-túmulo • Relações simpáticas e antipáticas dos Espíritos. Metades eternas • Lembranças da existência corporal • Comemoração dos mortos. Funerais

ESPÍRITOS ERRANTES

223 – A alma se reencarna imediatamente após sua separação do corpo?

– Algumas vezes imediatamente, porém, com mais frequência, depois de intervalos mais ou menos longos. Nos mundos superiores, a reencarnação é, quase sempre, imediata; a matéria corporal sendo menos grosseira, o Espírito encarnado goza aí de quase todas as suas faculdades de Espírito; seu estado normal é o dos vossos sonâmbulos lúcidos.

224 – Que se torna a alma nos intervalos das encarnações?

– Espírito errante que aspira a seu novo destino; ele espera.

224.a – Qual pode ser a duração desses intervalos?

– De algumas horas a alguns milhares de séculos. De resto, não há, propriamente falando, limite extremo assinalado para o estado errante, que pode se prolongar por muito tempo, mas que, entretanto, não é jamais perpétuo. O Espírito encontra sempre, cedo ou tarde, para recomeçar, uma existência que sirva à purificação das suas existências precedentes.

224.b – Essa duração está subordinada à vontade do Espírito ou pode lhe ser imposta como expiação?

– É uma consequência do livre-arbítrio. Os Espíritos sabem perfeitamente o que fazem, porém, há também para os quais é uma punição imposta por Deus; outros pedem para que ela seja prolongada, a fim de continuarem estudos que não podem ser feitos com proveito, senão no estado de Espírito.

225 – A erraticidade, por si mesma, é um sinal de inferioridade nos Espíritos?

– Não, pois há Espíritos errantes de todos os graus. Já dissemos que a encarnação é um estado transitório; no seu estado normal o Espírito está liberto da matéria.

226 – Pode-se dizer que todos os Espíritos, que não estão encarnados, são errantes?

– Os que devem se reencarnar, sim; mas, os Espíritos puros, que alcançaram a perfeição, não são errantes: seu estado é definitivo.

Com relação às qualidades íntimas, os Espíritos são de diferentes ordens ou graus, que percorrem sucessivamente, à medida que se depuram. Quanto ao estado, podem ser: ***encarnados,*** *quer dizer, unidos a um corpo;* ***errantes,*** *isto é, livres do corpo material e esperando uma nova encarnação para se melhorarem;* ***Espíritos puros,*** *quer dizer, perfeitos, e não tendo mais necessidade de encarnação.*

227 – De que maneira os Espíritos errantes se instruem? Sem dúvida, eles não o fazem do mesmo modo que nós.

– Estudam o seu passado e procuram os meios para se elevarem. Veem, observam o que se passa nos lugares que percorrem; ouvem as palavras dos homens esclarecidos e os conselhos dos Espíritos mais elevados do que eles, e isso lhes dá ideias que não tinham.

228 – Os Espíritos conservam algumas das paixões humanas?

– Os Espíritos elevados, perdendo seu envoltório, deixam as más paixões e só guardam as do bem; mas os Espíritos inferiores as conservam; de outra forma, seriam da primeira ordem.

229 – Por que os Espíritos, deixando a Terra, não deixam nela todas as suas más paixões, uma vez que eles veem os seus inconvenientes?

– Tens nesse mundo pessoas que são excessivamente invejosas; acreditas que, em o deixando, perdem esse defeito? Depois de sua partida daqui, sobretudo para aqueles que têm paixões bem acentuadas, resta uma espécie de atmosfera que os envolve e lhes

deixa todas essas coisas más, porque o Espírito não está inteiramente desprendido; só por momentos entrevê a verdade, como para lhe mostrar o bom caminho.

230 – O Espírito progride no estado errante?
– *Pode se melhorar muito, sempre segundo a sua vontade e o seu desejo; mas é na existência corporal que ele põe em prática as novas ideias que adquiriu.*

231 – Os Espíritos errantes são felizes ou infelizes?
– *Mais ou menos segundo os seus méritos. Sofrem as paixões cuja essência conservaram, ou são felizes segundo eles sejam mais ou menos desmaterializados. No estado errante, o Espírito entrevê o que lhe falta para ser mais feliz; é, então, que procura os meios para alcançar a felicidade; mas não lhe é sempre permitido se reencarnar à sua vontade, e isso é, então, uma punição.*

232 – No estado errante, podem os Espíritos ir para todos os mundos?
– *Conforme; quando o Espírito deixa o corpo, ele não está por isso, completamente liberto da matéria, e pertence ainda ao mundo onde viveu ou a um mundo do mesmo grau, a menos que, durante a sua vida, ele não se tenha elevado, e está aí o objetivo ao qual deve tender, sem isso não se aperfeiçoará jamais. Ele pode, entretanto, ir a certos mundos superiores, mas, então, aí está como um estranho; não faz, por assim dizer, mais do que os entrever, e é isso que lhe dá o desejo de se melhorar, para ser digno da felicidade que neles se desfruta, e o poder habitar mais tarde.*

233 – Os Espíritos já purificados vão aos mundos inferiores?
– *Eles vão frequentemente a fim de os ajudar a progredir; sem isso esses mundos estariam entregues a si mesmos, sem guias para os dirigir.*

MUNDOS TRANSITÓRIOS

234 – Existem, como foi dito, mundos que servem aos Espíritos errantes como estações e locais de repouso?
– *Sim, há mundos particularmente destinados aos seres errantes, mundos nos quais podem habitar temporariamente; espécies de acampamentos, de campos para se repousar de uma muito longa erraticidade, estado sempre um pouco penoso. São posições intermediárias entre os outros mundos, graduados de acordo com*

a natureza dos Espíritos que os podem alcançar, e nele gozam de um bem-estar maior ou menor.

234.a – Os Espíritos que habitam esses mundos podem deixá-los à vontade?

– Sim, os Espíritos que se acham nesses mundos podem deixá-los para irem onde devem ir. Imaginai-os como aves que, de passagem, pousam numa ilha, à espera de refazerem as forças, a fim de alcançarem o seu destino.

235 – Os Espíritos progridem durante sua estada nos mundos transitórios?

– Certamente; aqueles que se reúnem assim, o fazem com o objetivo de se instruírem e de poderem, mais facilmente, obter a permissão de alcançarem lugares melhores, e ascender à posição que os eleitos conseguem.

236 – Os mundos transitórios, por sua natureza especial, são perpetuamente destinados aos Espíritos errantes?

– Não, sua posição é apenas temporária.

236.a – São eles, ao mesmo tempo, habitados por seres corporais?

– Não, sua superfície é estéril. Aqueles que os habitam não têm necessidade de nada.

236.b – Essa esterilidade é permanente e resulta da sua natureza especial?

– Não, são estéreis transitoriamente.

236.c – Esses mundos, então, devem ser desprovidos de belezas naturais?

– A natureza se traduz pelas belezas da imensidade, que não são menos admiráveis das que chamais de belezas naturais.

236.d – Uma vez que o estado desses mundos é transitório, nossa Terra estará um dia entre eles?

– Já esteve.

236.e – Em que época?

– Durante a sua formação.

Nada é inútil na Natureza: cada coisa tem o seu objetivo, a sua destinação; nada está vazio, tudo é habitado, a vida está em toda a parte. Assim, durante a longa série de séculos que se escoaram antes da aparição do homem sobre a Terra, durante esses lentos períodos de transição atestados pelas camadas geológicas, antes mesmo da formação dos primeiros seres orgânicos sobre esta massa informe, neste árido caos onde os elementos estavam confundidos, não havia ausência de vida; os seres que não tinham nem as nossas necessidades, nem as nossas sensações físicas, aí encontravam refúgio. Deus quis que mesmo neste estado imperfeito, ele servisse para alguma coisa. Quem, pois, ousaria dizer que, entre esses bilhões de mundos que circulam na imensidade, um só, um dos menores, perdido na multidão, tivesse o privilégio exclusivo de ser povoado?

Qual seria, então, a utilidade dos outros? Deus não os teria feito senão para recrear os nossos olhos? Suposição absurda, incompatível com a sabedoria que brilha em todas as suas obras, e inadmissível quando se imagina tudo aquilo que não podemos perceber. Ninguém contestará que há, nesta ideia de mundos ainda impróprios à vida material e, portanto, povoado de seres viventes apropriados a este meio, alguma coisa de grande e de sublime, onde se encontra, talvez, a solução de mais de um problema.

PERCEPÇÕES, SENSAÇÕES E SOFRIMENTOS DOS ESPÍRITOS

237 – Uma vez no mundo dos Espíritos, a alma conserva ainda as percepções que tinha quando viva?

– Sim, e outras que ela não possuía porque seu corpo era como um véu que as obscureciam. A inteligência é um atributo do Espírito, mas que se manifesta mais livremente quando não há obstáculos.

238 – As percepções e os conhecimentos dos Espíritos são indefinidos; em uma palavra, sabem eles todas as coisas?

– Quanto mais se aproximam da perfeição, mais sabem; se são superiores, sabem muito. Os Espíritos inferiores são mais ou menos ignorantes sobre todas as coisas.

239 – Os Espíritos conhecem o princípio das coisas?

– Conhecem segundo a sua elevação e a sua pureza; os Espíritos inferiores a esse respeito, não sabem mais que os homens.

240 – Os Espíritos compreendem o tempo como nós?

– Não, e é o que faz que não nos compreendais sempre, quando se trata de fixar datas ou épocas.

Os Espíritos vivem fora do tempo, tal como o compreendemos; o tempo para eles se anula, por assim dizer, e os séculos, tão longos para nós, não são aos seus olhos senão instantes que se esvaecem na eternidade, da mesma forma que as desigualdades do solo se apagam e desaparecem para aqueles que se elevam no espaço.

241 – Os Espíritos têm do presente uma ideia mais precisa e mais justa do que nós?

– *Quase como que aquele que vê claramente tem uma ideia mais justa das coisas do que o cego. Os Espíritos veem o que não vedes; eles julgam, pois, de outro modo que vós; mas, ainda uma vez, isto depende da sua elevação.*

242 – Como é que os Espíritos têm conhecimento do passado, e esse conhecimento é sem limite para eles?

– *O passado, quando nos ocupamos dele, é um presente, precisamente como te recordas de uma coisa que te impressionou no curso de teu exílio. Somente, como não temos mais o véu material que obscurece a tua inteligência, lembramo-nos de coisas que se apagaram para ti, mas tudo não é conhecido dos Espíritos; a começar pela sua própria criação.*

243 – Os Espíritos conhecem o futuro?

– *Isto depende ainda de sua perfeição; frequentemente, eles apenas o entreveem,* ***mas nem sempre têm a permissão de o revelar*** *quando o veem, parece-lhes presente. O Espírito vê o futuro mais claramente, à medida que se aproxima de Deus. Depois da morte, a alma vê e abrange, de um golpe de vista,* ***suas migrações passadas****, mas não pode ver o que Deus lhe prepara; para isso, é necessário que esteja integrada nele, depois de muitas existências.*

243.a – Os Espíritos chegados à perfeição absoluta têm um conhecimento completo do futuro?

– *Completo não é a palavra, porque só Deus é soberano senhor e ninguém o pode igualar.*

244 – Os Espíritos veem a Deus?

– *Só os Espíritos superiores o veem e o compreendem; os Espíritos inferiores o sentem e o adivinham.*

244.a – Quando um Espírito inferior diz que Deus lhe proíbe ou lhe permite uma coisa, como sabe que isso vem dele?

– *Ele não vê a Deus, mas sente a sua soberania e, quando uma coisa não deve ser feita ou uma palavra dita, ele pressente como por uma intuição, uma advertência invisível que o proíbe de fazê-lo. Vós mesmos não tendes pressentimentos, que vos são como uma advertência secreta, de fazer ou de não fazer tal ou tal coisa? Ocorre o mesmo para nós, somente que num grau superior, porque compreendes que, sendo a essência dos Espíritos mais sutil que a tua, eles podem melhor receber as advertências divinas.*

244.b – A ordem é transmitida diretamente por Deus ou por intermédio de outros Espíritos?

– *Ela não vem diretamente de Deus; para se comunicar com ele é preciso disso ser digno. Deus lhes transmite suas ordens pelos Espíritos que se acham mais elevados em perfeição e em instrução.*

245 – A visão dos Espíritos é circunscrita, como nos seres corpóreos?

– *Não, ela reside neles.*

246 – Os Espíritos têm necessidade da luz para ver?

– *Veem por si mesmos e não têm necessidade da luz exterior; para eles não há trevas, a não ser aquelas em que podem se encontrar por expiação.*

247 – Os Espíritos têm necessidade de se transportarem para ver dois lugares diferentes? Podem, por exemplo, ver simultaneamente sobre dois hemisférios do globo?

– *Como o Espírito se transporta com a rapidez do pensamento, pode-se dizer que vê por toda a parte ao mesmo tempo; seu pensamento pode irradiar e se dirigir, ao mesmo tempo, sobre vários pontos diferentes; mas esta faculdade depende de sua pureza: quanto menos puro ele for, mais sua visão é limitada; somente os Espíritos superiores podem abarcar um conjunto.*

A faculdade de ver, nos Espíritos, é uma propriedade inerente à sua natureza e que reside em todo o seu ser, como a luz reside em todas as partes de um corpo luminoso; é uma espécie de lucidez universal que se estende a tudo, abarca ao mesmo tempo o espaço, o tempo e as coisas, e para a qual não há nem trevas, nem obstáculos materiais. Compreende-se que deve ser assim; no homem, a visão se operando pelo funcionamento de órgãos alcançados pela luz, sem luz ele fica na obscuridade. No Espírito a faculdade de ver sendo um atributo próprio, abstração feita de todo agente exterior, a visão é independente da luz (Veja-se: **Ubiquidade**, nº 92).

248 – O Espírito vê as coisas tão distintamente quanto nós?

– *Mais distintamente, porque sua visão penetra aquilo que não podeis penetrar; nada a obscurece.*

249 – O Espírito percebe os sons?

– *Sim, e percebe os que os vossos sentidos obtusos não podem perceber.*

249.a – A faculdade de ouvir como a de ver, está em todo o seu ser?

– Todas as percepções são atributos do Espírito e fazem parte do seu ser. Quando está revestido de um corpo material, elas não lhe chegam senão pelo canal dos órgãos; mas no estado de liberdade, não estão mais localizadas.

250 – Sendo as percepções atributos do próprio Espírito, é possível se subtrair delas?

– O Espírito só vê e ouve o que ele quer. Isto está dito em geral, e, sobretudo, para os Espíritos elevados, para os que são imperfeitos, ouvem e veem frequentemente, queiram ou não, aquilo que pode ser útil ao seu adiantamento.

251 – Os Espíritos são sensíveis à música?

– Quereis falar de vossa música? O que é ela diante da música celeste? Desta harmonia da qual nada sobre a Terra pode vos dar uma ideia? Uma é para a outra o que o canto do selvagem é para a suave melodia. Entretanto, os Espíritos vulgares podem experimentar um certo prazer em ouvir a vossa música, porque não lhes é dado ainda compreender outra mais sublime. A música tem para os Espíritos encantos infinitos, em razão de suas qualidades sensitivas muito desenvolvidas; refiro-me à música celeste, que é tudo o que a imaginação espiritual pode conceber de mais belo e de mais suave.

252 – Os Espíritos são sensíveis às belezas da Natureza?

– As belezas da Natureza dos globos são tão diferentes que se está longe de conhecê-las. Sim, são sensíveis de acordo com a sua aptidão em apreciá-las e compreendê-las. Para os Espíritos elevados, há belezas de conjunto diante das quais se apagam, por assim dizer, as belezas dos detalhes.

253 – Os Espíritos experimentam as nossas necessidades e os nossos sofrimentos físicos?

– Eles os conhecem, visto que os suportaram, mas não os sentem materialmente como vós; eles são Espíritos.

254 – Os Espíritos experimentam a fadiga e a necessidade de repouso?

– Não podem sentir a fadiga tal como a entendeis e, por conseguinte, não têm necessidade de vosso repouso corporal, uma vez que eles não têm órgãos cujas forças devam ser reparadas. Mas o Espírito repousa no sentido de que não está numa atividade constante; não se trata de um modo material; sua ação é toda intelectual e seu repouso todo moral; quer dizer que há momentos em que seu pensamento deixa de ser tão ativo e não se fixa sobre um objeto determinado; é um verdadeiro repouso, mas, que não

é comparável ao do corpo. A espécie de fadiga que os Espíritos podem experimentar está em razão da sua inferioridade: porque quanto mais são elevados, menos o repouso lhes é necessário.

255 – Quando um Espírito diz que sofre, qual a natureza dos sofrimentos que experimenta?

– Angústias morais, que o torturam mais dolorosamente do que os sofrimentos físicos.

256 – De onde vem, então, que os Espíritos se queixam de sofrer de frio ou de calor?

– Lembrança do que padeceram durante a vida, tão penosa, algumas vezes, quanto a realidade. Frequentemente, é uma comparação pela qual, por falta de melhor, eles exprimem a sua situação. Quando se lembram de seu corpo, experimentam uma espécie de impressão, como quando se tira um capote e se o crê ainda vestir algum tempo depois.

ENSAIO TEÓRICO SOBRE A SENSAÇÃO NOS ESPÍRITOS

257 – O corpo é o instrumento da dor e, se não é a sua causa primeira, pelo menos é a causa imediata. A alma tem a percepção dessa dor: essa percepção é o efeito. A lembrança que dela conserva pode ser muito penosa, contudo, não pode ter ação física. Com efeito, nem o frio, nem o calor podem desorganizar os tecidos da alma; a alma não pode nem se gelar e nem se queimar. Não vemos, todos os dias, a lembrança ou a apreensão de um mal físico, produzir os efeitos da realidade e ocasionar mesmo a morte? Todo o mundo sabe que as pessoas amputadas sentem dor no membro que não existe mais. Seguramente, não é nesse membro que está a sede ou o ponto de partida da dor; o cérebro dela conservou a impressão, eis tudo. Pode-se, pois, crer que há alguma coisa análoga nos sofrimentos do Espírito depois da morte. Um estudo mais aprofundado do perispírito, que desempenha um papel muito importante em todos os fenômenos espíritas como as aparições vaporosas ou tangíveis, o estado do Espírito no momento da morte, a ideia nele tão frequente de que ainda está vivo, o quadro tão comovente dos suicidas, dos supliciados, das pessoas que se deixaram absorver nos prazeres materiais, e tantos outros fatos, vieram fazer luz sobre essa questão e deram lugar às explicações que damos, aqui, resumidas.

O perispírito é o laço que une o Espírito à matéria do corpo. Haurido no meio ambiente, no fluido universal; contém ao mesmo tempo eletricidade, fluido magnético e, até certo ponto, a matéria inerte. Poder-se-ia dizer que é a quintessência da matéria; é o princípio da vida orgânica, mas não o da vida intelectual: a vida intelectual está no Espírito. É, além disso, o agente das sensações externas. No corpo, essas sensações estão localizadas pelos órgãos que lhes servem de canais. Destruído o corpo, as sensações ficam generalizadas. Eis porque o Espírito não diz que sofre mais da cabeça do que dos pés. É preciso, de resto, não confundir as sensações do perispírito, que se tornou independente, com as do corpo; não podemos tomar estas últimas senão como termo de comparação e não como análogas. Liberto do corpo, o Espírito pode sofrer, mas esse sofrimento não é o do corpo; entretanto, não é um sofrimento exclusivamente moral, como o remorso, uma vez que ele se queixa de frio e de calor. Ele não sofre mais no inverno que no verão e o temos visto passar através das chamas sem nada experimentar de penoso; a temperatura não causa, pois, sobre eles, nenhuma impressão. A dor que ele sente não é, propriamente dita, uma dor física, é um vago sentimento íntimo do qual o próprio Espírito não se dá sempre uma conta perfeita, precisamente porque a dor não está localizada e que não é produzida pelos agentes externos: é antes uma lembrança do que uma realidade, porém, uma recordação também muito penosa. Há, algumas vezes, entretanto, mais que uma lembrança, como iremos ver.

A experiência nos ensina que, no momento da morte, o perispírito se liberta mais ou menos lentamente do corpo. Durante os primeiros instantes, o Espírito não entende sua situação; não crê estar morto; se sente vivo; vê seu corpo de um lado, sabe que é seu, e não entende porque está separado dele; este estado perdura muito tempo, enquanto existe alguma ligação entre o corpo e o perispírito. Um suicida nos disse: Não, não estou morto – e ajuntou – *entretanto, sinto os vermes que me roem*. Ora, seguramente, os vermes não roíam o perispírito, e ainda muito menos o Espírito, não roíam senão o corpo. Entretanto, como a separação do corpo e do perispírito não era completa, disso resultava uma espécie de repercussão moral que lhe transmitia a sensação do que se passava no corpo. Repercussão pode não ser talvez a palavra certa, porque faria crer num efeito muito material; era antes a visão do que se passava em seu corpo, ao qual o ligava seu perispírito, que produzia nele uma ilusão, a qual tomava por uma realidade. Assim, não era uma lembrança, pois que, durante sua vida, não havia sido roído pelos vermes; era o sentimento de um fato atual.

Vê-se, por aí, as deduções que se podem tirar dos fatos, quando são observados atentamente. Durante a vida, o corpo recebe as impressões exteriores e as transmite ao Espírito por intermédio do perispírito que constitui, provavelmente, o que se chama de fluido nervoso. Morto o corpo, ele não sente mais nada, visto que não há mais nele nem Espírito, nem perispírito. O perispírito, desprendido do corpo, experimenta a sensação, mas como esta não lhe chega mais por um canal limitado, é generalizada. Ora, como não é, em realidade, senão um agente de transmissão, uma vez que é o Espírito que tem a consciência, resulta disso que se pudesse existir um perispírito sem Espírito, ele não sentiria mais do que o corpo quando está morto; da mesma forma, se o Espírito não tivesse perispírito, seria inacessível a toda a sensação penosa; é o que ocorre com os Espíritos completamente purificados. Sabemos que quanto mais eles se purificam, mais a essência do perispírito se torna etérea; de onde se segue que a influência material diminui à medida que o Espírito progride, quer dizer, à medida que o próprio perispírito se torna menos grosseiro.

Mas, dir-se-á, as sensações agradáveis são transmitidas ao Espírito pelo perispírito, da mesma forma que as sensações desagradáveis; ora, se o Espírito puro é inacessível a umas, deve ser igualmente às outras. Sim, sem dúvida, para aquelas que provêm unicamente da influência da matéria que conhecemos: o som dos nossos instrumentos, o perfume de nossas flores, nenhuma impressão lhe causam. Entretanto, há nele sensações íntimas, de um encanto indefinível do qual não podemos fazer nenhuma ideia, pois, a esse respeito, somos como cegos de nascença em relação à luz: sabemos que ela existe, mas, por que meio? Aí se detém, para nós, a ciência.

Sabemos que existe percepção, sensação, audição, visão; que essas faculdades são atributos de todo o ser, e não, como no homem, de uma parte do ser; mas, ainda uma vez, por que intermediário? é o que não sabemos. Os próprios Espíritos não podem nos dar conta, visto que nossa linguagem não está feita para exprimir as ideias que não temos, da mesma forma que na língua dos selvagens não há termos para exprimir nossas artes, nossas ciências e nossas doutrinas filosóficas.

Dizendo que os Espíritos são inacessíveis às impressões da nossa matéria, queremos falar dos Espíritos muito elevados, cujo envoltório etéreo não encontra analogia neste mundo. O mesmo não ocorre com os de perispírito mais denso; aqueles percebem os nossos sons e os nossos odores, mas não por uma parte limitada da sua individualidade, como quando em vida. Poder-se-ia dizer que as vibrações moleculares se fazem sentir em todo o ser e chegam, assim, ao seu *sensorium commune*, que é o próprio Espírito, embora de um modo diferente, e pode ser também com uma impressão diferente, o que produz uma modificação na percepção. Eles ouvem o som da nossa voz, entretanto, nos compreendem sem o auxílio da palavra, apenas pela transmissão do pensamento. Isso vem em apoio ao que dissemos: essa penetração é tanto mais fácil quanto mais o Espírito está desmaterializado. Quanto à visão, ela é independente da nossa luz. A faculdade de ver é um atributo essencial da alma; para ela não há obscuridade; mas é mais extensa, mais penetrante naqueles que estão mais purificados. A alma, ou o Espírito, tem, pois, em si mesmo, a faculdade de todas as percepções; na vida corpórea elas são limitadas pela grosseria de seus órgãos; na vida extracorpórea o são menos à medida que clareia o seu envoltório semimaterial.

Esse envoltório, tirado do meio ambiente, varia de acordo com a natureza dos mundos. Passando de um mundo a outro, os Espíritos trocam de envoltório como trocamos de roupa ao passarmos do inverno para o verão, ou do pólo para o equador. Os Espíritos mais elevados, quando nos vêm visitar, revestem-se, pois, do perispírito terrestre e, desde então, suas percepções se operam como nos Espíritos vulgares; mas todos, inferiores como superiores, não ouvem e não sentem mais do que aquilo que querem ouvir ou sentir. Sem possuírem órgãos sensitivos, podem tornar, à vontade, ativas ou nulas suas percepções; só uma coisa são forçados a ouvir: os conselhos dos bons Espíritos. A visão é sempre ativa, mas eles podem, reciprocamente, tornarem-se invisíveis uns para os outros. Segundo a categoria que ocupem, podem se ocultar dos que lhes são inferiores, mas não daqueles que lhes são superiores. Nos primeiros momentos que se seguem à morte, a visão do Espírito é sempre perturbada e confusa; ela se aclara à medida que se desprende e pode adquirir a mesma clareza que durante a vida, independentemente da sua penetração através dos corpos que nos são opacos. Quanto à sua extensão através do espaço infinito, no futuro e no passado, depende do grau de pureza e elevação do Espírito.

Toda esta teoria, dir-se-á, não é nada tranquilizadora. Pensávamos que, uma vez desembaraçados do nosso envoltório grosseiro, instrumento das nossas dores, não sofreríamos mais, e eis que nos informais que ainda sofreremos; seja isso de uma maneira ou de outra, não é menos sofrer. Ah! Sim, podemos ainda sofrer, e muito, e por muito tempo, mas, podemos também não mais sofrer, mesmo desde o instante em que deixamos esta vida corpórea.

Os sofrimentos deste mundo, algumas vezes, independem de nós, mas muitos são as consequências da nossa vontade. Que se remonte à origem, e se verá que, em sua maior parte, é a consequência de causas que teríamos podido evitar. Quantos males, quantas enfermidades deve o homem aos seus excessos, à sua ambição, às suas paixões, em uma palavra? O homem que tivesse vivido sempre sobriamente, que não tivesse abusado de nada, que tivesse sido sempre simples em seus gostos, modesto em seus desejos, se pouparia de muitas tribulações. Ocorre o mesmo com o Espírito; os sofrimentos que suporta são sempre a consequência da maneira que viveu sobre a Terra. Sem dúvida, não terá mais a gota e o reumatismo, mas terá outros sofrimentos que não valem melhor. Vimos que esses sofrimentos resultam dos laços que ainda existem entre ele e a matéria; que quanto mais se liberta da influência da matéria, de outro modo dito, quanto mais está desmaterializado, menos tem de sensações penosas; ora, depende dele se libertar dessa influência desde esta vida; tem o seu livre-arbítrio e, por conseguinte, a escolha entre fazer e não fazer. Dome ele as suas paixões animais, não tenha nem ódio, nem inveja, nem ciúme, nem orgulho; não seja dominado pelo orgulho e que purifique a sua alma pelos bons sentimentos; que faça o bem; dê às coisas deste mundo, senão a importância que elas merecem, então, mesmo sob seu envoltório corpóreo, já estará depurado, liberto da matéria, e, quando deixar esse envoltório, não mais lhe suportará a influência. Os sofrimentos físicos que experimentou não lhe deixam nenhuma recordação penosa; nenhuma impressão desagradável lhe restará, porque elas não afetaram senão o corpo e não o Espírito: Sentir-se-á feliz de ter se libertado delas e a calma de sua consciência o isentará de todo o sofrimento moral. Interrogamos milhares de Espíritos, que pertenceram a todas as categorias da sociedade, a todas as posições sociais; estudamo-los em todos os períodos da sua vida espírita, a partir do momento em que deixaram seu corpo; seguimo-los, passo a passo, nessa vida de além-túmulo, para observar as mudanças que neles se operavam, em suas ideias, em suas sensações e, sob esse aspecto, os homens mais vulgares não foram os que nos forneceram materiais de estudo menos preciosos. Ora, sempre vimos que os sofrimentos estão em relação com a conduta, da qual suportavam as consequências, e que essa nova existência era a fonte de uma felicidade inefável para os que seguiram o bom caminho. Segue-se daí que os que sofrem, é porque muito o quiseram, e que isso não devem atribuir senão a eles, tão bem no outro mundo quanto neste.

ESCOLHA DAS PROVAS

258 – No estado errante e antes de tomar uma nova existência corpórea, o Espírito tem a consciência e a previsão das coisas que lhe sucederão durante a vida?

– Ele próprio escolhe o gênero de provas que quer suportar, e é nisso que consiste o seu livre-arbítrio.

258.a – Não é, pois, Deus que lhe impõe as tribulações da vida como castigo?

– Nada ocorre sem a permissão de Deus, pois é ele quem estabelece todas as leis que regem o Universo. Perguntai, então, porque fez tal lei antes que tal outra! Dando ao Espírito a liberdade de escolha, deixa-lhe toda a responsabilidade de seus atos e suas consequências; nada entrava o seu futuro; o caminho do bem, como o do mal, está para ele. Se sucumbe, resta-lhe uma consolação, é que tudo não se acaba para ele, e que Deus, em sua bondade, deixa-lhe livre para recomeçar o que fez mal. É necessário, aliás, distinguir o que é obra da vontade de Deus, e a que é da do homem. Se um perigo vos ameaça, não fostes vós que criastes esse perigo, foi Deus; contudo, tendes a vontade de a ele vos expor, porque vedes nele um meio de adiantamento, e Deus o permitiu.

259 – Se o Espírito pode escolher o gênero de provas que deve suportar, segue-se daí que todas as tribulações que experimentamos na vida foram previstas e escolhidas por nós?

– Todas, não é a palavra, pois não se pode dizer que escolhestes e previstes tudo o que vos acontece no mundo, até as menores coisas; escolhestes o gênero de provas, os fatos de detalhe são a consequência da vossa posição e, frequentemente, de vossas próprias ações. Se o Espírito quis nascer entre malfeitores, por exemplo, ele sabia a que arrastamentos se expunha, mas não cada um dos atos que viria a praticar; esses atos são o efeito de sua vontade, ou do seu livre-arbítrio. O Espírito sabe que escolhendo tal caminho terá de suportar tal gênero de luta; sabe, pois, a natureza das vicissitudes que enfrentará, mas não sabe quais acontecimentos o aguardam. Os detalhes dos acontecimentos nascem das circunstâncias e da força das coisas. Somente os

grandes acontecimentos, aqueles que influem sobre o destino, são previstos. Se tomas um caminho cheio de sulcos profundos, sabes que deves tomar grandes precauções, porque tens chances de cair, e não sabes em que lugar cairás; pode ser, também, que não caias se fores bastante prudente. Se, passando por uma rua, uma telha te cair na cabeça, não creias que estava escrito, como vulgarmente se diz.

260 – Como o Espírito pode querer nascer entre pessoas de má vida?

– *É necessário que ele seja enviado num meio onde possa suportar a prova que pediu. Pois bem! é preciso, pois, que haja analogia; para lutar contra o instinto do roubo é preciso que se encontre com pessoas dadas a roubar.*

260.a – Se não houvesse pessoas de má vida sobre a Terra, o Espírito não poderia, pois, aí encontrar meio necessário a certas provas?

– *Precisar-se-ia lamentar isso? É o que ocorre nos mundos superiores onde o mal não tem acesso; é porque não há senão bons Espíritos. Fazei que, em breve, o mesmo ocorra sobre a vossa Terra.*

261 – O Espírito, nas provas que deve suportar para chegar à perfeição, deve experimentar todos os gêneros de tentações; deve passar por todas as circunstâncias que podem excitar nele o orgulho, a inveja, a avareza, a sensualidade, etc.?

– *Certamente que não, pois sabeis que há Espíritos que, desde o começo, tomam um caminho que os isenta de muitas provas; mas aquele que se deixa arrastar para o mau caminho, corre todos os perigos desse caminho. Um Espírito, por exemplo, pode pedir a riqueza e esta lhe ser concedida; então, conforme seu caráter, ele poderá se tornar avaro ou pródigo, egoísta ou generoso, ou se entregará a todos os prazeres da sensualidade. Mas isso não quer dizer que deva passar forçosamente pela fieira de todas essas tendências.*

262 – Como pode o Espírito, que em sua origem é simples, ignorante e sem experiência, escolher uma existência com conhecimento de causa e ser responsável por essa escolha?

– *Deus supre a sua inexperiência lhe traçando o caminho que deve seguir, como o fazes para uma criança desde o berço. Ele o deixa, pouco a pouco, senhor para escolher, à medida que o seu livre-arbítrio se desenvolve; é, então, que, frequentemente, se extravia tomando o mau caminho, se não escuta o conselho dos bons Espíritos; é o que podemos chamar a queda do homem.*

262.a – Quando o Espírito goza do seu livre-arbítrio, depende exclusivamente da sua vontade a escolha da existência corporal, ou essa existência pode lhe ser imposta pela vontade de Deus como expiação?

– Deus sabe esperar: não apressa a expiação. Entretanto, Deus pode impor uma existência a um Espírito, quando este, por sua inferioridade ou sua má vontade, não está apto a compreender o que poderia lhe ser mais salutar, e quando vê que essa existência pode servir à sua purificação e adiantamento, ao mesmo tempo que encontra nela uma expiação.

263 – O Espírito faz sua escolha imediatamente depois da morte?

– Não, muitos acreditam na eternidade das penas, vos foi dito, é um castigo.

264 – O que dirige o Espírito na escolha das provas que quer suportar?

– Ele escolhe as que podem ser para ele uma expiação, segundo a natureza de suas faltas, e o faça avançar mais rapidamente. Alguns podem, pois, se impor uma vida de misérias e privações para a tentar suportar com coragem; outros querem se experimentar pelas tentações da fortuna e do poder, bem mais perigosas pelo abuso e mau uso que delas se pode fazer, e pelas más paixões que desenvolvem. Outros, enfim, querem se experimentar pelas lutas que devem sustentar ao contato do vício.

265 – Se alguns Espíritos escolhem o contato com o vício como prova, existem os que o escolhem por simpatia e por desejo de viver num meio do seu gosto, ou para poderem se entregar materialmente aos seus pendores materiais?

– Há, isto é certo, mas apenas entre aqueles cujo senso moral está ainda pouco desenvolvido; ***a prova vem deles mesmos e a suportarão por mais tempo****. Cedo ou tarde, compreenderão que a satisfação das paixões brutais tem para eles consequências deploráveis, que suportarão durante um tempo que lhes parecerá eterno; e Deus os poderá deixar nesse estado até que compreendam suas faltas, e peçam, por si mesmos, resgatá-las em provas proveitosas.*

266 – Não parece natural escolher as provas menos penosas?

– Para vós, sim; para o Espírito, não; quando se liberta da matéria, a ilusão desaparece e ele pensa de outra maneira.

O homem sobre a Terra está colocado sob a influência das ideias carnais, não vê em suas provas senão o lado penoso; é por isso que lhe parece natural escolher aquelas que, do seu ponto de vista, podem coexistir com os prazeres materiais; mas na vida espiritual, ele compara esses prazeres fugitivos e grosseiros com a felicidade inalterável que entrevê e, então, que lhe fazem alguns sofrimentos passageiros? O Espírito pode, pois, escolher as provas mais rudes e, por conseguinte, a existência mais penosa na esperança de alcançar mais depressa um estado melhor, como o doente escolhe, frequentemente, o remédio mais desagradável para se curar mais rapidamente. O que quer ver seu nome ligado ao descobrimento de um país desconhecido não escolhe um caminho florido; sabe os perigos que corre mas sabe também a glória que o espera se for bem sucedido.

A doutrina da liberdade na escolha de nossas existências e das provas que devemos suportar deixa de parecer extraordinária se se considerar que os Espíritos, desprendidos da matéria, apreciam as coisas de maneira diferente da nossa. Entreveem o objetivo, bem mais sério para eles que os prazeres fugidios do mundo; depois de cada existência, avaliam o passo que deram, e compreendem o que lhes falta ainda em pureza para o alcançarem. Eis porque eles se submetem voluntariamente a todas as vicissitudes da vida corporal pedindo, eles mesmos, as provas que podem fazê-los chegar mais prontamente. É, pois, errado se espantar que o Espírito não dê preferência a uma existência mais suave. Essa vida isenta de amargura, não pode gozá-la em seu estado de imperfeição; ele a entrevê e é para a alcançar que procura se melhorar.

Não temos, aliás, todos os dias, sob os olhos, o exemplo de escolhas semelhantes? O homem que trabalha uma parte da sua vida, sem trégua nem descanso, para amontoar do que se proporcionar o bem-estar, o que é senão uma tarefa que se impõem tendo em vista um futuro melhor?

O militar que se oferece para uma missão perigosa, o viajante que não desafia menores perigos, no interesse da ciência ou da sua fortuna, não se submetem a provas voluntárias que devem lhes proporcionar honra e proveito, se forem bem sucedidos? A que o homem não se submete e não se expõe pelo seu interesse ou pela sua glória? Todos os concursos não são também provas voluntárias às quais os homens se submetem tendo em vista se elevarem na carreira que escolheram? Não se chega a uma posição muito elevada nas ciências, nas artes, na indústria, senão passando por uma série de posições inferiores que são outras tantas provas. A vida humana é, assim, uma cópia da vida espiritual; nela encontramos, em pequeno, todas as mesmas peripécias. Se, pois, nesta vida, escolhemos amiúde as provas mais rudes tendo em vista um objetivo mais elevado, por que o Espírito, que vê mais longe que o corpo, e para o qual a vida do corpo não é senão um incidente fugidio, não escolheria uma existência penosa e laboriosa, se ela o deve conduzir a uma felicidade eterna? Aqueles que dizem que, se o homem tem a escolha da sua existência, pediriam para ser príncipes ou milionários, são como míopes que não veem senão o que tocam, ou como crianças gulosas às quais quando se pergunta a profissão que preferem, respondem: pasteleiros ou confeiteiros.

Tal é o viajante que, no fundo do vale obscurecido pelo nevoeiro não vê nem a extensão nem os pontos extremos do seu caminho. Chegado ao cume da montanha, abarca o caminho que percorreu e o que resta a percorrer; vê o seu fim, os obstáculos que tem ainda a transpor e pode, então, combinar com mais segurança os meios de o alcançar. O Espírito encarnado está como o viajor na base da montanha; desembaraçado dos laços físicos, ele domina o cenário como aquele que está no cume da montanha. Para o viajante, o objetivo é o repouso depois da fadiga; para o Espírito, é a felicidade suprema após as tribulações e as provas.

Todos os Espíritos dizem que, no estado errante, buscam, estudam, observam para fazerem sua escolha. Não temos um exemplo desse fato na vida corporal? Não buscamos, amiúde, durante anos, a carreira sobre a qual fixamos livremente nossa escolha, porque a cremos a mais apropriada para os objetivos do nosso caminho? Se fracassamos numa, procuramos uma outra. Cada carreira que abraçamos é uma fase, um período da vida. Não empregamos cada dia para planejar o que faremos no dia seguinte? Ora, que são as diferentes existências corporais para o Espírito senão fases, períodos e dias de sua vida espírita que é, como o sabemos, sua vida normal, sendo a vida corpórea nada mais que transitória e passageira?

267 – Poderá o Espírito fazer sua escolha durante o estado corporal?

– Seu desejo pode ter influência; isso depende da intenção; mas quando é Espírito, amiúde vê as coisas bem diferentemente. É neste estado que o Espírito faz essa escolha. Mas, ainda uma vez, pode fazê-la nessa vida material, porque o Espírito tem sempre desses momentos em que está independente da matéria que habita.

267.a – Muitas pessoas desejam as grandezas e as riquezas, e isso não é, certamente, nem como expiação, nem como prova?

– Sem dúvida, é a matéria que deseja essas grandezas para delas gozar; e é o Espírito que as deseja para lhe conhecer as vicissitudes.

268 – Até alcançar o estado de pureza perfeita, o Espírito tem, constantemente, provas a suportar?

– Sim, mas elas não são tais como as entendeis; chamais de provas as tribulações materiais. Ora, o Espírito, alcançando um certo grau, sem ser perfeito, não as tem mais a suportar; porém, tem sempre deveres que o ajudam a se aperfeiçoar, e que não têm nada de penoso para ele, não fosse senão o de ajudar os outros a se aperfeiçoarem.

269 – O Espírito pode se enganar quanto à eficiência da prova que escolheu?

– Pode escolher uma que esteja acima de suas forças e, então, sucumbe; pode, também, escolher uma que não lhe dê proveito algum, como se procura um gênero de vida ociosa e inútil; mas, então, uma vez reentrado no mundo dos Espíritos, ele percebe que nada ganhou e pede para reparar o tempo perdido.

270 – A que se prendem as vocações de certas pessoas e sua vontade de seguir uma carreira antes que uma outra?

– Parece-me que vós mesmos podeis responder a esta pergunta. Não é a consequência de tudo o que dissemos sobre a escolha das provas e sobre o progresso realizado numa existência anterior?

271 – No estado errante, o Espírito, estudando as diversas condições nas quais poderá progredir, como pensa o poder fazer nascendo, por exemplo, entre os povos canibais?

– Não são os Espíritos já avançados que nascem entre os canibais, mas Espíritos da natureza daqueles canibais ou que lhes são inferiores.

Sabemos que os nossos antropófagos não estão no último grau da escala, e que existem mundos onde o embrutecimento e a ferocidade não têm analogia sobre a Terra. Esses Espíritos, portanto, são ainda inferiores aos mais inferiores do nosso mundo, e vir entre os nossos selvagens é para eles um progresso, como seria um progresso para os nossos antropófagos exercer entre nós uma profissão que não os obrigasse a derramar sangue. Se não veem mais alto é porque sua inferioridade moral não lhes permite a compreensão de um progresso mais completo. O Espírito não pode avançar senão gradualmente; não pode transpor, de um salto, a distância que separa a barbárie da civilização, e é nisto que vemos uma das necessidades da reencarnação, que é bem verdadeiramente segundo a justiça de Deus. De outra forma, em que se tornariam esses milhões de seres que morrem cada dia no último estado de degradação, se não tivessem os meios de alcançar a superioridade? Por que Deus os teria deserdado dos favores concedidos aos outros homens?

272 – Os Espíritos vindos de um mundo inferior à Terra, ou de um povo muito atrasado, como os canibais, por exemplo, poderiam nascer entre os povos civilizados?

– Sim, há os que se desencaminham querendo subir muito mais alto; mas, nesse caso, eles ficam desajustados, entre vós, porque têm costumes e instintos que não se afinam com os vossos.

Esses seres nos dão o triste espetáculo da ferocidade dentro da civilização; retornando para junto dos canibais, isso não será uma queda, pois não farão senão retomar o seu lugar, e nisso pode ser que ainda ganharão.

273 – Um homem pertencente a uma raça civilizada, por expiação, poderia estar reencarnado numa raça selvagem?

– Sim, mas isso depende do gênero da expiação; um senhor que foi duro para os seus escravos poderá vir a ser escravo, a seu turno, e sofrer os maus tratos que fez suportar. Aquele que comandou em uma época pode, numa nova existência, obedecer àqueles mesmos que se curvaram à sua vontade. É uma expiação se ele abusou de seu poder e Deus a pode lhe impor. Um bom Espírito pode, também, para os fazer avançar, escolher uma existência influente entre esses povos, e então é uma missão.

RELAÇÕES DE ALÉM-TÚMULO

274 – As diferentes ordens de Espíritos estabelecem entre elas mesmas uma hierarquia de poder; há entre elas subordinação e autoridade?

– Sim e muito grande; os Espíritos têm uns sobre os outros uma autoridade relacionada com a sua superioridade e que exercem por uma ascendência moral irresistível.

274.a – Os Espíritos inferiores podem se subtrair à autoridade dos que lhes são superiores?

– Eu disse: irresistível.

275 – O poder e a consideração que um homem desfrutou sobre a Terra lhe dão uma supremacia no mundo dos Espíritos?

– Não, porque lá os pequenos serão elevados e os grandes rebaixados. Lê os salmos.

275.a – Como devemos entender essa elevação e esse rebaixamento?

– Não sabes que os Espíritos são de diferentes ordens segundo seus méritos? Pois bem! o maior da Terra pode estar na última categoria entre os Espíritos, ao passo que o seu servidor estará na primeira. Compreendes isto? Não disse Jesus: aquele que se rebaixar será elevado, e quem se elevar será rebaixado?

276 – Aquele que foi grande na Terra e se encontra inferiorizado entre os Espíritos, experimenta com isso humilhação?

– Frequentemente muito grande, sobretudo se era orgulhoso e invejoso.

277 – O soldado que depois da batalha reencontra seu general no mundo dos Espíritos, o reconhece ainda por seu superior?

– *O título não é nada, a superioridade real é tudo.*

278 – Os Espíritos das diferentes ordens estão misturados?

– *Sim e não; quer dizer, eles se veem, mas se distinguem uns dos outros. Eles se evitam ou se aproximam segundo a analogia ou a antipatia de seus sentimentos, como acontece entre vós.* ***É todo um mundo do qual o vosso é o reflexo obscuro****. Os da mesma categoria se reúnem por uma espécie de afinidade e formam grupos ou famílias de Espíritos unidos pela simpatia e pelo objetivo que se propuseram: os bons pelo desejo de fazer o bem, os maus pelo desejo de fazer o mal, pela vergonha de suas faltas e pela necessidade de se encontrarem entre os que se lhe assemelham.*

Tal uma grande cidade onde os homens de todas as categorias e de todas as condições se veem e se encontram sem se confundirem; onde as sociedades se formam pela analogia de gostos; onde o vício e a virtude convivem sem nada se falarem.

279 – Todos os Espíritos têm, reciprocamente, acesso uns entre os outros?

– *Os bons vão por toda a parte, e é preciso que seja assim para que possam exercer sua influência sobre os maus. Mas as regiões habitadas pelos bons estão interditadas aos Espíritos imperfeitos, a fim de que não possam lhes levar as perturbações das más paixões.*

280 – Qual a natureza das relações entre os bons e os maus Espíritos?

– *Os bons tratam de combater as más inclinações dos outros, a fim de os ajudar a subir; é uma missão.*

281 – Por que os Espíritos inferiores se comprazem em nos levar ao mal?

– *Por inveja de não terem merecido estar entre os bons. Seu desejo é impedirem, tanto quanto está neles, os Espíritos ainda inexperientes de alcançarem o bem supremo; querem fazer os outros experimentarem aquilo que eles mesmos experimentam. Não vedes o mesmo entre vós?*

282 – Como os Espíritos se comunicam entre si?

– *Eles se veem e se compreendem; a palavra é material: é o reflexo do Espírito. O fluido universal estabelece entre eles uma comunicação constante; é o veículo da transmissão do pensamento, como para vós o ar é o veículo do som; uma espécie de telégrafo universal, que liga todos os mundos e permite aos Espíritos se corresponderem de um mundo ao outro.*

283 – Podem os Espíritos, reciprocamente, dissimularem seus pensamentos; podem se ocultar uns dos outros?

Não, para eles tudo está a descoberto, sobretudo quando são perfeitos. Podem se distanciar mas se veem sempre. Isto, entretanto, não é uma regra absoluta, pois certos Espíritos podem muito bem se tornar invisíveis para outros Espíritos, se julgam útil o fazer.

284 – Como os Espíritos, que não têm mais corpo, podem constatar sua individualidade e se distinguir dos outros seres espirituais que os cercam?

– Constatam sua individualidade pelo perispírito que faz deles seres distintos uns dos outros, como o corpo entre os homens.

285 – Os Espíritos se conhecem por terem coabitado a Terra? O filho reconhece seu pai, o amigo seu amigo?

– Sim, e assim de geração a geração.

285.a – Como os homens que se conheceram sobre a Terra se reconhecem no mundo dos Espíritos?

– Vemos nossa vida passada e a lemos como num livro; vendo o passado de nossos amigos e de nossos inimigos, vemos sua passagem da vida para a morte.

286 – A alma, deixando seu despojo mortal, vê imediatamente seus parentes e seus amigos que a precederam no mundo dos Espíritos?

– Imediatamente não é sempre a palavra; pois como vos dissemos, ela precisa de algum tempo para se reconhecer e sacudir o véu material.

287 – Como é acolhida a alma em seu regresso ao mundo dos Espíritos?

– A do justo, como um irmão bem-amado esperado há longo tempo; a do perverso como um ser que se enganou.

288 – Que sentimentos experimentam os Espíritos impuros à visão de um outro mau Espírito que lhes chega?

– Os perversos ficam satisfeitos de ver os seres à sua imagem e privados, como eles, da felicidade infinita, qual sobre a Terra, um velhaco entre seus iguais.

289 – Nossos parentes e nossos amigos vêm algumas vezes ao nosso reencontro, quando deixamos a Terra?

– Sim, vêm ao encontro da alma que estimam; a felicitam como ao retorno de uma viagem, se ela escapou aos perigos do caminho, ***e a ajudam a se livrar dos laços corporais****. É um favor para os bons Espíritos quando aqueles que estimam vêm ao seu encontro, ao passo que aquele que está manchado fica no isolamento, ou não é rodeado senão de Espíritos que se lhe assemelham: é uma punição.*

290 – Os parentes e os amigos se reúnem sempre depois da sua morte?

– Isso depende da sua elevação e do caminho que seguem para seu progresso. Se um deles está mais avançado e caminha mais depressa que o outro, não poderão ficar juntos; poderão se ver algumas vezes, mas não estarão reunidos para sempre, senão quando puderem marchar lado a lado ou quando tiverem alcançado a igualdade na perfeição. Assim, a privação de ver seus parentes e seus amigos é, algumas vezes, uma punição.

RELAÇÕES SIMPÁTICAS E ANTIPÁTICAS DOS ESPÍRITOS.

METADES ETERNAS

291 – Além da simpatia geral de semelhança, os Espíritos têm, entre si, afeições particulares?

– Sim, do mesmo modo que entre os homens; todavia, o laço que une os Espíritos é mais forte na ausência do corpo, por não estarem mais expostos às vicissitudes das paixões.

292 – Existe ódio entre os Espíritos?

– Não existe ódio senão entre os Espíritos impuros e são eles que insuflam, entre vós, as inimizades e as dissensões.

293 – Dois seres que foram inimigos sobre a Terra, conservarão ressentimento, um contra o outro, no mundo dos Espíritos?

– Não, eles compreenderão que seu ódio foi estúpido e o motivo pueril. Só os Espíritos imperfeitos conservam apenas uma espécie de animosidade, até que estejam purificados. Se foi um interesse material que os dividiu, eles não pensarão mais nisso, por pouco que sejam desmaterializados. Se não há mais antipatia entre eles, o motivo da discussão não mais existindo, podem se rever com prazer.

Tais dois escolares chegados à idade da razão, reconhecem a puerilidade das desavenças que tiveram na infância e cessam de se querer mal.

294 – A lembrança das más ações que dois homens puderam cometer, um com relação ao outro, é um obstáculo à sua simpatia?

– Sim, ela os leva a se distanciarem.

295 – Que sentimentos experimentam depois da morte aqueles a quem fizemos mal neste mundo?

– Se são bons, perdoam de acordo com o vosso arrependimento. Se são maus, podem conservar ressentimento e, algumas vezes, vos perseguir até em uma outra existência. Deus o pode permitir como castigo.

296 – As afeições individuais dos Espíritos são suscetíveis de alteração?

– Não, pois eles não podem se enganar; não têm mais a máscara sob a qual se escondem as hipocrisias; por isso, suas afeições são inalteráveis, quando são puros. O amor que os une lhes é a fonte de uma suprema felicidade.

297 – A afeição que dois seres se dedicaram sobre a Terra, continuará sempre no mundo dos Espíritos?

– Sim, sem dúvida, se ela se alicerça sobre uma simpatia verdadeira; mas se as causas físicas tiveram mais parte do que a simpatia, ela cessa com a causa. As afeições entre os Espíritos são mais sólidas e mais duráveis do que sobre a Terra, porque não estão mais subordinadas aos caprichos dos interesses materiais e do amor-próprio.

298 – As almas que deverão se unir estão predestinadas a essa união, desde sua origem, e cada um de nós tem, em alguma parte do Universo, sua metade à qual se reunirá fatalmente, um dia?

– Não; não existe união particular e fatal entre duas almas. A união existe entre todos os Espíritos, mas em graus diferentes segundo a categoria que ocupam, quer dizer, segundo a perfeição que adquiriram: quanto mais perfeitos, mais unidos. Da discórdia nascem todos os males dos humanos; da concórdia resulta a felicidade completa.

299 – Em que sentido se deve entender o termo *metade* de que certos Espíritos se servem para designar os Espíritos simpáticos?

– A expressão é inexata; se um Espírito fosse a metade de outro, separado dele, seria incompleto.

300 – Dois Espíritos perfeitamente simpáticos, uma vez reunidos o serão pela eternidade ou podem se separar se unindo a outros Espíritos?

– Todos os Espíritos são unidos entre si; falo dos que atingiram a perfeição. Nas esferas inferiores, quando um Espírito se eleva, não tem a mesma simpatia por aqueles que deixou.

301 – Dois Espíritos simpáticos são o complemento um do outro ou essa simpatia é o resultado de uma identidade perfeita?

– A simpatia que atrai um Espírito para o outro é o resultado da perfeita concordância de suas inclinações, de seus instintos. Se um devesse completar o outro, perderia sua individualidade.

302 – A identidade necessária para a simpatia perfeita consiste na semelhança de pensamentos e de sentimentos ou, também, na uniformidade de conhecimentos adquiridos?

– Na igualdade dos graus de elevação.

303 – Os Espíritos que não são simpáticos hoje, o poderão ser mais tarde?

– Sim, todos o serão. Assim, o Espírito que está, hoje, numa tal esfera inferior em se aperfeiçoando alcançará a esfera onde reside o outro. Seu reencontro terá lugar mais prontamente, se o Espírito mais elevado, suportando mal as provas a que está submetido, permanece no mesmo estado.

303.a – Dois Espíritos simpáticos poderão deixar de o ser?

– Certamente, se um é preguiçoso.

A teoria das metades eternas é uma figura que pinta a união de dois seres simpáticos; é uma expressão usada mesmo na linguagem vulgar e que se faz necessário não se prender à letra. Os Espíritos que dela se serviram não pertencem, certamente, a uma ordem mais elevada; a esfera de suas ideias é, necessariamente, limitada e eles expressam seus pensamentos pelos termos de que se serviram durante a vida corporal. É preciso, portanto, rejeitar essa ideia de que dois Espíritos, criados um para o outro, deverão um dia, fatalmente, se reunirem na eternidade, depois de estarem separados durante um lapso de tempo mais ou menos longo.

LEMBRANÇA DA EXISTÊNCIA CORPORAL

304 – O Espírito se lembra da sua existência corporal?

– Sim, quer dizer, tendo vivido muitas vezes como homem, recorda-se do que foi, e te asseguro que, por vezes, se ri apiedado de si mesmo.

Como o homem que, atingindo a idade da razão, ri dos excessos de sua adolescência ou das puerilidades de sua infância.

305 – A lembrança da existência corporal se apresenta ao Espírito de maneira completa e inopinada depois da morte?

– *Não, ele a revê pouco a pouco, como alguma coisa que sai do nevoeiro, e à medida que fixa nisso sua atenção.*

306 – O Espírito se lembra, com detalhe, de todos os acontecimentos de sua vida? Alcança o conjunto deles de um golpe de vista retrospectivo?

– *Ele se lembra das coisas em razão das consequências que tiveram sobre o seu estado de Espírito; mas compreendes que há circunstâncias de sua vida às quais ele não liga nenhuma importância e que nem mesmo procura recordar.*

306.a – Poderia se lembrar delas se quisesse?

– *Pode se lembrar dos detalhes e dos incidentes mais minuciosos, seja dos acontecimentos, seja mesmo dos seus pensamentos; mas quando isso é sem utilidade, não o faz.*

306.b – O Espírito entrevê o objetivo da vida terrena, com relação à vida futura?

– *Certamente ele o vê e o compreende bem melhor que na vida de seu corpo; compreende a necessidade de purificação para alcançar o infinito e sabe que, a cada existência, deixa algumas impurezas.*

307 – Como a vida passada se retrata na memória do Espírito? É por um esforço da sua imaginação ou como num quadro que tenha diante dos olhos?

– *De uma e outra maneira; todos os atos de que tenha interesse de se lembrar são para ele como se fossem presentes. Os outros estão mais ou menos no vago do pensamento, ou totalmente esquecidos. Quanto mais está desmaterializado, menos importância atribui às coisas materiais. Fazes, frequentemente, a evocação de um Espírito errante que acabou de deixar a Terra e que não se lembra mais os nomes das pessoas que amou, nem os detalhes que te parecem importantes; é que pouco lhe interessam e caem no esquecimento. O que ele se lembra muito bem são os fatos principais que o ajudam a se melhorar.*

308 – O Espírito se lembra de todas as existências que precederam a última que acaba de deixar?

– *Todo o seu passado se desenrola diante dele, como as etapas que o viajante percorreu. Mas dissemos que ele não se lembra de maneira absoluta de todos os atos; deles se recorda em razão da influência que têm sobre seu estado presente. Quanto às primeiras existências, as que podemos considerar a infância do Espírito, perdem-se no vago e desaparecem na noite do esquecimento.*

309 – De que maneira o Espírito considera o corpo que acaba de deixar?

– Como uma veste ruim ***que o apertava*** *e da qual se sente feliz por estar livre.*

309.a – Que sentimento lhe faz experimentar a visão do seu corpo em decomposição?

– Quase sempre de indiferença, como por uma coisa que não tem mais.

310 – Ao cabo de um certo lapso de tempo, o Espírito reconhece os ossos ou outros objetos que lhe tenham pertencido?

– Algumas vezes; isso depende do ponto de vista mais ou menos elevado sob o qual considera as coisas terrenas.

311 – O respeito que se tem às coisas materiais que restam do Espírito atrai a sua atenção sobre esses mesmos objetos e ele vê esse respeito com prazer?

– O Espírito é sempre feliz por ser lembrado; as coisas dele, que se conservaram, trazem-no à memória, porém, é o pensamento que o atrai para vós e não esses objetos.

312 – Os Espíritos conservam a lembrança dos sofrimentos que experimentaram durante sua última existência corporal?

– Frequentemente, eles a conservam e essa lembrança lhes faz sentir melhor o prêmio da felicidade que podem gozar como Espíritos.

313 – O homem que foi feliz neste mundo, lamenta seus prazeres, quando deixa a Terra?

– Somente os Espíritos inferiores podem lamentar as alegrias que se harmonizam com a impureza de sua natureza e que expiam pelos seus sofrimentos. Para os Espíritos elevados, a felicidade eterna é mil vezes preferível aos prazeres efêmeros da Terra.

Tal o homem adulto que despreza aquilo que fez as delícias da sua infância.

314 – Aquele que começou grandes trabalhos com fim útil e que os vê interrompidos pela morte, lamenta, no outro mundo, tê-los deixado inacabados?

– Não, porque vê que outros estão destinados a terminá-lo. Ao contrário, procura influenciar outros Espíritos humanos a continuá--los. Seu objetivo sobre a Terra foi o bem da Humanidade; esse objetivo é o mesmo no mundo dos Espíritos.

315 – Aquele que deixou trabalhos de arte e de literatura, conserva, pelas suas obras, o amor que tinha quando vivo?

– Segundo sua elevação, ele os julga sob outro ponto de vista e, frequentemente, condena aquilo que mais admirava.

316 – O Espírito se interessa ainda pelos trabalhos que se executam sobre a Terra pelo progresso das artes e das ciências?

– Isso depende da sua elevação ou da missão que pode ter que desempenhar. O que vos parece magnífico, frequentemente, é bem pouca coisa para certos Espíritos; admiram-na como o sábio admira a obra de um escolar. Ele examina o que pode provar a elevação dos Espíritos encarnados e seus progressos.

317 – Os Espíritos, depois da morte, conservam o amor à pátria?

– É sempre o mesmo princípio: para os Espíritos elevados, a pátria é o Universo; sobre a Terra, ela está onde têm mais pessoas simpáticas.

A situação dos Espíritos e sua maneira de ver as coisas variam ao infinito em razão do grau do seu desenvolvimento moral e intelectual. Os Espíritos de uma ordem elevada não fazem sobre a Terra, geralmente, senão paradas de curta duração; tudo o que aí se faz é tão mesquinho em comparação com as grandezas do infinito, as coisas às quais os homens ligam a maior importância são tão pueris aos seus olhos, que eles aí encontram poucos atrativos, a menos que sejam chamados com o objetivo de concorrer para o progresso da Humanidade. Os Espíritos de uma ordem mediana aí estacionam mais frequentemente, se bem que considerem as coisas de um ponto de vista mais elevado do que quando em vida. Os Espíritos vulgares aí são, de certo modo, sedentários e constituem a massa da população ambiente do mundo invisível; conservam, com pouca diferença, as mesmas ideias, os mesmos gostos e as mesmas inclinações que tinham quando em seu envoltório corporal; intrometem-se nas nossas reuniões, nas nossas ocupações, nas nossas recreações, nas quais tomam parte mais ou menos ativa, conforme seu caráter. Não podendo satisfazer suas paixões, gozam com os que a elas se abandonam e os excitam. Entre eles existem alguns mais sérios que veem e observam para se instruírem e se aperfeiçoarem.

318 – As ideias dos Espíritos se modificam no estado de desencarnados?

– Muito; elas sofrem modificações muito grandes, à medida que o Espírito se desmaterializa. Ele pode, algumas vezes, ficar muito tempo com as mesmas ideias, mas, pouco a pouco, a influência da matéria diminui, e vê as coisas mais claramente; é então que procura os meios de se tornar melhor.

319 – Uma vez que o Espírito já viveu a vida espírita antes da encarnação, de onde se origina seu espanto ao reentrar no mundo dos Espíritos?

– Isso é apenas o efeito do primeiro momento e da perturbação que segue ao despertar; mais tarde ele se reconhece perfeitamente,

à medida que lhe volta a lembrança do passado e se apaga a impressão da vida terrestre. (163 e seguintes).

COMEMORAÇÃO DOS MORTOS. FUNERAIS

320 – Os Espíritos ficam sensibilizados, ao se lembrarem deles os que amaram sobre a Terra?

– Muito mais do que podeis crer; se são felizes, essa lembrança lhes aumenta a felicidade; se são infelizes, são para eles um alívio.

321 – O dia da comemoração dos mortos tem alguma coisa de mais solene para os Espíritos? Eles se preparam para vir visitar os que irão orar sobre seus despojos?

– Os Espíritos atendem ao apelo do pensamento, nesse dia como nos outros dias.

321.a – Esse dia é para eles um dia de encontro junto às suas sepulturas?

– Nesse dia estão aí em maior número, porque existem mais pessoas que os chamam; mas cada um vem por causa dos seus amigos, e não pela multidão dos indiferentes.

321.b – Sob que forma aí comparecem e como os veríamos, se pudessem se tornar visíveis?

– Sob a que eram conhecidos como encarnados.

322 – Os Espíritos esquecidos, cujos túmulos ninguém vai visitar, também aí comparecem, apesar disso, e ficam pesarosos de não ver nenhum amigo se lembrar de sua memória?

– Que lhes importa a Terra? Não se prendem senão pelo coração. Se aí não há amor, não há nada que retenha o Espírito: ele tem todo o Universo para si.

323 – A visita ao túmulo dá mais satisfação ao Espírito do que uma prece feita em sua intenção?

– A visita ao túmulo é um modo de manifestar que se pensa no Espírito ausente: é a imagem. Já vos disse: é a prece que santifica o ato de lembrar; pouco importa o lugar, se ela é ditada pelo coração.

324 – Os Espíritos de pessoas às quais se elevam estátuas ou monumentos, assistem às suas inaugurações e as veem com prazer?

– Muito, e aí comparecem quando podem, porém, são menos sensíveis às homenagens que lhes prestam que à lembrança.

325 – De onde pode vir o desejo, de certas pessoas, de serem enterradas num lugar mais do que num outro? Retornam a esse lugar com maior satisfação depois de sua morte; essa importância dada a uma coisa material é um sinal de inferioridade no Espírito?

– Afeição do Espírito por certos lugares: inferioridade moral. Que faz um pedaço de terra, mais do que outro, para um Espírito elevado? Não sabe ele que a sua alma se reunirá aos que ama, mesmo quando seus ossos estejam separados?

325.a – A reunião dos despojos mortais de todos os membros de uma mesma família deve ser considerada como uma coisa fútil?

– Não, é um costume piedoso e um testemunho de simpatia para aqueles que se amou; se essa reunião pouco importa aos Espíritos, ela é útil aos homens: as lembranças são mais concentradas.

326 – A alma, reentrando na vida espiritual, é sensível às homenagens prestadas ao seu despojo mortal?

– Quando o Espírito já alcançou um certo grau de perfeição, não tem mais a vaidade terrestre, e compreende a futilidade de todas essas coisas. Sabei bem que, com frequência, há Espíritos que, no primeiro momento de sua morte material, sentem um grande prazer com as homenagens que lhes prestam, ou um desgosto com o abandono de seu envoltório; porque conservam, ainda, alguns preconceitos desse mundo.

327 – O Espírito assiste ao seu enterro?

– Muito frequentemente, o assiste mas, algumas vezes, não compreende o que se passa, se está ainda na perturbação.

327.a – Ele se lisonjeia com a concorrência de assistentes ao seu enterro?

– Mais ou menos, de acordo com o sentimento que os anima.

328 – O Espírito daquele que acaba de morrer, assiste às reuniões dos seus herdeiros?

– Quase sempre. Deus o quer para sua própria instrução e o castigo dos culpados; é lá que ele julga o que valem as suas reclamações; para ele todos os sentimentos estão a descoberto e a decepção que experimenta vendo a cobiça dos que partilham seus despojos o esclarece sobre seus sentimentos; mas sua vez virá.

329 – O respeito instintivo que o homem, em todos os tempos e entre todos os povos, testemunha pelos mortos, é um efeito da intuição que tem da existência futura?

– *É a sua consequência natural; sem isso, esse respeito seria sem objetivo.*

CAPÍTULO 7
RETORNO À VIDA CORPORAL

Prelúdios do retorno • União da alma e do corpo. Aborto • Faculdades morais e intelectuais do homem • Influência do organismo • Idiotia, loucura • Da infância • Simpatias e antipatias terrestres • Esquecimento do passado

PRELÚDIOS DO RETORNO

330 – Os Espíritos conhecem a época na qual estarão reencarnados?

– Eles a pressentem, como o cego sente o fogo de que se aproxima. Sabem que devem retomar um corpo, como sabeis que devereis morrer um dia, mas sem saber quando isso ocorrerá. (166).

330.a – A reencarnação é, pois, uma necessidade da vida espírita, como a morte é uma necessidade da vida corporal?

– Certamente, assim é.

331 – Todos os Espíritos se preocupam com sua reencarnação?

– Existem os que nem pensam nisso, que mesmo não a compreendem; isso depende de sua natureza mais ou menos avançada. Para alguns, a incerteza em que se encontram sobre seu futuro é uma punição.

332 – Pode o Espírito aproximar ou retardar o momento de sua reencarnação?

– Pode-o aproximar solicitando-o por seus votos; pode também o retardar, se recua diante da prova, pois, entre os Espíritos existem também covardes e indiferentes, todavia, não o fazem impunemente; sofrem com isso como aquele que recua diante de um remédio salutar que o pode curar.

333 – Se um Espírito se encontra bastante feliz, numa condição mediana entre os Espíritos errantes, e que não tivesse a ambição de se elevar, poderia prolongar esse estado indefinidamente?

– Não indefinidamente; o progresso é uma necessidade que o Espírito experimenta, cedo ou tarde. Todos devem se elevar: é seu destino.

334 – A união da alma, com tal ou tal corpo, é predestinada ou bem não é senão no último momento que se faz a escolha?

– O Espírito é sempre designado antes. O Espírito, escolhendo a prova que deve suportar, pede a encarnação. Ora, Deus que tudo sabe e tudo vê, sabe e vê antecipadamente, que tal alma se unirá a tal corpo.

335 – O Espírito tem a escolha do corpo no qual deve entrar, ou somente do gênero de vida que lhe deve servir de prova?

– Pode, também escolher o corpo, porque as imperfeições desse corpo são para ele provas que ajudam o seu progresso, se vence os obstáculos que nele encontra, mas a escolha não depende sempre dele; ele pode pedir.

335.a – Poderia o Espírito, no último momento, recusar o corpo escolhido por ele?

– Se o recusasse, sofreria muito mais do que aquele que não teria tentado nenhuma prova.

336 – Poderia acontecer que uma criança, que deve nascer, não encontrasse Espírito que quisesse se encarnar nela?

– Deus aí proveria. A criança, quando deve nascer ***viável****, está sempre predestinada a ter uma alma; nada foi criado sem finalidade.*

337 – A união do Espírito com o corpo pode ser imposta por Deus?

– Pode ser imposta, assim como as diferentes provas, sobretudo quando o Espírito não está ainda apto para fazer uma escolha com conhecimento de causa. Como expiação, o Espírito pode ser constrangido a se unir ao corpo de tal criança que, pelo seu nascimento e a posição que terá no mundo, poderá vir a ser para ele um instrumento de castigo.

338 – Se acontecesse que vários Espíritos se apresentassem para um mesmo corpo que deve nascer, o que decidiria entre eles?

– Vários podem pedir; em semelhante caso é Deus que julga qual é o mais capaz para desempenhar a missão à qual a criança está destinada; mas, eu disse, o Espírito é designado antes do instante em que deve se unir ao corpo.

339 – O momento da encarnação é acompanhado de uma perturbação semelhante àquela que tem lugar à desencarnação?

– Muito maior e sobretudo mais longa. Na morte, o Espírito sai da escravidão; no nascimento, entra nela.

340 – O instante em que o Espírito deve se encarnar é para ele um momento solene? Realiza esse ato como uma coisa grave e importante para ele?

– É como um viajante que embarca para uma travessia perigosa e não sabe se encontrará a morte nas ondas que enfrenta.

O viajante que embarca, sabe a que perigos se expõe, mas não sabe se naufragará; é assim com o Espírito: ele conhece o gênero de provas às quais se submete, mas não sabe se sucumbirá.

Da mesma forma que a morte do corpo é uma espécie de renascimento para o Espírito, a reencarnação é para este uma espécie de morte, ou antes, de exílio e de clausura. Ele deixa o mundo dos Espíritos pelo mundo corporal, como o homem deixa o mundo corporal pelo mundo dos Espíritos. O Espírito sabe que reencarnará, como o homem sabe que morrerá; mas, como este, disso não tem consciência senão no último momento, quando a hora desejada é chegada; então, nesse momento supremo, a perturbação se apodera dele, qual no homem que está em agonia, e essa perturbação persiste até que a nova existência esteja francamente formada. Os prelúdios da reencarnação são uma espécie de agonia para o Espírito.

341 – A incerteza em que se encontra o Espírito sobre os eventuais sucessos nas provas que vai suportar na vida, é para ele uma causa de ansiedade antes da sua encarnação?

– Uma ansiedade bem grande, visto que as provas de sua existência o retardarão ou o avançarão o seu progresso, conforme as tiver bem ou mal suportado.

342 – No momento da reencarnação, o Espírito está acompanhado por outros Espíritos, de seus amigos, que vêm assistir à sua partida do mundo espírita, como o vêm receber quando nele reentra?

– Isso depende da esfera que o Espírito habita. Se está nas esferas onde reina a afeição, os Espíritos que o amam o acompanham até o último momento, encorajam-no e, frequentemente mesmo, o seguem na vida.

343 – Os Espíritos amigos que nos seguem na vida, são algumas vezes aqueles que vemos em sonho, que nos testemunham afeição, e que se nos apresentam sob aparências desconhecidas?

– Muito frequentemente são eles; vêm vos visitar como ides visitar um prisioneiro.

UNIÃO DA ALMA E DO CORPO

344 – Em que momento a alma se une ao corpo?

– A união começa na concepção, mas não se completa senão no momento do nascimento. Desde o momento da concepção, o Espírito designado para habitar tal corpo, a ele se liga por um laço fluídico que vai se apertando, cada vez mais, até o instante em que a criança vê a luz; o grito que se escapa, então, da criança, anuncia que ela se conta entre os vivos e os servidores de Deus.

345 – A união entre o Espírito e o corpo é definitiva do momento da concepção? Durante esse primeiro período o Espírito poderia renunciar em habitar o corpo designado?

– A união é definitiva nesse sentido de que um outro Espírito não poderia substituir aquele que está designado para esse corpo; porém, como os laços que o prendem são muitos fracos, são facilmente rompidos, e podem o ser pela vontade do Espírito que recua diante da prova que escolheu; mas, então, a criança não vive.

346 – Que acontece para o Espírito se o corpo que escolheu morrer antes de nascer?

– Ele escolhe um outro.

346.a – Qual pode ser a utilidade dessas mortes prematuras?

– As imperfeições da matéria são, o mais frequentemente, a causa dessas mortes.

347 – De que utilidade pode ser, para um Espírito, sua encarnação num corpo que morre poucos dias depois do nascimento?

– O ser não tem consciência bastante desenvolvida de sua existência; a importância da morte é quase nula. Como vos dissemos, é frequentemente uma prova para os pais.

348 – O Espírito sabe, de antemão, que o corpo que ele escolheu não tem chance de vida?

– Sabe-o algumas vezes, porém, se escolheu por esse motivo, é porque recua diante da prova.

349 – Quando uma encarnação falha para o Espírito, por uma causa qualquer, ela é suprida imediatamente por uma outra existência?

– Nem sempre imediatamente; o Espírito precisa de tempo para escolher de novo, a menos que a reencarnação instantânea não provenha de uma determinação anterior.

350 – O Espírito, uma vez unido ao corpo da criança e quando já não pode voltar atrás, lamenta, algumas vezes, a escolha que fez?

– *Queres dizer se, como homem, lastima a vida que tem? Se desejaria outra? sim; se lamenta a escolha que fez? não, ele não sabe que a escolheu. O Espírito, uma vez encarnado, não pode lamentar uma escolha da qual não tem consciência, mas pode achar a carga muito pesada e, se a crê acima de suas forças, recorre, então, ao suicídio.*

351 – No intervalo da concepção ao nascimento, o Espírito goza de todas as suas faculdades?

– *Mais ou menos de acordo com a época, porque ele não está ainda encarnado, mas vinculado. Desde o instante da concepção, a perturbação começa a se assenhorear do Espírito, advertindo-o de que é chegado o momento de tomar uma nova existência; essa perturbação vai crescendo até o nascimento. Nesse intervalo, seu estado é quase próximo ao de um Espírito encarnado durante o sono do corpo, à medida que o momento do nascimento se aproxima, suas ideias se apagam, assim como a lembrança do passado, do qual não tem mais consciência, como homem, uma vez entrado na vida; mas essa lembrança lhe volta pouco a pouco à memória, no seu estado de Espírito.*

352 – No momento do nascimento, o Espírito recobra imediatamente a plenitude de suas faculdades?

– *Não, elas se desenvolvem gradualmente com os órgãos. É para ele uma nova existência; é necessário que aprenda a se servir dos seus instrumentos; as ideias lhe retornam pouco a pouco, como a um homem que sai do sono, e que se encontra numa posição diferente da que tinha na véspera.*

353 – A união do Espírito e do corpo não estando completa e definitivamente consumada senão depois do nascimento, pode-se considerar o feto como tendo uma alma?

– *O Espírito que o deve animar existe, de alguma forma, fora dele; ele não tem, pois, propriamente falando, uma alma, uma vez que a encarnação está somente em vias de se operar; mas está ligado à alma que o deve possuir.*

354 – Como explicar a vida intra-uterina?

– *É aquela da planta que vegeta. A criança vive a vida animal. O homem possui em si a vida animal e a vida vegetal que ele completa, no nascimento, pela vida espiritual.*

355 – Existe, como indica a ciência, crianças que desde o ventre da mãe, não são viáveis; e com que fim isso ocorre?

– Isso ocorre com frequência; Deus o permite como prova, seja para os pais, seja para o Espírito destinado a reencarnar.

356 – Existem natimortos que não foram destinados à encarnação de um Espírito?

– Sim, há os que jamais tiveram um Espírito destinado para seu corpo: nada deviam realizar por eles. Foi, então, somente pelos pais que essa criança veio.

356.a – Um ser dessa natureza pode chegar a termo?

– Sim, algumas vezes, mas, então, ele não vive.

356.b – Toda criança que sobrevive ao seu nascimento, necessariamente tem, pois, um Espírito nela encarnado?

– Que seria sem ele? não seria um ser humano.

357 – Quais são, para o Espírito, as consequências do aborto?

– É uma existência nula e a recomeçar.

358 – O abortamento voluntário é um crime, qualquer que seja a época da concepção?

– Existe sempre crime quando transgredis a lei de Deus. A mãe, ou qualquer outra, cometerá sempre um crime tirando a vida à criança antes de seu nascimento, porque é impedir, à alma, de suportar as provas das quais o corpo deveria ser o instrumento.

359 – No caso em que a vida da mãe estivesse em perigo com o nascimento da criança, há crime em sacrificar a criança para salvar a mãe?

– É preferível sacrificar o ser que não existe ao ser que existe.

360 – É racional ter pelo feto a mesma atenção que se tem pelo corpo de uma criança que tivesse vivido?

– Em tudo isso vede a vontade de Deus e sua obra; não trateis, pois, levianamente as coisas que deveis respeitar. Por que não respeitar as obras da criação, que são incompletas, às vezes, pela vontade do Criador? Isso entra nos seus desígnios, que pessoa alguma é chamada a julgar.

FACULDADES MORAIS E INTELECTUAIS

361 – De onde vêm, para o homem, suas qualidades morais, boas ou más?

– São as do Espírito que está encarnado nele; quanto mais o Espírito é puro, mais o homem é levado ao bem.

361.a – Parece resultar disso que o homem de bem é a encarnação de um bom Espírito, e o homem viciado a de um mau Espírito?

– Sim, mas dize antes que é um Espírito imperfeito, de outra forma se poderia crer em Espíritos sempre maus, os que chamais demônios.

362 – Qual o caráter dos indivíduos nos quais se encarnam Espíritos travessos e levianos?

– De estouvados, espertalhões, e algumas vezes malfazejos.

363 – Os Espíritos têm paixões que não pertencem à Humanidade?

– Não, de outro modo eles vo-las teriam comunicado.

364 – É o mesmo Espírito que dá ao homem as qualidades morais e as da inteligência?

– Seguramente, é o mesmo, e isso em razão do grau que alcançou. O homem não tem em si dois Espíritos.

365 – Por que homens muito inteligentes, o que evidencia neles um Espírito superior, algumas vezes, ao mesmo tempo, são profundamente viciados?

– É que o Espírito encarnado não é tão puro, e o homem cede à influência de outros Espíritos piores. O Espírito progride através de uma insensível caminhada ascendente, mas o progresso não se realiza, simultaneamente, em todos os sentidos; num período ele pode avançar em ciência, em outro em moralidade.

366 – Que pensar da opinião segundo a qual as diferentes faculdades intelectuais e morais do homem seriam o produto de diferentes Espíritos encarnados nele, e tendo, cada um, uma aptidão especial?

– Refletindo, reconhece-se que é absurda. O Espírito deve ter todas as aptidões; para poder progredir, lhe é necessária uma vontade única. Se o homem fosse um amálgama de Espíritos, essa vontade não existiria e ele não teria individualidade, pois que, em sua morte, esses Espíritos seriam qual um bando de pássaros escapados de uma gaiola. O homem lamenta, frequentemente, não compreender certas coisas e é curioso ver como multiplica as dificuldades, enquanto que tem sob a mão uma explicação muito simples e natural. Ainda aqui, toma o efeito pela causa; é fazer para

o homem o que os pagãos fizeram para Deus. Acreditavam em tantos Deuses quanto há fenômenos no Universo; mas, entre eles, as pessoas sensatas não viam, nesses fenômenos, senão efeitos tendo por causa um Deus único.

O mundo físico e o mundo moral nos oferecem, a esse respeito, numerosos pontos de comparação. Acreditou-se na existência múltipla da matéria enquanto se esteve apegado à aparência dos fenômenos; hoje, compreende-se que esses fenômenos, tão variados, podem muito bem ser apenas modificações de uma matéria elementar única. As diversas faculdades são manifestações de uma mesma causa que é a alma, ou do Espírito encarnado, e não de várias almas, como os diferentes sons do órgão são o produto de uma mesma qualidade de ar e não de outras tantas espécies quantas há de sons. Resultaria desse sistema que, quando um homem perde ou adquire certas aptidões, certas inclinações, isso seria o fato de tantos Espíritos, que vêm ou que se vão, o que faria dele um ser múltiplo sem individualidade, e, por consequência, sem responsabilidade. É outra contradição aos exemplos, tão numerosos, de manifestações pelas quais os Espíritos provam sua personalidade e sua identidade.

INFLUÊNCIA DO ORGANISMO

367 – O Espírito, unindo-se ao corpo, se identifica com a matéria?

– *A matéria é apenas o envoltório do Espírito, como o vestuário é o envoltório do corpo. O Espírito, unindo-se ao corpo, conserva os atributos da natureza espiritual.*

368 – As faculdades do Espírito se exercem com toda liberdade depois da sua união com o corpo?

– *O exercício das faculdades depende dos órgãos que lhes servem de instrumento; elas são enfraquecidas pela grosseria da matéria.*

368.a – Segundo isso, o envoltório material seria um obstáculo à livre manifestação das faculdades do Espírito, como um vidro opaco se opõe a livre emissão da luz?

– *Sim, e muito opaco.*

Pode-se ainda comparar a ação da matéria grosseira do corpo sobre o Espírito à de uma água lamacenta, que tira a liberdade dos movimentos ao corpo que se encontra nela mergulhado.

369 – O livre exercício das faculdades da alma está subordinado ao desenvolvimento dos órgãos?

– *Os órgãos são os instrumentos da manifestação das faculdades da alma; essa manifestação se encontra subordinada ao desenvolvimento e ao grau de perfeição desses mesmos órgãos, como a qualidade de um trabalho à qualidade da ferramenta.*

370 – Pode-se induzir, da influência dos órgãos, uma relação entre o desenvolvimento dos órgãos cerebrais e o das faculdades morais e intelectuais?

– Não confundais o efeito com a causa. O Espírito tem sempre as faculdades que lhe são próprias; ora, não são os órgãos que dão as faculdades, mas as faculdades que conduzem ao desenvolvimento dos órgãos.

370.a – Segundo isso, a diversidade das aptidões no homem prende-se unicamente do estado do Espírito?

– Unicamente não é toda a exatidão do fato. As qualidades do Espírito, que pode ser mais ou menos avançado, está aí o princípio; mas é preciso ter em conta a influência da matéria que entrava, mais ou menos, o exercício dessas faculdades.

O Espírito, encarnando-se, traz certas predisposições, admitindo-se, para cada uma, um órgão correspondente no cérebro, o desenvolvimento desses órgãos será um efeito e não uma causa. Se as faculdades tivessem seu princípio nos órgãos, o homem seria uma máquina sem livre-arbítrio, e sem responsabilidade dos seus atos. Seria preciso admitir que os maiores gênios, sábios, poetas, artistas, não são gênios senão porque o acaso lhes deu órgãos especiais, do que se seguiria que, sem esses órgãos, não teriam sido gênios, e que o último imbecil poderia ser um Newton, um Virgílio ou um Rafael, se tivesse sido provido de certos órgãos; suposição mais absurda ainda quando se a aplica às qualidades morais. Assim, segundo esse sistema, São Vicente de Paulo, dotado pela Natureza de tal ou tal órgão, teria podido ser um celerado, e não faltaria, ao maior celerado, senão um órgão para ser São Vicente de Paulo. Admiti, ao contrário, que os órgãos especiais, se é que existam, são consecutivos, que se desenvolvem pelo exercício da faculdade, como os músculos pelo movimento, e vós não tereis nada irracional. Façamos uma comparação trivial por ser verdadeira: por certos sinais fisionômicos, reconheceis o homem dado à bebida; são esses sinais que o tornam ébrio, ou a ebriedade que faz nascer esses sinais? Pode-se dizer que os órgãos recebem o cunho das faculdades.

IDIOTISMO, LOUCURA

371 – A opinião segundo a qual os cretinos e os idiotas teriam uma alma de natureza inferior, tem fundamento?

– Não, eles têm uma alma humana, muitas vezes mais inteligente do que pensais, e que sofre a insuficiência dos meios de que dispõe para se comunicar, como o mudo sofre de não poder falar.

372 – Qual o objetivo da Providência criando seres infelizes como os cretinos e os idiotas?

– *São Espíritos em punição que habitam corpos de idiotas. Esses Espíritos sofrem pelo constrangimento que experimentam e pela impossibilidade em que se encontram de se manifestarem por meio de órgãos não desenvolvidos ou desarranjados.*

372.a – Não é exato, então, dizer que os órgãos não têm influência sobre as faculdades?

– *Jamais dissemos que os órgãos não tivessem influência; eles têm uma influência muito grande sobre a manifestação das faculdades, porém não dão as faculdades; aí está a diferença. Um bom músico com um mau instrumento não fará boa música, e isso não o impedirá de ser um bom músico.*

É necessário distinguir o estado normal do estado patológico. No estado normal, o moral suplanta o obstáculo que lhe opõe a matéria; mas existem casos em que a matéria oferece uma resistência tal que as manifestações são entravadas ou desnaturadas, como na idiotia e na loucura; são casos patológicos e, nesse estado, a alma, não gozando de toda a sua liberdade, a própria lei humana a isenta da responsabilidade dos seus atos.

373 – Qual pode ser o mérito da existência para os seres que, como os idiotas e os cretinos, não podem fazer nem bem nem mal, não podem progredir?

– *É uma expiação imposta ao abuso que puderam fazer de certas faculdades; é um tempo de prisão.*

373.a – Um corpo de idiota pode, assim, abrigar um Espírito que teria animado um homem de gênio em uma existência precedente?

– *Sim, o gênio, às vezes, torna-se um flagelo quando dele se abusa.*

A superioridade moral não está sempre em razão da superioridade intelectual, e os maiores gênios podem ter muito a expiar; daí resulta, frequentemente, para eles uma existência inferior à que tiveram e uma causa de sofrimentos. Os entraves que o Espírito experimenta em suas manifestações lhe são como as correntes que comprimem os movimentos de um homem vigoroso. Pode-se dizer que o cretino e o idiota são estropiados pelo cérebro, como o é o coxo pelas pernas, o cego pelos olhos.

374 – O idiota, no estado de Espírito, tem consciência de seu estado mental?

– *Sim, muito frequentemente; ele compreende que as cadeias que entravam seu voo são uma prova e uma expiação.*

375 – Qual é a situação do Espírito na loucura?

– O Espírito, no estado de liberdade, recebe diretamente suas impressões e exerce diretamente sua ação sobre a matéria; encarnado, porém, encontra-se em condições muito diferentes e na necessidade de o fazer encontra-se com a ajuda de órgãos especiais. Que uma parte ou o conjunto desses órgãos seja alterada, sua ação ou suas impressões, naquilo que concerne a esses órgãos, são interrompidas. Se ele perde os olhos, torna-se cego; se for o ouvido, torna-se surdo, etc. Imagina agora que o órgão que preside aos efeitos da inteligência e da vontade seja parcial ou inteiramente atacado ou modificado, e te será fácil compreender que o Espírito, não tendo mais a seu serviço senão órgãos incompletos ou desnaturados, deve lhe resultar uma perturbação, da qual, por si mesmo e no seu foro íntimo, tem perfeita consciência, mas não é senhor para deter o curso.

375.a – É então sempre o corpo e não o Espírito que está desorganizado?

– Sim, mas é preciso não perder de vista que, do mesmo modo que o Espírito atua sobre a matéria, esta reage sobre ele em uma certa medida, e que o Espírito pode se encontrar momentaneamente impressionado pela alteração dos órgãos pelos quais se manifesta e recebe suas impressões. Pode acontecer que, com o tempo, quando a loucura durou bastante, a repetição dos mesmos atos acabe por ter, sobre o Espírito, uma influência da qual não se livra senão depois de sua completa separação de toda impressão material.

376 – Por que motivo a loucura leva, algumas vezes, ao suicídio?

– O Espírito sofre com o constrangimento que experimenta e com a impossibilidade, em que se encontra, de se manifestar livremente, por isso busca na morte um meio de romper os seus laços.

377 – O Espírito do alienado se ressente, depois da morte, do desarranjo de suas faculdades?

– Ele pode disso se ressentir, algum tempo depois da morte, até que esteja completamente desligado da matéria, como o homem que acorda se ressente algum tempo da perturbação em que o sono o mergulha.

378 – Por que a alteração do cérebro pode reagir sobre o Espírito depois da morte?

– É uma lembrança; um peso oprime o Espírito, e como ele não teve conhecimento de tudo o que se passou durante sua loucura,

precisa sempre um certo tempo para se pôr ao corrente. É por isso que, quanto mais durar a loucura durante a vida, muito mais tempo dura a opressão, o constrangimento depois da morte. O Espírito liberto do corpo se ressente, algum tempo, da impressão dos seus laços.

DA INFÂNCIA

379 – O Espírito que anima o corpo de uma criança é tão desenvolvido quanto o de um adulto?

– Pode ser mais, se mais progrediu; não são senão os órgãos imperfeitos que o impedem de se manifestar. Ele age de acordo com o instrumento, com a ajuda do qual pode se produzir.

380 – Em uma criança de tenra idade, o Espírito, fora do obstáculo que a imperfeição dos órgãos opõe à sua livre manifestação, pensa como uma criança ou como um adulto?

– Quando ele é criança, é natural que os órgãos da inteligência, não estando desenvolvidos, não podem lhe dar toda a intuição de um adulto; ele tem, com efeito, a inteligência muito limitada, à espera de que a idade faça amadurecer sua razão. A perturbação que acompanha a reencarnação não cessa subitamente no momento do nascimento; ela não se dissipa senão gradualmente com o desenvolvimento dos órgãos.

Uma observação vem em apoio desta resposta: é que os sonhos, em uma criança, não têm o caráter dos de um adulto; seu objeto é quase sempre pueril, o que é um indício da natureza das preocupações do Espírito.

381 – Na morte da criança, o Espírito retoma imediatamente o seu vigor anterior?

– Ele o deve, uma vez que está desembaraçado do seu envoltório carnal; entretanto, não readquire sua lucidez anterior senão quando a separação for completa, quer dizer, quando não exista mais nenhum laço entre o Espírito e o corpo.

382 – O Espírito encarnado sofre, durante a infância, com o constrangimento que lhe impõe a imperfeição dos seus órgãos?

– Não; esse estado é uma necessidade; está na Natureza e segundo as vistas da Providência: é um tempo de repouso para o Espírito.

383 – Qual é, para o Espírito, a utilidade de passar pelo estado de infância?

– O Espírito se encarnando para se aperfeiçoar, é mais acessível, durante esse tempo, às impressões que recebe e que podem ajudar o seu adiantamento, para o qual devem contribuir aqueles que estão encarregados da sua educação.

384 – Por que as primeiras crises da criança são os choros?

– Para excitar o interesse da mãe e provocar os cuidados que lhe são necessários. Não compreendes que se ela tivesse apenas crises de alegrias, quando ainda não sabe falar, pouco se inquietariam com suas necessidades? Admirai, pois, em tudo a sabedoria da Providência.

385 – De onde provém a mudança que se opera no caráter, a uma certa idade, e particularmente ao sair da adolescência? É o Espírito que se modifica?

– É o Espírito que retoma sua natureza e se mostra como ele era.

Não conheceis os segredos que escondem as crianças em sua inocência; não sabeis o que são, o que foram e o que serão; e, todavia, as amais, as quereis bem como se fossem uma parte de vós mesmos, a tal ponto que o amor de uma mãe por seus filhos é considerado o maior amor que um ser pode ter por um outro ser. De onde vem essa doce afeição, essa terna benevolência que mesmo os estranhos experimentam para com uma criança? Vós sabeis? não; é isso que vou vos explicar.

As crianças são os seres que Deus envia em novas existências; e, para que não lhes possa impor uma severidade muito grande, dá-lhes todas as aparências da inocência. Mesmo para uma criança de uma maldade natural, cobrem-se-lhe as faltas com a não-consciência dos seus atos. Essa inocência não é uma superioridade real sobre o que eram antes; não, é a imagem do que elas deveriam ser e, se não o são, é sobre elas somente que recai o castigo.

Mas não é somente por elas que Deus lhes dá esse aspecto, é também, e sobretudo, por seus pais cujo amor é necessário à sua fraqueza, e esse amor seria singularmente enfraquecido à vista de um caráter impertinente e rude, enquanto que crendo seus filhos bons e dóceis, dão-lhes toda a sua afeição e os cercam dos cuidados mais delicados. Mas, quando os filhos não têm mais necessidade dessa proteção, dessa assistência, que lhes foi dada durante quinze ou vinte anos, seu caráter real e individual reaparece em toda a sua nudez. Conserva-se bom se era fundamentalmente bom, mas se revestem sempre de nuanças que estiveram ocultas pela primeira infância.

Vedes que os caminhos de Deus são sempre os melhores e, quando se tem o coração puro, a explicação é facilmente concebida.

Com efeito, imaginai bem que o Espírito das crianças que nascem entre vós pode vir de um mundo onde tomou hábitos muito diferentes; como quereríeis que permanecesse em vosso meio esse novo ser que vem com paixões diferentes das que possuís, com inclinações e gostos inteiramente opostos aos vossos; como quereríeis que ele se incorporasse em vossas fileiras de outra forma senão aquela que Deus quis, quer dizer, pela peneira da infância? Aí se confundem todos os pensamentos, todos os caracteres, todas as variedades de seres engendrados por essa multidão de mundos nos quais crescem as criaturas. E vós mesmos, morrendo, vos encontrareis em uma espécie de infância no meio de novos irmãos; e na vossa nova existência não-terrestre ignorais os hábitos, os costumes, as relações desse novo mundo para vós. Manejareis com dificuldade uma língua que não estais habituados a falar, língua mais viva do que é hoje o vosso pensamento. (319).

A infância tem, ainda, uma outra utilidade: os Espíritos não entram na vida corporal senão para se aperfeiçoar, se melhorar; a fraqueza da pouca idade os torna flexíveis, acessíveis aos conselhos da experiência e daqueles que os devem fazer progredir. É, então, que se pode reformar seu caráter e lhes reprimir as más inclinações; tal é o dever que Deus confiou aos seus pais, missão sagrada pela qual deverão responder.

Por isso, a infância não é somente útil, necessária, indispensável, mas ainda ela é a consequência natural das leis que Deus estabeleceu e que regem o universo.

SIMPATIAS E ANTIPATIAS TERRESTRES

386 – Dois seres que se conheceram e se amaram, podem se encontrar em uma outra existência corporal e se reconhecerem?

– Reconhecer-se, não; mas, ser atraído um para o outro, sim. Frequentemente, essas ligações íntimas fundadas sobre uma afeição sincera, não têm outra causa. Dois seres se aproximam, um do outro, por circunstâncias aparentemente fortuitas, mas que são o fato da atração de dois Espíritos que se procuram na multidão.

386.a – Não seria mais agradável, para eles, se reconhecerem?

– Nem sempre; a lembrança de existências passadas teria inconvenientes maiores do que acreditais. Depois da morte, eles se reconhecerão e saberão o tempo que passaram juntos. (392).

387 – A simpatia tem sempre por princípio um conhecimento anterior?

– Não, dois Espíritos que se compreendem, procuram-se naturalmente sem que tenham se conhecido como homens.

388 – Os reencontros que ocorrem, algumas vezes, de certas pessoas e que se atribuem ao acaso, não seriam o efeito de uma espécie de relações simpáticas?

– Há entre os seres pensantes laços que não conheceis ainda. O magnetismo é o guia desta ciência que compreendereis melhor mais tarde.

389 – De onde provém a repulsa instintiva que se experimenta por certas pessoas, à primeira vista?

– Espíritos antipáticos que se adivinham e se reconhecem, sem se falarem.

390 – A antipatia instintiva é sempre um sinal de natureza má?

– Dois Espíritos não são necessariamente maus porque não se simpatizam. A antipatia pode nascer da falta de semelhança no pensamento; mas, à medida que eles se elevam, as nuanças se apagam e a antipatia desaparece.

391 – A antipatia entre duas pessoas nasce, em primeiro lugar, naquele cujo Espírito é o pior ou o melhor?

– Em um e em outro, mas as causas e os efeitos são diferentes. Um Espírito mau tem antipatia contra qualquer um que o possa julgar e desmascarar; vendo uma pessoa pela primeira vez, ele sabe que vai ser desaprovado. Seu afastamento se transforma em ódio, em ciúme, e lhe inspira o desejo de fazer o mal. O bom Espírito tem repulsa pelo mau, porque sabe que não será compreendido e que não partilham os mesmos sentimentos; mas, seguro de sua superioridade, não tem contra o outro nem ódio, nem ciúme, contenta-se em evitá-lo e lastimá-lo.

ESQUECIMENTO DO PASSADO

392 – Por que o Espírito encarnado perde a lembrança do seu passado?

– O homem não pode nem deve tudo saber; Deus o quer assim em sua sabedoria. Sem o véu que lhe cobre certas coisas, o homem ficaria deslumbrado, como aquele que passa, sem transição, da obscuridade à luz. ***Pelo esquecimento do passado, ele é mais ele-mesmo.***

393 – Como o homem pode ser responsável por atos e resgatar faltas de que não tem lembrança? Como pode aproveitar a experiência adquirida nas existências caídas no esquecimento? Conceber-se-ia que as tribulações da vida fossem uma lição para ele, se se lembrasse do que pôde conquistar; mas do momento que não se lembra, cada existência é para ele como se fosse a primeira e está, assim, sempre a recomeçar. Como conciliar isso com a justiça de Deus?

– *A cada nova existência, o homem tem mais inteligência e pode melhor distinguir o bem e o mal. Onde estaria o mérito se ele se lembrasse de todo o passado? Quando o Espírito reentra na sua vida primitiva (a vida espírita) toda a sua vida passada se desenrola diante dele; ele vê as faltas que cometeu e que são causa do seu sofrimento, e o que o poderia impedir de as cometer. Compreende que a posição que lhe é dada é justa e procura, então, a existência que poderá reparar aquela que vem de se escoar. Procura provas análogas àquelas pelas quais passou, ou as lutas que crê adequadas ao seu adiantamento, e pede, aos Espíritos que lhe são superiores, para o ajudar nessa nova tarefa que empreende, porque sabe que o Espírito que lhe será dado por guia nessa nova existência o procurará fazer reparar suas faltas, dando-lhe uma espécie de intuição das que cometeu. Essa mesma* ***intuição*** *é o pensamento, o desejo criminoso que vos vem, frequentemente, e ao qual resistis instintivamente, atribuindo, no mais das vezes, vossa resistência aos princípios que recebestes de vossos pais, ao passo que é a voz da consciência que vos fala, e essa voz é a lembrança do passado, voz que vos adverte para não recairdes nas faltas que já cometestes. O Espírito, entrado nessa nova existência, se suporta essas provas com coragem, e se resiste, eleva-se e ascende na hierarquia dos Espíritos, quando volta entre eles.*

Se não temos, durante a vida corporal, uma lembrança precisa do que fomos e do que fizemos, de bem ou de mal, nas nossas existências anteriores, temos disso a intuição, e nossas tendências instintivas são uma reminiscência do nosso passado, às quais nossa consciência, que é o desejo que concebemos de não mais cometer as mesmas faltas, nos adverte para resistir.

394 – Nos mundos mais avançados que o nosso, onde não se está sujeito a todas as nossas necessidades físicas, às nossas enfermidades, os homens compreendem que são mais felizes do que nós? A felicidade, em geral, é relativa; a sentimos por comparação com um estado menos feliz. Visto que, em definitivo, alguns desses mundos, ainda que melhores do que o

nosso, não estão no estado de perfeição, os homens que os habitam devem ter motivos de aborrecimentos em seu gênero. Entre nós, o rico, que não tem as angústias das necessidades materiais, como o pobre, não tem menos tribulações que tornam sua vida amarga. Ora, eu pergunto se, na sua posição, os habitantes desses mundos não se creem mais infelizes do que nós e não se lamentam de sua sorte, não tendo a lembrança de uma existência inferior para comparação?

– A isso é preciso dar duas respostas diferentes. Há mundos, entre aqueles de que falas, cujos habitantes têm uma lembrança muito clara e muito precisa de suas existências passadas. Esses, tu o compreendes, podem e sabem apreciar a felicidade que Deus lhes permite saborear. Mas existem outros onde os habitantes, como tu o disseste, colocados em melhores condições do que vós, não têm menos aborrecimentos, infelicidade mesmo; esses não apreciam sua felicidade pelo fato mesmo de que não têm lembrança de um estado ainda mais infeliz. Se eles não apreciam-na como homens, a apreciam como Espíritos.

Não há, no esquecimento dessas existências passadas, então sobretudo naquelas que foram penosas, alguma coisa de providencial e onde se revela a sabedoria divina? É nos mundos superiores, quando a lembrança das existências infelizes não é mais do que um sonho mau, que elas se apresentam à memória. Nos mundos inferiores, as infelicidades atuais não seriam agravadas pela lembrança de tudo aquilo que se pôde suportar? Concluamos, pois, daí, que tudo o que Deus fez está bem feito, e que não nos cabe criticar suas obras e dizer como deveria regular o Universo.

A lembrança de nossas individualidades anteriores teria inconvenientes muito graves; poderia, em certos casos, nos humilhar excessivamente; em outros, exaltar o nosso orgulho e, por isso mesmo, entravar o nosso livre-arbítrio. Deus nos deu, para nos melhorarmos, justo o que nos é necessário e pode nos bastar: a voz da consciência e nossas tendências instintivas, nos tira o que nos poderia prejudicar. Acrescentemos, ainda, que, se tivéssemos a lembrança de nossos atos pessoais anteriores, teríamos igualmente o dos atos dos outros, e esse conhecimento poderia ter os mais deploráveis efeitos sobre as relações sociais. Não havendo sempre motivos para nos glorificarmos do nosso passado, ele é frequentemente feliz quando um véu seja lançado sobre ele. Isso concorda perfeitamente com a doutrina dos Espíritos sobre os mundos superiores ao nosso. Nesses mundos, onde não reina senão o bem, a lembrança do passado não tem nada de penosa; eis porque sabem aí de sua existência precedente, como nós sabemos o que fizemos na véspera. Quanto à estada que puderam fazer nos mundos inferiores, como dissemos, não é mais que um sonho mau.

395 – Podemos ter algumas revelações sobre nossas existências anteriores?

– Nem sempre. Muitos sabem, entretanto, o que foram e o que fizeram; se lhes fosse permitido dizê-lo abertamente, fariam singulares revelações sobre o passado.

396 – Certas pessoas creem ter uma vaga lembrança de um passado desconhecido que se lhes apresenta como a imagem fugidia de um sonho que se procura em vão reter. Essa ideia não é senão uma ilusão?

– Algumas vezes é real; mas, frequentemente, é uma ilusão contra a qual é preciso se colocar em guarda, porque pode ser o efeito de uma imaginação superexcitada.

397 – Nas existências corporais de uma natureza mais elevada que a nossa, a lembrança das existências anteriores é mais precisa?

– Sim, à medida que o corpo é menos material, lembra-se melhor. A lembrança do passado é mais clara para aqueles que habitam os mundos de uma ordem superior.

398 – As tendências instintivas do homem, sendo uma reminiscência do seu passado, segue-se que, pelo estudo dessas tendências, pode conhecer as faltas que cometeu?

– Sem dúvida, até um certo ponto; mas é preciso ter em conta o progresso que pode se ter operado no Espírito, e as resoluções que tomou no estado errante; a existência atual pode ser muito melhor do que a precedente.

398.a – Pode ela ser pior, quer dizer, o homem pode cometer em uma existência faltas que não cometeu na existência precedente?

– Isso depende de seu adiantamento; se não sabe resistir às provas, ele pode ser arrastado a novas faltas, que são a consequência da posição que escolheu. Mas, em geral, essas faltas acusam antes um estado estacionário do que um estado retrógrado, porque o Espírito pode avançar ou parar, mas não recua.

399 – As vicissitudes da vida corporal, sendo ao mesmo tempo uma expiação pelas faltas passadas e provas para o futuro, segue-se que, da natureza dessas vicissitudes, pode-se induzir o gênero da existência anterior?

– Muito frequentemente, uma vez que cada um é punido por onde pecou; entretanto, não é preciso fazer disso uma regra absoluta. As tendências instintivas são um indício mais certo,

porque as provas que o Espírito suporta são tanto pelo futuro como pelo passado.

Chegado ao termo marcado pela Providência para sua vida errante, o próprio Espírito escolhe as provas às quais quer se submeter para acelerar o seu progresso, quer dizer, o gênero de existência que ele crê mais apropriado para lhe fornecer os meios, e essas provas estão sempre em relação com as faltas que deve expiar. Se triunfa, se eleva; se sucumbe, está por recomeçar.

O Espírito goza sempre do seu livre-arbítrio; é em virtude dessa liberdade que, no estado de Espírito, escolhe as provas da vida corporal e que, no estado de encarnação, delibera se as cumpre ou não, e escolhe entre o bem e o mal. Denegar ao homem o livre-arbítrio, será o reduzir ao estado de máquina.

Reentrado na vida corporal, o Espírito perde momentaneamente a lembrança de suas existências anteriores, como se um véu as lhe ocultasse. Todavia, ele tem algumas vezes uma vaga consciência e elas podem mesmo lhe serem reveladas em certas circunstâncias; mas, então, é apenas pela vontade dos Espíritos superiores que o fazem espontaneamente, com um fim útil e jamais para satisfazer uma vã curiosidade.

As existências futuras não podem ser reveladas em nenhum caso, pela razão de que elas dependem da maneira que se cumpra a existência presente e da escolha ulterior do Espírito.

O esquecimento das faltas cometidas não é um obstáculo ao progresso do Espírito, porque se delas não tem uma lembrança precisa, o conhecimento que teve no estado errante, e o desejo que tomou de as reparar, guiam-no pela intuição, e lhe dão o pensamento de resistir ao mal; esse pensamento é a voz da consciência, que é secundada pelos Espíritos que o assistem, se escuta as boas inspirações que lhe sugerem.

Se o homem não conhece os próprios atos que cometeu nas suas existências anteriores, ele pode sempre saber de que gênero de faltas se tornou culpado e qual era seu caráter dominante. Basta-lhe estudar a si mesmo e pode julgar do que foi, não pelo que é, mas por suas tendências.

As vicissitudes da vida corporal são, ao mesmo tempo, uma expiação pelas faltas do passado e provas para o futuro. Elas nos depuram e nos elevam, segundo as suportemos com resignação e sem murmurar.

A natureza das vicissitudes e das provas que suportamos pode, também, nos esclarecer sobre o que fomos e sobre o que fizemos, como neste mundo julgamos os fatos de um culpado pelos castigos que lhe inflige a lei. Assim, alguém será castigado no seu orgulho pela humilhação de uma existência subalterna; o mau rico e o avaro, pela miséria; o que foi duro para os outros, pela dureza que suportará; o tirano, pela escravidão; o mau filho, pela ingratidão dos seus filhos; o preguiçoso, por um trabalho forçado. etc.

CAPÍTULO 8

EMANCIPAÇÃO DA ALMA

O sono e os sonhos • Visitas espíritas entre pessoas vivas • Transmissão oculta do pensamento • Letargia, catalepsia. Mortes aparentes • Sonambulismo • Êxtase • Segunda vista • Resumo teórico do sonambulismo, do êxtase e da segunda vista

O SONO E OS SONHOS

400 – O Espírito encarnado permanece voluntariamente sob seu envoltório corporal?

– É como se perguntasses se o prisioneiro se alegra com a prisão. O Espírito encarnado aspira sem cessar à sua libertação, e quanto mais o envoltório é grosseiro, mais deseja estar dele desembaraçado.

401 – Durante o sono, a alma repousa como o corpo?

*– Não, o Espírito jamais está inativo. Durante o sono, os laços que o unem ao corpo estão relaxados, e o corpo, não tendo mais necessidade dele, percorre o espaço e **entra em relação mais direta com os outros Espíritos**.*

402 – Como podemos julgar a liberdade do Espírito durante o sono?

*– Pelos sonhos. Crede bem que, quando o corpo repousa, o Espírito dispõe de mais faculdades do que na vigília. Tem a lembrança do passado e, algumas vezes, previsão do futuro; adquire maior poder e pode entrar em comunicação com os outros Espíritos, **seja neste mundo, seja em um outro**. Com frequência, dizes: Tive um sonho bizarro, um sonho horrível, mas que não tem nada de verossímil; enganas-te; é, frequentemente, uma lembrança dos lugares e das coisas que viste, ou que verás em uma outra existência ou em um outro momento. Estando o corpo entorpecido, o Espírito se esforça por quebrar seus grilhões, procurando no passado ou no futuro.*

Pobres homens, que pouco conheceis os fenômenos mais simples da vida! Vós acreditais muito sábios, e as coisas mais vulgares vos embaraçam; "Ficais inibidos a esta pergunta de todas as crianças: que fazemos quando dormimos? O que é o sonho?"

O sono liberta, em parte, a alma do corpo. Quando se dorme, se está, momentaneamente, no estado em que o homem se encontra, de maneira fixa, depois da morte. Os Espíritos que se desligam logo da matéria, em sua morte, tiveram sonhos inteligentes; estes, quando dormem, reúnem-se à sociedade de outros seres superiores a eles; viajam, conversam e se instruem com eles; trabalham mesmo em obras que encontram prontas quando morrem. Isto deve vos ensinar, uma vez mais, a não temer a morte, pois que morreis todos os dias, segundo a palavra de um santo. Isso para os Espíritos elevados. Todavia, para a massa dos homens que, na morte, devem ficar longas horas nessa perturbação, nessa incerteza da qual vos falaram, esses vão, seja nos mundos inferiores à Terra, onde velhas afeições os chamam, seja a procurar os prazeres que podem ser ainda mais inferiores que aqueles que têm aí; vão haurir doutrinas ainda mais vis, mais ignóbeis, mais nocivas que as que professam em vosso meio. E o que gera a simpatia sobre a Terra não é outra coisa que o fato de se sentirem, ao despertar, próximos pelo coração daqueles com quem vieram de passar oito a nove horas de felicidade ou de prazer. O que explica, também, essas antipatias invencíveis, é que se sabe, no fundo do seu coração, que essas pessoas de lá têm uma outra consciência, que não é a nossa, porque se as conhece sem as ter visto jamais com os olhos. Explica, ainda, a indiferença, visto que não se deseja fazer novos amigos quando a gente sabe que existem outras pessoas que nos amam e nos querem. Em uma palavra, o sono influi mais do que pensais sobre vossa vida.

Pelo efeito do sono, os Espíritos encarnados estão sempre em relacionamento com o mundo dos Espíritos, e é isso que faz com que os Espíritos superiores consintam, sem demasiada repulsa, em encarnarem entre vós. Quis Deus que, durante o seu contato com o vício, eles possam ir se renovar nas fontes do bem, para não falirem, eles que vêm instruir os outros. O sono é a porta que Deus lhes abriu até seus amigos do céu; é o recreio depois do trabalho, enquanto esperam a grande libertação, a liberação final os deve devolver ao seu verdadeiro meio.

O sonho é a lembrança do que vosso Espírito viu durante o sono; notai, porém, que não sonhais sempre porque não recordais sempre do que vistes, ou de tudo o que vistes. Vossa alma não está em pleno desdobramento. Não é, muitas vezes, senão a lembrança da perturbação que acompanha vossa partida ou vossa reentrada, à qual se junta a do que fizestes ou do que vos preocupou no estado de vigília; sem isso, como explicaríeis esses sonhos absurdos que têm os sábios, assim como os mais simples? Os maus Espíritos também se servem dos sonhos para atormentar as almas fracas e pusilânimes.

De resto, vereis dentro em pouco se desenrolar outra espécie de sonho; ela é tão velha quanto a que conheceis, mas vós a ignorais. O sonho de Joana, o sonho de Jacob, o sonho dos profetas judeus e de alguns adivinhos indianos. Esse sonho é a lembrança da alma, inteiramente desligada do corpo, a lembrança dessa segunda vida da qual vos falarei num momento.

Procurai distinguir bem essas duas espécies de sonhos naqueles dos quais vos lembrais; sem isso, caireis em contradições e nos erros que serão funestos à vossa fé.

Os sonhos são o produto da emancipação da alma, que se torna mais independente pela suspensão da vida ativa e de relação. Daí uma espécie de clarividência indefinida que se estende aos lugares mais distantes, ou que jamais se viu e, algumas vezes, mesmo a outros mundos. Daí, ainda, a lembrança que traz à memória os acontecimentos ocorridos na existência presente ou nas existências anteriores; a estranheza das imagens do que se passa ou se passou em mundos desconhecidos, entremeadas de coisas do mundo atual, formam esses conjuntos bizarros e confusos que parecem não ter nem sentido, nem ligação.

A incoerência dos sonhos se explica, ainda, pelas lacunas que produz a lembrança incompleta do que nos apareceu em sonho. Tal seria uma narração à qual se tenha truncado frases ao acaso, ou parte de frases: os fragmentos restantes reunidos perderiam toda significação razoável.

403 – Por que não nos lembramos sempre dos sonhos?

– No que tu chamas de sono, apenas há o repouso do corpo, porque o Espírito está sempre em movimento; aí ele recobra um pouco de sua liberdade e se corresponde com aqueles que lhe são caros, seja neste mundo, seja em outros; mas, como o corpo é uma matéria pesada e grosseira, dificilmente conserva as impressões que o Espírito recebeu, porque o Espírito não as percebeu pelos órgãos do corpo.

404 – Que pensar da significação atribuída aos sonhos?

– Os sonhos não são verdadeiros como o entendem certos adivinhos, porque é absurdo se crer que sonhar com tal coisa, anuncia tal coisa. Eles são verdadeiros no sentido de que apresentam imagens reais para o Espírito, mas que, frequentemente, não têm relação com o que se passa na vida corporal. Frequentemente, também, como já o dissemos, é uma lembrança; o que pode ser, enfim, algumas vezes, um pressentimento do futuro, se Deus o permite,

ou a visão do que se passa nesse momento em outro lugar, para onde a alma se transporta. Não tendes numerosos exemplos de pessoas que aparecem em sonho e vêm advertir seus parentes ou seus amigos do que lhes acontece? Que são essas aparições senão a alma ou o Espírito dessas pessoas que vêm se comunicar com o vosso? Quando adquiris a certeza de que aquilo que vistes realmente ocorreu, não é uma prova de que a imaginação não tomou parte em nada, sobretudo se essa coisa não esteve de modo algum em vosso pensamento durante a vigília?

405 – Se veem frequentemente, em sonhos, coisas que parecem pressentimentos e que não se cumprem; de onde vem isso?

– Elas podem se cumprir para o Espírito, senão para o corpo, quer dizer, o Espírito vê a coisa que deseja ***porque a vai procurar.*** *Não se deve esquecer que, durante o sono, a alma está sempre, mais ou menos, sob a influência da matéria, e que, por conseguinte, ela jamais se liberta completamente das ideias terrestres. Disso resulta que, as preocupações da vigília, podem dar, ao que se vê, a aparência do que se deseja ou do que se teme; está aí, verdadeiramente, o que se pode chamar um efeito da imaginação. Quando se está fortemente preocupado com uma ideia, a ela se liga tudo aquilo que se vê.*

406 – Quando vemos em sonhos pessoas vivas, que conhecemos perfeitamente, realizando atos em que não pensam, de maneira alguma, não é um efeito de pura imaginação?

– Nos quais não pensam, de maneira alguma, que sabes disso tu? Seu Espírito pode visitar o teu, como o teu pode visitar o seu, e nem sempre sabes em que ele pensa. Aliás, frequentemente, aplicais às pessoas que conheceis, e segundo vossos desejos, o que se passou ou que se passa em outras existências.

407 – O sono completo é necessário para a emancipação do Espírito?

– Não, o Espírito recobra sua liberdade, quando os sentidos se entorpecem; ele aproveita, para se emancipar, de todos os instantes de repouso que o corpo lhe deixa. Desde que haja prostração das forças vitais, o Espírito se desprende, e quanto mais o corpo está enfraquecido, mais o Espírito está livre.

É assim que a sonolência ou um simples entorpecimento dos sentidos apresenta, frequentemente, as mesmas imagens quanto o sonho.

408 – Nos parece ouvir, algumas vezes em nós mesmos, palavras pronunciadas distintamente e que não têm nenhuma relação com o que nos preocupa; de onde vem isso?

– Sim, e mesmo frases inteiras, sobretudo quando os sentidos começam a se entorpecer. É, algumas vezes, um fraco eco de um Espírito que quer se comunicar contigo.

409 – Frequentemente, em um estado que não é ainda de sonolência, quando temos os olhos fechados, vemos imagens distintas, figuras das quais apreendemos os mais minuciosos detalhes; é isso um efeito de visão ou de imaginação?

– Estando o corpo entorpecido, o Espírito procura quebrar seus grilhões: ele se transporta e vê; se o sono fosse completo, isso seria um sonho.

410 – A gente tem, algumas vezes, durante o sono ou a sonolência, ideias que parecem muito boas e que, malgrado os esforços que se faz para as lembrar, apagam-se da memória: de onde provêm essas ideias?

– Elas são o resultado da liberdade do Espírito, que se emancipa e goza de mais faculdades durante esse momento. Frequentemente, são também conselhos que dão outros Espíritos.

410.a – De que servem essas ideias e esses conselhos, uma vez que se perde a lembrança e não se os pode aproveitar?

– Essas ideias pertencem, algumas vezes, mais ao mundo dos Espíritos que ao mundo corporal; mas, com mais frequência, se o corpo esquece, o Espírito se lembra, e a ideia retorna no instante necessário, como uma inspiração do momento.

411 – O Espírito encarnado, nos momentos em que se desliga da matéria e age como Espírito, sabe a época de sua morte?

– Frequentemente, ele a pressente; algumas vezes dela tem consciência muito nítida, e é o que, no estado de vigília, dá-lhe a intuição; daí vem que certas pessoas preveem, algumas vezes, sua morte com grande exatidão.

412 – A atividade do Espírito durante o repouso ou o sono do corpo, pode ela fazer este último sentir fadiga?

– Sim, porque o Espírito se prende ao corpo, como o balão cativo se prende ao poste; ora, da mesma forma que as sacudidas do balão abala o poste, a atividade do Espírito reage sobre o corpo e o pode fazer sentir fadiga.

VISITAS ESPÍRITAS ENTRE PESSOAS VIVAS

413 – Do princípio da emancipação da alma durante o sono, parece resultar que temos uma dupla existência simultânea:

a do corpo que nos dá a vida de relação exterior, e a da alma que nos dá a vida de relação oculta; isto é exato?

– No estado de emancipação, a vida do corpo cede lugar à vida da alma; mas não são, propriamente falando, duas existências: são antes duas fases da mesma existência, porque o homem não vive duplamente.

414 – Duas pessoas que se conhecem podem se visitar durante o sono?

– Sim, e muitas outras que creem não se conhecerem, reúnem-se e se falam. Podes ter, sem disso suspeitar, amigos em outro país. O fato de ir ver, durante o sono, os amigos, os parentes, os conhecidos, as pessoas que vos podem ser úteis, é tão frequente que o fazeis, vós mesmos, quase todas as noites.

415 – Qual pode ser a utilidade dessas visitas noturnas, uma vez que delas não nos lembramos?

– Fica, comumente, ao despertar, uma intuição que é, frequentemente, a origem de certas ideias que vêm espontaneamente, sem que se as explique, e que não são outras senão aquelas adquiridas nessas conversas.

416 – O homem pode provocar as visitas espíritas pela sua vontade? Pode ele, por exemplo, dizer ao dormir: Esta noite eu vou me encontrar, em Espírito, com tal pessoa, falar-lhe e dizer-lhe tal coisa?

– Eis o que se passa. O homem adormecendo, seu Espírito desperta, e o que o homem resolveu, o Espírito, frequentemente, está bem longe de seguir, porque a vida do homem interessa pouco ao Espírito, quando este está desprendido da matéria. Isto é para os homens já muito elevados; os outros passam de outra forma sua existência espiritual: entregando-se às suas paixões ou permanecem na inatividade. Pode, pois, acontecer que, segundo o motivo pelos quais se propôs, o Espírito vá visitar as pessoas que deseja; mas do fato que tenha vontade, estando desperto, não é uma razão para que o faça.

417 – Um certo número de Espíritos encarnados pode se reunir assim e formar assembleias?

– Sem nenhuma dúvida; os laços da amizade, antigos ou novos, reúnem, frequentemente, assim, diversos Espíritos, ditosos de se encontrarem em assembleia.

Pela palavra **antigo** é preciso entender os laços de amizade contraídos em outras existências anteriores. Trazemos, ao despertar, uma intuição das ideias que adquirimos nessas conversas ocultas, mas das quais ignoramos a fonte.

418 – Uma pessoa que acreditasse um de seus amigos morto, enquanto ele não esteja, poderia se encontrar com ele em Espírito e saber, assim, que está vivo? Poderia, nesse caso, disso ter a intuição ao despertar?

– *Como Espírito, certamente, pode vê-lo e conhecer sua sorte; se não lhe é imposta como uma prova a crença na morte do amigo, ele terá um pressentimento da sua existência, como poderá ter o de sua morte.*

TRANSMISSÃO OCULTA DO PENSAMENTO

419 – De onde vem que a mesma ideia, a de uma descoberta, por exemplo, se produza sobre vários pontos ao mesmo tempo?

– *Já vos dissemos que, durante o sono, os Espíritos se comunicam entre si. Pois bem, quando o corpo desperta, o Espírito se lembra do que aprendeu, e o homem o acredita ter inventado. Assim, vários podem encontrar a mesma coisa a um só tempo. Quando dizeis que uma ideia está no ar, usais uma figura mais justa do que acreditais. Cada um contribui em propagá-la, sem disso suspeitar.*

Nosso próprio Espírito revela, assim, frequentemente, a outros Espíritos e sem o nosso conhecimento, o que se faz objeto de nossas preocupações durante a vigília.

420 – Podem os Espíritos se comunicar, se o corpo está completamente desperto?

– *O Espírito não está encerrado no corpo como numa caixa: ele irradia por todos os lados. Por isso, ele pode se comunicar com outros Espíritos, mesmo no estado de vigília, ainda que o faça mais dificilmente.*

421 – De onde vem que duas pessoas, perfeitamente despertas, frequentemente, têm instantaneamente a mesma ideia?

– *São dois Espíritos simpáticos que se comunicam e veem, reciprocamente, seu pensamento, mesmo quando o corpo não dorme.*

Há, entre os Espíritos que se encontram, uma comunicação de pensamentos que faz que duas pessoas se vejam e se compreendam sem ter necessidade dos sinais exteriores da linguagem. Poder-se-ia dizer que elas falam a linguagem dos Espíritos.

LETARGIA, CATALEPSIA E MORTES APARENTES

422 – Os letárgicos e os catalépticos veem e ouvem, geralmente, o que se passa ao redor deles, mas não podem se manifestar; é pelos olhos e orelhas do corpo?

– Não, é pelo Espírito; O Espírito se reconhece, mas não pode se comunicar.

422.a – Por que ele não pode se comunicar?

– O estado do corpo se opõe a isso; esse estado particular dos órgãos vos dá a prova de que há, no homem, outra coisa além do corpo, visto que o corpo não tendo mais função, o Espírito age.

423 – Na letargia, o Espírito pode se separar inteiramente do corpo, de maneira a lhe dar todas as aparências da morte e a ele voltar em seguida?

– Na letargia o corpo não está morto, uma vez que há funções que se realizam; a vitalidade aí está em estado latente, como na crisálida, mas não está aniquilada. Ora, o Espírito está unido ao corpo, tanto que este viva; uma vez rompidos os laços pela morte real e a desagregação dos órgãos, a separação é completa e o Espírito aí não retorna mais. Quando um homem que tem as aparências da morte retorna à vida, é porque a morte não estava completa.

424 – Pode-se, por cuidados dados em tempo útil, reatar os laços prestes a se romper, e restituir à vida um ser que, por falta de socorro, estaria definitivamente morto?

– Sim, sem dúvida, e disso tendes, todos os dias, a prova. O magnetismo é, frequentemente, nesse caso, um poderoso meio porque restitui ao corpo o fluido vital que lhe falta e que era insuficiente para manter o funcionamento dos órgãos.

A letargia e a catalepsia têm o mesmo princípio, que é a perda momentânea da sensibilidade e do movimento por uma causa fisiológica, ainda inexplicada. Elas diferem em que, na letargia, a suspensão das forças vitais é geral, e dá ao corpo todas as aparências da morte; na catalepsia, ela é localizada e pode afetar uma parte mais ou menos extensa do corpo, de maneira a deixar a inteligência livre para se manifestar, o que não permite confundi-la com a morte. A letargia é sempre natural; a catalepsia é, algumas vezes, espontânea, mas pode ser provocada e desfeita artificialmente pela ação magnética.

SONAMBULISMO

425 – O sonambulismo natural tem relação com os sonhos? Como se pode explicá-lo?

– É uma independência da alma, mais completa que no sonho, e, então, suas faculdades estão mais desenvolvidas; ela tem percepções que não tem no sonho, que é um estado de sonambulismo imperfeito.

No sonambulismo, o Espírito é inteiramente ele mesmo; os órgãos materiais estando, de alguma forma, em catalepsia, não recebem mais as impressões ***exteriores****. Este estado se manifesta sobretudo durante o sono; é o momento em que o Espírito pode deixar provisoriamente o corpo, estando este entregue ao repouso indispensável à matéria. Quando os fatos do sonambulismo se produzem, é que o Espírito, preocupado por uma coisa ou por outra, se entrega a uma ação qualquer que necessita do uso do corpo, do qual se serve, então, de um modo análogo ao emprego que faz de uma mesa ou de outros objetos materiais nos fenômenos de manifestação física, ou mesmo de vossa mão naqueles das comunicações escritas. Nos sonhos, de que se tem consciência, os órgãos, aí compreendidos os da memória, começam a despertar; estes recebem, imperfeitamente, as impressões produzidas pelos objetos ou pelas causas exteriores, e as comunicam ao Espírito que, ele mesmo, então, em repouso, dela não percebe senão sensações confusas e, frequentemente, sem nexo e sem alguma razão de ser aparente, misturadas que são de vagas lembranças, seja desta existência, seja de existências anteriores. É fácil, então, compreender porque os sonâmbulos não têm nenhuma lembrança, e porque os sonhos, dos quais se conserva a memória, não têm, o mais frequentemente, nenhum sentido. Eu disse o mais frequentemente, porque ocorre que eles são a consequência de uma lembrança precisa de acontecimentos de uma vida anterior, e, algumas vezes, mesmo uma espécie de intuição do futuro.*

426 – O sonambulismo chamado magnético tem relação com o sonambulismo natural?

– É a mesma coisa, se não for provocado.

427 – Qual é a natureza do agente chamado fluido magnético?

– Fluido vital, eletricidade animal, que são modificações do fluido universal.

428 – Qual é a causa da clarividência sonambúlica?

– Já o dissemos: ***é a alma que vê****.*

429 – Por que o sonâmbulo pode ver através dos corpos opacos?

– Não há corpos opacos senão para vossos órgãos grosseiros. Não vos dissemos que, para o Espírito, a matéria não é obstáculo, pois a atravessa livremente? Frequentemente, ele vos diz que vê pela fronte, pelo joelho, etc., porque vós, inteiramente na matéria,

não compreendeis que possa ver sem o socorro dos órgãos. Ele mesmo, pelo desejo que tendes, crê ter necessidade dos seus órgãos; mas, se vós o deixásseis livre, compreenderia que vê por todas as partes do seu corpo, ou, melhor dizendo, é pelo exterior do seu corpo que ele vê.

430 – Uma vez que a clarividência do sonâmbulo é a de sua alma ou de seu Espírito, por que ele não vê tudo e por que se engana com frequência?

– *Primeiramente, não é dado aos Espíritos imperfeitos tudo ver e tudo conhecer. Sabes bem que eles participam ainda dos vossos erros e dos vossos preconceitos: aliás, quando estão ligados à matéria, não gozam de todas as suas faculdades de Espírito. Deus deu ao homem essa faculdade num fim útil e sério, e não para aprender o que não deve saber; eis porque os sonâmbulos não podem dizer tudo.*

431 – Qual é a origem das ideias inatas do sonâmbulo, e como ele pode falar com exatidão de coisas que ignora no estado de vigília, que estão mesmo acima de sua capacidade intelectual?

– *Ocorre que o sonâmbulo possui mais conhecimentos do que lhe supões; apenas eles dormitam, porque seu envoltório é muito imperfeito para que possa se lembrar. Mas, em definitivo, que é ele? Como nós, Espírito que está encarnado na matéria, para cumprir sua missão, e o estado em que entra o desperta dessa letargia. Nós te dissemos, com frequência, que revivemos várias vezes: é essa mudança que o faz perder materialmente aquilo que pôde aprender em uma existência precedente. Entrando no estado a que tu chamas crise, ele se lembra, mas nem sempre de maneira completa; ele sabe, mas não poderia dizer de onde sabe, nem porque possui esses conhecimentos. Passada a crise, toda lembrança se apaga e ele entra na obscuridade.*

A experiência mostra que os sonâmbulos recebem, também, comunicações de outros Espíritos que lhes transmitem o que devem dizer e suprem a sua insuficiência. Isso se vê, sobretudo, nas prescrições médicas; o Espírito do sonâmbulo vê o mal, um outro lhe indica o remédio. Essa dupla ação é, algumas vezes, patente e se revela por outro lado, por estas expressões muito frequentes: diz-me que diga ou, proíbe-me de dizer tal coisa.

Neste último caso há sempre perigo em insistir para obter uma revelação recusada, porque, então, dá-se lugar aos Espíritos levianos, que falam de tudo sem escrúpulo e sem se preocuparem com a verdade.

432 – Como explicar a visão à distância em certos sonâmbulos?

– A alma não se transporta durante o sono? É a mesma coisa no sonambulismo.

433 – O desenvolvimento menor ou maior da clarividência sonambúlica se prende à organização física ou à natureza do Espírito encarnado?

– A uma e à outra; há disposições físicas que permitem ao Espírito se desprender mais, ou menos, facilmente da matéria.

434 – As faculdades de que goza o sonâmbulo são as mesmas do Espírito depois da morte?

– Até um certo ponto, porque é preciso ter em conta a influência da matéria à qual está, ainda, ligado.

435 – O sonâmbulo pode ver os outros Espíritos?

– A maioria os vê muito bem; isso depende do grau e da natureza de sua lucidez. Todavia, algumas vezes, não percebem tudo de início, e os tomam por seres corpóreos; isso ocorre, sobretudo, àqueles que não têm nenhum conhecimento do Espiritismo; eles não compreendem, ainda, a essência dos Espíritos, isso os espanta, e é por essa razão que acreditam ver os vivos.

O mesmo efeito se produz no momento da morte naqueles que se creem ainda vivos. Nada, ao redor deles, parecendo-lhes mudado, os Espíritos lhe parecem ter corpos semelhantes aos nossos e tomam a aparência de seu próprio corpo por um corpo real.

436 – O sonâmbulo que vê à distância, vê do ponto onde está seu corpo ou daquele onde está sua alma?

– Por que essa pergunta, uma vez que é a alma que vê e não o corpo?

437 – Uma vez que é a alma que se transporta, como o sonâmbulo pode experimentar, em seu corpo, as sensações de calor ou de frio do lugar onde se encontra sua alma, e que está, algumas vezes, muito longe do seu corpo?

– A alma não deixa inteiramente o corpo; ela a ele está sempre ligada pelo laço que a une a ele; é esse laço que é o condutor das sensações. Quando duas pessoas se correspondem de uma cidade à outra pela eletricidade, é a eletricidade que é o laço entre seus pensamentos; é por isso que se comunicam como se estivessem uma ao lado da outra.

438 – O uso que um sonâmbulo faz de sua faculdade influi sobre o estado de seu Espírito depois da morte?

– Muito, como o uso bom ou mau de todas as faculdades que Deus deu ao homem.

ÊXTASE

439 – Que diferença há entre o êxtase e o sonambulismo?
– É um sonambulismo mais apurado, a alma do extático é ainda mais independente.

440 – O Espírito do extático penetra, realmente, nos mundos superiores?
– Sim, ele os vê e compreende a felicidade dos que ali estão; por isso gostaria de lá permanecer. Mas existem mundos inacessíveis aos Espíritos que não são bastante depurados.

441 – Quando o extático exprime o desejo de deixar a Terra, fala sinceramente e não é retido pelo instinto de conservação?
– Isso depende do grau de depuração do Espírito; se vê sua posição futura melhor do que a vida presente, se esforça por romper os laços que o prendem à Terra.

442 – Se se abandonasse o extático a si mesmo, sua alma poderia deixar definitivamente seu corpo?
– Sim, ele pode morrer. Por isso, é necessário fazê-lo voltar por tudo que o pode prender neste mundo, e, sobretudo, fazendo-o entrever que se romper a cadeia que o retém aqui, esse será o verdadeiro meio de não permanecer onde ele vê que seria feliz.

443 – Existem coisas que o extático pretende ver, e que são evidentemente, o produto de uma imaginação impressionada pelas crenças e preconceitos terrestres. Tudo o que ele vê não é, pois, real?
– O que vê é real para ele; mas como seu Espírito está sempre sob a influência das ideias terrenas, ele pode vê-lo à sua maneira, ou melhor dizendo, exprimi-lo em uma linguagem apropriada aos seus preconceitos e às ideias de onde foi nascido, ou aos vossos, a fim de melhor se fazer compreender; é nesse sentido, sobretudo, que ele pode errar.

444 – Que grau de confiança se pode dar às revelações dos extáticos?
– O extático pode, muito frequentemente, enganar-se, sobretudo, quando quer penetrar naquilo que deve permanecer um mistério para o homem, porque então ele se abandona às suas próprias ideias, ou bem é o joguete de Espíritos enganadores ***que se aproveitam do seu entusiasmo*** *para o fascinar.*

445 – Que consequências se podem tirar dos fenômenos do sonambulismo e do êxtase? Não seriam uma espécie de iniciação à vida futura?

– Ou, por melhor dizer, é a vida passada e a vida futura que o homem entrevê. Que ele estude esses fenômenos e aí encontrará a solução de mais de um mistério que sua razão procura inutilmente penetrar.

446 – Os fenômenos do sonambulismo e do êxtase podem se conciliar com o materialismo?

– Aquele que os estude de boa fé, e sem prevenção, não pode ser nem materialista, nem ateu.

SEGUNDA VISTA

447 – Os fenômenos designados sob o nome de segunda vista têm relação com o sonho e o sonambulismo?

– Tudo isso não é senão uma mesma coisa; o que tu chamas segunda vista é ainda o Espírito que está mais livre, ainda que o corpo não esteja adormecido. A segunda vista é a vista da alma.

448 – A segunda vista é permanente?

– A faculdade, sim; o exercício, não. Nos mundos menos materiais que o vosso, os Espíritos se desprendem mais facilmente e entram em comunicação apenas pelo pensamento, sem excluir, todavia, a linguagem articulada; também a dupla vista, aí, é para a maioria uma faculdade permanente. Seu estado normal pode ser comparado ao dos vossos sonâmbulos lúcidos e é ainda a razão pela qual eles se manifestam a vós mais facilmente que os que estão encarnados em corpos mais grosseiros.

449 – A segunda vista se desenvolve espontaneamente ou pela vontade daquele que dela está dotado?

– O mais frequentemente ela é espontânea, mas, muitas vezes, também a vontade aí exerce um grande papel. Assim, toma, por exemplo, certas pessoas chamadas adivinhos e das quais algumas têm esse poder, e verás que é a vontade que as ajuda a entrar nessa segunda vista, a que chamas visão.

450 – A segunda vista é suscetível de se desenvolver pelo exercício?

– Sim, o trabalho conduz sempre ao progresso, e o véu que cobre as coisas recebe luz.

450.a – Essa faculdade se prende à organização física?

– Certamente, a organização desempenha aí um papel. Há organizações que lhe são refratárias.

451 – De onde vem que a segunda vista parece hereditária em certas famílias?

– Semelhança de organização que se transmite como as outras qualidades físicas; e, depois, desenvolvimento da faculdade, por uma espécie de educação, que se transmite também de um para o outro.

452 – É verdade que certas circunstâncias desenvolvem a segunda vista?

– A doença, a aproximação de um perigo, uma grande comoção podem desenvolvê-la. O corpo está, algumas vezes, em um estado particular que permite ao Espírito ver o que não podeis ver com os olhos do corpo.

Os tempos de crise e de calamidades, as grandes emoções, todas as causas enfim que superexcitam o moral, provocam, algumas vezes, o desenvolvimento da segunda vista. Parece que a Providência, na presença de um perigo, dá-nos o meio de conjurá-lo. Todas as seitas e todos os partidos perseguidos disso nos oferecem numerosos exemplos.

453 – As pessoas dotadas da segunda vista têm dela sempre consciência?

– Nem sempre; é para elas uma coisa muito natural e muitos creem que se todo mundo se observasse, cada um deveria ser a mesma coisa.

454 – Poder-se-ia atribuir a uma espécie de segunda vista a perspicácia de certas pessoas que, sem nada terem de extraordinário, julgam as coisas com mais precisão que outras?

– É sempre a alma que irradia mais livremente e que julga melhor que sob o véu da matéria.

454.a – Essa faculdade, em certos casos, pode dar a presciência das coisas?

– Sim; dá também os pressentimentos, porque existem vários graus nessa faculdade, e a mesma pessoa pode ter todos os graus, ou apenas alguns.

RESUMO TEÓRICO DO SONAMBULISMO, DO ÊXTASE E DA SEGUNDA VISTA

455 – Os fenômenos do sonambulismo natural se produzem espontaneamente e são independentes de toda causa exterior conhecida. Todavia, em certas pessoas dotadas de uma organização especial, eles podem ser provocados artificialmente pela ação de um agente magnético.

O estado designado sob o nome de **sonambulismo magnético** não difere do sonambulismo natural senão porque um é provocado, enquanto o outro é espontâneo.

O sonambulismo natural é um fato notório que ninguém sonha pôr em dúvida, apesar da maravilha dos fenômenos que apresenta. Que tem, pois, de mais extraordinário, ou de mais irracional, o sonambulismo magnético por ser produzido artificialmente, como tantas outras coisas? Os charlatães, diz-se, têm-no explorado; razão a mais para não deixá-lo em suas mãos. Quando a ciência tiver se apropriado dele, o charlatanismo terá bem menos crédito sobre as massas. Todavia, à espera disso, como o sonambulismo natural ou artificial é um fato, e que contra um fato não existe raciocínio possível, ele se credencia, malgrado a má vontade de alguns, e isso na própria Ciência onde entra por uma multidão de pequenas portas, em lugar de passar pela grande; quando lá estiver em plenitude, será preciso lhe conceder direito de cidadania.

Para o Espiritismo o sonambulismo é mais que um fenômeno fisiológico, é uma luz lançada sobre a psicologia; é aí que se pode estudar a alma porque ela se mostra a descoberto. Ora, um dos fenômenos pelos quais ela se caracteriza é a clarividência independente dos órgãos ordinários da vista. Os que contestam o fato se apóiam em que o sonâmbulo não vê sempre, e à vontade do experimentador, como com os olhos. Seria de admirar que os meios sendo diferentes, os efeitos não sejam mais os mesmos? É racional exigir efeitos idênticos, quando o instrumento não existe mais? A alma tem suas propriedades como o olho tem as suas; é necessário julgá-las por elas mesmas e não por analogia.

A causa da clarividência do sonâmbulo magnético e do sonâmbulo natural é identicamente a mesma: *é um atributo da alma*, uma faculdade inerente a todas as partes do ser incorpóreo que está em nós e que não tem limites senão aqueles assinalados à própria alma. Ele vê por toda parte onde sua alma pode se transportar, qualquer que seja a distância.

Na visão à distância, o sonâmbulo não vê as coisas do ponto onde está seu corpo e como por um efeito telescópico. Ele as vê presentes e como se estivesse sobre o lugar onde elas existem, porque sua alma aí está em realidade. Por isso seu corpo está como aniquilado e parece privado de sentimentos, até o momento em que a alma o vem retomar.

Essa separação parcial da alma e do corpo é um estado anormal que pode ter uma duração mais ou menos longa, mas não indefinida; é a causa da fadiga que o corpo experimenta depois de um certo tempo, sobretudo quando a alma se entrega a um trabalho ativo.

A visão da alma, ou do Espírito, não estando circunscrita e não tendo sede determinada, é o que explica porque os sonâmbulos não podem lhe assinalar um órgão especial. Eles veem porque veem, sem saber nem por quê e nem como, a vista não tendo sede própria para eles como Espíritos. *Se eles se reportam ao seu corpo*, esse centro lhes parece estar nos centros onde a atividade vital é maior, principalmente no cérebro, na região epigástrica, ou no órgão que, por si mesmo, é o ponto de ligação *mais tenaz* entre o Espírito e o corpo.

O poder da lucidez sonambúlica não é indefinido. O Espírito, mesmo completamente livre, está limitado em suas faculdades e em seus conhecimentos segundo o grau de perfeição ao qual chegou; e mais ainda quando está ligado à matéria da qual sofre a influência. Tal é a causa pela qual a clarividência sonambúlica não é nem universal, nem infalível. Pode-se tanto menos contar com sua infalibilidade quando se a desvia do objetivo proposto pela Natureza, e quando dela se faz um objeto de curiosidade e de *experimentação*.

No estado de desprendimento em que se encontra o Espírito do sonâmbulo, ele entra em comunicação mais fácil com os outros Espíritos, *encarnados ou não encarnados*; essa comunicação se estabelece pelo contato dos fluidos que compõem os perispíritos e servem de transmissão ao pensamento como o fio elétrico. O sonâmbulo não tem, pois, necessidade de que o pensamento seja articulado pela palavra; ele o sente e o adivinha. É isso que o torna eminentemente impressionável e acessível às influências da atmosfera moral na qual se encontra colocado. É também porque um concurso numeroso de espectadores, e sobretudo de curiosos mais ou menos malévolos, prejudica essencialmente o desenvolvimento de suas faculdades que se recolhem, por assim dizer, em si mesmas, e não se desdobram com toda a liberdade senão na intimidade e em um meio simpático. *A presença de pessoas malévolas ou antipáticas produz sobre ele o efeito do contato da mão sobre a sensitiva*.[1]

O sonâmbulo vê, ao mesmo tempo, seu próprio Espírito e seu corpo; são, por assim dizer, dois seres que lhe representam a dupla existência, espiritual e corporal, que, entretanto, confundem-se

[1] Espécie de planta - nota da editora.

nos laços que as unem. O sonâmbulo nem sempre se apercebe dessa situação, e essa *dualidade* faz que, frequentemente, ele fale de si mesmo como se estivesse falando de uma pessoa estranha; é que ora é o ser corporal que fala ao ser espiritual, ora é o ser espiritual que fala ao ser corporal.

O Espírito adquire um acréscimo de conhecimento e de experiência a cada uma de suas existências corporais. Ele os esquece em parte durante sua encarnação, na matéria muito grosseira, *mas se lembra deles como Espírito*.

Assim é que certos sonâmbulos revelam conhecimentos superiores ao grau de sua instrução e mesmo de sua capacidade intelectual aparente. A inferioridade intelectual e científica do sonâmbulo no estado de vigília não prejulga, portanto, em nada sobre os conhecimentos que ele pode revelar no estado de lucidez. Segundo as circunstâncias e o objetivo a que se propôs, pode haurí-los na sua própria experiência, na clarividência das coisas presentes ou nos conselhos que recebe de outros Espíritos. Mas, como seu próprio Espírito pode ser mais ou menos avançado, ele pode dizer coisas mais ou menos justas.

Pelos fenômenos do sonambulismo, seja natural, seja magnético, a Providência nos dá a prova irrecusável da existência e da independência da alma, e nos faz assistir ao espetáculo sublime de sua emancipação; por este meio nos abre o livro do nosso destino. Quando o sonâmbulo descreve o que se passa à distância, é evidente que ele vê, e isto não pelos olhos do corpo; vê a si mesmo ali e se sente transportado para lá. Lá tem, portanto, alguma coisa dele, e essa alguma coisa, não sendo seu corpo, não pode ser senão sua alma ou seu Espírito. Enquanto o homem se perde nas sutilezas de uma metafísica abstrata e ininteligível para pesquisar as causas de nossa existência moral, Deus coloca, diariamente, sob seus olhos e sob suas mãos os meios, os mais simples e os mais patentes, para o estudo da psicologia experimental.

O êxtase é o estado no qual a independência da alma e do corpo se manifesta de maneira mais sensível e se torna, de alguma sorte, palpável.

No sonho e no sonambulismo a alma erra nos mundos terrestres; no êxtase ela penetra em um mundo desconhecido, naquele dos Espíritos etéreos, com os quais ela entra em comunicação sem poder, todavia, ultrapassar certos limites que não poderia transpor sem romper totalmente os laços que a ligam ao corpo. Uma luz resplandecente, toda nova, a circunda, harmonias desconhecidas sobre a Terra a arrebatam, um bem-estar indefinível a penetra: ela goza, por antecipação, da beatitude celeste, e se pode dizer que *põe um pé sobre o limiar da eternidade*.

No estado de êxtase, o aniquilamento do corpo é quase completo, não há mais, por assim dizer, senão a vida orgânica, e se sente que a alma não se prende a ele senão por um fio que um esforço a mais faria romper sem retorno.

Nesse estado, todos os pensamentos terrestres desaparecem para dar lugar ao sentimento purificado que é a essência mesma de nosso ser imaterial. Inteiramente nessa contemplação sublime, o extático não considera a vida senão uma paragem momentânea; para ele os bens e os males, os prazeres grosseiros e as misérias deste mundo não são mais os incidentes fúteis de uma viagem da qual está feliz de ver o fim.

Há extáticos como os sonâmbulos: sua lucidez pode ser mais ou menos perfeita, e seu próprio Espírito, segundo sejam mais ou menos elevado, também está mais ou menos apto a conhecer e a compreender as coisas. Há, algumas vezes, neles, mais de exaltação do que de verdadeira lucidez, ou, melhor dizendo, sua exaltação prejudica sua lucidez; é por isso que suas revelações são, frequentemente, uma mistura de verdades e de erros, de coisas sublimes e de coisas absurdas ou mesmo ridículas. Os Espíritos inferiores aproveitam, frequentemente, dessa exaltação, que é sempre uma causa de fraqueza quando não se sabe reprimi-la, para dominar o extático, e com esse efeito cobrem seus olhos de *aparências* que o entretêm nas ideias ou preconceitos da vigília. Está aí um escolho, mas não são todos assim; cabe a nós julgar friamente, e pesar suas revelações na balança da razão.

A emancipação da alma se manifesta, algumas vezes, no estado de vigília e produz o fenômeno designado sob o nome de *segunda vista*, que dá àqueles que dela são dotados a faculdade de ver, de ouvir e de sentir *além dos limites dos nossos sentidos*. Eles percebem as coisas ausentes, por todas as partes onde a alma estende sua ação; veem-nas, por assim dizer, através da vista ordinária e como por uma espécie de miragem.

No momento em que se produz o fenômeno da segunda vista, o estado físico está sensivelmente modificado; o olho tem alguma coisa de vago: ele olha sem ver. Toda a fisionomia reflete uma espécie de exaltação. Constata-se que os órgãos da vista são estranhos àquilo em que a visão persiste, apesar da oclusão dos olhos.

Esta faculdade parece, àqueles que dela gozam, natural como a de ver; é para eles um atributo de seu ser que não lhes parece excepcional. O esquecimento segue, o mais frequentemente, essa lucidez passageira da qual a lembrança, cada vez mais vaga, desaparece como a de um sonho.

O poder da segunda vista varia desde a sensação confusa até a percepção clara e nítida das coisas presentes e ausentes. No estado rudimentar, ela dá, a certas pessoas, o tato, a perspicácia, uma espécie de segurança de seus atos, que se pode chamar a *precisão do golpe de vista moral.* Mais desenvolvida, ela desperta os pressentimentos. Mais desenvolvida ainda, mostra os acontecimentos ocorridos ou em vias de ocorrer.

O sonambulismo, natural ou artificial, o êxtase e a segunda vista não são mais variedades ou modificações de uma mesma causa. Esses fenômenos, da mesma forma que os sonhos, estão na Natureza e, por isso, existiram em todos os tempos; a história nos mostra que eles foram conhecidos, e mesmo explorados, desde a mais alta antiguidade, e se encontra neles a explicação de uma multidão de fatos que os preconceitos fizeram considerar sobrenaturais.

CAPÍTULO 9

INTERVENÇÃO DOS ESPÍRITOS NO MUNDO CORPORAL

Penetração de nosso pensamento pelos Espíritos • Influência oculta dos Espíritos sobre os nossos pensamentos e sobre as nossas ações • Possessos • Convulsionários • Afeição dos Espíritos por certas pessoas • Anjos guardiães; Espíritos protetores, familiares ou simpáticos. Pressentimentos • Influência dos Espíritos sobre os acontecimentos da vida • Ação dos Espíritos sobre os fenômenos da Natureza • Os Espíritos durante os combates • Dos pactos • Poder oculto. Talismãs. Feiticeiros • Bênção e maldição

PENETRAÇÃO DE NOSSO PENSAMENTO PELOS ESPÍRITOS

456 – Os Espíritos veem tudo o que nós fazemos?

– Podem vê-lo, uma vez que vos rodeiam incessantemente. Todavia, cada um não vê senão as coisas sobre às quais dirige sua atenção, porque com aquelas que lhes são indiferentes, eles não se preocupam.

457 – Os Espíritos podem conhecer nossos mais secretos pensamentos?

– Frequentemente, eles conhecem aquilo que quereríeis ocultar a vós mesmos; nem atos, nem pensamentos podem lhes ser dissimulados.

457.a – Nesse caso, pareceria mais fácil esconder uma coisa a uma pessoa viva, que o fazer a essa mesma pessoa depois da sua morte?

– Certamente, e quando vos credes bem ocultos, tendes, frequentemente, uma multidão de Espíritos, ao vosso lado, que vos veem.

458 – Que pensam de nós os Espíritos que estão ao nosso redor e nos observam?

– *Isso depende. Os Espíritos frívolos se riem dos pequenos aborrecimentos que vos suscitam e zombam das vossas impaciências. Os Espíritos sérios lastimam vossos defeitos e procuram vos ajudar.*

INFLUÊNCIA OCULTA DOS ESPÍRITOS SOBRE OS NOSSOS PENSAMENTOS E SOBRE AS NOSSAS AÇÕES

459 – Os Espíritos influem sobre os nossos pensamentos e sobre as nossas ações?

– *A esse respeito sua influência é maior do que credes porque, muito frequentemente, são eles que vos dirigem.*

460 – Temos pensamentos que nos são próprios e outros que nos são sugeridos?

– *Vossa alma é um Espírito que pensa. Não ignorais que vários pensamentos vos alcançam, ao mesmo tempo, sobre um mesmo assunto e, frequentemente, bem contrários uns aos outros; pois bem, há sempre de vós e de nós; é isso que vos coloca na incerteza, posto que tendes em vós duas ideias que se combatem.*

461 – Como distinguir os pensamentos que nos são próprios daqueles que nos são sugeridos?

– *Quando um pensamento é sugerido, é como uma voz que vos fala. Os pensamentos próprios são, em geral, aqueles do primeiro momento. De resto, não há um grande interesse para vós nessa distinção, e é frequentemente útil não o saberdes. O homem age mais livremente, e se ele se decide pelo bem, o faz mais voluntariamente; se toma o mau caminho, não tem nisso senão mais responsabilidades.*

462 – Os homens de inteligência e de gênio haurem sempre suas ideias de sua própria natureza íntima?

– *Algumas vezes as ideias vêm de seu próprio Espírito, mas, frequentemente, elas lhes são sugeridas por outros Espíritos que os julgam capazes de compreendê-las e dignos de transmiti-las. Quando eles não as encontram em si, apelam à inspiração; é uma evocação que fazem sem o suspeitar.*

Se fosse útil que pudéssemos distinguir claramente nossos próprios pensamentos daqueles que nos são sugeridos, Deus nos teria dado o meio, como ele nos deu o de distinguir o dia da noite. Quando uma coisa é vaga, é que assim deve ser para o bem.

463 – Diz-se, algumas vezes, que o primeiro movimento é sempre bom; isso é exato?

– *Ele pode ser bom ou mau segundo a natureza do Espírito encarnado. É sempre bom naquele que escuta às boas inspirações.*

464 – Como distinguir se um pensamento sugerido vem de um bom ou de um mau Espírito?

– *Estudai a coisa; os bons Espíritos não aconselham senão o bem; cabe a vós a distinção.*

465 – Com que objetivo os Espíritos imperfeitos nos compelem ao mal?

– *Para vos fazer sofrer como eles.*

465.a – Isso diminui seus sofrimentos?

– *Não, mas o fazem por inveja de verem seres mais felizes.*

465.b – Que natureza de sofrimento eles querem fazer experimentar?

– *Os que resultam de ser de uma ordem inferior e afastada de Deus.*

466 – Por que Deus permite que os Espíritos nos excitem ao mal?

– *Os Espíritos imperfeitos são os instrumentos destinados a experimentar a fé e a constância dos homens no bem. Tu, sendo Espírito, deves progredir na ciência do infinito e é por isso que passas pelas provas do mal para alcançar o bem. Nossa missão é de te colocar no bom caminho, e quando as más influências agem sobre ti é que as chamas pelo desejo do mal, porque os Espíritos inferiores vêm em tua ajuda no mal, quando tens vontade de cometê-lo. Eles não podem te ajudar no mal senão quando queres o mal. Se és propenso ao homicídio, pois bem! terás uma nuvem de Espíritos que manterão esse pensamento em ti; mas, também, terás outros que se esforçarão em te influenciar no bem, o que faz restabelecer a balança e te deixa o comando.*

É assim que Deus deixa à nossa consciência a escolha do caminho que devemos seguir, e a liberdade de ceder a uma ou a outra das influências contrárias que se exercem sobre nós.

467 – Pode-se se libertar da influência dos Espíritos que nos solicitam ao mal?

– *Sim, porque eles não se ligam senão aos que os solicitam por seus desejos ou os atraem por seus pensamentos.*

468 – Os Espíritos cuja influência é repelida pela vontade, renunciam às suas tentativas?

– Que queres tu que eles façam? Quando não há nada a fazer, eles cedem o lugar; entretanto, aguardam o momento favorável, como o gato espreita o rato.

469 – Por que meios se pode neutralizar a influência dos maus Espíritos?

– Fazendo o bem e colocando toda a vossa confiança em Deus, repelis a influência dos Espíritos inferiores, e destruís o império que eles querem tomar sobre vós. Evitai escutar as sugestões dos Espíritos que suscitam em vós os maus pensamentos, sopram a discórdia entre vós e vos excitam todas as más paixões. Desconfiai, sobretudo, daqueles que exaltam vosso orgulho porque vos tomam por vossa fraqueza. Eis porque Jesus nos faz dizer na oração dominical: "Senhor! não nos deixeis sucumbir à tentação, mas livrai-nos do mal".

470 – Os Espíritos que procuram nos induzir ao mal e que, assim, colocam em prova nossa firmeza no bem, receberam a missão de o fazer? E se é uma missão que cumprem, dela têm a responsabilidade?

– Nunca o Espírito recebe a missão de fazer o mal. Quando ele o faz é por sua própria vontade e, por conseguinte, dele suporta as consequências. Deus pode deixá-lo fazer para vos experimentar, mas não lhe ordena, e está em vós o repelir.

471 – Quando experimentamos um sentimento de angústia, de ansiedade indefinível ou de satisfação interior sem causa conhecida, isso se prende unicamente a uma disposição física?

– São quase sempre, com efeito, comunicações que tendes inconscientemente, com os Espíritos, ou que tivestes com eles durante o sono.

472 – Os Espíritos que querem nos excitar ao mal o fazem aproveitando das circunstâncias em que nos encontramos ou podem criar essas circunstâncias?

– Eles aproveitam a circunstância, mas, frequentemente, a provocam, compelindo-vos, inconscientemente, ao objeto da vossa cobiça. Assim, por exemplo, um homem encontra sobre seu caminho uma soma de dinheiro; não creais que foram os Espíritos que levaram o dinheiro para esse lugar mas eles podem dar ao homem o pensamento de se dirigir a esse ponto e, então, lhe sugerem o pensamento de se apoderar dele, enquanto outros lhe sugerem o de entregar esse dinheiro àquele a quem pertence. Ocorre o mesmo em todas as outras tentações.

POSSESSOS

473 – Um Espírito pode, momentaneamente, revestir o envoltório de uma pessoa viva, quer dizer, introduzir-se em um corpo animado e agir em lugar e vez daquele que se encontra nele encarnado?

– O Espírito não entra em um corpo como entras em uma casa. Ele se afina com um Espírito encarnado que tem os mesmos defeitos e as mesmas qualidades para agir conjuntamente; mas é sempre o Espírito encarnado que age como quer sobre a matéria da qual está revestido. Um Espírito não pode se substituir àquele que está encarnado, porque o Espírito e o corpo estão ligados até o tempo marcado para o término da existência material.

474 – Se não há possessão propriamente dita, quer dizer, coabitação de dois Espíritos no mesmo corpo, a alma pode se encontrar na dependência de um outro Espírito, de maneira a estar por ele *subjugada* ou *obsedada*, a ponto que sua vontade esteja, de alguma sorte, paralisada?

– Sim, e aí estão os verdadeiros possessos. Mas saiba bem que essa dominação não se faz jamais sem a participação daquele que a suporta, ***seja por sua fraqueza****, seja por seu desejo. Têm-se tomado, frequentemente, por possessos os epilépticos ou os loucos que tinham mais necessidade de médico que de exorcismo.*

A palavra *possesso*, em seu sentido vulgar, supõe a existência de demônios, quer dizer, de uma categoria de seres de natureza má, e a coabitação de um desses seres com a alma no corpo de um indivíduo. Posto que não há demônios **nesse sentido**, e que dois Espíritos não podem habitar simultaneamente o mesmo corpo, não há possessos segundo a ideia ligada a essa palavra. A palavra **possesso** não deve se entender senão como a dependência absoluta em que a alma pode se encontrar em relação a Espíritos imperfeitos que a subjugam.

475 – Pode-se, por si mesmo, afastar os maus Espíritos e se libertar de sua dominação?

– Pode-se sempre sacudir um jugo, quando se tem disso a firme vontade.

476 – Não pode acontecer que a fascinação exercida pelo mau Espírito seja tal que a pessoa subjugada não a perceba? Então, uma terceira pessoa pode fazer cessar a sujeição? Nesse caso, que condição deve ela empregar?

– Se é um homem de bem, sua vontade pode ajudar, apelando pelo concurso dos bons Espíritos, porque quanto mais se é um

homem de bem, mais se tem poder sobre os Espíritos imperfeitos para os afastar, e sobre os bons, para os atrair. Entretanto, seria incapaz se aquele que está **subjugado** *não consentir nisso. Há pessoas que se alegram em uma dependência que agrada seus gostos e seus desejos. Em todos os casos, aquele cujo coração não é puro, não pode ter nenhuma influência; os bons Espíritos o abandonam e os maus não o temem.*

477 – As fórmulas de exorcismo têm alguma eficácia sobre os maus Espíritos?

– Não, quando esses Espíritos veem alguém tomar a coisa a sério, riem e se obstinam.

478 – Há pessoas animadas de boas intenções e que não são menos obsidiadas; qual é o melhor meio de se livrar dos Espíritos obsessores?

– Cansar sua paciência, não levar em conta as suas sugestões, mostrar-lhes que perdem seu tempo; então, quando veem que não têm nada a fazer, eles se vão.

479 – A prece é um meio eficaz para curar a obsessão?

– A prece é um poderoso socorro em tudo; mas, crede bem, não basta murmurar algumas palavras para obter o que se deseja. Deus assiste àqueles que agem e não àqueles que se limitam a pedir. É necessário, pois, que o obsidiado faça, de seu lado, aquilo que é necessário para destruir, em si mesmo, a causa que atrai os maus Espíritos.

480 – Que pensar da expulsão dos demônios, de que fala o Evangelho?

– Isso depende da interpretação. Se chamais demônio a um mau Espírito que subjugue um indivíduo, quando a sua influência for destruída, ele será verdadeiramente expulso. Se atribuís uma doença ao demônio, quando houverdes curado a doença direis, também, que expulsastes o demônio. Uma coisa pode ser verdadeira ou falsa segundo o sentido que se der às palavras. As maiores verdades podem parecer absurdas quando não se olha senão a forma, e quando se toma a alegoria pela realidade. Compreendei bem isto e o guardai; é de uma aplicação geral.

CONVULSIONÁRIOS

481 – Os Espíritos exercem um papel nos fenômenos que se produzem nos indivíduos designados sob o nome de convulsionários?

– Sim, um papel muito grande, assim como o magnetismo, que lhe é a fonte primeira; mas o charlatanismo, frequentemente, tem explorado e exagerado esses efeitos, o que os tem feito cair no ridículo.

481.a – De que natureza são, em geral, os Espíritos que concorrem para essa espécie de fenômenos?

– Pouco elevada. Crede que os Espíritos superiores se divertem com semelhantes coisas?

482 – Como o estado anormal dos convulsionários e dos que sofrem crises pode acontecer subitamente em toda uma população?

– Efeito simpático; as disposições morais se comunicam muito facilmente em certos casos. Não estais tão alheios aos efeitos magnéticos para não compreender isso, e a parte que certos Espíritos devem nisso tomar por simpatia àqueles que os provocam.

Entre as faculdades estranhas que se observam nos convulsionários, reconhecem-se sem dificuldade as que o sonambulismo e o magnetismo oferecem numerosos exemplos: tais são, entre outras, a insensibilidade física, o conhecimento do pensamento, a transmissão simpática das dores, etc. Não se pode, pois, duvidar de que os que sofrem crises não estejam em uma espécie de sonambulismo desperto, provocado pela influência que exercem uns sobre os outros. Eles são, ao mesmo tempo, magnetizadores e magnetizados, sem o saberem.

483 – Qual é a causa da insensibilidade física que se nota, seja em certos convulsionários, seja em outros indivíduos submetidos às torturas mais atrozes?

– Em alguns casos é um efeito exclusivamente magnético que age sobre o sistema nervoso, da mesma forma que certas substâncias. Em outros, a exaltação do pensamento enfraquece a sensibilidade, porque a vida parece se retirar do corpo para se transportar ao Espírito. Não sabeis que quando o Espírito está fortemente preocupado com uma coisa, o corpo não sente, não vê e não ouve nada?

A exaltação fanática e o entusiasmo oferecem, frequentemente, nos suplícios, o exemplo de uma calma e de um sangue-frio que não triunfariam de uma dor aguda se não se admitisse que a sensibilidade se encontra neutralizada por uma espécie de efeito anestésico. Sabe-se que, no calor do combate, não se apercebe, frequentemente, de um ferimento grave, enquanto que, em circunstâncias ordinárias, uma arranhadura faria estremecer.

Uma vez que esses fenômenos dependem de uma causa física, e da ação de certos Espíritos, pode-se perguntar como ele pôde depender da autoridade para cessar em certos casos. A razão é simples. A ação dos

Espíritos não é aqui senão secundária; eles não fazem senão aproveitar de uma disposição natural. A autoridade não suprimiu essa disposição, mas a causa que a entretinha e exaltava; de ativa passou a latente, e tinha razão de agir assim, porque resultava abuso e escândalo. Sabe-se, de resto, que essa intervenção nenhum poder tem quando a ação dos Espíritos é direta e espontânea.

AFEIÇÃO DOS ESPÍRITOS POR CERTAS PESSOAS

484 – Os Espíritos se afeiçoam de preferência por certas pessoas?

– Os bons Espíritos simpatizam com os homens de bem, ou suscetíveis de se melhorarem; os Espíritos inferiores com os homens viciosos ou que possam vir a sê-lo; daí sua afeição, por causa da semelhança das sensações.

485 – A afeição dos Espíritos por certas pessoas é exclusivamente moral?

– A afeição verdadeira nada tem de carnal; mas, quando um Espírito se liga a uma pessoa, nem sempre é por afeição e pode aí misturar uma lembrança das paixões humanas.

486 – Os Espíritos se interessam por nossa infelicidade e por nossa prosperidade? Os que nos desejam o bem se afligem com os males que experimentamos durante a vida?

– Os bons Espíritos fazem tanto bem quanto possível e ficam felizes com todas as vossas alegrias. Eles se afligem com os vossos males quando não os suportais com resignação, porque esses males são sem resultado para vós: sois como o doente que rejeita a bebida amarga que o deve curar.

487 – De qual natureza de mal os Espíritos se afligem mais por nós; é do mal físico ou do mal moral?

– Vosso egoísmo e vossa dureza de coração: daí tudo deriva. Eles se riem de todos esses males imaginários que nascem do orgulho e da ambição; regozijam-se com aqueles que têm por efeito abreviar vosso tempo de prova.

Os Espíritos, sabendo que a vida corporal é transitória, e que as tribulações que a acompanham são os meios de chegar a um estado melhor, afligem-se mais pelas causas morais que nos distanciam deles, que pelos males físicos, que são passageiros.

Os Espíritos se inquietam pouco com as infelicidades que não afetam senão as nossas ideias mundanas, como fazemos com os desgostos pueris da infância.

O Espírito que vê nas aflições da vida um meio de progresso para nós, as considera como a crise momentânea que deve salvar o doente. Eles se compadecem dos nossos sofrimentos, como nos compadecemos com os de um amigo; mas vendo as coisas de um ponto de vista mais justo, eles as apreciam de outro modo que o nosso, e enquanto os bons levantam nossa coragem no interesse do nosso futuro, os outros nos excitam ao desespero, tendo em vista comprometê-lo.

488 – Nossos parentes e nossos amigos, que nos precederam na outra vida, têm por nós mais simpatia que os Espíritos que nos são estranhos?

– *Sem dúvida, e, frequentemente, eles vos protegem como Espíritos, segundo o seu poder.*

488.a – Eles são sensíveis à afeição que lhes conservamos?

– *Muito sensíveis, mas eles esquecem aqueles que os esquecem.*

ANJOS GUARDIÃES, ESPÍRITOS PROTETORES, FAMILIARES OU SIMPÁTICOS

489 – Há Espíritos que se ligam a um indivíduo em particular para o proteger?

– *Sim, **o irmão espiritual**; é o que chamais **o bom Espírito ou o bom gênio**.*

490 – Que se deve entender por anjo guardião?

– *O Espírito protetor de uma ordem elevada.*

491 – Qual é a missão do Espírito protetor?

– *A de um pai sobre seus filhos: conduzir seu protegido no bom caminho, ajudá-lo com seus conselhos, consolá-lo em suas aflições, sustentar sua coragem nas provas da vida.*

492 – O Espírito protetor se liga ao indivíduo desde o seu nascimento?

– *Desde o seu nascimento até à morte, e, frequentemente, o segue depois da morte na vida espírita, e mesmo em várias existências corporais, porque essas existências são apenas fases bem curtas com relação à vida do Espírito.*

493 – A missão do Espírito protetor é voluntária ou obrigatória?

– *O Espírito é obrigado a velar sobre vós porque aceitou essa tarefa, mas pode escolher os seres que lhe são simpáticos. Para alguns é um prazer, para outros uma missão ou um dever.*

493.a – Ligando-se a uma pessoa, o Espírito renuncia a proteger outros indivíduos?

– Não, mas o faz menos exclusivamente.

494 – O Espírito protetor está fatalmente ligado ao ser confiado à sua guarda?

– Ocorre, frequentemente, que certos Espíritos deixam sua posição para executar diversas missões; mas, então, são substituídos.

495 – O Espírito protetor abandona algumas vezes seu protegido quando este é rebelde aos seus conselhos?

– Ele se afasta quando vê seus conselhos inúteis, e que a vontade de sofrer a influência dos Espíritos inferiores é mais forte; mas não o abandona completamente, e se faz sempre ouvir; é, então, o homem quem fecha os ouvidos. Ele retorna, desde que é chamado.

É uma doutrina que deveria converter os mais incrédulos pelo seu encanto e pela sua doçura: a dos anjos guardiães. Pensar que se tem sempre perto de si seres que vos são superiores, que estão sempre aí para vos aconselhar, vos sustentar, vos ajudar a escalar a áspera montanha do bem, que são os amigos mais seguros e mais devotados do que as mais íntimas ligações que se possa contrair sobre esta Terra, não é uma ideia bem consoladora? Esses seres aí estão por ordem de Deus; ele os colocou perto de vós e aí estão por seu amor, cumprindo, junto a vós, uma bela mas penosa missão. Sim, em qualquer parte que estejais, ele estará convosco: as prisões, os hospitais, os lugares de devassidão, a solidão, nada vos separa desse amigo que não podeis ver, mas do qual vossa alma sente os mais doces estímulos e ouve os sábios conselhos.

Deveríeis conhecer melhor esta verdade! quantas vezes ela vos ajudaria nos momentos de crise; quantas vezes ela vos salvaria dos maus Espíritos! Mas, no grande dia, este anjo do bem terá frequentemente de vos dizer: "Não te disse isto? E não o fizeste; não te mostrei o abismo, e aí te precipitaste; não te fiz ouvir na consciência a voz da verdade, e não seguiste os conselhos da mentira?" Ah! interrogai vossos anjos guardiães; estabelecei entre eles e vós essa ternura íntima que reina entre os melhores amigos. Não penseis em lhes esconder nada, porque eles têm os olhos de Deus, e não podeis enganá-los. Sonhai com o futuro; procurai avançar nesta vida e vossas provas serão mais curtas, vossas existências mais felizes. Caminhai! homens de coragem; atirai para longe de vós, de uma vez por todas, preconceitos e ideias preconcebidas; entrai na nova estrada que se abre diante de vós;

marchai! marchai! tendes guias, segui-os: o objetivo não vos pode faltar, porque esse objetivo é o próprio Deus.

Àqueles que pensem ser impossível aos Espíritos verdadeiramente elevados, sujeitarem-se a uma tarefa tão laboriosa e de todos os instantes, diremos que influenciamos vossas almas estando a vários milhões de léguas de vós. Para nós o espaço não é nada, e vivendo em outro mundo, nossos Espíritos conservam sua ligação com o vosso. Gozamos de qualidades que não podeis compreender, mas estejais certos de que Deus não nos impôs uma tarefa acima de nossas forças e que ele não vos abandonou sós sobre a Terra, sem amigos e sem apoio. Cada anjo guardião tem seu protegido sobre o qual vela, como um pai vela sobre seu filho; é feliz quando o vê no bom caminho; sofre quando seus conselhos são menosprezados.

Não temais em nos fatigar com vossas perguntas; estejais, ao contrário, sempre em relação conosco: sereis mais fortes e mais felizes. São essas comunicações de cada homem com seu Espírito familiar que fazem todos os homens médiuns, médiuns hoje ignorados, mas que se manifestarão mais tarde e se espalharão como um oceano sem limites para repelir a incredulidade e a ignorância. Homens instruídos, instruí; homens de talento, elevai vossos irmãos. Não sabeis que obra cumprireis assim: a do Cristo, a que Deus vos impôs. Para que Deus vos deu a inteligência e a ciência, senão para repartir com vossos irmãos, para os adiantar no caminho da alegria e da felicidade eterna. (SÃO LUÍS, SANTO AGOSTINHO).

A doutrina dos anjos guardiães, velando sobre seus protegidos, apesar da distância que separa os mundos, não tem nada que deva surpreender; ela é, ao contrário, grande e sublime. Não vemos sobre a Terra um pai velar sobre seu filho ainda que estando longe, ajudá-lo com seus conselhos por correspondência? Que haverá, pois, de espantoso em que os Espíritos possam guiar aqueles que tomaram sob sua proteção, de um mundo a outro, visto que, para eles, a distância que separa os mundos é menor que a que separa, sobre a Terra, os continentes? Não têm eles, por outro lado, o fluido universal que liga todos os mundos e os torna solidários; veículo imenso da transmissão dos pensamentos, como o ar é para nós o veículo da transmissão do som?

496 – O Espírito que abandona seu protegido, não lhe fazendo mais o bem, pode lhe fazer o mal?

– *Os bons Espíritos não fazem jamais o mal; deixam que o façam aqueles que tomam o seu lugar; então, acusais a sorte pelos infortúnios que vos acabrunham, quando é vossa a falta.*

497 – O Espírito protetor pode deixar seu protegido à mercê de um Espírito que poderia lhe desejar o mal?

– Há união dos maus Espíritos para neutralizar a ação dos bons. Mas, se o protegido quiser, ele dará toda a força ao seu bom Espírito. O bom Espírito talvez encontre uma boa vontade, alhures, para ajudar; disto aproveita à espera de seu retorno junto do seu protegido.

498 – Quando o Espírito protetor deixa seu protegido se transviar na vida, é por falta de força, de sua parte, na luta contra outros Espíritos malévolos?

– Não é porque ele não pode, mas porque ele não quer. Seu protegido sai das provas mais perfeito e mais instruído. Ele o assiste com seus conselhos, pelos bons pensamentos que lhe sugere, mas que, infelizmente, não são sempre escutados. Não é senão a fraqueza, a negligência ou o orgulho do homem que dão força aos maus Espíritos; seu poder sobre vós resulta de não lhes opordes resistência.

499 – O Espírito protetor está constantemente com seu protegido? Não há alguma circunstância em que, sem o abandonar, perca-o de vista?

– Há circunstâncias em que a presença do Espírito protetor não é necessária junto de seu protegido.

500 – Chega um momento em que o Espírito não tem mais necessidade de um anjo guardião?

– Sim, quando ele alcança um grau de poder conduzir a si mesmo, como chega o momento em que o escolar não tem mais necessidade do mestre; mas isso não ocorre sobre a vossa Terra.

501 – Por que a ação dos Espíritos sobre nossa existência é oculta e por que, quando nos protegem, não o fazem de uma forma ostensiva?

– Se contardes com o seu apoio, não agireis por vós mesmos, e vosso Espírito não progredirá. Para que possa avançar lhe é necessária a experiência e é preciso, frequentemente, que ele a adquira às suas custas; é preciso que exerça suas habilidades, sem isso seria como uma criança que não se permitisse andar sozinha. A ação dos Espíritos que vos querem o bem é sempre regulada de maneira a vos deixar o vosso livre-arbítrio, porque se não tiverdes responsabilidade não avançareis no caminho que vos deve conduzir até Deus. O homem, não vendo o seu apoio, entrega-se às suas próprias forças; seu guia, entretanto, vela sobre ele e, de tempos em tempos, brada-lhe para desconfiar do perigo.

502 – O Espírito protetor que consegue conduzir seu protegido no bom caminho, experimenta algum bem para si mesmo?

– É um mérito do qual se lhe tem em conta, seja para seu próprio adiantamento, seja por sua alegria. Ele é feliz quando vê seus cuidados coroados de sucesso; nisso triunfa como um preceptor triunfa com os sucessos de seu aluno.

502.a – Ele é responsável se não triunfar?

– Não, visto que fez o que dele dependia.

503 – O Espírito protetor que vê seu protegido seguir um mau caminho, malgrado seus avisos, sofre com isso e não lhe é uma causa de perturbação para a sua felicidade?

– Ele sofre por causa dos seus erros e o lastima. Mas essa aflição não tem as angústias da paternidade terrestre, porque sabe que há remédio para o mal, e que aquilo que não se faz hoje, far-se-á amanhã.

504 – Podemos sempre saber o nome do nosso Espírito protetor ou anjo guardião?

– Por que quereis saber sobre nomes que não existem para vós? Credes, pois, que não há entre os Espíritos senão aqueles que conheceis?

504.a – De que modo, então, invocá-lo se não o conhecemos?

– Dai-lhe o nome que quiserdes, o de um Espírito superior pelo qual tendes simpatia ou veneração; vosso Espírito protetor virá a esse chamado, porque todos os bons Espíritos são irmãos e se assistem entre si.

505 – Os Espíritos protetores que tomam nomes conhecidos, são sempre, realmente, os das pessoas que usaram esses nomes?

– Não, mas de Espíritos que lhes são simpáticos e que, frequentemente, vêm por sua ordem. Precisais de nomes, então, eles tomam um que vos inspire confiança. Quando não podeis cumprir uma missão pessoalmente, enviais, vós mesmos, um outro que age em vosso nome.

506 – Quando estivermos na vida espírita, reconheceremos nosso Espírito protetor?

– Sim, porque, frequentemente, vós o conhecíeis antes de estar encarnados.

507 – Os Espíritos protetores pertencem todos à classe dos Espíritos superiores? Podem se encontrar entre os médios?

Um pai, por exemplo, pode vir a ser o Espírito protetor de seu filho?

– Ele o pode, mas a proteção supõe um certo grau de elevação. Um poder ou uma virtude a mais concedida por Deus. O pai que protege seu filho, pode ser, ele mesmo, assistido por um Espírito mais elevado.

508 – Os Espíritos que deixaram a Terra em boas condições, podem sempre proteger os que amam e que lhes sobrevivem?

– Seu poder é mais ou menos restrito; a posição em que se encontram não lhes deixa sempre toda a liberdade de agir.

509 – Os homens no estado selvagem ou de inferioridade moral, têm igualmente seus Espíritos protetores? Nesse caso, esses Espíritos são de uma ordem tão elevada quanto aqueles dos homens mais avançados?

– Cada homem tem um Espírito que vela sobre ele, mas as missões são relativas ao seu objetivo. Não dais a uma criança que aprende a ler um professor de filosofia. O progresso do Espírito familiar segue o do Espírito protegido. Tendo vós mesmos um Espírito superior que vela sobre vós, podeis, a vosso turno, virdes a ser o protetor de um Espírito que vos é inferior, e os progressos que o ajudardes a fazer contribuirão para o vosso adiantamento. Deus não pede ao Espírito, além do que comportem sua natureza e o grau que alcançou.

510 – Quando o pai que vela sobre seu filho vem a reencarnar, vela ainda sobre ele?

– Isso é mais difícil, mas ele convida, num momento de desprendimento, um Espírito simpático para o assistir nessa missão. Aliás, os Espíritos não aceitam senão missões que podem cumprir até o fim.

O Espírito encarnado, sobretudo nos mundos onde a existência é material, está mais submetido ao seu corpo para poder ser inteiramente devotado, quer dizer, assistir pessoalmente. Por isso, aqueles que não são bastante elevados, são, eles mesmos, assistidos por Espíritos que lhe são superiores, de tal sorte que se um falta por uma causa qualquer, é suprido por um outro.

511 – Além do Espírito protetor, um mau Espírito é ligado a cada indivíduo tendo em vista o compelir ao mal e lhe fornecer uma ocasião de lutar entre o bem e o mal?

– Ligado não é o termo. É bem verdade que os maus Espíritos procuram desviar do bom caminho quando encontram oportunidade; mas quando um deles se liga a um indivíduo, o faz por si

mesmo, posto que espera ser escutado. Então, há luta entre o bom e o mau, e vence aquele que o homem deixa imperar sobre si.

512 – Podemos ter vários Espíritos protetores?

– Cada homem tem sempre Espíritos simpáticos, mais ou menos elevados, que se afeiçoam e se interessam por ele, como tem os que o assistem no mal.

513 – Os Espíritos simpáticos agem em virtude de uma missão?

– Algumas vezes eles podem ter uma missão temporária mas, o mais frequentemente, não são solicitados senão pela semelhança de pensamentos e de sentimentos no bem, como no mal.

513.a – Parece resultar disso que os Espíritos simpáticos podem ser bons ou maus?

– Sim, o homem encontra sempre Espíritos que simpatizam com ele, qualquer que seja seu caráter.

514 – Os Espíritos familiares são os mesmos Espíritos simpáticos ou os Espíritos protetores?

– Existem muitas diferenças na proteção e na simpatia; dai-lhes o nome que quiserdes. O Espírito familiar é antes o amigo da casa.

Das explicações acima e das observações feitas sobre a natureza dos Espíritos que se ligam ao homem, pode-se deduzir o que se segue:

O Espírito protetor, anjo guardião ou bom gênio, é aquele que tem por missão seguir o homem na vida e o ajudar a progredir. Ele é sempre de uma natureza superior relativamente à do protegido.

Os Espíritos familiares se ligam a certas pessoas por laços mais ou menos duráveis tendo em vista ser-lhes úteis, no limite de seu poder, frequentemente bastante limitado; eles são bons mas, algumas vezes, pouco avançados e mesmo um pouco levianos. Eles se ocupam, de bom grado, dos detalhes da vida íntima e não agem senão por ordem ou com permissão dos Espíritos protetores.

Os Espíritos simpáticos são os que se sentem atraídos para nós por afeições particulares e uma certa semelhança de gostos e de sentimentos, no bem como no mal. A duração de suas relações é quase sempre subordinada às circunstâncias.

O mau gênio é um Espírito imperfeito ou perverso que se liga ao homem para o desviar do bem, e age por sua própria iniciativa e não em virtude de uma missão. Sua tenacidade está em razão do acesso mais ou menos fácil que encontra. O homem está sempre livre para escutar sua voz ou a repelir.

515 – Que se deve pensar dessas pessoas que parecem se ligar a certos indivíduos para os compelir fatalmente à perdição, ou para os guiar no bom caminho?

– Certas pessoas exercem, com efeito, sobre outras, uma espécie de fascinação, que parece irresistível. Quando isso tem lugar para o mal, são maus Espíritos dos quais se servem outros maus Espíritos para melhor subjugar. Deus o pode permitir para vos experimentar.

516 – Nosso bom e nosso mau gênio poderiam se encarnar para nos acompanhar na vida de um modo mais direto?

– Isso ocorre algumas vezes. Frequentemente, também, eles encarregam dessa missão outros Espíritos encarnados, que lhes são simpáticos.

517 – Há Espíritos que se ligam a toda uma família para a proteger?

– Certos Espíritos se ligam aos membros de uma mesma família que vivem em conjunto e que estão unidos pela afeição, mas não creiais em Espíritos protetores do orgulho das raças.

518 – Sendo os Espíritos atraídos para os indivíduos pela sua simpatia, o são igualmente para as reuniões de indivíduos em razão de causas particulares?

– Os Espíritos vão de preferência onde estão seus semelhantes; aí estão mais à vontade e mais seguros de serem ouvidos. O homem atrai para si os Espíritos em razão de suas tendências, quer esteja só ou formando um todo coletivo, como uma sociedade, uma cidade ou um povo. Há, pois, sociedades, cidades e povos que são assistidos por Espíritos mais ou menos elevados segundo o caráter e as paixões que neles dominam. Os Espíritos imperfeitos se afastam daqueles que os repelem. Resulta disso que o aperfeiçoamento moral dos todos coletivos, como o dos indivíduos, tende a afastar os maus Espíritos e a atrair os bons que excitam e entretêm o sentimento do bem nas massas, como outros podem lhes insuflar as más paixões.

519 – As aglomerações de indivíduos, como as sociedades, as cidades, as nações têm seus Espíritos protetores especiais?

– Sim, porque essas reuniões são individualidades coletivas que caminham com um objetivo comum e que têm necessidade de uma direção superior.

520 – Os Espíritos protetores das massas são de uma natureza mais elevada que a daqueles que se ligam aos indivíduos?

– Tudo é relativo ao grau de adiantamento das massas, como dos indivíduos.

521 – Certos Espíritos podem ajudar o progresso das artes, protegendo os que dela se ocupam?

– *Há Espíritos protetores especiais e que assistem aqueles que os invocam, quando eles os julgam dignos. Mas que quereis vós que façam com aqueles que creem ser o que não são? eles não fazem os cegos verem, nem os surdos ouvirem.*

Os Antigos fizeram divindades especiais; as Musas não eram outras que a personificação alegórica dos Espíritos protetores das ciências e das artes, como designaram sob o nome de lares e de penates os Espíritos protetores da família. Entre os modernos, as artes, as diferentes indústrias, as cidades, os continentes têm também seus patronos protetores, que não são outros que os Espíritos superiores, mas sob outros nomes.

Cada homem tendo seus Espíritos simpáticos, disso resulta que, **nas coletividades**, a generalidade dos Espíritos simpáticos está em relação com a generalidade dos indivíduos; que os Espíritos estranhos para aí são atraídos pela identidade dos gostos e dos pensamentos, em uma palavra, que esses agregados, tão bem quanto os indivíduos, são mais ou menos bem rodeados, assistidos, influenciados segundo a natureza dos pensamentos da multidão.

Entre os povos, as causas de atração dos Espíritos são os costumes, os hábitos, o caráter dominante, as leis sobretudo, porque o caráter da nação se reflete em suas leis. Os homens, que fazem reinar a justiça entre si, combatem a influência dos maus Espíritos. Em toda parte onde as leis consagram as coisas injustas, contrárias à humanidade, os bons Espíritos estão em minoria, e a massa dos maus que afluem entretêm a nação em suas ideias e paralisa as boas influências parciais perdidas na multidão, como uma espiga isolada no meio às sarças. Estudando os costumes dos povos ou de toda reunião de homens, é, pois, fácil de se fazer uma ideia da população oculta que se imiscui nos seus pensamentos e nas suas ações.

PRESSENTIMENTOS

522 – O pressentimento é sempre uma advertência do Espírito protetor?

– *O pressentimento é o conselho íntimo e oculto de um Espírito que vos quer bem. Está também na intuição da escolha que se fez; é a voz do instinto. O Espírito, antes de encarnar, tem conhecimento das principais fases de sua existência, quer dizer, do gênero de provas nas quais se obriga. Quando estas têm um caráter marcante, delas conserva uma espécie de impressão em seu foro íntimo, e essa impressão, que é a voz do instinto, despertando quando o momento se aproxima, se torna pressentimento.*

523 – Os pressentimentos e a voz do instinto têm sempre alguma coisa de vago, que devam nos deixar na incerteza?

– *Quando estiveres no vago, invoca teu bom Espírito, ou* ***ora ao senhor de todas as coisas, Deus, que ele te enviará um dos seus mensageiros, um de nós.***

524 – As advertências de nossos Espíritos protetores têm por objeto único a conduta moral ou também a conduta a ter nas coisas da vida particular?

– *Tudo; eles procuram vos fazer viver o melhor possível; mas, frequentemente, fechais os ouvidos às boas advertências, e sois infelizes por vossa falta.*

Os Espíritos protetores nos ajudam com seus conselhos pela voz da consciência, que fazem falar em nós; mas, como a isso não ligamos sempre a importância necessária, nos dão de maneira mais direta, servindo-se das pessoas que nos rodeiam. Que cada um examine as diversas circunstâncias, felizes ou infelizes, de sua vida e verá que em muitas ocasiões recebeu conselhos que nem sempre aproveitou e que lhe teriam poupado muitos desgostos se os houvesse escutado.

INFLUÊNCIA DOS ESPÍRITOS SOBRE OS ACONTECIMENTOS DA VIDA

525 – Os Espíritos exercem uma influência sobre os acontecimentos da vida?

– *Seguramente, visto que te aconselham.*

525.a – Eles exercem essa influência de outro modo que pelos pensamentos que sugerem, quer dizer, eles têm uma ação direta sobre o cumprimento das coisas?

– *Sim, mas eles não agem, nunca, fora das leis da Natureza.*

Imaginamos erradamente que a ação dos Espíritos não deve se manifestar senão por fenômenos extraordinários. Quiséramos que nos viessem ajudar por meio de milagres e nós os representamos sempre armados de uma varinha mágica. Não é assim; eis porque sua intervenção nos parece oculta e o que se faz com seu concurso nos parece muito natural. Assim, por exemplo, eles provocarão a reunião de duas pessoas que parecerão se reencontrar por acaso; eles inspirarão a alguém o pensamento de passar por tal lugar; eles chamarão sua atenção sobre tal ponto, se isso deve levar ao resultado que querem obter; de tal sorte que o homem, não crendo seguir senão seu próprio impulso, conserva sempre seu livre-arbítrio.

526 – Tendo os Espíritos uma ação sobre a matéria, podem provocar certos efeitos para que se cumpra um acontecimento? Por exemplo, um homem deve perecer: ele sobe em uma escada, a escada se quebra e o homem se mata; foram os Espíritos que fizeram a escada quebrar para cumprir o destino desse homem?

– É bem verdade que os Espíritos têm uma ação sobre a matéria, mas para o cumprimento das leis da Natureza e não para as derrogar, fazendo surgir no momento oportuno um acontecimento inesperado e contrário a essas leis. No exemplo que citas, a escada se rompeu porque ela estava carcomida ou não bastante forte para suportar o peso do homem; se estava no destino desse homem perecer dessa maneira, eles lhe inspirarão o pensamento de subir por essa escada, que deverá se romper sob seu peso, e sua morte terá lugar por um efeito natural, sem que seja necessário fazer um milagre para isso.

527 – Tomemos um outro exemplo em que o estado normal da matéria não seja relevante; um homem deve perecer pelo raio; ele se refugia sob uma árvore, o raio brilha e ele é morto. Os Espíritos podem provocar o raio e o dirigir sobre ele?

– É ainda a mesma coisa. O raio explodiu sobre essa árvore, e nesse momento, porque estava nas leis da Natureza que fosse assim. Não foi dirigido sobre essa árvore porque o homem estava debaixo, mas foi inspirado ao homem o pensamento de se refugiar sob uma árvore, sobre a qual ele deveria explodir. A árvore não seria menos atingida estivesse ou não estivesse o homem debaixo dela.

528 – Um homem mal-intencionado lança sobre alguém um projétil que o roça e não o atinge. Um Espírito benevolente o pode ter desviado?

– Se o indivíduo não deve ser atingido, o Espírito benevolente lhe inspirará o pensamento de se desviar ou bem poderá ofuscar seu inimigo de maneira a fazê-lo apontar mal; porque o projétil, uma vez lançado, segue a linha que deve percorrer.

529 – Que se deve pensar das balas encantadas, de que tratam certas lendas, e que atingem fatalmente um alvo?

– Pura imaginação. O homem ama o maravilhoso e não se contenta com as maravilhas da Natureza.

529.a – Os Espíritos que dirigem os acontecimentos da vida, podem ser contrariados pelos Espíritos que queiram o contrário?

– O que Deus quer, deve ser; se há atraso ou obstáculo, é por sua vontade.

530 – Os Espíritos levianos e zombeteiros não podem suscitar esses pequenos embaraços que vêm obstar nossos projetos e confundir nossas previsões? Em uma palavra, são eles os autores disso que são vulgarmente chamadas as pequenas misérias da vida humana?

– Eles se comprazem com esses aborrecimentos, que são para vós provas para exercitar vossa paciência; mas se cansam, quando veem que nada conseguem. Entretanto, não seria nem justo, nem exato acusá-los de todas as vossas decepções, das quais vós mesmos sois os primeiros artífices pela vossa irreflexão. Crê bem que se tua baixela se quebra é antes o fato de tua imperícia, que a dos Espíritos.

530.a – Os Espíritos que suscitam aborrecimentos agem em consequência de uma animosidade pessoal ou bem atacam qualquer um, sem motivo determinado, unicamente por malícia?

– Um e outro motivo. Algumas vezes são inimigos que se fez durante esta vida, ou em uma outra, e que vos perseguem. De outras vezes, não há motivos.

531 – A malevolência dos seres que nos fizeram mal sobre a Terra se extingue com sua vida corporal?

– Frequentemente, eles reconhecem sua injustiça e o mal que fizeram. Mas, frequentemente, também, eles vos perseguem com sua animosidade, se Deus o permite, para continuar a vos experimentar.

531.a – Pode-se a isso pôr um termo e por que meio?

– Sim, pode-se orar por eles, e lhes restituindo o bem para o mal, acabam por compreender seus erros; de resto, quando se sabe se colocar acima de suas maquinações, eles cessam vendo que nada ganham com isso.

A experiência prova que certos Espíritos perseguem sua vingança de uma existência a outra, e que se expiam assim, cedo ou tarde, os danos que se tenham feito a alguém.

532 – Os Espíritos têm o poder de afastar os males de sobre certas pessoas e de atrair sobre elas a prosperidade?

– Não inteiramente, porque há males que estão nos decretos da Providência; mas eles minoram vossas dores, dando-vos paciência e resignação.

Sabei também que depende frequentemente de vós afastar esses males, ou pelo menos os atenuar. Deus vos deu a inteligência para dela vos servir, e é nela sobretudo que os Espíritos vêm vos ajudar, sugerindo-vos pensamentos propícios. Mas eles não assistem senão os que sabem assistir a si mesmos, é o sentido destas palavras: Procurai e achareis, batei e se vos abrirá.

Sabei ainda que aquilo que vos parece um mal não é sempre um mal; frequentemente, um bem deve disso surgir, que será maior que o mal, e é isso que não compreendeis, porque não pensais senão no momento presente ou em vossa pessoa.

533 – Os Espíritos podem fazer obter os dons da fortuna, se solicitados para esse efeito?

– Algumas vezes, como prova, mas, frequentemente, eles recusam, como se recusa a uma criança, que faz um pedido inconsiderado.

533.a – São os bons ou os maus Espíritos que concedem esses favores?

– Uns e outros; isso depende da intenção. Mais frequentemente, são os Espíritos que querem vos arrastar ao mal, e que encontram um meio fácil nos prazeres que a fortuna proporciona.

534 – Quando os obstáculos parecem vir fatalmente se opor aos nossos projetos, seria por influência de algum Espírito?

– Algumas vezes, os Espíritos; de outras vezes, e o mais frequentemente, é que nisso escolheis mal. A posição e o caráter influem muito. Se vos obstinais em um caminho que não é o vosso, não é pelos Espíritos; vós é que sois o vosso próprio gênio mau.

535 – Quando nos acontece alguma coisa feliz, é ao nosso Espírito protetor que devemos agradecer?

– Agradecei sobretudo a Deus, sem cuja permissão nada se faz, pois os bons Espíritos foram seus agentes.

535.a – Que aconteceria se se negligenciasse em agradecer?

– O que acontece aos ingratos.

535.b – Entretanto, há pessoas que não oram, nem agradecem e às quais tudo sai bem?

– Sim, mas é preciso ver o fim; pagarão bem caro essa felicidade passageira que não merecem, porque quanto mais tenham recebido, mais terão de restituir.

AÇÃO DOS ESPÍRITOS SOBRE OS FENÔMENOS DA NATUREZA

536 – Os grandes fenômenos da Natureza, os que se considera como uma perturbação dos elementos, são devidos a causas fortuitas ou bem têm um fim providencial?

– Tudo tem uma razão de ser e nada acontece sem a permissão de Deus.

536.a – Esses fenômenos têm sempre o homem por objeto?

– Algumas vezes eles têm uma razão de ser direta para o homem, mas, frequentemente, também não têm outro objeto senão o restabelecimento do equilíbrio e da harmonia das forças físicas da Natureza.

536.b – Concebemos perfeitamente que a vontade de Deus seja a causa primeira, nisso como em todas as coisas; mas como sabemos que os Espíritos têm uma ação sobre a matéria e que são agentes da vontade de Deus, perguntamos se, alguns dentre eles, não exerceriam uma influência sobre os elementos para agitá-los, acalmá-los ou dirigi-los?

– Mas é evidente; isso não pode ser de outra forma; Deus não se consagra a uma ação direta sobre a matéria; tem seus agentes devotados em todos os graus da escala dos mundos.

537 – A mitologia dos Antigos é inteiramente fundada sobre as ideias espíritas, com esta diferença de que olhavam os Espíritos como divindades. Ora, eles nos representam esses Deuses, ou esses Espíritos, com atribuições especiais. Assim, alguns estavam encarregados dos ventos, outros do raio, outros de presidir a vegetação, etc. Esta crença é destituída de fundamento?

– Ela é tão pouco destituída de fundamento, que está ainda bem abaixo da verdade.

537.a – Pela mesma razão, poderia então haver Espíritos habitando o interior da Terra e presidindo seus fenômenos geológicos?

– Esses Espíritos não habitam positivamente a Terra, mas presidem e dirigem segundo suas atribuições. Um dia, tereis a explicação de todos esses fenômenos e os compreendereis melhor.

538 – Os Espíritos que presidem aos fenômenos da Natureza formam uma categoria especial no mundo espírita? São seres à parte ou Espíritos que estiveram encarnados como nós?

– Que o serão ou que foram.

538.a – Esses Espíritos pertencem a ordens superiores ou inferiores da hierarquia espírita?

– *Segundo seu papel mais ou menos material ou inteligente; alguns comandam, outros executam; os que executam as coisas materiais são sempre de uma ordem inferior, entre os Espíritos como entre os homens.*

539 – Na produção de certos fenômenos, as tempestades por exemplo, é um Espírito que age ou se reúnem em massa?

– *Em massas inumeráveis.*

540 – Os Espíritos que exercem uma ação sobre os fenômenos da Natureza agem com conhecimento de causa, em virtude do seu livre-arbítrio ou por um impulso instintivo e irrefletido?

– *Alguns sim, outros não. Eu faço uma comparação: imagina essas miríades de animais que, pouco a pouco, fazem surgir do mar as ilhas e os arquipélagos; crês que nisso não há um fim providencial e que essa transformação da superfície do globo não seja necessária à harmonia geral? No entanto, esses não são senão animais da última ordem que cumprem essas coisas para proverem suas necessidades e sem desconfiarem que são os instrumentos de Deus. Muito bem! da mesma forma os Espíritos, os mais atrasados, são úteis ao conjunto; enquanto ensaiam para a vida e antes de terem a plena consciência dos seus atos e seu livre-arbítrio, agem sobre certos fenômenos dos quais são agentes inconscientes; eles executam primeiro; mais tarde, quando sua inteligência estiver mais desenvolvida, comandarão e dirigirão as coisas do mundo material; mais tarde, ainda, poderão dirigir as coisas do mundo moral. É assim que tudo serve, tudo se encadeia na Natureza, desde o átomo primitivo até o arcanjo que, ele mesmo, começou pelo átomo; admirável lei de harmonia da qual vosso Espírito limitado não pode ainda apanhar o conjunto.*

OS ESPÍRITOS DURANTE OS COMBATES

541 – Em uma batalha há Espíritos que assistem e sustentam cada partido?

– *Sim, e que estimulam sua coragem.*

Os Antigos, outrora, nos representavam os Deuses tomando partido por tal ou tal povo. Esses Deuses não eram outros senão Espíritos representados sob figuras alegóricas.

542 – Em uma guerra, a justiça está sempre de um lado; como os Espíritos tomam partido por aquele que está errado?

– Sabeis bem que há Espíritos que não procuram senão a discórdia e a destruição; para eles a guerra é a guerra: a justiça da causa pouco os impressiona.

543 – Certos Espíritos podem influenciar o general na concepção de seus planos de campanha?

– Sem nenhuma dúvida, os Espíritos podem influenciar por esse motivo, como por todas as concepções.

544 – Os maus Espíritos poderiam lhe suscitar maus planos, tendo em vista o perder?

– Sim; mas não tem ele seu livre-arbítrio? Se seu julgamento não lhe permite distinguir uma ideia justa de uma ideia falsa, disso suporta as consequências, e faria melhor obedecer do que comandar.

545 – O general pode, algumas vezes, ser guiado por uma espécie de segunda vista, uma visão intuitiva, que lhe mostre antecipadamente o resultado de seus planos?

– Frequentemente, é assim no homem de gênio; é o que se chama a inspiração, e faz com que ele aja com uma espécie de certeza. Essa inspiração lhe vem dos Espíritos que o dirigem e sabem aproveitar as faculdades das quais está dotado.

546 – No tumulto do combate, o que ocorre com os Espíritos que sucumbem? Ainda se interessam pela luta, depois de sua morte?

– Alguns se interessam, outros se afastam.

Nos combates, acontece aquilo que ocorre em todos os casos de morte violenta: no primeiro momento, o Espírito está surpreso e como atordoado, e não crê estar morto; parecendo-lhe, ainda, tomar parte na ação; não é senão pouco a pouco que a realidade lhe aparece.

547 – Os Espíritos que se combatiam, estando vivos, uma vez mortos se reconhecem por inimigos e são ainda obstinados uns contra os outros?

– O Espírito, nesses momentos, não está jamais de sangue-frio; no primeiro momento, ele pode ainda querer seu inimigo e mesmo o perseguir; mas, quando as ideias lhe retornam, vê que sua animosidade não tem mais objetivo; entretanto, pode ainda lhe conservar as impressões, mais ou menos segundo seu caráter.

547.a – Percebe ainda o ruído das armas?

– Sim, perfeitamente.

548 – O Espírito que assiste de sangue-frio a um combate, como espectador, testemunha a separação da alma e do corpo, e como esse fenômeno se apresenta a ele?

– Há poucas mortes instantâneas. Na maioria das vezes, o Espírito cujo corpo vem a ser mortalmente ferido, não tem consciência sobre o momento; quando ele começa a se reconhecer, é então que se pode distinguir o Espírito que se move ao lado do cadáver; isso parece tão natural que a visão do corpo morto não produz nenhum efeito desagradável; toda a vida estando transportada no Espírito, só ele atrai atenção; é com ele que se conversa ou a ele que se dirige.

DOS PACTOS

549 – Há alguma coisa de verdadeira nos pactos com os maus Espíritos?

– Não, não há pactos, mas uma natureza má simpatizando com maus Espíritos. Por exemplo: queres atormentar teu vizinho, e não sabes como fazê-lo; então chamas para ti os Espíritos inferiores que, como tu, não querem senão o mal, e para te ajudarem querem que tu lhes sirvas nos seus maus propósitos; mas não se segue que teu vizinho não possa se livrar deles por uma conjuração contrária e pela sua vontade.

Aquele que quer cometer uma ação má, chama, só por isso, maus Espíritos em sua ajuda; está, então, obrigado a os servir, como o fazem para si, porque eles também têm necessidade dele para o mal que querem fazer. É somente nisso que consiste o pacto.

A dependência em que o homem se encontra, algumas vezes, em relação aos Espíritos inferiores, provém de seu abandono aos maus pensamentos que eles lhe sugerem e não de quaisquer estipulações entre eles. O pacto, no sentido vulgar que se dá a essa palavra, é uma alegoria que figura uma natureza má simpatizando com Espíritos malfazejos.

550 – Qual é o sentido das lendas fantásticas segundo as quais indivíduos teriam vendido sua alma a Satanás para dele obter certos favores?

– Todas as fábulas guardam um ensinamento e um sentido moral; vosso erro é tomá-las ao pé da letra. Essa é uma alegoria que se pode explicar assim: aquele que chama em sua ajuda os Espíritos para deles obter os dons da fortuna, ou qualquer outro favor, murmura contra a Providência; ele renuncia à missão que recebeu e às provas que deve suportar neste mundo, e disso sofrerá as consequências na vida futura. Isso não quer dizer que sua alma

esteja para sempre consagrada à infelicidade; mas, porque em lugar de se libertar da matéria, ele nela se enchafurda mais e mais, aquilo que gozou sobre a Terra não o terá no mundo dos Espíritos, até que o tenha resgatado por novas provas, talvez maiores e mais penosas. Por seu amor aos prazeres materiais, ele se coloca na dependência dos Espíritos impuros; há entre estes e ele um pacto tácito que o conduz à perdição, mas que lhe é sempre fácil de romper com a assistência dos bons Espíritos, se para isso tem a firme vontade.

PODER OCULTO. TALISMÃS. FEITICEIROS

551 – Pode um homem mau, com a ajuda de um mau Espírito que lhe é devotado, fazer mal ao seu próximo?

– *Não, Deus não o permitiria.*

552 – Que pensar da crença no poder que teriam certas pessoas de lançar a sorte?

– *Certas pessoas têm um poder magnético muito grande, do qual podem fazer um mau uso se seu próprio Espírito é mau e, nesse caso, elas podem ser secundadas por outros maus Espíritos. Mas não acrediteis nesse pretendido poder mágico que não está senão na imaginação de pessoas supersticiosas, ignorantes das verdadeiras leis da Natureza. Os fatos que mencionam são fatos naturais mal observados e, sobretudo, mal compreendidos.*

553 – Qual pode ser o efeito das fórmulas e práticas com ajuda das quais certas pessoas pretendem dispor da vontade dos Espíritos?

– *O efeito de torná-las ridículas se são de boa-fé; caso contrário, são patifes que merecem um castigo. Todas as fórmulas são enganosas; não há nenhuma palavra sacramental, nenhum sinal cabalístico, nenhum talismã que tenha uma ação qualquer sobre os Espíritos, porque estes são atraídos pelo pensamento e não pelas coisas materiais.*

553.a – Certos Espíritos não têm, eles mesmos, algumas vezes, ditado fórmulas cabalísticas?

– *Sim, tendes Espíritos que vos indicam sinais, palavras bizarras, ou que vos prescrevem certos atos com a ajuda dos quais fazeis o que chamais de conjuração; mas estejais bem seguros que são Espíritos que zombam de vós e abusam da vossa credulidade.*

554 – Aquele que, errado ou certo, tem confiança no que chama a virtude de um talismã, não pode por essa confiança mesma atrair um Espírito; porque, então, é o pensamento que age: o talismã não é senão um sinal que ajuda a dirigir o pensamento?

– *É verdade; mas a natureza do Espírito atraído depende da pureza da intenção e da elevação dos sentimentos. Ora, é raro que aquele que é tão simples para crer na virtude de um talismã não tenha objetivo mais material que moral; em todos os casos, isso anuncia uma baixeza e uma fraqueza de ideias, que dá oportunidade aos Espíritos imperfeitos e zombeteiros.*

555 – Que sentido se deve dar à qualificação de feiticeiro?

– *Aqueles a quem chamais feiticeiros são pessoas, quando são de boa-fé, dotadas de certas faculdades, como a força magnética ou a segunda vista; e então, como eles fazem coisas que não compreendeis, acreditai-os dotados de uma força sobrenatural. Vosso sábios, frequentemente, não passaram por feiticeiros aos olhos das pessoas ignorantes?*

O Espiritismo e o magnetismo nos dão a chave de uma multidão de fenômenos sobre os quais a ignorância bordou uma infinidade de fábulas, onde os fatos são exagerados pela imaginação. O conhecimento claro dessas duas ciências, que por assim dizer são apenas uma, mostrando a realidade das coisas e sua verdadeira causa, é o melhor preservativo contra as ideias supersticiosas, porque mostra o que é possível e o que é impossível, o que está nas leis da Natureza e o que é uma crença ridícula.

556 – Certas pessoas, verdadeiramente, têm o dom de curar pelo simples toque?

– *A força magnética pode ir até aí quando secundada pela pureza de sentimentos e um ardente desejo de fazer o bem, porque então os bons Espíritos vêm em ajuda. Mas é preciso desconfiar da maneira pela qual são contadas por pessoas muito crédulas ou muito entusiasmadas, sempre dispostas a ver o maravilhoso nas coisas mais simples e mais naturais. É preciso se desconfiar, também, das narrações interesseiras da parte de pessoas que exploram a credulidade em seu proveito.*

BÊNÇÃOS E MALDIÇÕES

557 – A bênção e a maldição podem atrair o bem e o mal sobre aqueles que são o seu objeto?

– *Deus não escuta uma maldição injusta, e aquele que a pronuncia é culpado aos seus olhos. Como temos os dois gênios opostos, o bem e o mal, ela pode ter uma influência momentânea, mesmo sobre a matéria; mas essa influência não ocorre sempre senão pela vontade de Deus e como acréscimo de prova para aquele que é dela o objeto. De resto, o mais frequentemente, se maldizem os maus e se bendizem os bons. A bênção e a maldição não podem jamais desviar a Providência do caminho da justiça; ela atinge o maldito se é mau, e sua proteção cobre aquele que a merece.*

CAPÍTULO 10

OCUPAÇÕES E MISSÕES DOS ESPÍRITOS

558 – Os Espíritos têm outra coisa a fazer que se melhorar pessoalmente?

– *Eles concorrem para a harmonia do Universo, executando a vontade de Deus, do qual são os ministros. A vida espírita é uma ocupação contínua, mas que nada tem de penosa, como sobre a Terra, porque não há fadiga corporal, nem as angústias da necessidade.*

559 – Os Espíritos inferiores e imperfeitos cumprem também um papel útil no Universo?

– *Todos têm deveres a cumprir. É que o último dos pedreiros não concorre para construir o edifício tão bem como o arquiteto?(540).*

560 – Os Espíritos têm, cada um, atribuições especiais?

– *Quer dizer que todos nós devemos habitar em toda a parte, e adquirir o conhecimento de todas as coisas, presidindo sucessivamente a todos os componentes do Universo. Mas, como está dito no Eclesiastes, há um tempo para tudo; assim, tal cumpre, hoje, seu destino neste mundo, tal cumprirá, ou cumpriu, em outra época, sobre a Terra, na água, no ar, etc.*

561 – As funções que os Espíritos cumprem na ordem das coisas são permanentes para cada um e estão nas atribuições exclusivas de certas classes?

– *Todos devem percorrer os diferentes graus da escala para se aperfeiçoar. Deus, que é justo, não poderia querer dar a uns a ciência sem trabalho, enquanto que outros não a adquirem senão com sacrifício.*

Da mesma forma, entre os homens, ninguém alcança um supremo grau de habilidade em uma arte qualquer, sem haver adquirido os conhecimentos necessários na prática das partes mais ínfimas dessa arte.

562 – Os Espíritos de ordem mais elevada, não tendo nada mais a adquirir, estão num repouso absoluto ou têm também ocupações?

– *Que quereríeis que eles fizessem durante a eternidade? A ociosidade eterna seria um suplício eterno.*

562.a – Qual a natureza de suas ocupações?

– *Receber diretamente as ordens de Deus, transmiti-las em todo o Universo, e velar pela sua execução.*

563 – As ocupações dos Espíritos são incessantes?

– *Incessantes, sim, se se entende que seu pensamento está sempre ativo, porque eles vivem pelo pensamento. Mas é preciso não comparar as ocupações dos Espíritos às ocupações materiais dos homens; essa atividade mesma é um prazer, pela consciência que têm de serem úteis.*

563.a – Isso se concebe para os bons Espíritos; mas ocorre o mesmo com os Espíritos inferiores?

– *Os Espíritos inferiores têm ocupações apropriadas à sua natureza. Confiais ao aprendiz e ao ignorante os trabalhos do homem de inteligência?*

564 – Entre os Espíritos, há os que são ociosos ou que não se ocupem com alguma coisa útil?

– *Sim, mas esse estado é temporário e subordinado ao desenvolvimento de sua inteligência. Certamente há, como entre os homens, os que não vivem senão para si mesmos; mas essa ociosidade lhes pesa e, cedo ou tarde, o desejo de avançar lhes faz experimentar a necessidade da atividade e eles são felizes em poder se tornar úteis. Falamos dos Espíritos que alcançaram o ponto de ter consciência de si mesmos e seu livre-arbítrio, porque, em sua origem, são como crianças que acabam de nascer e que agem mais por instinto que por uma vontade determinada.*

565 – Os Espíritos examinam nossos trabalhos de arte e se interessam por eles?

– *Eles examinam o que pode provar a elevação dos Espíritos e seu progresso.*

566 – Um Espírito que teve uma especialidade sobre a Terra, um pintor, um arquiteto, por exemplo, se interessa de preferência pelos trabalhos que foram objeto de sua predileção durante a sua vida?

– *Tudo se confunde num fim geral. Se ele é bom, se interessa tanto quanto lhe seja permitido se ocupar para ajudar as almas a se elevarem até Deus. Esqueceis, aliás, que um Espírito que praticou uma arte na existência que o conhecestes, pode vir a praticar uma outra em uma outra existência, porque é preciso que ele saiba tudo para ser perfeito. Assim, segundo seu grau de evolução, pode não haver mais especialidade para ele; é o que entendo dizendo que tudo se confunde num fim geral. Notai ainda isto: o que é sublime para vós, em vosso mundo atrasado, não é senão criancice perto dos mundos mais avançados. Como quereis vós que os Espíritos que habitam esses mundos, onde existem artes desconhecidas para vós, admirem isso que, para eles, não é mais que uma obra de escolar? Eu o disse: eles examinam aquilo que pode provar o progresso.*

566.a – Concebemos que deve ser assim para os Espíritos mais avançados; mas falamos dos Espíritos mais vulgares e que não se elevaram ainda acima das ideias terrestres.

– *Para estes é diferente; seu ponto de vista é mais limitado e eles podem admirar aquilo que vós mesmos admirais.*

567 – Os Espíritos se misturam, algumas vezes, em nossas ocupações e em nossos prazeres?

– *Os Espíritos vulgares, como dizes, sim. Estes estão sem cessar ao redor de vós e tomam, no que fazeis, uma parte, algumas vezes, muito ativa, segundo sua natureza; isso é necessário para impelir os homens nos diferentes caminhos da vida, excitar ou moderar suas paixões.*

Os Espíritos se ocupam das coisas deste mundo em razão da sua elevação ou da sua inferioridade. Os Espíritos superiores têm, sem dúvida, a faculdade de as considerar em seus menores detalhes, mas eles não o fazem senão naquilo que é útil ao progresso; só os Espíritos inferiores ligam uma importância relativa às lembranças que estão ainda presentes em sua memória e às ideias materiais que não estão ainda apagadas.

568 – Os Espíritos que têm missões a cumprir, as cumprem no estado errante ou no estado de encarnação?

– *Eles as podem ter em um e outro estado; para certos Espíritos errantes, é uma grande ocupação.*

569 – Em que consistem as missões das quais podem estar encarregados os Espíritos errantes?

– *Elas são tão variadas que seria impossível as descrever; aliás, há as que não podeis compreender. Os Espíritos executam a vontade de Deus e não podeis penetrar todos os seus desígnios.*

As missões dos Espíritos têm sempre o bem por objeto. Seja como Espíritos, seja como homens, eles estão encarregados de ajudar o progresso da Humanidade, dos povos ou dos indivíduos, em um círculo de ideias mais ou menos amplas, mais ou menos especiais, de preparar os caminhos para certos acontecimentos, de velar pelo cumprimento de certas coisas. Alguns têm missões mais restritas e de alguma sorte pessoais ou locais, como assistir os enfermos, os agonizantes, os aflitos, velar por aqueles de quem se fizeram guias protetores, de os dirigir pelos seus conselhos ou pelos bons pensamentos que lhes sugerem. Pode-se dizer que há tantos gêneros de missões quantas as espécies de interesses a vigiar, seja no mundo físico, seja no mundo moral. O Espírito avança segundo a maneira pela qual ele cumpre sua tarefa.

570 – Os Espíritos penetram sempre os desígnios que estão encarregados de executar?

– Não; há os que são instrumentos cegos, mas outros sabem muito bem com que objetivo agem.

571 – Não há senão os Espíritos elevados que cumprem missões?

– A importância da missão está em relação com a capacidade e a elevação do Espírito. O estafeta que leva um despacho, cumpre também uma missão, mas que não é aquela do general.

572 – A missão de um Espírito lhe é imposta ou depende de sua vontade?

– Ele a pede e fica feliz de a obter.

572.a – A mesma missão pode ser pedida por vários Espíritos?

– Sim, frequentemente, há vários candidatos, mas nem todos são aceitos.

573 – Em que consiste a missão dos Espíritos encarnados?

– Instruir os homens; ajudar seu progresso; melhorar suas instituições por meios diretos e materiais. Mas as missões são mais ou menos gerais e importantes: aquele que cultiva a terra cumpre uma missão, como aquele que governa ou aquele que instrui. Tudo se encadeia na Natureza; ao mesmo tempo em que o Espírito se depura pela encarnação, ele concorre, sob essa forma, para o cumprimento dos objetivos da Providência. Cada um tem sua missão neste mundo, porque cada um pode ser útil para alguma coisa.

574 – Qual pode ser a missão das pessoas voluntariamente inúteis sobre a Terra?

– Há, efetivamente, pessoas que não vivem senão para si mesmas e não sabem se tornar úteis para nada. São pobres seres que é preciso lamentar, porque expiarão cruelmente sua inutilidade voluntária e seu castigo começa, frequentemente, desde este mundo, pelo tédio e pelo desgosto da vida.

574.a – Uma vez que tiveram escolha, por que preferiram uma vida que não poderia lhes aproveitar em nada?

– Entre os Espíritos há também preguiçosos que recuam diante de uma vida de trabalho. Deus os deixa fazer; compreenderão

mais tarde, e às suas custas, os inconvenientes de sua inutilidade, e serão os primeiros a pedir para reparar o tempo perdido. Pode ser também que escolheram uma vida mais útil, mas, uma vez na obra, recuam e se deixam arrastar pelas sugestões dos Espíritos que os encorajam à ociosidade.

575 – As ocupações vulgares nos parecem antes deveres que missões propriamente ditas. A missão, segundo a ideia ligada a essa palavra, tem um caráter de importância menos exclusivo e, sobretudo, menos pessoal. Desse ponto de vista, como se pode reconhecer que um homem tem uma missão real sobre a Terra?

– Pelas grandes coisas que ele realiza, pelo progresso a que conduz seus semelhantes.

576 – Os homens que têm uma missão importante a ela estão predestinados antes de seu nascimento, e dela têm conhecimento?

– Algumas vezes, sim; mas, o mais frequentemente, a ignoram. Têm um objetivo vago, vindo sobre a Terra; sua missão se desenha depois de seu nascimento, e segundo as circunstâncias. Deus os impele no caminho onde devem cumprir seus desígnios.

577 – Quando um homem faz uma coisa útil é sempre em virtude de uma missão anterior e predestinada, ou pode receber uma missão não prevista?

– Tudo o que um homem faz não é o resultado de uma missão predestinada; ele é, frequentemente, o instrumento do qual um Espírito se serve para fazer executar uma coisa que crê útil. Por exemplo, um Espírito julga que seria bom escrever um livro que ele mesmo faria se estivesse encarnado; ele procura o escritor mais apto a compreender seu pensamento e executá-lo; disso lhe dá a ideia e o dirige na execução. Assim, esse homem não veio sobre a Terra com a missão de fazer essa obra. Ocorre o mesmo com certos trabalhos de arte ou de descobertas. É necessário dizer ainda que, durante o sono de seu corpo, o Espírito encarnado se comunica diretamente com o Espírito errante e que eles se entendem sobre a execução.

578 – O Espírito pode falir em sua missão por sua falta?

– Sim, se não é um Espírito superior.

578.a – Disso quais são, para ele, as consequências?

– Necessário lhe será recomeçar a tarefa: é essa a sua punição; aliás, sofrerá as consequências do mal do qual tiver sido causa.

579 – Uma vez que o Espírito recebe sua missão de Deus, como Deus pode confiar uma missão importante e de um interesse geral a um Espírito que poderá nela falhar?

– Deus não sabe se seu general obterá a vitória ou será vencido? Ele o sabe, estai disso seguros, e seus planos, ***quando são importantes****, não repousam sobre aqueles que devem abandonar sua obra no meio do trabalho. Toda a questão está, para vós, no conhecimento do futuro, que Deus possui, mas que não vos é dado.*

580 – O Espírito que se encarna para cumprir uma missão, tem a mesma apreensão que aquele que o faz como prova?

– Não, ele tem a experiência.

581 – Os homens que são a luz do gênero humano, que o clareiam pelo seu gênio, têm certamente uma missão; mas entre eles há os que erram e que, ao lado de grandes verdades, propagam grandes erros. Como se deve considerar sua missão?

– Como enganados por si mesmos. Eles estão abaixo da tarefa que empreenderam. Entretanto, é preciso ter em conta as circunstâncias; os homens de gênio devem falar segundo os tempos e tal ensino que parece errôneo ou pueril em uma época avançada, podia ser suficiente para seu século.

582 – Pode-se considerar a paternidade como uma missão?

– É, sem contradita, uma missão; é, ao mesmo tempo, um dever muito grande e que obriga, mais do que o homem pensa, sua responsabilidade pelo futuro. Deus colocou o filho sob a tutela dos pais para que estes o dirijam no caminho do bem, e facilitou sua tarefa lhe dando uma organização frágil e delicada que o torna acessível a todas as impressões; mas há os que se ocupam mais em endireitar as árvores de seu jardim, e fazê-las produzir muitos e bons frutos, que endireitar o caráter de seu filho. Se este sucumbe por sua falta, disso carregarão a pena, e os sofrimentos do filho na vida futura recairão sobre eles, porque não fizeram o que dependia deles para seu adiantamento no caminho do bem.

583 – Se uma criança se torna má, apesar dos cuidados de seus pais, estes são responsáveis?

– Não; porém, quanto mais as disposições da criança são más, mais é penosa a tarefa, e maior será o mérito se eles conseguirem a desviar do mau caminho.

583.a – Se uma criança se torna um bom sujeito, apesar da negligência ou dos maus exemplos dos pais, disso estes retiram algum fruto?

– Deus é justo.

584 – Qual pode ser a natureza da missão de um conquistador que não tem em vista senão satisfazer sua ambição e que, para atingir o seu objetivo, não recua diante de nenhuma das calamidades que arrasta atrás de si?

– Ele não é, o mais frequentemente, senão um instrumento do qual Deus se serve para o cumprimento dos seus desígnios, e essas calamidades são, algumas vezes, um meio de fazer um povo avançar mais depressa.

584.a – Aquele que é instrumento dessas calamidades passageiras, é estranho ao bem que delas pode resultar, uma vez que não visava senão um objetivo pessoal; não obstante, aproveitará desse bem?

– Cada um é recompensado segundo suas obras, o bem que quis fazer, e a retidão de suas intenções.

Os Espíritos encarnados têm ocupações inerentes à sua existência corporal. No estado errante ou de desmaterialização, essas ocupações são proporcionais ao grau do seu progresso.

Uns percorrem os mundos, se instruem e se preparam para uma nova encarnação.

Outros, mais avançados, se ocupam com o progresso, dirigindo os acontecimentos e neles sugerindo pensamentos propícios; assistem aos homens de gênio que concorrem para o adiantamento da Humanidade.

Outros se encarnam com uma missão de progresso.

Outros tomam sob sua tutela os indivíduos, as famílias, os aglomerados, as cidades e os povos, dos quais são os anjos guardiães, os gênios protetores e os Espíritos familiares.

Outros, enfim, presidem aos fenômenos da Natureza, dos quais são os agentes diretos.

Os Espíritos vulgares se misturam às nossas ocupações, e aos nossos divertimentos.

Os Espíritos impuros ou imperfeitos esperam, nos sofrimentos e nas angústias, o momento em que praza a Deus lhes proporcionar os meios de avançar. Se eles fazem o mal, é por despeito ao bem, do qual não podem ainda gozar.

CAPÍTULO 11
OS TRÊS REINOS

Os minerais e as plantas • Os animais e o homem • Metempsicose

OS MINERAIS E AS PLANTAS

585 – Que pensais da divisão da Natureza em três reinos, ou em duas classes: os seres orgânicos e os seres inorgânicos? Alguns fazem da espécie humana uma quarta classe. Qual dessas divisões é preferível?

– *São todas boas; isso depende do ponto de vista. Sob o aspecto material, não há senão seres orgânicos e seres inorgânicos; sob o ponto de vista moral há, evidentemente, quatro graus.*

Esses quatro graus têm, com efeito, caracteres nítidos, ainda que seus limites pareçam se confundir. A matéria inerte, que constitui o reino mineral, não tem nela senão uma força mecânica. As plantas, compostas de matéria inerte, são dotadas de vitalidade. Os animais, compostos de matéria inerte, dotados de vitalidade, têm, a mais, uma espécie de inteligência instintiva, limitada, com a consciência de sua existência e de sua individualidade. O homem, tendo tudo o que há nas plantas e nos animais, domina todas as outras classes por uma inteligência especial, indefinida, que lhe dá a consciência de seu futuro, a percepção das coisas extra-materiais e o conhecimento de Deus.

586 – As plantas têm a consciência de sua existência?

– *Não, elas não pensam; não têm senão a vida orgânica.*

587 – As plantas experimentam sensações? Sofrem quando são mutiladas?

– *As plantas recebem as impressões físicas que agem sobre a matéria, mas não têm percepções, e, por conseguinte, não têm o sentimento da dor.*

588 – A força que atrai as plantas umas para as outras é independente de sua vontade?

– *Sim, visto que não pensam. É uma força mecânica da matéria, que age sobre a matéria; elas não poderiam a isso se opor.*

589 – Certas plantas, tais como a sensitiva e a dionéia, por exemplo, têm movimentos que acusam uma grande sensibilidade e, em certos casos, uma espécie de vontade, como a última, cujos lóbulos apanham a mosca que vem pousar sobre ela para tirar seu suco, e a qual parece armar uma armadilha para em seguida a fazer morrer. Essas plantas são dotadas da faculdade de pensar? Elas têm uma vontade e formam uma classe intermediária entre a natureza vegetal e a natureza animal? São uma transição de uma para a outra?

– Tudo é transição na Natureza, pelo fato mesmo de que nada é semelhante e que, todavia, tudo se liga. As plantas não pensam e, por conseguinte, não têm vontade. A ostra que se abre e todos os zoófitos não pensam: não têm senão um instinto cego e natural.

O organismo humano nos oferece exemplos de movimentos análogos sem a participação da vontade, como nas funções digestivas e circulatórias. O piloro se contrai ao contato de certos corpos para lhes negar a passagem. Deve ser como na sensitiva, na qual os movimentos não implicam, de modo algum, na necessidade de uma percepção e ainda menos de uma vontade.

590 – Não há nas plantas, como nos animais, um instinto de conservação que as leve a procurar aquilo que lhes pode ser útil e a fugir daquilo que lhes pode prejudicar?

– Há, querendo-se, uma espécie de instinto: isso depende da extensão que se dá a essa palavra; mas é puramente mecânico. Quando, nas operações de química, observais dois corpos se reunirem, é que se agradam, quer dizer, há afinidade entre eles; não chamais a isso de instinto.

591 – Nos mundos superiores as plantas são, como os outros seres, de uma natureza mais perfeita?

– Tudo é mais perfeito, mas as plantas são sempre plantas, como os animais são sempre animais, e os homens sempre homens.

OS ANIMAIS E O HOMEM

592 – Se compararmos o homem e os animais, com respeito à inteligência, a linha demarcatória parece difícil de ser estabelecida, porque certos animais têm, a esse respeito, uma superioridade notória sobre certos homens. Essa linha demarcatória pode ser estabelecida de maneira precisa?

– Sobre esse ponto vossos filósofos não estão quase nada de acordo. Uns querem que o homem seja um animal, outros que o

animal seja um homem; estão todos errados. O homem é um ser à parte que se rebaixa, algumas vezes, muito baixo, ou que pode se elevar bem alto. Fisicamente o homem é como os animais e menos dotado, que muitos deles. A Natureza lhes deu tudo aquilo que o homem é obrigado a inventar com sua inteligência para suas necessidades e sua conservação. Seu corpo se destrói como o dos animais, é verdade, mas seu Espírito tem um destino que só ele pode compreender, porque só ele é completamente livre. Pobres homens, que vos rebaixais abaixo da brutalidade! Não sabeis vos distinguir? Reconhecei o homem pelo pensamento de Deus.

593 – Pode-se dizer que os animais não agem senão por instinto?

– Isso é ainda um sistema. É bem verdade que o instinto domina, na maioria dos animais, mas não vês que agem com uma vontade determinada? É da inteligência, mas ela é limitada.

Além do instinto, não se pode negar, a certos animais, atos combinados que denotam uma vontade de agir com sentido determinado e segundo as circunstâncias. Há, portanto, neles, uma espécie de inteligência, cujo exercício é mais exclusivamente concentrado sobre os meios de satisfazerem suas necessidades físicas e proverem à sua conservação. Entre eles, nenhuma criação, nenhuma melhora. Qualquer que seja a arte que admiremos em seus trabalhos, aquilo que faziam outrora o fazem hoje, nem melhor, nem pior, segundo formas e proporções constantes e invariáveis. O filhote, isolado dos demais da sua espécie, por isso, não deixa de construir seu ninho com o mesmo modelo, sem ter recebido ensinamento. Se alguns são suscetíveis de uma certa educação, seu desenvolvimento intelectual, sempre fechado em limites estreitos, é devido à ação do homem sobre uma natureza flexível, porque não há nenhum progresso que lhes seja próprio. Esse progresso é efêmero e puramente individual, porque o animal, entregue a si mesmo, não tarda a retornar para os limites estreitos traçados pela Natureza.

594 – Os animais têm uma linguagem?

– Se entendeis uma linguagem formada de palavras e de sílabas, não. Um meio de se comunicarem entre si, sim; eles se dizem muito mais coisas do que acreditais, mas sua linguagem é limitada, como suas ideias, às suas necessidades.

594.a – Há animais que não têm voz; esses parecem não ter linguagem?

– Eles se compreendem por outros meios. Vós outros, homens, não tendes senão a palavra para se comunicarem? E os mudos, que dizes deles? Os animais estando dotados da vida de relação, têm meios de se informarem e de exprimirem as sensações que experimentam. Crês que os peixes não se ouvem entre si? O homem

não tem, portanto, o privilégio exclusivo da linguagem; mas a dos animais é instintiva e limitada pelo círculo de suas necessidades e de suas ideias, enquanto que a do homem é perfectível e se presta a todas as concepções de sua inteligência.

Os peixes, com efeito, que emigram em massa, como as andorinhas que obedecem ao guia que as conduz, devem ter meios de se informarem, de se entenderem e de combinarem. Talvez por uma vista mais penetrante que lhes permita distinguirem os sinais que se fazem; pode ser também que a água seja um veículo que lhes transmita certas vibrações. Qualquer que seja, é incontestável que eles têm um meio de se entenderem, como todos os animais privados da voz e que fazem trabalhos em comum. Deve-se espantar, depois disso, que os Espíritos possam se comunicar entre si sem o socorro da palavra articulada? (282).

595 – Os animais têm o livre-arbítrio de seus atos?

– Eles não são simples máquinas como acreditais, mas sua liberdade de ação é limitada às suas necessidades e não pode se comparar à do homem. Sendo muito inferiores a ele, não têm os mesmos deveres. Sua liberdade está restrita aos atos da vida material.

596 – De onde provém a aptidão de certos animais para imitar a linguagem do homem, e por que essa aptidão se encontra antes nas aves que no macaco, por exemplo, cuja conformação tem mais analogia com a sua?

– Conformação particular dos órgãos da voz, secundado pelo instinto de imitação; o macaco imita os gestos e certas aves imitam a voz.

597 – Visto que os animais têm uma inteligência que lhes dá uma certa liberdade de ação, há neles um princípio independente da matéria?

– Sim, e que sobrevive ao corpo.

597.a – Esse princípio é uma alma semelhante à do homem?

– É também uma alma, se quiserdes; ***isso depende do sentido que se dá a essa palavra****; ela, porém, é inferior à do homem. Há entre a alma dos animais e a do homem tanta distância quanto entre a alma do homem e Deus.*

598 – A alma dos animais conserva, depois da morte, sua individualidade e a consciência de si mesma?

– Sua individualidade, sim, mas não a consciência do seu eu. A vida inteligente permanece no estado latente.

599 – A alma dos animais tem a escolha de se encarnar em um animal antes que em um outro?

– *Não, ela não tem o livre-arbítrio.*

600 – A alma do animal, sobrevivente ao corpo, está depois da morte em um estado errante como a do homem?

– *É uma espécie de erraticidade, visto que não está unida ao corpo, mas não é um Espírito errante. O Espírito errante é um ser que pensa e age por sua livre vontade, sendo a consiência de si mesmo seu atributo principal. A alma dos animais não tem a mesma faculdade; consciência de si mesmo é que é o atributo principal do Espírito. O Espírito do animal é classificado, depois da sua morte, pelos Espíritos que a isso compete, e quase imediatamente utilizado; não tendo tempo de se colocar em relação com outras criaturas.*

601 – Os animais seguem uma lei progressiva como os homens?

– *Sim, e é por isso que nos mundos superiores, onde os homens são mais avançados, os animais o são também, tendo meios de comunicação mais desenvolvidos. Mas eles são sempre inferiores e submissos ao homem; são para ele servidores inteligentes.*

Não há nisso nada de extraordinário. Imaginemos nossos animais, os mais inteligentes, o cão, o elefante, o cavalo com uma conformação apropriada aos trabalhos manuais: não poderiam fazer sob a direção do homem?

602 – Os animais progridem, como o homem, pelo fato de sua vontade ou pela força das coisas?

– *Pela força das coisas; por isso, para eles não há expiação.*

603 – Nos mundos superiores, os animais conhecem a Deus?

– *Não, o homem é um Deus para eles, como outrora os Espíritos foram Deuses para os homens.*

604 – Os animais, mesmo aperfeiçoados nos mundos superiores, sendo sempre inferiores ao homem, disso resultaria que Deus teria criado seres intelectuais perpetuamente votados à inferioridade, o que parece em desacordo com a unidade de vistas e de progresso que se distingue em todas suas obras.

– *Tudo se encadeia na Natureza por laços que não podeis ainda compreender, e as coisas, as mais díspares na aparência, têm pontos de contato que o homem não chegará jamais a compreender no seu estado atual. Ele pode entrevê-los por um esforço de sua inteligência, mas será apenas quando sua inteligência tiver adquirido todo o seu desenvolvimento e estiver isenta dos preconceitos do orgulho e da ignorância, que ele poderá ver claramente na obra de Deus; até lá, suas ideias limitadas o fazem ver as coisas de um ponto de vista mesquinho e restrito. Sabei bem que Deus não pode se contradizer e que tudo, na Natureza, se harmoniza por leis gerais que não se afastam jamais da sublime sabedoria do Criador.*

604.a – A inteligência é assim uma propriedade comum, um ponto de contato, entre a alma dos animais e a do homem?

– Sim, mas os animais não têm senão a inteligência da vida material; no homem, a inteligência dá a vida moral.

605 – Considerando-se todos os pontos de contato existentes entre o homem e os animais, não se poderia pensar que o homem possui duas almas: a alma animal e a alma espírita e que, se não tivesse esta última, ele poderia viver como o animal; em outras palavras, que o animal é um ser semelhante ao homem, menos a alma espírita? Não resultaria disso que os bons e os maus instintos do homem seriam efeitos da predominância de uma dessas duas almas?

– Não, o homem não tem duas almas, mas o corpo tem seus instintos que são o resultado da sensação dos órgãos. Não há nele senão uma dupla natureza: a natureza animal e a natureza espiritual; pelo seu corpo, ele participa da natureza dos animais e de seus instintos; por sua alma, ele participa da natureza dos Espíritos.

605.a – Assim, além das suas próprias imperfeições, das quais o Espírito deve se despojar, tem ainda que lutar contra a influência da matéria?

– Sim, quanto mais é ele inferior, mais os laços entre o Espírito e a matéria são apertados; não o vedes? Não, o homem não tem duas almas, a alma é sempre única em cada ser. A alma do animal e a do homem são distintas uma da outra, de tal sorte que a alma de um não pode animar o corpo criado para a outra. Mas se o homem não tem alma animal que, por suas paixões, o coloque ao nível dos animais, tem seu corpo que o rebaixa, frequentemente, até eles, porque seu corpo é um ser dotado de vitalidade que tem instintos, porém, ininteligentes e limitados ao cuidado de sua conservação.

O Espírito, encarnando-se no corpo do homem, traz-lhe o princípio intelectual e moral que o torna superior aos animais. As duas naturezas presentes no homem dão, às suas paixões, duas fontes diferentes: uma provém dos instintos da natureza animal, outra das impurezas do Espírito, do qual ele é a encarnação e que simpatiza mais ou menos com a grosseria dos apetites animais. O Espírito, em se purificando, liberta-se pouco a pouco da influência da matéria, sob essa influência ele se aproxima da brutalidade. Liberto dessa influência, ele se eleva à sua verdadeira destinação.

606 – Onde os animais tomam o princípio inteligente que constitui a espécie particular de alma, da qual eles são dotados?

– No elemento inteligente universal.

606.a – A inteligência do homem e a dos animais emanam, pois, de um princípio único?

– Sem nenhuma dúvida, mas no homem recebeu uma elaboração que o eleva acima daquele que anima o animal.

607 – Foi dito que a alma do homem, em sua origem, está no estado da infância na vida corporal, que sua inteligência apenas desabrocha e ensaia para a vida (190); onde o Espírito cumpre essa primeira fase?

– Numa série de existências que precedem o período a que chamais humanidade.

607.a – A alma pareceria, assim, ter sido o princípio inteligente dos seres inferiores da criação?

– Não dissemos que tudo se encadeia na Natureza e tende à unidade? É nesses seres, que estais longe de conhecer totalmente, que o princípio inteligente se elabora, se individualiza pouco a pouco e ensaia para a vida, como dissemos. É, de alguma sorte, um trabalho preparatório, como o da germinação, em seguida ao qual o princípio inteligente sofre uma transformação e se torna ***Espírito****. É, então, que começa para ele o período de humanidade, e, com ele, a consciência de seu futuro, a distinção do bem e do mal e a responsabilidade dos seus atos; como depois do período da infância vem o da adolescência, depois o da juventude e, enfim, a idade madura. Não há, de resto, nessa origem, nada que deva humilhar o homem. Os grandes gênios são humilhados por terem sido fetos informes no ventre de sua mãe? Se alguma coisa o deve humilhar, é a sua inferioridade diante de Deus, e sua impossibilidade de sondar a profundeza dos seus desígnios e a sabedoria das leis que regem a harmonia do Universo. Reconhecei a grandeza de Deus nessa harmonia admirável que torna tudo solidário na Natureza. Crer que Deus teria podido fazer alguma coisa sem objetivo e criado seres inteligentes sem futuro, seria blasfemar contra a sua bondade, que se estende sobre todas as suas criaturas.*

607.b – Esse período de humanização começa sobre a Terra?

– A Terra não é o ponto de partida da primeira encarnação humana; o período de humanização começa, em geral, em mundos ainda mais inferiores. Isso, entretanto, não é uma regra absoluta e poderá acontecer que um Espírito, desde seu começo humano, esteve apto a viver sobre a Terra. Esse caso não é frequente e seria antes uma exceção.

608 – O Espírito do homem, depois de sua morte, tem consciência das existências que lhe precederam o período de humanidade?

– Não, porque não é nesse período que começa para ele a vida de Espírito, e é mesmo difícil que se lembre de suas primeiras existências como homem, como o homem absolutamente não se lembra mais dos primeiros tempos de sua infância e ainda menos do tempo que passou no ventre de sua mãe. Por isso, os Espíritos nos dizem que não sabem como começaram. (78).

609 – O Espírito, uma vez entrado no período de humanidade, conserva os traços do que foi precedentemente, quer dizer, do estado em que esteve no período que se poderia chamar ante-humano?

– Depende da distância que separa os dois períodos e o progresso alcançado. Durante algumas gerações, ele pode ter um reflexo mais ou menos pronunciado do estado primitivo; porque nada na Natureza se faz por transição brusca. Há sempre anéis que ligam as extremidades das cadeias dos seres e dos acontecimentos; mas esses traços se apagam com o desenvolvimento do livre-arbítrio. Os primeiros progressos se cumprem lentamente, porque não estão ainda secundados pela vontade; eles seguem uma progressão mais rápida, à medida que o Espírito adquire uma consciência mais perfeita de si mesmo.

610. Os Espíritos que disseram que o homem é um ser à parte na ordem da criação, enganaram-se?

– Não, mas a questão não foi desenvolvida e, aliás, há coisas que não podem chegar senão em seu tempo. O homem é, com efeito, um ser à parte, porque ele tem faculdades que o distinguem de todos os outros e tem um outro destino. A espécie humana é aquela que Deus escolheu para a encarnação dos seres ***que o podem conhecer.***

METEMPSICOSE

611 – A comunidade de origem do princípio inteligente nos seres vivos não é a consagração da doutrina da metempsicose?

– Duas coisas podem ter uma mesma origem e não se assemelharem de nenhum modo mais tarde. Quem reconheceria a árvore, suas folhas, suas flores e seus frutos no germe informe contido na semente de onde ela saiu? Do momento em que o princípio inteligente atinge o grau necessário para ser Espírito e entrar no período de humanidade, ele não tem mais relação com seu estado primitivo e não é mais a alma dos animais, como a árvore não é a semente. No homem, não há mais do animal senão o corpo, e as paixões que nascem da influência do corpo e do instinto de conservação inerente à matéria. Não se pode, então, dizer que tal homem é a encarnação do Espírito de tal animal e, por conseguinte, a metempsicose, tal como é entendida, não é exata.

612 – O Espírito que animou o corpo de um homem poderia se encarnar num animal?

– Isso seria retrogradar e o Espírito não retrograda. O rio não remonta à sua fonte. (118).

613 – Totalmente errada que seja a ideia ligada à metempsicose, não seria ela o resultado do sentimento intuitivo das diferentes existências do homem?

– Esse sentimento intuitivo se encontra nessa crença como em muitas outras; mas, como na maioria das suas ideias intuitivas, o homem a desnaturou.

A metempsicose seria verdadeira se se entendesse por essa palavra a progressão da alma de um estado inferior para um estado superior, onde ela adquirisse desenvolvimentos que transformassem sua natureza; mas ela é falsa no sentido de transmigração direta do animal no homem e reciprocamente, o que implicaria a ideia de uma retrogradação ou fusão. Ora, essa fusão não podendo ocorrer entre os seres corpóreos das duas espécies, é um indício de que elas estão em graus não assimiláveis e que deve ocorrer o mesmo com os Espíritos que as animam. Se o mesmo Espírito as pudesse animar alternativamente, seguir-se-ia uma identidade de natureza, que se traduziria pela possibilidade da reprodução material.

A reencarnação ensinada pelos Espíritos está fundada, ao contrário, sobre a marcha ascendente da Natureza e sobre a progressão do homem na sua própria espécie, o que não tira nada da sua dignidade. O que o rebaixa, é o mau uso que ele faz das faculdades que Deus lhe deu para seu adiantamento. Qualquer que seja, a antiguidade e a universalidade da doutrina da metempsicose, e os homens eminentes que a professaram, provam que o princípio da reencarnação tem suas raízes na própria Natureza. Esses são, pois, antes argumentos a seu favor do que contrários.

O ponto de partida do Espírito é uma dessas questões que se prendem ao princípio das coisas e estão no segredo de Deus. Não é dado ao homem as conhecer de maneira absoluta, e ele não pode fazer, a esse respeito, senão suposições, construir sistemas mais ou menos prováveis. Os próprios Espíritos estão longe de conhecerem tudo; sobre o que eles não sabem, podem também ter opiniões pessoais mais ou menos sensatas.

É assim, por exemplo, que todos não pensam a mesma coisa com respeito às relações que existem entre o homem e os animais. Segundo alguns, o Espírito não alcança o período humano senão depois de ser elaborado e individualizado nos diferentes graus dos seres inferiores da criação. Segundo outros, o Espírito do homem teria sempre pertencido à raça humana, sem passar pela fieira animal.

O primeiro desses sistemas tem a vantagem de dar um objetivo ao futuro dos animais que formariam, assim, os primeiros elos da cadeia dos seres pensantes. O segundo está mais conforme com a dignidade do homem e pode se resumir como se segue:

As diferentes espécies de animais não procedem **intelectualmente** uma das outras pela via do progresso. Assim, o Espírito da ostra não se torna sucessivamente o do peixe, da ave, do quadrúpede e do quadrúmano. Cada espécie é um tipo **absoluto**, física e moralmente, haurindo cada indivíduo na fonte universal a quantidade do princípio inteligente que lhe é necessário, segundo a perfeição dos seus órgãos e a obra que deve cumprir nos fenômenos da Natureza, e que, em sua morte, torna à massa. Os dos mundos mais adiantados que o nosso (ver no 188) são igualmente raças distintas, apropriadas às necessidades desses mundos e ao grau de adiantamento dos homens, dos quais são auxiliares, mas que não procedem absolutamente dos da Terra, espiritualmente falando. Não ocorre o mesmo com o homem. Do ponto de vista físico, forma evidentemente um elo da cadeia dos seres vivos; mas do ponto de vista moral, entre o animal e o homem, há solução de continuidade. O homem possui em sua própria alma ou Espírito, centelha divina que lhe dá o senso moral e um valor intelectual que falta aos animais; é nele o ser principal, preexistente e sobrevivente ao corpo e que conserva a sua individualidade. Qual é a origem do Espírito? Onde está seu ponto de partida? Ele se forma do princípio inteligente individualizado? É isso um mistério que seria inútil procurar penetrar, e sobre o qual, como dissemos, não se pode senão construir sistemas. O que é constante e que resulta ao mesmo tempo do raciocínio e da experiência, é a sobrevivência do Espírito, a conservação da sua individualidade depois da morte, sua faculdade progressiva, seu estado feliz ou infeliz, proporcionais ao seu adiantamento no caminho do bem, e todas as verdades morais que são a consequência desse princípio. Quanto às relações misteriosas que existem entre o homem e os animais, repetimos, isso está nos segredos de Deus, como muitas outras coisas, cujo conhecimento **atual** não importa ao nosso adiantamento e sobre as quais seria inútil insistir.

LIVRO TERCEIRO

AS LEIS MORAIS

CAPÍTULO 1

A LEI DIVINA OU NATURAL

Caracteres da lei natural • Origem e conhecimento da lei natural • O bem e o mal • Divisão da lei natural

CARACTERES DA LEI NATURAL

614 – Que se deve entender por lei natural?

– A lei natural é a lei de Deus; é a única verdadeira para a felicidade do homem. Ela lhe indica o que deve fazer ou não fazer, e ele não é infeliz senão porque se afasta dela.

615 – A lei de Deus é eterna?

– Ela é eterna e imutável quanto o próprio Deus.

616 – Deus prescreveu aos homens, em uma época, o que lhe teria proibido em outra?

– Deus não pode se enganar, os homens é que são obrigados a mudarem suas leis, porque são imperfeitas. As leis de Deus são perfeitas. A harmonia que regula o universo material e o universo moral está fundada sobre as leis que Deus estabeleceu de toda a eternidade.

617 – Que objetivos abrangem as leis divinas? Concerne-lhes outra coisa que a conduta moral?

– Todas as leis da Natureza são leis divinas, porque Deus é o autor de todas as coisas. O sábio estuda as leis da matéria, o homem de bem estuda as da alma e as pratica.

617.a – É dado ao homem se aprofundar em ambas?

– *Sim, **mas uma só existência não é suficiente.***

Que são, com efeito, alguns anos para adquirir tudo o que constitui o ser perfeito, se não se considere mesmo senão a distância que separa o selvagem do homem civilizado? A mais longa existência possível é insuficiente e, com maior razão, quando ela é breve, como ocorre com um grande número.

Entre as leis divinas, umas regem o movimento e as relações da matéria bruta: são as leis físicas e seu estudo está no domínio da Ciência.

Outras, concernem especialmente ao homem, em si mesmo e em suas relações com Deus e com seus semelhantes. Elas compreendem as regras da vida do corpo, como também as da vida da alma: são as leis morais.

618 – As leis divinas são as mesmas para todos os mundos?

– *A razão diz que elas devem ser apropriadas à natureza de cada mundo e proporcionais ao grau de adiantamento dos seres que os habitam.*

CONHECIMENTO DA LEI NATURAL

619 – Deus deu a todos os homens os meios de conhecer sua lei?

– *Todos a podem conhecer, mas nem todos a compreendem. Os que a compreendem melhor são os homens de bem e aqueles que a querem procurar. Entretanto, todos a compreenderão um dia, porque é preciso que o progresso se cumpra.*

A justiça das diversas encarnações do homem é uma consequência desse princípio, visto que, a cada nova existência, sua inteligência está mais desenvolvida, e ele compreende melhor o que é o bem e o que é o mal. Se tudo devesse se cumprir para ele numa única existência, qual seria a sorte de tantos milhões de seres que morrem cada dia, no embrutecimento da selvageria ou nas trevas da ignorância, sem que tivesse dependido deles se esclarecerem? (171-222).

620 – A alma, antes da sua união com o corpo, compreende melhor a lei de Deus do que após sua encarnação?

– *Ela a compreende segundo o grau de perfeição que alcançou, e dela conserva, intuitivamente, a lembrança após sua união com o corpo; mas os maus instintos do homem a fazem esquecer.*

621 – Onde está escrita a lei de Deus?

– *Na consciência.*

621.a – Uma vez que o homem carrega na sua consciência a lei de Deus, que necessidade haveria de a revelar?

– Ele a esquecera e menosprezara: Deus quis que ela lhe fosse lembrada.

622 – Deus deu a certos homens a missão de revelar sua lei?

– Sim, certamente. Em todos os tempos, homens receberam essa missão. São os Espíritos superiores encarnados com o objetivo de fazer a Humanidade avançar.

623 – Os que pretenderam instruir os homens na lei de Deus não estavam algumas vezes enganados e, frequentemente, não os extraviaram pelos falsos princípios?

– Aqueles que não estando inspirados por Deus e que se deram, por ambição, uma missão que não tinham, certamente, puderam transviá-los. Entretanto, como, em definitivo, eram homens de gênio, no meio mesmo dos erros que eles ensinaram, frequentemente, encontram-se grandes verdades.

624 – Qual é o caráter do verdadeiro profeta?

– O verdadeiro profeta é um homem de bem inspirado por Deus. Pode-se reconhecê-lo por suas palavras e por suas ações. Deus não pode se servir da boca do mentiroso para ensinar a verdade.

625 – Qual é o tipo mais perfeito que Deus ofereceu ao homem para lhe servir de guia e de modelo?

– Vede Jesus.

Jesus é para o homem o modelo da perfeição moral que a Humanidade pode pretender sobre a Terra. Deus no-lo oferece como o mais perfeito modelo e a doutrina que ensinou é a mais pura expressão da sua lei, porque ele estava animado do Espírito divino e foi o ser mais puro que apareceu sobre a Terra.

Se alguns daqueles que pretenderam instruir o homem na lei de Deus, algumas vezes, extraviaram-na pelos falsos princípios, foi por se deixarem dominar, eles mesmos, por sentimentos muito terrestres e por terem confundido as leis que regem as condições da vida da alma com aquelas que regem a vida do corpo. Vários deram como leis divinas o que não eram senão leis humanas, criadas para servir às paixões e dominar os homens.

626 – As leis divinas e naturais, não foram reveladas aos homens senão por Jesus, e antes dele, delas não tinham conhecimento senão por intuição?

– Não dissemos que elas estão escritas por toda parte? Todos os homens que meditaram sobre a sabedoria puderam, pois, compreendê-las e as ensinaram desde os séculos mais remotos. Pelos seus ensinamentos, mesmo incompletos, eles prepararam

o terreno para receber a semente. As leis divinas, estando escritas no livro da Natureza, o homem pôde conhecê-las quando as quis procurar; é por isso que os preceitos que elas consagram foram proclamados em todos os tempos pelos homens de bem e é por isso, também, que se encontram seus elementos na doutrina moral de todos os povos saídos da barbárie, embora incompletos ou alterados pela ignorância e a superstição.

627 – Uma vez que Jesus ensinou as verdadeiras leis de Deus, qual é a utilidade do ensino dado pelos Espíritos? Têm a nos ensinar alguma coisa a mais?

– A palavra de Jesus era frequentemente alegórica e em parábolas, porque falava segundo os tempos e os lugares. É necessário agora que a verdade seja inteligível para todo o mundo. É preciso bem explicar e desenvolver essas leis, uma vez que há tão poucas pessoas que as compreendem e ainda menos que as praticam. Nossa missão é impressionar os olhos e os ouvidos para confundir os orgulhosos e desmascarar os hipócritas: aqueles que tomam as aparências da virtude e da religião para ocultarem suas torpezas. O ensino dos Espíritos deve ser claro e inequívoco, a fim de que ninguém possa pretextar ignorância, e cada um possa julgá-lo e o apreciar com sua razão. Estamos encarregados de preparar o reino do bem anunciado por Jesus; por isso, não é preciso que cada um interprete a lei de Deus ao capricho de suas paixões, nem falseie o sentido de uma lei toda de amor e de caridade.

628 – Por que a verdade não foi sempre colocada ao alcance de todo mundo?

– É preciso que cada coisa venha a seu tempo. A verdade é como a luz: é preciso nos habituar a ela, pouco a pouco, de outra forma ela nos ofusca.

– Jamais ocorreu que Deus permitisse ao homem receber comunicações tão completas e tão instrutivas como as que lhe é dado receber hoje. Havia, como o sabeis, na antiguidade, alguns indivíduos possuidores do que consideravam uma ciência sacra, e da qual faziam mistério aos profanos, segundo eles. Deveis compreender, com o que conheceis das leis que regem esses fenômenos, que eles não recebiam senão algumas verdades esparsas no meio de um conjunto equívoco e a maior parte do tempo simbólico. Entretanto, não há para o homem de estudo, nenhum sistema filosófico antigo, nenhuma tradição, nenhuma religião a negligenciar, porque tudo contém os germes de grandes verdades que, ainda que pareçam contraditórias umas com as outras, esparsas que estão no meio de acessórios sem fundamentos, são muito

fáceis de coordenar, graças à chave que vos dá o Espiritismo para uma multidão de coisas que puderam, até aqui, vos parecer sem razão, e da qual, hoje, a realidade vos é demonstrada de maneira irrecusável. Não negligencieis, portanto, de haurir objetos de estudos nesses materiais; eles são muito ricos e podem contribuir poderosamente para a vossa instrução.

O BEM E O MAL

629 – Que definição se pode dar da moral?

– A moral é a regra para se conduzir bem, quer dizer, a distinção entre o bem e o mal. Ela se funda sobre a observação da lei de Deus. O homem se conduz bem quando faz tudo em vista e para o bem de todos, porque, então, ele observa a lei de Deus.

630 – Como se pode distinguir o bem e o mal?

– O bem é tudo aquilo que está conforme a lei de Deus, e o mal tudo aquilo que dela se afasta. Assim, fazer o bem é se conformar com a lei de Deus e fazer o mal é infringir essa lei.

631 – O homem, por si mesmo, tem os meios para distinguir o que é bem do que é mal?

– Sim, quando ele crê em Deus e o quer saber. Deus lhe deu a inteligência para discernir um do outro.

632 – O homem, que está sujeito a erros, não pode se enganar na apreciação do bem e do mal, e crer que faz o bem quando, na realidade, faz o mal?

– Jesus vos disse: vede o que quereríeis que se fizesse ou não se fizesse para vós: tudo está nisso. Não vos enganareis.

633 – A regra do bem e do mal, que se poderia chamar de *reciprocidade* ou de *solidariedade*, não pode se aplicar à conduta pessoal do homem para consigo mesmo. Encontra ele na lei natural a regra dessa conduta e um guia seguro?

– Quando comeis muito, isso vos faz mal. Pois bem! é Deus que vos dá a medida do que vos é necessário. Quando a ultrapassais, sois punidos. É o mesmo em tudo. A lei natural traça ao homem o limite de suas necessidades; quando ele a ultrapassa, é punido pelo sofrimento. Se o homem escutasse, em todas as coisas, essa voz que diz basta, evitaria a maior parte dos males, dos quais acusa a Natureza.

634 – Por que o mal está na natureza das coisas? Eu falo do mal moral. Deus não poderia criar a Humanidade em melhores condições?

– Já te dissemos: os Espíritos foram criados simples e ignorantes (115). Deus deixa ao homem a escolha do caminho; tanto pior para ele, se toma o mau: sua peregrinação será mais longa. Se não houvessem montanhas, o homem não poderia compreender que se pode subir e descer, e se não houvesse rochedos, ele não compreenderia que há corpos duros. É preciso que o Espírito adquira experiência e, para isso, é preciso que ele conheça o bem e o mal; por isso, há a união do Espírito e do corpo. (119).

635 – As diferentes posições sociais criam necessidades novas, que não são as mesmas para todos os homens. A lei natural parece, assim, não ser uma regra uniforme?

– Essas diferentes posições estão na Natureza e segundo a lei do progresso. Isso não impede a unidade da lei natural que a tudo se aplica.

As condições de existência do homem mudam segundo os tempos e os lugares; disso resulta, para ele, necessidades diferentes e posições sociais apropriadas a essas necessidades. Uma vez que essa diversidade está na ordem das coisas, ela está conforme a lei de Deus, e essa lei não é menos una em seu princípio. Cabe à razão distinguir as necessidades reais das necessidades artificiais ou de convenção.

636 – O bem e o mal são absolutos para todos os homens?

– A lei de Deus é a mesma para todos; mas o mal depende, sobretudo, da vontade que se tem de fazê-lo. O bem é sempre bem e o mal sempre mal, qualquer que seja a posição do homem. A diferença está no grau de responsabilidade.

637 – O selvagem que cede aos seus instintos e se nutre de carne humana, é culpável?

– Eu disse que o mal depende da vontade; pois bem! o homem é mais culpável, à medida que sabe melhor o que faz.

As circunstâncias dão, ao bem e ao mal, uma gravidade relativa. O homem, frequentemente, comete faltas que, por serem a consequência da posição em que a sociedade o colocou, não são menos repreensíveis; mas a responsabilidade está em razão dos meios que ele tem de compreender o bem e o mal. É assim que o homem esclarecido que comete uma simples injustiça é mais culpável aos olhos de Deus do que o selvagem ignorante, que se abandona aos seus instintos.

638 – O mal parece, algumas vezes, ser uma consequência da força das coisas. Tal é, por exemplo, em certos casos, a necessidade de destruição, mesmo sobre seu semelhante. Pode-se dizer, então, que há subversão à lei de Deus?

– Isso não é menos o mal, embora necessário; mas essa necessidade desaparece à medida que a alma se depura, passando

de uma existência a outra; e então o homem não é senão mais culpável quando o comete, porque ele o compreende melhor.

639 – O mal que se comete, frequentemente, não é o resultado da posição que nos deram os outros homens? Nesse caso, quais são os mais culpáveis?

– O mal recai sobre aquele que lhe é causa. Assim, o homem que é conduzido ao mal pela posição que lhe é dada pelos seus semelhantes, é menos culpável que aqueles que lhe são a causa, porque cada um carregará a pena, não somente do mal que haja feito, mas do que haja provocado.

640 – Aquele que não faz o mal, mas que aproveita do mal feito por outro, é culpável no mesmo grau?

– É como se o cometesse; aproveitar dele é participar. Talvez tivesse recuado diante da ação; mas se a encontrando pronta ele a usa, é, pois, que a aprova e que o teria feito, ele mesmo, se pudesse, ***ou se ousasse****.*

641 – O desejo do mal é tão repreensível quanto o próprio mal?

– Conforme; há virtude em resistir voluntariamente ao mal do qual se sente o desejo, sobretudo quando se tem a possibilidade de satisfazer esse desejo; se o que falta é apenas a ocasião, então é culpável.

642 – Bastará não fazer o mal para ser agradável a Deus e assegurar sua posição futura?

– Não, é preciso fazer o bem no limite de suas forças; porque cada um responderá por todo mal que houver sido feito ***por causa do bem que não haja feito.***

643 – Há pessoas que, pela sua posição, não tenham a possibilidade de fazer o bem?

– Não há ninguém que não possa fazer o bem; só o egoísta não encontra jamais a ocasião. Basta estar em relação com outros homens para encontrar ocasião de fazer o bem, e cada dia da vida dele dá a possibilidade a qualquer que não esteja cego pelo egoísmo; porque fazer o bem não é só ser caridoso, mas ser útil na medida de vosso poder, todas as vezes que vosso concurso pode ser necessário.

644 – O meio no qual certos homens se encontram colocados, não é para eles a fonte primeira de muitos vícios e crimes?

– Sim, mas isso ainda é uma prova escolhida pelo Espírito, no estado de liberdade; ele quis se expor à tentação para ter o mérito da resistência.

645 – Quando o homem está, de alguma forma, mergulhado na atmosfera do vício, o mal não se torna para ele um arrastamento quase irresistível?

– *Arrastamento, sim; irresistível, não; porque no meio dessa atmosfera de vício encontras, algumas vezes, grandes virtudes. Esses são Espíritos que tiveram força para resistir e que tiveram, ao mesmo tempo, por missão exercer uma boa influência sobre seus semelhantes.*

646 – O mérito do bem que se fez está subordinado a certas condições; dito de outro modo, há diferentes graus no mérito do bem?

– *O mérito do bem está na dificuldade; não há mérito em fazer o bem sem trabalho, e quando nada custa. Deus tem mais em conta o pobre que reparte seu único pedaço de pão, do que o rico que não dá senão seu supérfluo. Jesus o disse a propósito do óbolo da viúva.*

DIVISÃO DA LEI NATURAL

647 – Toda a lei de Deus está contida na máxima de amor ao próximo ensinada por Jesus?

– *Certamente, essa máxima encerra todos os deveres dos homens entre si. Mas é preciso lhes mostrar a aplicação, de outra forma eles a negligenciarão, como o fazem hoje; aliás, a lei natural compreende todas as circunstâncias da vida, e essa máxima não é dela senão uma parte. Os homens necessitam de regras precisas, pois os preceitos gerais e muito vagos deixam muitas portas abertas à interpretação.*

648 – Que pensais da divisão da lei natural em dez partes, compreendendo as leis *sobre a adoração, o trabalho, a reprodução, a conservação, a destruição, a sociedade, o progresso, a igualdade, a liberdade*, enfim, *a de justiça, de amor e de caridade*?

– *Essa divisão da lei de Deus em dez partes é a de Moisés, e pode abranger todas as circunstâncias da vida, o que é essencial. Podes, pois, seguí-la, sem que ela tenha por isso nada de absoluto, não mais que todos os outros sistemas de classificação que dependem do ponto de vista sob o qual se considera uma coisa. A última lei é a mais importante: é por ela que o homem pode avançar mais na vida espiritual, porque ela as resume todas.*

CAPÍTULO 2

I. LEI DE ADORAÇÃO

Objetivo da adoração • Adoração exterior • Vida contemplativa • Da prece • Politeísmo • Sacrifícios

OBJETIVO DA ADORAÇÃO

649 – Em que consiste a adoração?

– É a elevação do pensamento a Deus. Pela adoração sua alma se aproxima dele.

650 – A adoração é o resultado de um sentimento inato ou o produto de um ensino?

– Sentimento inato como o da Divindade. A consciência de sua fraqueza leva o homem a se curvar diante daquele que o pode proteger.

651 – Houve povos desprovidos de todo sentimento de adoração?

– Não, porque não há, jamais houve, povos ateus. Todos compreendem que há acima deles um ser supremo.

652 – Pode-se considerar a adoração como tendo sua origem na lei natural?

– Ela está na lei natural, uma vez que é o resultado de um sentimento inato no homem. Por isso, ela se encontra em todos os povos, ainda que sob formas diferentes.

ADORAÇÃO EXTERIOR

653 – A adoração tem necessidade de manifestações exteriores?

– A verdadeira adoração está no coração. Em todas as vossas ações, imaginai sempre que um senhor vos observa.

653.a – A adoração exterior é útil?

– Sim, se não for uma vã simulação. É sempre útil dar um bom exemplo; mas aqueles que a fazem apenas por afetação e amor-próprio, e cuja conduta desmente sua piedade aparente, dão um exemplo antes mau do que bom, e fazem mais mal do que pensam.

654 – Deus dá preferência àqueles que o adoram de tal ou tal maneira?

– Deus prefere aqueles que o adoram do fundo do coração, com sinceridade, fazendo o bem e evitando o mal, àqueles que o creem honrar por meio de cerimônias que não os tornam melhores para seus semelhantes.

Todos os homens são irmãos e filhos de Deus. Ele chama para si todos aqueles que seguem suas leis, qualquer que seja a forma sob a qual se exprimem.

Aquele que não tem senão a piedade exterior é um hipócrita; aquele em que a adoração não é senão uma afetação, e em contradição com sua conduta, dá um mau exemplo.

Aquele que faz profissão de adorar o Cristo e que é orgulhoso, invejoso e ciumento, que é duro e implacável com os outros, ou ambicioso dos bens desse mundo, eu vos digo que a religião está sobre seus lábios e não no coração. Deus, que tudo vê, dirá: este que conheceu a verdade é cem vezes mais culpável do mal que fez, do que o ignorante selvagem do deserto, e assim será tratado, em consequência, no dia da justiça. Se um cego, ao passar, vos derruba, vós o excusais; se é um homem que vê claramente, vós vos queixais e tendes razão.

Não pergunteis, pois, se há uma forma de adoração mais conveniente, porque isso seria perguntar se é mais agradável a Deus ser adorado em um idioma que em outro. Eu vos digo, ainda uma vez: os cânticos não chegam a ele, senão pela porta do coração.

655 – É repreensível praticar uma religião à qual não se crê no fundo de sua alma, quando se faz isso por respeito humano, e para não escandalizar aqueles que pensam de outro modo?

– A intenção, nisso como em muitas outras coisas, é a regra. Aquele que não tem em vista senão o respeito às crenças alheias, não faz mal. Ele faz melhor do que aquele que as ridicularizasse, porque faltaria à caridade. Mas aquele que a pratica por interesse e por ambição é desprezível aos olhos de Deus e dos homens. Deus não pode ter por agradáveis aqueles que não aparentam se humilhar diante dele senão para atrair a aprovação dos homens.

656 – A adoração em comum é preferível à adoração individual?

– Os homens reunidos por uma comunhão de pensamentos e de sentimentos têm mais força para chamarem para si os bons Espíritos. Ocorre o mesmo quando eles se reúnem para adorar a Deus. Mas não acrediteis, por isso, que a adoração particular seja menos boa, porque cada um pode adorar a Deus pensando nele.

VIDA CONTEMPLATIVA

657 – Os homens que se abandonam à vida contemplativa, não fazendo nenhum mal e não pensando senão em Deus, têm um mérito aos seus olhos?

– Não, porque se eles não fazem o mal, não fazem o bem e são inúteis; aliás, não fazer o bem já é um mal. Deus quer que se pense nele, mas não quer que se pense apenas nele, visto que deu ao homem deveres a cumprir sobre a Terra. Aquele que se consome na meditação e na contemplação não faz nada de meritório aos olhos de Deus, uma vez que sua vida é toda pessoal e inútil à Humanidade, e Deus lhe pedirá contas do bem que não haja feito. (640).

DA PRECE

658 – A prece é agradável a Deus?

– A prece é sempre agradável a Deus quando é ditada pelo coração, porque a intenção é tudo para ele, e a prece do coração é preferível à que se pode ler, por bela que seja, se a lês mais com os lábios que com o pensamento. A prece é agradável a Deus quando ela é dita com fé, fervor e sinceridade. Mas não creais que ele seja tocado pela do homem fútil, orgulhoso e egoísta, a menos que isso seja, de sua parte, um ato de sincero arrependimento e de verdadeira humildade.

659 – Qual é o caráter geral da prece?

– A prece é um ato de adoração. Orar a Deus é pensar nele, é se aproximar dele e colocar-se em comunicação com ele. Pela prece se pode propor três coisas: louvar, pedir e agradecer.

660 – A prece torna o homem melhor?

– Sim, porque aquele que ora com fervor e confiança é mais forte contra as tentações do mal, e Deus lhe envia os bons Espíritos para o assistir. É um socorro que não é jamais recusado, quando pedido com sinceridade.

660.a – Como ocorre que certas pessoas que oram muito sejam, apesar disso, de um caráter muito mau, invejosas, ciumentas, coléricas, carentes de benevolência e indulgência, que elas sejam mesmo algumas vezes viciosas?

– O essencial não é orar muito, mas orar bem. Essas pessoas creem que todo o mérito está na extensão da prece, e fecham os olhos sobre seus próprios defeitos. A prece, para elas, é uma ocupação, um emprego de tempo, mas não ***um estudo delas mesmas****. Não é o remédio que é ineficaz, mas a maneira como é empregado.*

661 – Pode-se utilmente pedir a Deus que nos perdoe nossas faltas?

– Deus sabe discernir o bem e o mal; a prece não oculta as faltas. Aquele que pede a Deus o perdão de suas faltas não o obtém senão mudando de conduta. As boas ações são as melhores preces, porque os atos valem mais que as palavras.

662 – Pode-se orar utilmente por outrem?

– O Espírito que ora age por sua vontade de fazer o bem. Pela prece, ele atrai para si os bons Espíritos que se associam ao bem que quer fazer.

Possuímos, em nós mesmos, pelo pensamento e a vontade, um poder de ação que se estende muito além dos limites da nossa esfera corporal. A prece por outro é um ato dessa vontade. Se ela é ardente e sincera, pode chamar em sua ajuda os bons Espíritos, a fim de lhe sugerir bons pensamentos e lhe dar a força do corpo e da alma de que necessita. Mas aí ainda a prece do coração é tudo, a dos lábios não é nada.

663 – As preces que fazemos por nós mesmos podem mudar a natureza de nossas provas e lhes desviar o curso?

– Vossas provas estão entre as mãos de Deus e há as que devem ser suportadas até o fim, mas então, Deus tem sempre em conta a resignação. A prece chama para vós os bons Espíritos, que vos dão a força de suportá-las com coragem, e elas vos parecem menos duras. Já o dissemos, a prece não é jamais inútil, quando ela é bem feita, porque ela dá a força e é já um grande resultado. Ajuda-te, e o Céu te ajudará, sabes isso. Aliás, Deus não pode mudar a ordem da Natureza ao capricho de cada um, porque aquilo que é um grande mal sob o vosso ponto de vista mesquinho e a vossa vida efêmera, é, frequentemente, um grande bem na ordem geral do Universo. Depois, quantos males não há de que o homem é o próprio autor por sua imprevidência ou por suas faltas! Ele é punido pelo que pecou. Entretanto, os pedidos justos são mais

frequentemente atendidos, como não pensais. Credes que Deus não vos tem escutado porque ele não fez um milagre por vós, enquanto ele vos assiste por meios tão naturais que vos parecem o efeito do acaso ou da força das coisas. Frequentemente mesmo, ele vos suscita o pensamento necessário para vós mesmos vos tirar do embaraço.

664 – É útil orar pelos mortos e pelos Espíritos sofredores e, nesse caso, como nossas preces podem lhes proporcionar alívio e abreviar seus sofrimentos? Têm elas o poder de dobrar a justiça de Deus?

– *A prece não pode ter por efeito mudar os desígnios de Deus, mas a alma pela qual se ora experimenta alívio, porque é um testemunho de interesse que se lhe dá, e o infeliz é sempre aliviado quando encontra almas caridosas que se compadecem de suas dores. Por outro lado, pela prece, provoca-se o arrependimento e o desejo de fazer o que for preciso para ser feliz. É nesse sentido que se pode abreviar sua pena, se por seu turno ele ajuda com sua boa vontade. Esse desejo de se melhorar, excitado pela prece, atrai, antes de Espíritos sofredores, Espíritos melhores que o vêm esclarecer, consolá-lo e lhe dar a esperança. Jesus orou pelas ovelhas desgarradas, mostrando-vos, com isso, que seríeis culpados não o fazendo por aqueles que têm mais necessidade.*

665 – Que pensar da opinião que rejeita a prece pelos mortos em razão de não estar prescrita no Evangelho?

– *O Cristo disse aos homens: "Amai-vos uns aos outros". Essa recomendação encerra a de empregar todos os meios possíveis de seu testemunho de afeição, sem entrar com isso em nenhum detalhe sobre a maneira de alcançar esse objetivo. Se é verdade que nada pode desviar o Criador de aplicar a justiça, da qual ele é o tipo, a todas as ações do Espírito, não é menos verdadeiro que a prece, que lhe endereçais por aquele que vos inspira afeição, é para ele um testemunho de lembrança, que não pode senão contribuir para aliviar seus sofrimentos e o consolar. Desde que ele testemunha o menor arrependimento, e então* ***somente****, é socorrido. Mas isso não o deixa jamais ignorar que uma alma simpática se ocupou dele, e lhe deixa o doce pensamento de que sua intercessão lhe foi útil. Disso resulta, necessariamente, de sua parte, um sentimento de reconhecimento e de afeição por aquele que lhe deu essa prova de amizade ou de piedade. Por conseguinte, o amor que o Cristo recomendou aos homens não faz senão aproximá-los entre si. Portanto, os dois obedeceram à lei de amor e união de todos os* *seres, lei divina que deve conduzir à unidade, objetivo e finalidade do Espírito.*[1]

666 – Pode-se orar aos Espíritos?

– Pode-se orar aos bons Espíritos como sendo os mensageiros de Deus e os executores de suas vontades; mas seu poder está em razão de sua superioridade e depende sempre do senhor de todas as coisas, sem cuja permissão nada se faz. Por isso, as preces que se lhes endereça não são eficazes, se não são agradáveis a Deus.

POLITEÍSMO

667 – Por que o politeísmo é uma das crenças mais antigas e mais divulgadas, uma vez que é falsa?

– O pensamento de um Deus único não poderia ser, no homem, senão o resultado do desenvolvimento de suas ideias. Incapaz, em sua ignorância, de conceber um ser imaterial, sem forma determinada, agindo sobre a matéria, deu-lhe os atributos da natureza corporal, quer dizer, uma forma e uma aparência e, desde então, tudo que lhe parecia ultrapassar as proporções da inteligência vulgar era para ele uma divindade. Tudo o que não compreendia, devia ser obra de uma força sobrenatural, e daí a crença em tantas potências distintas, da qual via os efeitos, não havia senão um passo. Mas, em todos os tempos, houve homens esclarecidos que compreenderam a impossibilidade dessa multidão de poderes para governar o mundo sem uma direção superior, e se elevaram ao pensamento de um Deus único.

668 – Os fenômenos espíritas, tendo se produzido em todos os tempos e sendo conhecidos desde as primeiras idades do mundo, não fizeram crer na pluralidade dos Deuses?

– Sem dúvida, porque os homens chamando **deus** *tudo o que era sobre-humano, os Espíritos eram Deuses para eles e é por isso que, quando um homem se distinguia entre todos os outros por suas ações, seu gênio ou por um poder oculto, incompreendido pelo vulgo, faziam-no um Deus e se lhe rendia um culto depois de sua morte. (603).*

A palavra **deus**, entre os Antigos, tinha uma acepção muito extensa; não era, como em nossos dias, uma personificação do senhor da Natureza; era uma qualificação genérica dada a todo ser colocado fora das condições de humanidade. Ora, as manifestações espíritas lhes revelando a

---

[1] Resposta dada pelo Espírito de M. Monot, pastor protestante de Paris, falecido em abril de 1856. A resposta precedente, nº 664, é do Espírito de São Luís.

existência de seres incorpóreos agindo como potência da Natureza, eles os chamaram **deuses**, como nós os chamamos **Espíritos**, é uma simples questão de palavras, com a diferença de que, na sua ignorância, mantida de propósito por aqueles que nisso tinham interesse, eles lhes elevaram templos e altares muito lucrativos, enquanto que, para nós, eles são simples criaturas como nós, mais ou menos perfeitas e despojadas do seu envoltório terrestre. Se se estuda com cuidado os diversos atributos das divindades pagãs, reconhecem-se, sem dificuldade, nelas todos os atributos dos nossos Espíritos, em todos os graus da escala espírita, seu estado físico nos mundos superiores, todas as propriedades do perispírito e o papel que eles desempenham nas coisas da Terra.

O Cristianismo, vindo clarear o mundo com sua luz divina, não podia destruir uma coisa que está na Natureza, mas orientou a adoração para aquele a quem ela cabia. Quanto aos Espíritos, sua lembrança está perpetuada sob diversos nomes, segundo os povos e suas manifestações, que não cessaram jamais, foram diversamente interpretadas e, frequentemente, exploradas sob o domínio do mistério. Enquanto que a religião aí viu fenômenos miraculosos, os incrédulos viram embustes. Hoje, graças a estudos mais sérios, feitos com mais luz, o Espiritismo, liberto de ideias supersticiosas que o obscureceram através dos séculos, nos revela um dos maiores e mais sublimes princípios da Natureza.

SACRIFÍCIOS

669 – O uso de sacrifícios humanos remonta à mais alta antiguidade. Como o homem pôde ser levado a crer que semelhantes coisas pudessem ser agradáveis a Deus?

– *Primeiro, porque eles não compreendiam Deus como sendo a fonte da bondade. Entre os povos primitivos, a matéria se impõe sobre o Espírito; eles se abandonam aos instintos da brutalidade e é por isso que são geralmente cruéis, porque o senso moral não está ainda desenvolvido neles. Depois, os homens primitivos deviam crer naturalmente que uma criatura animada tinha muito mais valor aos olhos de Deus que um corpo material. Foi isso que os levou a imolar primeiro os animais, e mais tarde os homens, visto que, segundo sua crença falsa, eles pensavam que o valor do sacrifício estava em relação com a importância da vítima. Na vida material, tal como a praticais geralmente, se ofereceis um presente a alguém, o escolheis sempre de um valor tanto maior quanto quereis testemunhar mais amizade e consideração à pessoa. Devia ocorrer o mesmo com os homens ignorantes, em relação a Deus.*

669.a – Assim os sacrifícios de animais precederam os sacrifícios humanos?

– *Não há dúvida quanto a isso.*

669.b – Segundo essa explicação, os sacrifícios humanos não teriam sua fonte num sentimento de crueldade?

– Não, mas de uma ideia falsa de ser agradável a Deus. Vede Abrãao. Depois, os homens deles abusaram imolando seus inimigos, mesmo seus inimigos particulares. De resto, Deus não exigiu jamais sacrifícios, não mais de animais que de homens; ele não pode ser honrado pela destruição inútil de sua própria criatura.

670 – Os sacrifícios humanos, feitos com uma intenção piedosa, foram, alguma vez, agradáveis a Deus?

– Não, jamais; mas Deus julga a intenção. Os homens, sendo ignorantes, poderiam crer que faziam um ato louvável imolando um de seus semelhantes. Nesse caso, a Deus não interessava senão o pensamento, e não o fato. Melhorando-se, os homens deviam reconhecer seus erros, e reprovar esses sacrifícios que não deviam mais entrar na ideia de Espíritos esclarecidos; eu digo esclarecidos porque os Espíritos estavam, então, envolvidos por um véu material; mas, pelo livre-arbítrio, eles poderiam ter uma percepção de sua origem e de seu fim, e muitos compreendiam já, por intuição, o mal que faziam, embora não o fizessem menos para satisfazerem suas paixões.

671 – Que devemos pensar das guerras santas? O sentimento que leva os povos fanáticos a exterminarem o mais possível, para serem agradáveis a Deus, aqueles que não compartilham de suas crenças, pareceria ter a mesma origem que aquele que os excitava outrora ao sacrifício dos seus semelhantes?

– Eles são levados pelos maus Espíritos, e guerreando com seus semelhantes vão contra a vontade de Deus que disse que se deve amar seu irmão como a si mesmo. Todas as religiões, ou antes, todos os povos, adoram um mesmo Deus, tenha ele um nome ou tenha outro, por que lhes fazer uma guerra de extermínio, porque sua religião é diferente ou não alcançou ainda o progresso dos povos esclarecidos? Os povos são excusáveis de não crerem na palavra daquele que estava animado pelo Espírito de Deus, e enviado por ele, sobretudo quando não viram e não testemunharam seus atos; como quereis que eles creiam nessa palavra de paz quando ides a dar de espada em punho? Eles devem se esclarecer e devemos procurar lhes fazer conhecer sua doutrina pela persuasão e pela doçura, e não pela força e pelo sangue. Na maioria das vezes, não acreditais nas comunicações que temos com certos mortais, por que quereríeis que estranhos vos cressem sob palavra, quando vossos atos desmentem a doutrina que pregais?

672 – A oferenda que se faz a Deus de frutos da terra, tem mais mérito aos seus olhos que o sacrifício de animais?

– Eu já vos respondi dizendo que Deus julgava a intenção e que o fato tinha pouca importância para ele. Seria, evidentemente, mais agradável a Deus ver oferecer os frutos da terra que o sangue das vítimas. Como já vo-lo dissemos, e o repetimos sempre, a prece dita do fundo do coração é cem vezes mais agradável a Deus que todas as oferendas que poderíeis lhe fazer. Repito que a intenção é tudo e o fato nada.

673 – Não seria um meio de tornar essas oferendas mais agradáveis a Deus as consagrando ao alívio daqueles a quem falta o necessário e, nesse caso, o sacrifício dos animais, feito com um fim útil, não seria meritório, embora tivesse sido abusivo quando não servia para nada, ou não aproveitava senão às pessoas que de nada precisavam? Não teria alguma coisa de verdadeiramente piedosa se consagrar aos pobres as premissas dos bens que Deus nos concedeu sobre a Terra?

– Deus abençoa sempre aqueles que fazem o bem; aliviar os pobres e os aflitos é o melhor meio de o honrar. Não digo com isso que Deus desaprova as cerimônias que fazeis para lhe pedir, mas há muito dinheiro que poderia ser empregado mais utilmente e não o é. Deus ama a simplicidade em todas as coisas. O homem que se liga às coisas exteriores e não ao coração, é um Espírito de vistas estreitas; julgai se Deus deve se interessar mais pela forma que pelo fundo.

CAPÍTULO 3

II. LEI DO TRABALHO

Necessidade do trabalho • Limite do trabalho. Repouso

NECESSIDADE DO TRABALHO

674 – A necessidade do trabalho é uma lei da Natureza?

– *O trabalho é uma lei natural, por isso mesmo é uma necessidade, e a civilização obriga o homem a trabalhar mais porque aumenta suas necessidades e seus prazeres.*

675 – Não se deve entender pelo trabalho senão as ocupações materiais?

– *Não; o Espírito trabalha como o corpo. Toda ocupação útil é um trabalho.*

676 – Por que o trabalho é imposto ao homem?

– *É uma consequência de sua natureza corporal. É uma expiação e, ao mesmo tempo, um meio de aperfeiçoar sua inteligência. Sem o trabalho, o homem permaneceria na infância da inteligência; por isso, ele não deve seu sustento, sua segurança e seu bem-estar senão ao seu trabalho e à sua atividade. Àquele que é muito fraco de corpo Deus deu a inteligência para isso suprir; mas é sempre um trabalho.*

677 – Por que a própria Natureza provê todas as necessidades dos animais?

– *Tudo trabalha na Natureza; os animais trabalham como tu, mas seu trabalho, como sua inteligência, é limitado ao cuidado de sua conservação; eis porque, entre eles, o trabalho não conduz ao progresso, enquanto que, no homem, ele tem um duplo fim: a conservação do corpo e o desenvolvimento do pensamento, que é também uma necessidade e que o eleva acima de si mesmo. Quando digo que o trabalho dos animais é limitado ao cuidado de sua conservação, entendo o fim a que se propõem trabalhando; mas eles são, inconscientemente, e tudo provendo suas necessidades materiais, agentes que secundam os desígnios do Criador, e seu trabalho não concorre menos ao objetivo final da Natureza, se bem que, muito frequentemente, não descobris o resultado imediato.*

678 – Nos mundos mais aperfeiçoados, o homem está submetido à mesma necessidade do trabalho?

– A natureza do trabalho é relativa à natureza das necessidades. Quanto menos as necessidades são materiais, menos o trabalho é material. Mas não creiais, com isso, que o homem fica inativo e inútil: a ociosidade seria um suplício em lugar de ser um benefício.

679 – O homem que possui bens suficientes para assegurar sua existência, está isento da lei do trabalho?

– Do trabalho material, talvez, mas não da obrigação de se tornar útil segundo suas possibilidades, de aperfeiçoar sua inteligência ou a dos outros, o que é também um trabalho. Se o homem a quem Deus distribuiu bens suficientes para assegurar a sua existência não está forçado a se sustentar com o suor de sua fronte, a obrigação de ser útil aos seus semelhantes é tanto maior para ele quanto o adiantamento que recebe lhe dá mais tempo livre para fazer o bem.

680 – Não há homens que estão na impossibilidade de trabalhar, no que quer que seja, e cuja existência é inútil?

– Deus é justo; não condena senão aquele cuja existência é voluntariamente inútil; porque vive na dependência do trabalho dos outros. Ele quer que cada um se torne útil, segundo suas faculdades. (643).

681 – A lei natural impõe aos filhos a obrigação de trabalhar por seus pais?

– Certamente, como os pais devem trabalhar por seus filhos; foi por isso que Deus fez do amor filial e do amor paternal um sentimento natural, a fim de que, por essa afeição recíproca, os membros de uma mesma família fossem levados a se entreajudarem mutuamente; o que é, muito frequentemente, desconhecido na vossa sociedade atual. (205).

LIMITE DO TRABALHO. REPOUSO

682 – O repouso, depois do trabalho, sendo uma necessidade, não é uma lei natural?

– Sem dúvida, o repouso serve para reparar as forças do corpo e é também necessário a fim de deixar um pouco mais de liberdade à inteligência, para se elevar acima da matéria.

683 – Qual é o limite do trabalho?

– *O limite das forças; de resto, Deus deixa o homem livre.*

684 – Que pensar daqueles que abusam de sua autoridade para impor aos seus inferiores um excesso de trabalho?

– *É uma das piores ações. Todo homem que tem o poder de comandar é responsável pelo excesso de trabalho que impõe a seus subalternos, porque ele transgride a lei de Deus. (273).*

685 – O homem tem direito ao repouso em sua velhice?

– *Sim, ele não está obrigado senão segundo suas forças.*

685.a – Mas que recurso tem o velho necessitado de trabalhar para viver e que não o pode?

– *O forte deve trabalhar pelo fraco; na falta da família, a sociedade deve lhe tomar o lugar: é a lei da caridade.*

Não é tudo dizer ao homem que ele deve trabalhar, é preciso ainda que aquele que espera sua existência do seu labor encontre em que se ocupar, e é o que nem sempre ocorre. Quando a suspensão do trabalho se generaliza, toma as proporções de um flagelo como a miséria. A ciência econômica procura o remédio no equilíbrio entre a produção e o consumo; mas esse equilíbrio, supondo-se que seja possível, terá sempre intermitências e, durante esses intervalos, o trabalhador não deve viver menos. Há um elemento que, comumente, não entra na balança e sem o qual a ciência econômica não é mais que uma teoria: **é a educação**; não a educação intelectual, mas a educação moral; não, ainda, a educação moral pelos livros, mas aquela que consiste na **arte de formar os caracteres**, a que **dá os hábitos**: porque **a educação é o conjunto de hábitos adquiridos**. Quando se pensa na massa de indivíduos jogados cada dia na torrente da população, sem princípios, sem freios e entregues aos seus próprios instintos, deve-se espantar das consequências desastrosas que resultam? Quando essa arte for conhecida, cumprida e praticada, o homem ocasionará no mundo hábitos **de ordem e de previdência** para si mesmo e os seus, **de respeito por tudo o que é respeitável**, hábitos que lhe permitirão atravessar, menos penosamente, os maus dias inevitáveis. A desordem e a imprevidência são duas chagas que só uma educação **bem entendida** pode curar. Esse é o ponto de partida, o elemento real do bem-estar, a garantia da segurança de **todos**.

CAPÍTULO 4

III. LEI DE REPRODUÇÃO

População do globo • Sucessão e aperfeiçoamento das raças • Obstáculos à reprodução • Casamento e celibato • Poligamia

POPULAÇÃO DO GLOBO

686 – A reprodução dos seres vivos é uma lei da Natureza?
– *Isso é evidente; sem a reprodução o mundo corporal pereceria.*

687 – Se a população seguir sempre a progressão crescente que vemos, chegará um momento em que ela será exuberante sobre a Terra?
– *Não; Deus a isso provê e mantém sempre o equilíbrio; ele nada faz de inútil; o homem que não vê senão um canto do quadro da Natureza, não pode julgar a harmonia do conjunto.*

SUCESSÃO E APERFEIÇOAMENTO DAS RAÇAS

688 – Há, neste momento, raças humanas que diminuem evidentemente; chegará um momento em que elas terão desaparecido de cima da Terra?
– *É verdade, mas é que outras tomaram seu lugar, como outras tomarão o vosso um dia.*

689 – Os homens atuais são uma nova criação ou os descendentes aperfeiçoados dos seres primitivos?
– *São os mesmos Espíritos que estão retornando para se aperfeiçoarem em novos corpos, mas que estão ainda longe da perfeição. Assim, a raça humana atual que, pelo seu aumento, tende a invadir toda a Terra e a substituir as raças que se extinguem, terá seu período de decrescimento e de desaparecimento. Outras raças mais aperfeiçoadas a substituirão, descendendo da raça atual, como os homens civilizados de hoje descendem dos seres brutos e selvagens dos tempos primitivos.*

690 – Sob o ponto de vista puramente físico, os corpos da raça atual são uma criação especial ou procedem dos corpos primitivos por via da reprodução?

– A origem das raças se perde na noite dos tempos; mas como pertencem todas à grande família humana, qualquer que seja a origem primitiva de cada uma, elas puderam se misturar entre si e produzir novos tipos.

691 – Qual é, do ponto de vista físico, o caráter distintivo e dominante das raças primitivas?

– Desenvolvimento da força bruta em detrimento da força intelectual; atualmente é ao contrário: o homem faz mais pela inteligência que pela força do corpo e, portanto, faz cem vezes mais porque soube tirar proveito das forças da Natureza, o que não fazem os animais.

692 – O aperfeiçoamento das raças animais e vegetais, pela ciência, é contrário à lei natural? Seria mais conforme com essa lei deixar as coisas seguirem seu curso normal?

– Deve-se fazer tudo para alcançar a perfeição, e o próprio homem é um instrumento do qual Deus se serve para alcançar seus fins. A perfeição, sendo o objetivo para o qual tende a Natureza, é responder aos seus objetivos favorecendo essa perfeição.

692.a – Mas o homem, geralmente, não é movido em seus esforços pelo melhoramento das raças, mas por um sentimento pessoal, e não tem outro objetivo senão o aumento de seus prazeres; isso não diminui seu mérito?

– Que importa que seu mérito seja nulo, contanto que o progresso se faça? Cabe a ele tornar seu trabalho meritório pela intenção. Aliás, pelo seu trabalho, exercita e desenvolve sua inteligência, e é sob esse aspecto que ele mais aproveita.

OBSTÁCULOS À REPRODUÇÃO

693 – As leis e os costumes humanos que têm por objetivo ocasionar obstáculos à reprodução, são contrários à lei natural?

– Tudo o que entrava a marcha da Natureza é contrário à lei geral.

693.a – Entretanto, há espécies de seres vivos, animais e plantas, cuja reprodução indefinida seria nociva a outras espécies, e o próprio homem seria logo a vítima; comete ele um ato repreensível detendo essa reprodução?

– Deus deu ao homem, sobre todos os seres vivos, um poder que deve usar para o bem, mas não abusar. Ele pode regrar a reprodução segundo as necessidades; mas não a deve entravar sem necessidade. A ação inteligente do homem é um contrapeso estabelecido por Deus para restabelecer o equilíbrio entre as forças da Natureza, e é isso, ainda, que o distingue dos animais, porque o faz com conhecimento de causa. Mas os próprios animais também concorrem para esse equilíbrio, porque o instinto de destruição que lhes foi dado faz com que, provendo sua própria conservação, eles detenham o desenvolvimento excessivo, e talvez perigoso, de espécies animais e vegetais de que se nutrem.

694 – Que pensar dos usos que têm por efeito deter a reprodução tendo em vista satisfazer a sensualidade?

– Isso prova a predominância do corpo sobre a alma e quanto o homem está materializado.

CASAMENTO E CELIBATO

695 – O casamento, quer dizer, a união permanente de dois seres, é contrário à lei natural?

– É um progresso na marcha da Humanidade.

696 – Qual seria o efeito da abolição do casamento na sociedade humana?

– O retorno à vida animal.

A união livre e fortuita dos sexos é um estado natural. O casamento é um dos primeiros atos de progresso das sociedades humanas, porque ele estabelece a solidariedade fraternal e se encontra entre todos os povos, ainda que em condições diversas. A abolição do casamento seria, pois, o retorno à infância da Humanidade, e colocaria o homem abaixo mesmo de certos animais que lhe dão o exemplo de uniões constantes.

697 – A indissolubilidade absoluta do casamento está na lei natural ou somente na lei humana?

– É uma lei humana muito contrária à lei natural. Mas os homens podem mudar suas leis: só as da Natureza são imutáveis.

698 – O celibato voluntário é um estado de perfeição meritório aos olhos de Deus?

– Não, e os que vivem assim por egoísmo, desagradam a Deus e enganam a todo mundo.

699 – O celibato não é, da parte de certas pessoas, um sacrifício com o objetivo de se devotar mais inteiramente ao serviço da Humanidade?

– Isso é bem diferente; eu disse: por egoísmo. Todo sacrifício pessoal é meritório, quando é para o bem; quanto maior o sacrifício, maior o mérito.

Deus não pode se contradizer, nem achar mau o que fez; não pode, pois, ver um mérito na violação de sua lei; mas se o celibato, por si mesmo, não é um estado meritório, o mesmo não ocorre quando constitui, pela renúncia às alegrias da família, um sacrifício feito em proveito da Humanidade. Todo sacrifício pessoal com objetivo do bem, **e sem dissimulação do egoísmo**, eleva o homem acima de sua condição material.

POLIGAMIA

700 – A igualdade numérica que, mais ou menos, existe entre os sexos, é um indício da proporção segundo à qual eles devem estar unidos?

– Sim, porque tudo tem uma finalidade na Natureza.

701 – Qual das duas, a poligamia ou a monogamia, está mais conforme com a lei natural?

– A poligamia é uma lei humana, cuja abolição marca um progresso social. O casamento, segundo os objetivos de Deus, deve ser fundado sobre a afeição dos seres que se unem. Com a poligamia, não há afeição real, mas sensualidade.

Se a poligamia fosse segundo a lei natural, ela deveria poder ser universal, o que seria materialmente impossível, visto a igualdade numérica dos sexos.

A poligamia deve ser considerada como um uso ou uma legislação particular, apropriada a certos hábitos, e que o aperfeiçoamento social faz, pouco a pouco, desaparecer.

CAPÍTULO 5

IV. LEI DE CONSERVAÇÃO

Instinto de conservação • Meios de conservação • Gozo dos bens da Terra • Necessário e supérfluo • Privações voluntárias. Mortificações

INSTINTO DE CONSERVAÇÃO

702 – O instinto de conservação é uma lei natural?

– *Sem dúvida; ele é dado a todos os seres vivos, qualquer que seja o grau de sua inteligência; em uns, ele é puramente maquinal, em outros ele é racional.*

703 – Com qual objetivo Deus deu a todos os seres vivos o instinto de sua conservação?

– *Porque todos devem concorrer para os objetivos da Providência; é por isso que Deus lhes deu a necessidade de viver. Aliás, a vida é necessária ao aperfeiçoamento dos seres, e eles o sentem instintivamente sem disso se darem conta.*

MEIOS DE CONSERVAÇÃO

704 – Deus, dando ao homem a necessidade de viver, forneceu-lhe sempre os meios?

– *Sim, e se não os encontra é porque não os compreende. Deus não poderia dar ao homem a necessidade de viver sem lhe dar os meios, por isso faz a terra produzir para fornecer o necessário a todos os seus habitantes, porque só o necessário é útil: o supérfluo não o é jamais.*

705 – Por que a terra não produz sempre bastante para fornecer o necessário ao homem?

– *É que o homem a negligencia, o ingrato! é, todavia, uma excelente mãe. Frequentemente, também, ele acusa a Natureza pelo que resulta de sua imperícia ou de sua imprevidência. A terra produziria sempre o necessário se o homem soubesse nisso se contentar. Se ela não basta a todas as necessidades é porque o homem emprega no supérfluo o que poderia ser dado ao necessário. Veja o árabe no deserto: ele encontra sempre com que viver, porque não cria para si necessidades artificiais. Mas quando a metade dos produtos é esbanjada para satisfazer fantasias, o homem deve se espantar de nada encontrar no dia de amanhã e há razão para se lastimar de estar desprovido quando vem o tempo da escassez? Em verdade, eu vo-lo disse, não é a Natureza que é imprevidente, é o homem que não sabe se regrar.*

706 – Por bens da terra somente devem se entender os produtos do solo?

– O solo é a fonte primeira de onde provêm todos os outros recursos, porque, em definitivo, esses recursos não são senão uma transformação dos produtos do solo. Por isso, é preciso entender pelos bens da terra tudo aquilo de que o homem pode desfrutar neste mundo.

707 – Os meios de existência, frequentemente, fazem falta a certos indivíduos, mesmo em meio à abundância que os cerca; a que se deve atribuir isso?

– Ao egoísmo dos homens, que não fazem sempre o que devem; depois, e o mais frequentemente, a eles mesmos. Procurai e encontrareis; estas palavras não querem dizer que basta olhar a terra para encontrar o que se deseja, mas que é preciso o procurar com ardor e perseverança, e não com fraqueza, sem se deixar desencorajar pelos obstáculos que, frequentemente, não são senão meios de pôr à prova vossa constância, vossa paciência e vossa firmeza. (534).

Se a civilização multiplica as necessidades, ela multiplica também as fontes de trabalho e os meios de viver; mas é preciso convir que, sob esse aspecto, muito lhe resta ainda a fazer; quando ela tiver terminado sua obra, ninguém deverá poder dizer que lhe falta o necessário, senão por sua falta. A infelicidade, para muitos, resulta de tomarem um caminho que não é aquele que a Natureza lhes traçou; então lhes falta a inteligência para terem êxito. Há para todos lugar ao Sol, mas com a condição de aí tomar o seu, e não o dos outros. A Natureza não poderia ser responsável pelos vícios da organização social e pelas consequências da ambição e do amor-próprio.

Entretanto, precisar-se-ia ser cego para não se reconhecer o progresso que se efetua, sob esse aspecto, entre os povos mais avançados. Graças aos louváveis esforços que a filantropia e a ciência juntas não cessam de fazer para o melhoramento do estado material dos homens, e apesar do aumento incessante das populações, a insuficiência da produção é atenuada, pelo menos em grande parte, e os anos mais calamitosos não têm nada de comparável aos de outrora. A higiene pública, esse elemento tão essencial da força e da saúde, desconhecida de nossos pais, é objeto de uma solicitude esclarecida; o infortúnio e o sofrimento encontram lugares de refúgio; por toda a parte a Ciência contribui para aumentar o bem-estar. É dizer que se alcançou a perfeição? Oh, certamente, não; mas o que se fez dá a medida do que se pode fazer com a perseverança, se o homem for bastante sábio para procurar a sua felicidade nas coisas positivas e sérias, e não nas utopias que o fazem recuar ao invés de avançar.

708 – Não há posições em que os meios de existência não dependem, de modo algum, da vontade do homem, e onde a privação do necessário, o mais imperioso, é uma consequência da força das coisas?

– É uma prova, frequentemente cruel, que deve suportar, e à qual ele sabia que estaria exposto; seu mérito está em sua submissão à vontade de Deus, se sua inteligência não lhe fornece nenhum meio de se livrar do embaraço. Se a morte o deve alcançar, deve se submeter a ela sem murmurar e pensando que a hora da verdadeira libertação chegou e que ***o desespero do último momento pode fazê-lo perder o fruto de sua resignação.***

709 – Os que em certas situações críticas se acham forçados a sacrificarem seus semelhantes para se nutrirem, cometem um crime. Se há crime, ele é atenuado pela necessidade de viver que lhes dá o instinto de conservação?

– Já respondi dizendo que há maior mérito em suportar todas as provas da vida com coragem e abnegação. Há homicídio, e crime de lesa-natureza, falta que deve ser duplamente punida.

710 – Nos mundos em que a organização é mais depurada, os seres vivos têm necessidade de alimentação?

– Sim, mas seus alimentos estão em relação com sua natureza. Esses alimentos não seriam bastante substanciais para vossos estômagos grosseiros e, da mesma forma, eles não poderiam digerir os vossos.

GOZO DOS BENS TERRESTRES

711 – O uso dos bens da terra é um direito para todos os homens?

– Esse direito é a consequência da necessidade de viver. Deus não pode ter imposto um dever sem haver dado os meios de o satisfazer.

712 – Com que objetivo Deus ligou um atrativo aos gozos dos bens materiais?

– Para excitar o homem ao cumprimento de sua missão, e também para o provar pela tentação.

712.a – Qual é o objetivo dessa tentação?

– Desenvolver sua razão, que o deve preservar dos excessos.

Se o homem não fosse excitado ao uso dos bens da terra, senão pela sua utilidade, sua indiferença poderia comprometer a harmonia do Universo: Deus lhe deu o atrativo do prazer que o solicita ao cumprimento dos objetivos da Providência. Mas por esse mesmo atrativo Deus quis, por outro lado, experimentá-lo pela tentação que o arrasta para o abuso, do qual sua razão o deve defender.

713 – Os gozos têm limites traçados pela Natureza?

– Sim, para vos indicar o limite do necessário; mas, pelos vossos excessos, chegais à saciedade e vos punis vós mesmos.

714 – Que pensar do homem que procura nos excessos de todos os gêneros um refinamento de seus prazeres?

– Pobre natureza que é preciso lastimar e não invejar, porque ele está bem próximo da morte!

714.a – É da morte física ou da morte moral que se aproxima?

– De uma e de outra.

O homem que procura, nos excessos de todo gênero, um refinamento dos prazeres, coloca-se abaixo do animal, porque o animal sabe se deter na satisfação da necessidade. Ele abdica da razão que Deus lhe deu por guia e, quanto maiores seus excessos, mais dá à natureza animal império sobre sua natureza espiritual. As doenças, as enfermidades, a própria morte, que são as consequências dos abusos, ao mesmo tempo são punição à transgressão da lei de Deus.

NECESSÁRIO E SUPÉRFLUO

715 – Como pode o homem conhecer o limite do necessário?

– O sábio o conhece por intuição. Muitos o conhecem por experiência e às suas custas.

716 – A Natureza não traçou o limite das nossas necessidades em nossa organização?

– Sim, mas o homem é insaciável. A Natureza traçou o limite de suas necessidades em sua organização, mas os vícios alteraram sua constituição e ele criou para si necessidades que não são as necessidades reais.

717 – Que pensar daqueles que monopolizam os bens da terra para se proporcionar o supérfluo em prejuízo daqueles a quem falta o necessário?

– Eles desconhecem a lei de Deus e terão que responder pelas privações que terão feito suportar.

O limite do necessário e do supérfluo nada tem de absoluto. A civilização criou necessidades que a selvageria não tem, e os Espíritos que ditaram esses preceitos não pretendem que o homem civilizado deva viver como o selvagem. Tudo é relativo e cabe à razão distinguir cada coisa. A civilização desenvolve o senso moral e, ao mesmo tempo, o sentimento de caridade que leva os homens a se prestarem um mútuo apoio. Os que vivem às custas das privações alheias exploram os benefícios da civilização em seu proveito; não têm da civilização senão o verniz, como há pessoas que não têm da religião senão a máscara.

PRIVAÇÕES VOLUNTÁRIAS. MORTIFICAÇÕES

718 – A lei de conservação obriga a prover às necessidades do corpo?

– Sim, sem a força e a saúde o trabalho é impossível.

719 – É repreensível ao homem procurar o bem-estar?

– O bem-estar é um desejo natural; Deus não proíbe senão o abuso, porque o abuso é contrário à conservação; ele não considera crime a procura do bem-estar, se esse bem-estar não é adquirido às custas de ninguém, e se não deve enfraquecer, nem vossas forças morais, nem vossas forças físicas.

720 – As privações voluntárias, em vista de uma expiação igualmente voluntária, têm um mérito aos olhos de Deus?

– Fazei o bem aos outros e merecereis mais.

720.a – Há privações voluntárias que sejam meritórias?

– Sim, a privação dos prazeres inúteis, porque ela desliga o homem da matéria e eleva sua alma. O que é meritório é resistir à tentação que solicita aos excessos ou ao gozo das coisas inúteis; é cortar do seu necessário para dar àqueles que não têm bastante. Se a privação não é senão um vão simulacro, ela é uma zombaria.

721 – A vida de mortificação ascética foi praticada em toda a antiguidade e entre diferentes povos; ela é meritória sob um ponto de vista qualquer?

– Perguntai a quem ela serve e tereis a resposta. Se não serve senão àquele que a pratica e o impede de fazer o bem, é do

egoísmo, qualquer que seja o pretexto com o qual se disfarce. Privar-se e trabalhar para os outros, é a verdadeira mortificação, segundo a caridade cristã.

722 – A abstenção de certos alimentos, prescrita entre diversos povos, é fundada na razão?

– Tudo aquilo com o qual o homem pode se nutrir, sem prejuízo de sua saúde, é permitido; mas os legisladores puderam interditar certos alimentos com um fim útil e, para darem mais crédito às suas leis, eles as apresentaram como vindas de Deus.

723 – A alimentação animal, entre os homens, é contrária à lei natural?

– Na vossa constituição física a carne nutre a carne, de outra maneira o homem enfraquece. A lei de conservação dá ao homem um dever de entreter suas forças e sua saúde para cumprir a lei do trabalho. Ele deve, pois, se alimentar, segundo o exige a sua organização.

724 – A abstenção de alimento animal, ou outro, como expiação, é meritória?

– Sim, se se priva pelos outros; mas Deus não pode ver uma mortificação quando não há nela privação ***séria e útil****; por isso, dissemos que aqueles que não se privam senão na aparência, são hipócritas. (720).*

725 – Que pensar das mutilações operadas sobre o corpo do homem ou dos animais?

– Para que semelhante pergunta? Perguntai, portanto, ainda uma vez, se uma coisa é útil. O que é inútil não pode ser agradável a Deus, e o que é nocivo lhe é sempre desagradável; porque, sabei bem, Deus não é sensível senão aos sentimentos que elevam a alma até ele. É praticando sua lei, que podereis sacudir vossa matéria terrestre, e não a violando.

726 – Se os sofrimentos deste mundo nos elevam pela maneira que são suportados, eleva-se por aqueles que se cria voluntariamente?

– Os únicos sofrimentos que elevam são os sofrimentos naturais, porque eles vêm de Deus; os sofrimentos voluntários não servem para nada quando eles nada fazem para o bem de outrem. Crês que aqueles que abreviam sua vida nos rigores sobre-humanos, como fazem os bonzos, os faquires e certos fanáticos de várias seitas, avançam em seu caminho? Por que não trabalham antes para o bem de seus semelhantes? Que eles vistam o indigente;

que consolem o que chora; que trabalhem por aquele que está enfermo; que sofram privações para o alívio dos infelizes, então sua vida será útil e agradável a Deus. Quando, nos sofrimentos voluntários que padecem, não se tem em vista senão a si mesmos, é do egoísmo; quando se sofre pelos outros, é da caridade: tais são os preceitos do Cristo.

727 – Se não se devem criar sofrimentos voluntários que não têm nenhuma utilidade para outrem, deve-se procurar se preservar daqueles que se prevê ou que nos ameaçam?

– *O instinto de conservação foi dado a todos os seres contra os perigos e os sofrimentos. Fustigai vosso Espírito e não vosso corpo, mortificai vosso orgulho, sufocai vosso egoísmo semelhante a uma serpente que vos corrói o coração, e fareis mais pelo vosso adiantamento, do que pelos rigores que não são mais deste século.*

CAPÍTULO 6

V. LEI DE DESTRUIÇÃO

Destruição necessária e destruição abusiva • Flagelos destruidores • Guerras • Homicídio • Crueldade • Duelo • Pena de morte

DESTRUIÇÃO NECESSÁRIA E DESTRUIÇÃO ABUSIVA

728 – A destruição é uma lei da Natureza?

– É preciso que tudo se destrua para renascer e se regenerar, porque o que chamais destruição é uma transformação que tem por objetivo a renovação e melhoramento dos seres vivos.

728.a – O instinto de destruição teria, assim, sido dado aos seres vivos com objetivos providenciais?

– As criaturas de Deus são os instrumentos dos quais ele se serve para atingir seus fins. Para se nutrirem, os seres vivos se destroem entre si, e isso com o duplo objetivo de manter o equilíbrio na reprodução, que poderia vir a ser excessiva, e de utilizar os restos do envoltório exterior. Mas, sempre, é esse envoltório que é destruído, e esse envoltório é o acessório e não a parte essencial do ser pensante; a parte essencial é o princípio inteligente que é indestrutível e que se elabora nas diferentes metamorfoses que sofre.

729 – Se a destruição é necessária para a regeneração dos seres, por que a Natureza os cerca de meios de preservação e de conservação?

– Para que a destruição não chegue antes do tempo necessário. Toda destruição antecipada entrava o desenvolvimento do princípio inteligente. Por isso, Deus deu a cada ser a necessidade de viver e de se reproduzir.

730 – Uma vez que a morte deve nos conduzir para uma vida melhor, que nos livra dos males desta, e que, assim, ela

está mais para ser desejada que ser temida, por que o homem tem dela um horror instintivo que o faz temê-la?

– Já o dissemos, o homem deve procurar prolongar sua vida para cumprir sua tarefa. Por isso, Deus lhe deu o instinto de conservação que o sustenta nas provas, sem isso se deixaria, muito frequentemente, levar ao desencorajamento. A voz secreta que o faz repelir a morte lhe diz que ele pode ainda fazer alguma coisa pelo seu adiantamento. Quando um perigo o ameaça, é uma advertência para que aproveite a moratória que Deus lhe concede; mas ingrato! rende, mais frequentemente, graças à sua estrela que ao seu Criador.

731 – Por que, ao lado dos meios de conservação, a Natureza, ao mesmo tempo, colocou os agentes destruidores?

– O remédio ao lado do mal. Já o dissemos, é para manter o equilíbrio e servir de contrapeso.

732 – A necessidade de destruição é a mesma em todos os mundos?

– Ela é proporcional ao estado mais ou menos material dos mundos; cessa com um estado físico e moral mais depurado. Nos mundos, mais avançados que o vosso, as condições de existência são outras.

733 – A necessidade da destruição existirá sempre entre os homens sobre a Terra?

– A necessidade de destruição enfraquece entre os homens, à medida que o Espírito se sobrepõe à matéria, é por isso que vedes o horror à destruição seguir o desenvolvimento intelectual e moral.

734 – Em seu estado atual, o homem tem um direito ilimitado de destruição sobre os animais?

– Esse direito é regulado pela necessidade de prover à sua nutrição e à sua segurança. O abuso jamais foi um direito.

735 – Que pensar da destruição que ultrapassa os limites das necessidades e da segurança? Da caça, por exemplo, quando não tem por objetivo senão o prazer de destruir sem utilidade?

– Predominância da bestialidade sobre a natureza espiritual. Toda destruição que ultrapasse os limites da necessidade, é uma violação da lei de Deus. Os animais não destroem senão por suas necessidades; mas o homem, que tem o livre-arbítrio, destrói sem necessidade. Ele deverá contas do abuso da liberdade que lhe foi concedida, porque é aos maus instintos que ele cede.

736 – Os povos que levam ao excesso o escrúpulo relativo à destruição dos animais têm um mérito particular?

– É um excesso num sentimento louvável por si mesmo, mas que se torna abusivo e cujo mérito é neutralizado pelo abuso de muitas outras espécies. Há entre eles mais de medo supersticioso do que verdadeira bondade.

FLAGELOS DESTRUIDORES

737 – Com que objetivo Deus atinge a Humanidade por meio de flagelos destruidores?

– Para fazê-la avançar mais depressa. Não vos dissemos que a destruição é necessária para a regeneração moral dos Espíritos, que adquirem, a cada nova existência, um novo grau de perfeição? É preciso ver o fim para lhe apreciar os resultados. Não os julgais senão sob o vosso ponto de vista pessoal e os chamais de flagelos por causa do prejuízo que vos ocasionam. Mas esses transtornos são, frequentemente, necessários para fazer alcançar, mais prontamente, uma ordem melhor de coisas, e em alguns anos, o que teria exigido muitos séculos. (744).

738 – Deus não poderia empregar, para o aprimoramento da Humanidade, outros meios senão os flagelos destruidores?

– Sim, e o emprega todos os dias, uma vez que deu a cada um os meios de progredir pelo conhecimento do bem e do mal. É que o homem não os aproveita; é preciso bem castigá-lo em seu orgulho e o fazer sentir sua fraqueza.

738.a – Mas, nesses flagelos, o homem de bem sucumbe como o perverso; isso é justo?

– Durante a vida, o homem relaciona tudo com o seu corpo, mas, depois da morte, ele pensa de outra forma e, como já dissemos: a vida do corpo é pouca coisa. Um século do vosso mundo é ***um relâmpago na eternidade****; Portanto, os sofrimentos do que chamais alguns meses ou alguns dias, não são nada; é um ensinamento para vós, e que vos servirá no futuro. Os Espíritos, eis o mundo real, preexistente e sobrevivente a tudo (85), são os filhos de Deus e o objeto de toda a sua solicitude. Os corpos não são senão os trajes com os quais eles aparecem no mundo. Nas grandes calamidades que dizimam os homens, é como um exército que, durante a guerra, vê seus trajes usados, rasgados ou perdidos. O general tem mais cuidado com seus soldados do que com suas vestes.*

738.b – Mas as vítimas desses flagelos não são menos vítimas?

– Se se considerasse a vida por aquilo que ela é, e quão pouca coisa é com relação ao infinito, se atribuiria menos importância a isso. Essas vítimas encontrarão, em uma outra existência, uma grande compensação aos seus sofrimentos, se elas sabem suportá-los sem murmurar.

Quer chegue a morte por um flagelo ou por uma causa ordinária, não se deve deixar de morrer quando soa a hora de partida: a única diferença é que, com isso, no primeiro caso, parte um maior número ao mesmo tempo.

Se pudéssemos nos elevar, pelo pensamento, de maneira a dominar a Humanidade e a abranger inteiramente, esses flagelos tão terríveis não nos pareceriam mais que tempestades passageiras no destino do mundo.

739 – Os flagelos destruidores têm uma utilidade, sob o ponto de vista físico, apesar dos males que ocasionam?

– Sim, eles mudam, algumas vezes, o estado de uma região; mas o bem que disso resulta é, frequentemente, percebido apenas pelas gerações futuras.

740 – Os flagelos não seriam igualmente para o homem provas morais que o submetem às mais duras necessidades?

– Os flagelos são provas que fornecem ao homem a ocasião de exercitar sua inteligência, de mostrar sua paciência e sua resignação à vontade de Deus, e o orientam para demonstrar seus sentimentos de abnegação, de desinteresse e de amor ao próximo, se ele não está dominado pelo egoísmo.

741 – É dado ao homem conjurar os flagelos que o afligem?

– Sim, de uma parte. Mas não como se pensa, geralmente. Muitos flagelos são o resultado de sua imprevidência; à medida que ele adquire conhecimentos e experiência, pode conjurá-los, quer dizer, preveni-los, se sabe lhes procurar as causas. Mas entre os males que afligem a Humanidade, há os gerais que estão nos desígnios da Providência, e dos quais cada indivíduo recebe mais ou menos a repercussão. A estes o homem não pode opor senão a resignação à vontade de Deus e, ainda, esses males são agravados, frequentemente, pela sua negligência.

Entre os flagelos destruidores, naturais e independentes do homem, é preciso incluir na primeira linha a peste, a fome, as inundações, as intempéries fatais à produção da terra. Mas o homem não encontrou na ciência, nos trabalhos de arte, no aperfeiçoamento da agricultura, nos afolhamentos e na irrigação, no estudo das condições higiênicas, os meios de neutralizar, ou pelo menos atenuar, os desastres? Certas regiões, outrora assoladas por terríveis flagelos, não estão preservadas hoje? Que não fará, portanto, o homem por seu bem-estar material quando souber aproveitar todos os recursos de sua inteligência, e quando, ao cuidado de sua conservação pessoal, souber aliar o sentimento de uma verdadeira caridade por seus semelhantes? (707).

GUERRAS

742 – Qual é a causa que leva o homem à guerra?

– Predominância da natureza animal sobre a natureza espiritual e satisfação das paixões. No estado de barbárie, os povos não conhecem senão o direito do mais forte; por isso, a guerra é para eles um estado normal. À medida que o homem progride, ela se torna menos frequente, porque lhe evita as causas; quando é necessária, a sabe aliar à humanidade.

743 – A guerra desaparecerá um dia de sobre a Terra?

– Sim, quando os homens compreenderem a justiça e praticarem a lei de Deus; então, todos os povos serão irmãos.

744 – Qual foi o objetivo da Providência, tornando a guerra necessária?

– A liberdade e o progresso.

744.a – Se a guerra deve ter por resultado alcançar a liberdade, como ocorre que ela, frequentemente, tenha por objetivo e por resultado a subjugação?

– Subjugação momentânea para abater os povos, a fim de os fazer chegar mais depressa.

745 – Que pensar daquele que suscita a guerra em seu proveito?

– Este é o verdadeiro culpado e precisará de muitas existências para expiar todos os homicídios dos quais foi a causa, porque responderá por cada homem, ao qual causou a morte para satisfazer sua ambição.

HOMICÍDIO

746 – O homicídio é um crime aos olhos de Deus?

– Sim, um grande crime. Porque aquele que tira a vida do seu semelhante, corta ***uma vida de expiação ou de missão****, e aí está o mal.*

747 – O homicídio tem sempre o mesmo grau de culpabilidade?
– Já o dissemos, Deus é justo; julga a intenção mais do que o fato.

748 – Deus excusa o homicídio no caso de legítima defesa?
– Só a necessidade o pode excusar; mas se puder preservar sua vida sem atingir a do seu agressor, deve-se fazê-lo.

749 – O homem é culpável pelas mortes que comete durante a guerra?
– Não, quando ele é constrangido pela força. Mas ele é culpável pelas crueldades que comete e lhe será levada em conta sua humanidade.

750 – Quem é mais culpável aos olhos de Deus, o parricida ou o infanticida?
– Ambos o são igualmente, porque todo crime é um crime.

751 – Como se explica que, entre certos povos já avançados do ponto de vista intelectual, o infanticídio esteja nos costumes e consagrado pela legislação?
– O desenvolvimento intelectual não leva à necessidade do bem. O Espírito, superior em inteligência, pode ser mau; é aquele que tem vivido muito, sem se melhorar: ele o sabe.

CRUELDADE

752 – Pode-se atribuir o sentimento de crueldade ao instinto de destruição?
– É o instinto de destruição no que tem de pior, porque se a destruição, algumas vezes, é necessária, a crueldade não o é jamais. Ela é sempre o resultado de uma natureza má.

753 – Como se explica que a crueldade é o caráter dominante dos povos primitivos?
– Entre os povos primitivos, como os chamas, a matéria domina sobre o Espírito. Eles se abandonam aos instintos animais e, como não têm outras necessidades que as da vida do corpo, não pensam senão em sua conservação pessoal e é isso que os torna, geralmente, cruéis. Aliás, os povos de desenvolvimento imperfeito estão sob o império de Espíritos igualmente imperfeitos que lhes são simpáticos, até que os povos mais avançados venham destruir ou enfraquecer essa influência.

754 – A crueldade não provém da ausência do senso moral?

– Dize que o senso moral não está desenvolvido, mas não que está ausente, porque ele existe, em princípio, em todos os homens. É esse senso moral que fará mais tarde seres bons e humanos. Ele existe, pois, no selvagem, mas está como o princípio do perfume está no germe da flor, antes dela desabrochar.

Todas as faculdades existem no homem em estado rudimentar ou latente. Elas se desenvolvem conforme as circunstâncias lhes são mais ou menos favoráveis. O desenvolvimento excessivo de uma detém ou neutraliza o das outras. A superexcitação dos instintos materiais sufoca, por assim dizer, o senso moral, como o desenvolvimento do senso moral enfraquece, pouco a pouco, as faculdades puramente animais.

755 – Como se dá que no seio da civilização mais avançada se encontrem seres algumas vezes tão cruéis quanto os selvagens?

– Como sobre uma árvore carregada de bons frutos, encontram-se os que não chegam a termo. São, se o queres, selvagens que não têm da civilização senão a veste, lobos perdidos no meio das ovelhas. Espíritos de uma ordem inferior e muito atrasados, podem se encarnar entre os homens avançados, na esperança de eles mesmos avançarem. Mas se a prova é muito pesada, a natureza primitiva os domina.

756 – A sociedade dos homens de bem estará um dia livre dos seres malfazejos?

– A Humanidade progride. Esses homens, dominados pelo instinto do mal, e que estão deslocados entre as pessoas de bem, desaparecerão, pouco a pouco, como o mau grão se separa do bom, depois que este é selecionado, mas para renascer sob um outro envoltório, e como terão mais experiência, compreenderão melhor o bem e o mal. Tens um exemplo disso nas plantas e nos animais que o homem encontrou meios de aperfeiçoar, e nos quais ele desenvolve qualidades novas. Pois bem! é somente depois de várias gerações que o aperfeiçoamento se torna completo. É a imagem das diferentes existências do homem.

DUELO

757 – O duelo pode ser considerado como um caso de legítima defesa?

– Não, é um homicídio e um hábito absurdo, digno dos bárbaros. Com uma civilização mais avançada e mais moral, o homem compreenderá que o duelo é tão ridículo como os combates que se consideraram outrora como o juízo de Deus.

758 – O duelo pode ser considerado como um homicídio da parte daquele que conhecendo sua própria fraqueza, está mais ou menos seguro de sucumbir?

– *É um suicídio.*

758.a – E quando as chances são iguais, é um homicídio ou um suicídio?

– *É um e outro.*

Em todos os casos, mesmo naqueles em que as chances são iguais, o duelista é culpável, primeiro porque ele atenta friamente e de propósito deliberado contra a vida do seu semelhante; em segundo lugar, porque expõe a própria vida inutilmente e sem proveito para ninguém.

759 – Qual é o valor daquilo que se chama o ponto de honra em matéria de duelo?

– *O orgulho e a vaidade: duas chagas da Humanidade.*

759.a – Mas não há casos em que a honra se encontra verdadeiramente empenhada e em que um recuo seria uma covardia?

– *Isso depende dos costumes e dos usos; cada país e cada século têm aí um modo de ver diferente. Quando os homens forem melhores e mais avançados em moral, eles compreenderão que o verdadeiro ponto de honra está acima das paixões terrestres, e que não é matando, ou se fazendo matar, que se repara um erro.*

Há mais de grandeza e de verdadeira honra em se confessar culpado quando se errou, ou em perdoar quando se tem razão; e, em todos os casos, em desprezar os insultos que não podem nos atingir.

PENA DE MORTE

760 – A pena de morte desaparecerá um dia da legislação humana?

– *A pena de morte desaparecerá incontestavelmente e sua supressão marcará um progresso na Humanidade. Quando os homens estiverem mais esclarecidos, a pena de morte será completamente abolida sobre a Terra. Os homens não terão mais necessidade de serem julgados pelos homens. Falo de um tempo que está ainda muito distante de vós.*

O progresso social, sem dúvida, deixa ainda muito a desejar, mas seria injusto para com a sociedade moderna se não se visse um progresso nas restrições trazidas à pena de morte entre os povos, os mais avançados, e na natureza dos crimes aos quais se limita sua aplicação. Se se comparam as garantias com que a justiça, entre esses mesmos povos, se esforça para cercar o acusado, a humanidade que ela usa para com ele, ainda mesmo que seja reconhecido culpado, com o que se praticava em tempos que não são ainda muito distantes, não se pode desconhecer o caminho progressivo no qual caminha a Humanidade.

761 – A lei de conservação dá ao homem o direito de preservar sua própria vida; não usa ele desse direito, quando suprime da sociedade um membro perigoso?

– *Há outros meios de se preservar do perigo senão o de matar. Aliás, é preciso abrir ao criminoso a porta do arrependimento, e não fechá-la.*

762 – Se a pena de morte pode ser banida das sociedades civilizadas, não foi ela uma necessidade nas épocas menos avançadas?

– *Necessidade não é a palavra; o homem crê sempre uma coisa necessária quando ele não encontra nada melhor; à medida que se esclarece, compreende melhor o que é justo ou injusto, e repudia os excessos cometidos, nos tempos de ignorância, em nome da justiça.*

763 – A restrição dos casos em que se aplica a pena de morte é um índice de progresso na civilização?

– *Podes disso duvidar? Teu Espírito não se revolta lendo a narrativa das carnificinas humanas que se faziam outrora em nome da justiça e, frequentemente, em honra da Divindade? Das torturas que se fazia o condenado suportar, e mesmo o acusado para lhe arrancar, pelo excesso de sofrimento, a confissão de um crime que, frequentemente, ele não tinha cometido? Pois bem! se tivesses vivido nessas épocas, terias achado tudo isso natural e talvez tu, juiz, terias feito o mesmo. É assim que aquilo que parece justo em uma época, parecerá bárbaro em uma outra. Só as leis divinas são eternas; as leis humanas mudam com o progresso; elas mudarão ainda, até que sejam postas em harmonia com as leis divinas.*

764 – Jesus disse: *Quem matou pela espada, perecerá pela espada*. Essas palavras não são a consagração da pena de talião? A morte infligida ao homicida não é a aplicação dessa pena?

– *Guardai-vos! tendes vos enganado sobre essa palavra,* **como sobre muitas outras**. *A pena de talião é a justiça de Deus; é ele que a aplica. Todos vós suportais, a cada instante, essa pena, porque sois punidos pelo que pecastes, nesta vida* **ou em uma outra**; *aquele que fez sofrer seus semelhantes, estará numa posição em que sofrerá, ele mesmo, o sofrimento que causou. É o sentido* *das palavras de Jesus; mas não vos disse também: Perdoai aos vossos inimigos, e vos ensinou a pedir a Deus perdoar as vossas ofensas, como vós mesmos tiverdes perdoado; quer dizer,* ***na mesma proporção*** *que tiverdes perdoado: compreendei-o bem.*

765 – Que pensar da pena de morte infligida em nome de Deus?

– É tomar o lugar de Deus na justiça. Os que agem assim mostram o quanto estão longe de compreender Deus, e que têm ainda muitas coisas a expiar. A pena de morte é um crime, quando ela é aplicada em nome de Deus, e os que a infligem são acusados igualmente de homicídio.

CAPÍTULO 7

VI. LEI DE SOCIEDADE

Necessidade da vida social • Vida de isolamento. Voto de silêncio • Laços de família

NECESSIDADE DA VIDA SOCIAL

766 – A vida social está na Natureza?

– Certamente; Deus fez o homem para viver em sociedade. Deus não deu inutilmente ao homem a palavra e todas as outras faculdades necessárias à vida de relação.

767 – O isolamento absoluto é contrário à lei natural?

– Sim, uma vez que os homens procuram a sociedade por instinto, e que todos devem concorrer para o progresso, ajudando-se mutuamente.

768 – O homem, procurando a sociedade, não faz senão obedecer a um sentimento pessoal, ou bem há nesse sentimento um objetivo providencial mais geral?

– O homem deve progredir; sozinho, ele não o pode porque não tem todas as faculdades; é-lhe preciso o contato dos outros homens. No isolamento, ele se embrutece e se debilita.

Nenhum homem tem as faculdades completas; pela união social, eles se completam uns pelos outros para assegurar seu bem estar e progredir. Por isso, tendo necessidade uns dos outros, são feitos para viver em sociedade e não isolados.

VIDA DE ISOLAMENTO. VOTO DE SILÊNCIO

769 – Concebe-se que, como princípio geral, a vida social esteja na Natureza; mas, como todos os gostos estão também na Natureza, por que o gosto pelo isolamento absoluto seria condenável, se o homem encontra aí sua satisfação?

– Satisfação egoística. Há, também, homens que encontram uma satisfação em se embriagar; tu os aprovas? Deus não pode

ter por agradável uma vida pela qual se condena a não ser útil a ninguém.

770 – Que pensar dos homens que vivem na reclusão absoluta para fugir ao contato pernicioso do mundo?

– Duplo egoísmo.

770.a – Mas se esse retiro tem por objetivo uma expiação, impondo-se uma privação penosa, não é ele meritório?

– Fazer mais de bem do que se faz de mal, é a melhor expiação. Evitando um mal ele cai em outro, uma vez que esquece a lei de amor e de caridade.

771 – Que pensar daqueles que fogem do mundo para se votar ao alívio dos infelizes?

– Estes se elevam, se rebaixando. Eles têm o duplo mérito de se colocar acima dos prazeres materiais, e de fazer o bem para que se cumpra a lei do trabalho.

771.a – E aqueles que procuram, no retiro, a tranquilidade que reclamam certos trabalhos?

– Isso não é o retiro absoluto do egoísta; eles não se isolam da sociedade, uma vez que trabalham por ela.

772 – Que pensar do voto de silêncio, prescrito por certas seitas, desde a mais alta antiguidade?

– Perguntai, antes, se a palavra está na Natureza e porque Deus a deu. Deus condena o abuso e não o uso das faculdades que concedeu. Entretanto, o silêncio é útil; porque, no silêncio, te concentras, teu Espírito se torna mais livre e pode, então, entrar em comunicação conosco; mas ***voto*** *de silêncio é uma tolice. Sem dúvida, os que olham suas privações voluntárias como atos de virtude, têm uma boa intenção; mas eles se enganam, porque não compreendem suficientemente as verdadeiras leis de Deus.*

O voto de silêncio absoluto, da mesma forma que o voto de isolamento, priva o homem das relações sociais que podem lhe fornecer as ocasiões de fazer o bem e de cumprir a lei do progresso.

LAÇOS DE FAMÍLIA

773 – Por que, entre os animais, os pais e os filhos não se reconhecem mais, logo que estes não têm mais necessidade de cuidados?

– Os animais vivem da vida material e não da vida moral. A ternura da mãe por seus pequenos tem por princípio o instinto

de conservação dos seres aos quais ela deu à luz. Quando esses seres podem bastar a si mesmos, sua tarefa está cumprida e nada mais lhe pede a Natureza. Por isso, ela os abandona para se ocupar com os recém-vindos.

774 – Há pessoas que inferem, no abandono dos pequenos animais pelos pais, que, entre os homens, os laços de família não são senão um resultado dos costumes sociais e não uma lei natural; que devemos pensar disso?

– *O homem tem destinação diversa da dos animais; por que, pois, sempre o querer comparar com eles? Nele há outra coisa além das necessidades físicas: há a necessidade do progresso; os laços sociais são necessários ao progresso e os laços de família estreitam os laços sociais: eis porque os laços de família são uma lei natural. Deus quis que os homens aprendessem assim a se amar como irmãos. (205).*

775 – Qual seria, para a sociedade, o resultado do relaxamento dos laços de família?

– *Uma recrudescência do egoísmo.*

CAPÍTULO 8

VII. LEI DO PROGRESSO

Estado natural • Marcha do progresso • Povos degenerados • Civilização • Progresso da legislação humana • Influência do Espiritismo sobre o progresso

ESTADO NATURAL

776 – O estado natural e a lei natural são a mesma coisa?

– Não, o estado natural é o estado primitivo. A civilização é incompatível com o estado natural, ao passo que a lei natural contribui para o progresso da Humanidade.

O estado natural é a infância da Humanidade e o ponto de partida de seu desenvolvimento intelectual e moral. O homem, sendo perfectível, e carregando em si o germe de seu aperfeiçoamento, não está destinado a viver perpetuamente no estado natural, como não está destinado a viver perpetuamente na infância. O estado natural é transitório e o homem dele se liberta pelo progresso e pela civilização. A lei natural, ao contrário, rege a Humanidade inteira, e o homem se aperfeiçoa à medida que compreende melhor e pratica melhor essa lei.

777 – No estado natural, o homem tendo menos necessidades, não tem todas as atribulações que ele cria para si num estado mais avançado; que pensar da opinião daqueles que olham esse estado como aquele da mais perfeita felicidade sobre a Terra?

– Que queres! é a felicidade do bruto; há pessoas que não compreendem outra. É ser feliz à maneira dos animais. As crianças também são mais felizes que os adultos.

778 – O homem pode retrogradar até o estado natural?

– Não, o homem deve progredir sem cessar e não pode retornar ao estado de infância. Se ele progride é porque Deus quer assim. Pensar que ele pode retroceder à sua condição primitiva, seria negar a lei do progresso.

MARCHA DO PROGRESSO

779 – O homem possui em si a força de progredir ou o progresso não é senão o produto de um ensinamento?

– *O homem se desenvolve, ele mesmo, naturalmente; mas nem todos progridem ao mesmo tempo e da mesma forma; é então que os mais avançados ajudam o progresso dos outros, pelo contato social.*

780 – O progresso moral segue sempre o progresso intelectual?

– *É sua consequência, todavia, não o segue sempre imediatamente. (192-365).*

780.a – Como o progresso intelectual pode conduzir ao progresso moral?

– *Fazendo compreender o bem e o mal: o homem, então, pode escolher. O desenvolvimento do livre-arbítrio segue o desenvolvimento da inteligência e aumenta a responsabilidade dos atos.*

780.b – Como ocorre, então, que os povos mais esclarecidos sejam, frequentemente, os mais pervertidos?

– *O progresso completo é o objetivo, mas os povos, como os indivíduos, não o alcançam senão passo a passo. Até que o senso moral se tenha neles desenvolvido, eles podem mesmo se servir de sua inteligência para fazer o mal. O moral e a inteligência são duas forças que não se equilibram senão com o tempo. (365-751).*

781 – É dado ao homem o poder de deter a marcha do progresso?

– *Não, mas o de o entravar algumas vezes.*

781.a – Que pensar dos homens que tentam deter a marcha do progresso e de fazer a Humanidade retrogradar?

– *Pobres seres que Deus castigará. Eles serão derrubados pela torrente que querem deter.*

O progresso, sendo uma condição da natureza humana, não está ao alcance de ninguém a ele se opor. É uma **força viva** que as más leis podem retardar, mas não sufocar. Quando essas leis se lhe tornam incompatíveis, ele as destrói com todos aqueles que as tentam manter, e assim o será até que o homem tenha colocado suas leis em conformidade com a justiça divina, que quer o bem para todos, e não leis feitas para o forte, em prejuízo do fraco.

782 – Não há homens que entravam o progresso de boa fé, o crendo favorecer porque o veem sob seu ponto de vista e, frequentemente, onde ele não está?

– *Pequena pedra colocada sob a roda de uma grande viatura e que não a impede de avançar.*

783 – O aperfeiçoamento da Humanidade segue sempre uma marcha progressiva e lenta?

– Há o progresso regular e lento que resulta da força das coisas; mas quando um povo não avança muito depressa, Deus lhe suscita, de tempos em tempos, um abalo físico ou moral, que o transforma.

O homem não pode ficar, perpetuamente, na ignorância, porque deve atingir o fim marcado pela Providência: ele se esclarece pela força das coisas. As revoluções morais, como as revoluções sociais, se infiltram pouco a pouco nas ideias; germinam durante os séculos, depois, de repente, estouram e fazem ruir o edifício carcomido do passado, que não está mais em harmonia com as necessidades novas e as aspirações novas.

O homem não percebe, frequentemente, nessas comoções, senão a desordem e a confusão momentâneas que o atingem nos seus interesses materiais; aquele que eleva seu pensamento acima da personalidade, admira os desígnios da Providência, que do mal faz surgir o bem. É a tempestade e o furacão que saneiam a atmosfera depois de a ter perturbado.

784 – A perversidade do homem é bem grande e não parece caminhar para trás, em lugar de avançar, pelo menos do ponto de vista moral?

– Enganas-te; observa bem o conjunto e verás que ele avança, uma vez que compreende melhor o que é o mal, e que cada dia corrige os abusos. É preciso o excesso do mal para fazer compreender a necessidade do bem e das reformas.

785 – Qual é o maior obstáculo ao progresso?

– O orgulho e o egoísmo; quero falar do progresso moral, porque o progresso intelectual caminha sempre; à primeira vista, parece mesmo dar a esses vícios um redobramento de atividade, desenvolvendo a ambição e o amor das riquezas que, a seu turno, excitam o homem às procuras que esclarecem seu Espírito. É assim que tudo se mantém, no mundo moral como no mundo físico, e que do mal mesmo pode surgir o bem; mas esse estado de coisas não terá senão um tempo; ele mudará, a medida que o homem compreenda melhor que há, fora dos prazeres dos bens terrenos, uma felicidade infinitamente maior e infinitamente mais durável. (Vede Egoísmo, cap. 12).

Há duas espécies de progresso que se prestam mútuo apoio e que, todavia, não caminham simultaneamente: o progresso intelectual e o progresso moral. Entre os povos civilizados, o primeiro recebe, neste século, todos os incentivos desejáveis, também atingiu um grau desconhecido até nossos dias. É preciso que o segundo esteja no mesmo nível, e, todavia, se se comparam os costumes sociais aos de alguns séculos atrás, seria preciso ser cego para negar o progresso. Por que, pois, a marcha ascendente se deteria antes pelo moral que pela inteligência? Por que, nisso, não haveria, entre o século dezenove e o vigésimo quarto século tanta diferença quanto entre o décimo-quarto e décimo-nono? Duvidar disso, seria pretender que a Humanidade está no apogeu da perfeição, o que seria absurdo, ou que ela não é perfectível moralmente, o que é desmentido pela experiência.

POVOS DEGENERADOS

786 – A História nos mostra uma multidão de povos que, depois dos abalos que os agitaram, caíram na barbárie; onde está, nesse caso, o progresso?

– *Quando tua casa ameaça ruir, tu a derrubas para a reconstruir uma mais sólida e mais cômoda; mas até que ela esteja reconstruída, há perturbação e confusão em tua residência.*

Compreende ainda isto: eras pobre e habitavas um casebre; tornando-te rico o trocaste para habitar um palácio. Depois, um pobre diabo, como tu o eras, vem tomar teu lugar no casebre e está muito contente, porque antes disso não tinha abrigo. Pois bem! aprende, pois, que os Espíritos que estão encarnados nesse povo degenerado não são aqueles que o compuseram ao tempo do seu esplendor. Os de então, que avançaram, foram para habitações mais perfeitas e progrediram, enquanto que outros menos avançados tomaram seu lugar, que, a seu turno, trocarão.

787 – Não há raças que, por sua natureza, são rebeldes ao progresso?

– *Sim, mas estas se aniquilam, cada dia,* ***corporalmente****.*

787.a – Qual será a sorte futura das almas que animam essas raças?

– *Elas atingirão, como todas as outras, a perfeição, passando por outras existências: Deus não deserda a ninguém.*

787.b – Assim, os homens mais civilizados foram selvagens e antropófagos?

– *Tu mesmo o foste, mais de uma vez, antes de seres o que és.*

788 – Os povos são individualidades coletivas que, como os indivíduos, passam pela infância, idade madura e decrepitude; essa verdade constatada pela história não pode fazer pensar que os povos mais avançados deste século terão seu declínio e seu fim, como os da antiguidade?

– *Os povos que não vivem senão a vida do corpo, aqueles cuja grandeza não está fundada senão sobre a força e a extensão, nascem, crescem e morrem, porque a força de um povo se esgota como a de um homem. Aqueles cujas leis egoísticas discordam do progresso das luzes e da caridade, morrem porque a luz mata as trevas e a caridade mata o egoísmo. Mas há para os povos, como para os indivíduos, a vida da alma. Aqueles, cujas leis se harmonizam com as leis eternas do Criador, viverão e serão a luz dos outros povos.*

789 – O progresso reunirá um dia todos os povos da Terra em uma só nação?

– Não em uma só nação, isso é impossível, porque da diversidade dos climas nascem os costumes e as necessidades diferentes que constituem as nacionalidades. Por isso, lhes serão necessárias sempre leis apropriadas a esses costumes e a essas necessidades. Mas a caridade não conhece latitudes e não faz distinção entre a cor dos homens. Quando a lei de Deus for, por toda a parte, a base da lei humana, os povos praticarão a caridade de um para o outro, como os indivíduos de homem para homem. Então, eles viverão felizes e em paz, porque ninguém procurará fazer injustiça para seu vizinho, nem a viver às suas custas.

A Humanidade progride pelos indivíduos que se aperfeiçoam, pouco a pouco, e se esclarecem. Então, quando estes se impõem pelo número, tomam a frente e arrastam os outros. De tempos em tempos surgem, entre eles, homens de gênio que dão um impulso, depois homens com autoridade, instrumentos de Deus, que, em alguns anos, fazem avançá-la alguns séculos.

O progresso dos povos faz, ainda, ressaltar a justiça da reencarnação. Os homens de bem fazem louváveis esforços para fazer avançar uma nação moral e intelectualmente e, seja assim, a nação transformada será mais feliz, neste mundo como no outro. Mas durante a sua marcha lenta através dos séculos, milhares de indivíduos morrem a cada dia. Qual é a sorte de todos aqueles que sucumbem no trajeto? Sua inferioridade relativa os priva da felicidade reservada aos que chegam por último? Ou sua felicidade é relativa? A justiça divina não poderia consagrar uma tal injustiça. Pela pluralidade das existências, o direito à felicidade é o mesmo para todos, porque ninguém está deserdado do progresso. Aqueles que viveram ao tempo da barbárie, podendo retornar ao tempo da civilização, no mesmo povo ou em um outro, resulta que todos aproveitam a marcha ascendente.

Mas o sistema da unidade das existências apresenta aqui uma outra dificuldade. Por esse sistema, a alma é criada no momento do nascimento; portanto, se um homem é mais avançado que um outro, é porque Deus criou, para ele, uma alma mais avançada. Por que esse favor? Que mérito tem ele, que não viveu mais que um outro, menos que um outro frequentemente, para estar dotado de uma alma superior? Mas não esta aí a dificuldade principal. Uma nação passa, em mil anos, da barbárie à civilização. Se os homens vivessem mil anos, conceber-se-ia que, nesse intervalo, eles tivessem o tempo de progredir; mas todos os dias eles morrem, em todas as idades, e se renovam sem cessar, de tal sorte que, cada dia, se os vê aparecerem e desaparecerem. Ao cabo de mil anos, não há mais traços dos antigos habitantes; a nação, de bárbara que era, tornou-se civilizada; o que é que progrediu? Os indivíduos outrora bárbaros? Mas eles estão mortos há muito tempo. Os recém-vindos? Mas se sua alma é criada no momento do seu nascimento, elas não existiam ao tempo da barbárie e é preciso, então, admitir-se que os **esforços que se fez para civilizar um povo têm o poder, não de melhorar as almas imperfeitas, mas de fazer Deus criar almas mais perfeitas**.

Comparemos essa teoria do progresso com a dada pelos Espíritos. As almas, chegadas ao tempo da civilização, tiveram sua infância como todas as outras, mas **já viveram**, e chegaram avançadas, devido a um progresso anterior. Elas vêm atraídas por um meio que lhes é simpático, e que está em conformidade com seu estado atual. De sorte que, as atenções dadas à civilização de um povo não têm por efeito fazer criar, para o futuro, almas mais perfeitas, mas atrair aquelas que já progrediram, seja aquelas que já viveram entre esse mesmo povo ao tempo da barbárie, seja as que vêm de outra parte. Aqui, ainda, está a chave do progresso da Humanidade inteira. Quando todos os povos estiverem ao mesmo nível pelo sentimento do bem, a Terra não será ponto de encontro senão de bons Espíritos, que viverão entre si em união fraternal, e os maus, se encontrando repelidos e deslocados, irão procurar, nos mundos inferiores, o meio que lhes convém, até que sejam dignos de virem ao nosso, transformados. A teoria vulgar, tem, ainda, por consequência, que os trabalhos de aperfeiçoamento social não aproveitam senão às gerações presentes e futuras; seu resultado é nulo para as gerações passadas que cometeram o erro de vir muito cedo, e que se tornam o que podem, carregadas que estão de seus atos de barbárie. Segundo a doutrina dos Espíritos, os progressos ulteriores aproveitam igualmente a essas gerações que viveram em condições melhores e podem, assim, se aperfeiçoar ao abrigo da civilização. (222).

CIVILIZAÇÃO

790 – A civilização é um progresso ou, segundo alguns filósofos, uma decadência da Humanidade?

– Progresso incompleto. O homem não passa subitamente da infância à idade madura.

790.a – É racional condenar a civilização?

– Condenai antes aqueles que abusam dela, e não a obra de Deus.

791 – A civilização se depurará, um dia, de maneira a fazer desaparecer os males que ela tenha produzido?

– Sim, quando o moral estiver tão desenvolvido quanto a inteligência. O fruto não pode vir antes da flor.

792 – Por que a civilização não realiza, imediatamente, todo o bem que ela poderia produzir?

– Porque os homens não estão ainda prontos, nem dispostos a obter esse bem.

792.a – Não seria também porque criando novas necessidades, ela superexcita paixões novas?

– Sim, e porque todas as faculdades do Espírito não progridem ao mesmo tempo. É preciso tempo para tudo. Não podeis esperar frutos perfeitos de uma civilização incompleta. (751-780).

793 – Por quais sinais se pode reconhecer uma civilização completa?

– Vós a reconhecereis no desenvolvimento moral. Acreditais estar bem avançados porque tendes feito grandes descobertas e invenções maravilhosas, estais melhor alojados e melhor vestidos que os selvagens; mas, não tereis, verdadeiramente, o direito de vos dizer civilizados senão quando houverdes banido de vossa sociedade os vícios que a desonram, e puderdes viver, entre vós, como irmãos, praticando a caridade cristã. Até lá, não sois senão povos esclarecidos, não tendo percorrido senão a primeira fase da civilização.

A civilização tem seus graus, como todas as coisas. Uma civilização incompleta é um estado de transição que engendra males especiais, desconhecidos no estado primitivo. Ela, porém, não se constitui menos em um progresso natural, necessário, que traz em si o remédio ao mal que faz. À medida que a civilização se aperfeiçoa, faz cessar alguns dos males que engendrou e esses males desaparecerão com o progresso moral.

De dois povos chegados ao cume da escala social, só poderá se dizer o mais civilizado, na verdadeira acepção do termo, aquele em que se encontre menos egoísmo, cupidez e orgulho; onde os hábitos sejam mais intelectuais e morais que materiais; onde a inteligência possa se desenvolver com mais liberdade; onde haja mais bondade, boa fé, benevolência e generosidade recíprocas; onde os preconceitos de casta e de nascimento estejam menos enraizados, porque esses preconceitos são incompatíveis com o verdadeiro amor ao próximo; onde as leis não consagrem nenhum privilégio e sejam as mesmas para o último, como para o primeiro; onde a justiça se exerça com menos parcialidade; onde o fraco encontre sempre apoio contra o forte; onde a vida do homem, suas crenças e suas opiniões sejam melhor respeitadas; onde haja menos infelizes e, enfim, onde todos os homens de boa vontade estejam sempre seguros de não lhes faltar o necessário.

PROGRESSO DA LEGISLAÇÃO HUMANA

794 – A sociedade poderia ser regida somente pelas leis naturais, sem o concurso das leis humanas?

– Ela o poderia se os homens as compreendessem bem, e seriam suficientes se houvesse vontade de as praticar. Mas a sociedade tem suas exigências, e precisa de leis particulares.

795 – Qual é a causa da instabilidade das leis humanas?

– Nos tempos de barbárie, são os mais fortes que fazem as leis, e as fazem para eles. Foi preciso as modificar, à medida que os homens compreenderam melhor a justiça. As leis humanas são mais estáveis, à medida que se aproximam da verdadeira justiça, quer dizer, à medida que elas são feitas para todos e se identificam com a lei natural.

A civilização criou, para o homem, novas necessidades, e essas necessidades estão relacionadas com a posição social em que se colocou. Precisou regular os direitos e os deveres dessa posição pelas leis humanas. Mas sob a influência de suas paixões, frequentemente, criou direitos e deveres imaginários que condenam a lei natural, e que os povos apagam de seus códigos, à medida que progridem. A lei natural é imutável e a mesma para todos; a lei humana é variável e progressiva. Só ela pôde consagrar, na infância das sociedades, o direito do mais forte.

796 – A severidade das leis penais não é uma necessidade, no estado atual da sociedade?

– Uma sociedade depravada tem, certamente, necessidade de leis mais severas. Infelizmente, essas leis se interessam mais em punir o mal, quando está feito, do que secar a fonte do mal. Não há senão a educação para reformar os homens; então, eles não terão mais necessidade de leis tão rigorosas.

797 – Como o homem poderia ser levado a reformar suas leis?

– Isso vem naturalmente pela força das coisas e a influência das pessoas de bem que o conduzem no caminho do progresso. Ele já reformou muitas e reformará muitas outras. Espera!

INFLUÊNCIA DO ESPIRITISMO SOBRE O PROGRESSO

798 – O Espiritismo se tornará uma crença popular ou ficará partilhado por algumas pessoas?

– Certamente, ele se tornará uma crença popular, e marcará uma nova era na história da Humanidade, porque está na Natureza e é chegado o tempo em que deve tomar lugar entre os conhecimentos humanos. Entretanto, terá grandes lutas a sustentar, mais ainda contra o interesse que contra a convicção, porque não é preciso dissimular que há gente interessada em combatê-lo, uns por amor-próprio, outros por causas inteiramente materiais. Mas os contraditores, achando-se mais e mais isolados, serão forçados a pensar como todo o mundo, sob pena de se tornarem ridículos.

As ideias não se transformam senão com o tempo, e jamais subitamente. Elas se enfraquecem de geração a geração e acabam por desaparecer, pouco a pouco, com aqueles que as professam, e que são substituídos por outros indivíduos, imbuídos de novos princípios, como ocorre com as ideias políticas. Vede o paganismo; não há, hoje, certamente, pessoas que professem as ideias religiosas daqueles tempos. Entretanto, vários séculos depois do advento do Cristianismo, elas deixaram traços que só a completa renovação das raças pôde apagar. Ocorrerá o mesmo com o Espiritismo; ele fez muito progresso, mas haverá ainda, durante duas ou três gerações, um fermento de incredulidade que só o tempo dissipará. Todavia, sua marcha será mais rápida que a do Cristianismo, pois é o próprio Cristianismo que lhe abre os caminhos e sobre o qual ele se apóia. O Cristianismo tinha o que destruir; o Espiritismo só tem que edificar.

799 – De que maneira o Espiritismo pode contribuir para o progresso?

– Destruindo o materialismo, que é uma das chagas da sociedade, ele faz os homens compreenderem onde está o seu verdadeiro interesse. A vida futura, não estando mais velada pela dúvida, o homem compreenderá melhor que ele pode assegurar seu futuro pelo presente. Destruindo os preconceitos de seitas, de castas e de cor, ele ensina aos homens a grande solidariedade que deve uni-los como irmãos.

800 – Não é para temer que o Espiritismo não possa triunfar da negligência dos homens e de seu apego às coisas materiais?

– Seria conhecer bem pouco os homens, se se pensasse que uma causa qualquer os pode transformar como por encantamento. As ideias se modificam pouco a pouco, segundo os indivíduos, e é preciso gerações para apagar completamente os traços dos velhos hábitos. A transformação não pode, pois, operar-se senão com o tempo, gradualmente, e pouco a pouco. A cada geração, uma parte do véu se dissipa; o Espiritismo veio rasgá-lo completamente; mas,

até lá, mesmo que só tivesse o efeito de corrigir um homem, de um só dos seus defeitos, isso seria um passo que lhe teria feito dar, e por isso mesmo um grande bem, porque esse primeiro passo lhe tornará os outros mais fáceis.

801 – Por que os Espíritos não ensinaram, em todos os tempos, o que ensinam hoje?

– Não ensinais às crianças o que ensinais aos adultos, e não dais para um recém-nascido um alimento que ele não possa digerir; cada coisa em seu tempo. Eles ensinaram muitas coisas que os homens não compreenderam ou desnaturaram, mas que podem compreender atualmente. Por seus ensinos, mesmo incompletos, prepararam o terreno para receber a semente que vai frutificar hoje.

802 – Uma vez que o Espiritismo deve marcar um progresso na Humanidade, por que os Espíritos não aceleram esse progresso com manifestações tão gerais e tão patentes que a convicção será levada aos mais incrédulos?

– Quereríeis milagres; mas Deus os espalha a mancheias sob vossos passos, e tendes ainda homens que o renegam. O próprio Cristo convenceu seus contemporâneos pelos prodígios que realizou? Não vedes hoje homens negarem os fatos mais patentes que se passam sob seus olhos? Não tendes os que dizem que não acreditariam mesmo que vissem? Não, não é por prodígios que Deus quer reconduzir os homens; em sua bondade, quer lhes deixar o mérito de se convencerem pela razão.

CAPÍTULO 9

VIII. LEI DE IGUALDADE

Igualdade natural • Desigualdade das aptidões • Desigualdades sociais •Desigualdade das riquezas • Provas da riqueza e da miséria • Igualdade dos direitos do homem e da mulher • Igualdade diante do túmulo

IGUALDADE NATURAL

803 – Todos os homens são iguais diante de Deus?

– Sim, todos tendem ao mesmo fim e Deus fez suas leis para todos. Dizeis frequentemente: O sol brilha para todos. Com isso dizeis uma verdade maior e mais geral do que pensais.

Todos os homens estão submetidos às mesmas leis da Natureza. Todos nascem com a mesma fraqueza, estão sujeitos às mesmas dores e o corpo do rico se destrói como o do pobre. Portanto, Deus não deu, a nenhum homem, superioridade natural, nem pelo nascimento, nem pela morte. Diante dele, todos são iguais.

DESIGUALDADE DE APTIDÕES

804 – Por que Deus não deu as mesmas aptidões para todos os homens?

– Deus criou todos os Espíritos iguais, mas cada um deles tem maior ou menor vivência e, por conseguinte, tem maior ou menor experiência. A diferença está no grau da sua experiência e da sua vontade, que é o livre-arbítrio; daí, uns se aperfeiçoam mais rapidamente e isso lhes dá aptidões diversas. A variedade das aptidões é necessária, a fim de que cada um possa concorrer aos objetivos da Providência, no limite do desenvolvimento de suas forças físicas e intelectuais: o que um não faz, o outro faz. É assim que, cada um, tem seu papel útil. Depois, todos os mundos ***sendo solidários uns com os outros****, é preciso que os habitantes dos mundos superiores – e que, na maioria, foram criados antes do vosso – venham aqui habitar para vos dar o exemplo. (361).*

805 – Passando de um mundo superior para um mundo inferior, o Espírito conserva a integridade das faculdades adquiridas?

– Sim, já o dissemos, o Espírito que progrediu não retrocede; ele pode escolher, no seu estado de Espírito, um envoltório mais grosseiro, ou uma posição mais precária que a que teve, mas tudo isso sempre, para lhe servir de ensino e lhe ajudar o progresso. (180).

Assim, a diversidade das aptidões do homem não resulta da natureza íntima de sua criação, mas do grau de aperfeiçoamento ao qual chegaram os Espíritos nele encarnados. Deus, portanto, não criou desigualdades de faculdades, mas permitiu que os diferentes graus de desenvolvimento estivessem em contato, a fim de que os mais adiantados pudessem ajudar o progresso dos mais atrasados, e, também, a fim de que os homens, tendo necessidade uns dos outros, cumprissem a lei de caridade que os deve unir.

DESIGUALDADES SOCIAIS

806 – A desigualdade das condições sociais é uma lei natural?

– Não, ela é a obra do homem e não a de Deus.

806.a – Essa desigualdade desaparecerá um dia?

– De eterno não há senão as leis de Deus. Não a vedes se apagar pouco a pouco, cada dia? Essa desigualdade desaparecerá juntamente com a predominância do orgulho e do egoísmo; não ficará senão a desigualdade de mérito. Um dia virá em que os membros da grande família dos filhos de Deus não se examinarão pelo sangue mais ou menos puro. Não há senão o Espírito que é mais ou menos puro, e isso não depende da posição social.

807 – Que pensar daqueles que abusam da superioridade da sua posição social para oprimir o fraco, em seu proveito?

– Estes merecem o anátema; ai deles! serão oprimidos, ao seu turno, e ***renascerão*** *numa existência em que sofrerão tudo o que fizeram sofrer. (684).*

DESIGUALDADES DAS RIQUEZAS

808 – A desigualdade das riquezas não tem sua fonte na desigualdade das faculdades que dá a uns maiores meios de aquisição que a outros?

– Sim e não; e a velhacaria e o roubo, que dizes deles?

808.a – A riqueza hereditária, portanto, não é o fruto das más paixões?

– Que sabes disso? remonta à fonte e verás se ela é sempre pura. Sabes se, no princípio, não foi o fruto de uma expoliação ou de uma injustiça? mas, sem falar da origem, que pode ser má, crês que a cobiça do bem, mesmo o melhor adquirido, os desejos secretos que se concebe de os possuir mais cedo, sejam sentimentos louváveis? É isso que Deus julga, e eu te asseguro que seu julgamento é mais severo que o dos homens.

809 – Se uma fortuna foi mal adquirida na origem, os que a herdam, mais tarde, são responsáveis?

– Sem dúvida, eles não são responsáveis pelo mal que outros puderam fazer, tanto menos que o podem ignorar. Mas fica sabendo, frequentemente, uma fortuna não escolhe um homem senão para lhe dar oportunidade de reparar uma injustiça. Bom para ele, se o compreender! Se a faz em nome daquele que cometeu a injustiça, a reparação será contada para ambos, porque, frequentemente, é este último que a provoca.

810 – Sem se afastar da legalidade, pode-se dispor dos bens de maneira mais ou menos equitativa. Se é responsável, depois da morte, pelas disposições que se fez?

– Toda ação carrega seus frutos. Os frutos da boa ação são doces e os das outras são sempre amargos; sempre, entendei bem isso.

811 – A igualdade absoluta das riquezas é possível, e ela alguma vez existiu?

– Não, ela não é possível. A diversidade das faculdades e dos caracteres se opõe a isso.

811.a – Há todavia, homens que creem estar aí o remédio aos males da sociedade. Que pensais disso?

– Eles são sistemáticos ou ambiciosos por inveja. Não compreendem que a igualdade que eles sonham, seria logo desfeita pela força das coisas. Combatei o egoísmo, que é a vossa praga principal, e não procureis quimeras.

812 – Se a igualdade das riquezas não é possível, ocorre o mesmo com o bem-estar?

– Não, mas o bem-estar é relativo, e todos o poderiam desfrutar, se o entendessem bem... porque o verdadeiro bem-estar consiste no emprego do tempo ao seu modo, e não em trabalhos para os quais não se sente nenhum gosto. Como cada um tem aptidões diferentes, nenhum trabalho útil ficaria por fazer. O equilíbrio existe em tudo, é o homem quem o quer alterar.

812.a – É possível os homens se entenderem?

– Os homens se entenderão, quando praticarem a lei de justiça.

813 – Há pessoas que caem na privação e na miséria por sua culpa; a sociedade não pode disso ser responsável?

– Sim, já o dissemos: ela é, frequentemente, a causa primeira desses erros. Aliás, não deve ela velar pela sua educação moral? Frequentemente, é a má educação que falseia seu julgamento em lugar de sufocar nelas as tendências perniciosas. (685).

PROVAS DA RIQUEZA E DA MISÉRIA

814 – Por que Deus deu a uns as riquezas e o poder, e a outros a miséria?

– Para os provar, cada um de maneira diferente. Aliás, o sabeis, essas provas foram os próprios Espíritos que as escolheram, e, frequentemente, nelas sucumbem.

815 – Qual das duas provas é a mais terrível para o homem, a da infelicidade ou a da fortuna?

– Tanto uma quanto a outra o são. A miséria provoca o murmúrio contra a Providência, a riqueza leva a todos os excessos.

816 – Se o rico tem mais tentações não tem, também, maiores meios para fazer o bem?

– É justamente o que sempre não faz. Ele se torna egoísta, orgulhoso e insaciável. Suas necessidades aumentam com sua fortuna, e crê não a ter nunca o bastante só para ele.

A posição elevada neste mundo e a autoridade sobre seus semelhantes são provas tão grandes e tão arriscadas quanto a infelicidade, porque, quanto mais se é rico e poderoso, **mais se tem obrigações a cumprir**, e maiores são os meios para se fazer o bem e o mal. Deus experimenta o pobre pela resignação, e o rico pelo uso que faz dos seus bens e do seu poder.

A riqueza e o poder fazem nascer todas as paixões que nos ligam à matéria e nos afastam da perfeição espiritual; foi por isso que Jesus disse: "Eu vo-lo digo, em verdade, é mais fácil a um camelo passar pelo buraco de uma agulha que a um rico entrar no reino dos céus". (266).

IGUALDADE DE DIREITOS DO HOMEM E DA MULHER

817 – O homem e a mulher são iguais diante de Deus, e têm os mesmos direitos?

– Deus não deu a ambos a inteligência do bem e do mal e a faculdade de progredir?

818 – De onde se origina a inferioridade moral da mulher em certos países?

– Do império injusto e cruel que o homem tomou sobre ela. É um resultado das instituições sociais e do abuso da força sobre a fraqueza. Entre os homens pouco avançados, do ponto de vista moral, a força faz o direito.

819 – Com que objetivo a mulher é fisicamente mais fraca que o homem?

– Para lhe assinalar funções particulares. O homem é para os trabalhos rudes, por ser o mais forte; a mulher para os trabalhos suaves, e ambos para se entreajudarem a passar as provas de uma vida plena de amargura.

820 – A fraqueza física da mulher não a coloca naturalmente sob a dependência do homem?

– Deus deu a uns a força para proteger o fraco, e não para se servir dele.

Deus conformou a organização de cada ser às funções que deve cumprir. Se deu à mulher uma força física menor, dotou-a, ao mesmo tempo, de uma maior sensibilidade, relacionada com a delicadeza das funções maternais e a fraqueza dos seres confiados aos seus cuidados.

821 – As funções para as quais a mulher está destinada pela Natureza têm uma importância tão grande quanto às que são reservadas ao homem?

– Sim, e maiores; é ela quem lhe dá as primeiras noções da vida.

822 – Os homens, sendo iguais diante da lei de Deus, devem o ser, igualmente, diante da lei dos homens?

– É o primeiro princípio de justiça: Não façais aos outros o que não quereríeis que se vos fizessem.

822.a – Segundo isso, uma legislação, para ser perfeitamente justa, deve consagrar a igualdade dos direitos entre o homem e a mulher?

– De direitos, sim; de funções, não. É preciso que cada um tenha um lugar determinado, que o homem se ocupe do exterior e a mulher do interior, cada um segundo sua aptidão. A lei humana, para ser equitativa, deve consagrar a igualdade dos direitos entre o homem e a mulher, todo privilégio concedido a um, ou a outro, é contrário à justiça. ***A emancipação da mulher segue o progresso da civilização****, sua subjugação caminha com a barbárie. Os sexos,*

aliás, não existem senão pela organização física; uma vez que os Espíritos podem tomar um e o outro, não há diferença entre eles sob esse aspecto, e, por conseguinte, devem gozar dos mesmos direitos.

IGUALDADE DIANTE DO TÚMULO

823 – De onde vem o desejo de se perpetuar a memória pelos monumentos fúnebres?

– *Último ato de orgulho.*

– Mas a suntuosidade dos monumentos fúnebres, frequentemente, não é determinada pelos parentes que desejam honrar a memória do falecido e não pelo próprio falecido?

– *Orgulho dos parentes que querem se glorificar a si mesmos. Oh! sim, não é sempre pelo morto que se fazem todas essas demonstrações: é por amor-próprio e pelo mundo, e para ostentar sua riqueza. Crês que a lembrança de um ser querido seja menos durável no coração do pobre, porque ele não pode colocar senão uma flor sobre sua tumba? Crês que o mármore salva do esquecimento aquele que foi inútil sobre a Terra?*

824 – Reprovais de maneira absoluta a pompa dos funerais?

– *Não; quando honra a memória de um homem de bem, é justa e um bom exemplo.*

O túmulo é o local de encontro de todos os homens. Ali terminam implacavelmente todas as distinções humanas. É em vão que o rico quer perpetuar sua memória por monumentos faustosos. O tempo os destruirá, como ao corpo; assim quer a Natureza. A lembrança de suas boas e de suas más ações, será menos perecível que seu túmulo. A pompa dos funerais não o lavará de suas torpezas e nem o fará subir um degrau na hierarquia espiritual. (320 e seguintes).

CAPÍTULO 10

IX. LEI DE LIBERDADE

Liberdade natural • Escravidão • Liberdade de pensar • Liberdade de consciência • Livre-arbítrio • Fatalidade • Conhecimento do futuro • Resumo teórico da motivação das ações do homem

LIBERDADE NATURAL

825 – Há posições no mundo em que o homem possa se vangloriar de gozar de uma liberdade absoluta?

– *Não, porque todos necessitais uns dos outros, os pequenos como os grandes.*

826 – Qual seria a condição na qual o homem poderia gozar de uma liberdade absoluta?

– *O eremita num deserto. Desde que haja dois homens juntos, eles têm direitos a respeitar e não têm mais, por conseguinte, liberdade absoluta.*

827 – A obrigação de respeitar os direitos alheios tira ao homem o direito de pertencer a si mesmo?

– *De modo algum, porque é um direito que lhe vem da Natureza.*

828 – Como conciliar as opiniões liberais de certos homens, com o despotismo que, frequentemente, eles próprios exercem no seu interior e sobre os seus subordinados?

– *Eles têm a inteligência da lei natural, mas ela é contrabalançada pelo orgulho e pelo egoísmo. Eles compreendem o que deve ser, quando seus princípios não são uma comédia representada calculadamente, mas não o fazem.*

828.a – Serão tidos em sua conta, na outra vida, os princípios que professaram neste mundo?

– *Quanto mais se tem inteligência para compreender um princípio, menos se é excusável de não o aplicar a si mesmo. Digo-vos, em verdade, que o homem simples, mas sincero, está mais avançado no caminho de Deus do que aquele que quer parecer o que não é.*

ESCRAVIDÃO

829 – Há homens que sejam destinados, pela Natureza, a serem a propriedade de outros homens?

– Toda sujeição absoluta de um homem a outro homem é contrária à lei de Deus. A escravidão é um abuso da força; desaparecerá com o progresso, como desaparecerão, pouco a pouco, todos os abusos.

A lei humana que consagra a escravidão é uma lei anti-natural, uma vez que assemelha o homem ao animal e o degrada moral e fisicamente.

830 – Quando a escravidão está nos costumes de um povo, os que dela se aproveitam são repreensíveis, uma vez que não fazem senão se conformar a um uso que lhes parece natural?

– O mal é sempre o mal, e todos os vossos sofismas não farão que uma ação má se torne boa; mas a responsabilidade do mal é relativa aos meios que se tem de o compreender. Aquele que tira proveito da lei da escravidão é sempre culpado de uma violação da lei natural; mas nisso, como em todas as coisas, a culpabilidade é relativa. A escravidão, tendo passado nos costumes de certos povos, o homem a pôde aproveitar de boa-fé e como de uma coisa que lhe parecia natural; mas, desde que sua razão mais desenvolvida, e sobretudo esclarecida pelas luzes do Cristianismo, mostrou-lhe no escravo seu igual diante de Deus, ele não tem mais desculpa.

831 – A desigualdade natural das aptidões não coloca certas raças humanas sob a dependência de raças mais inteligentes?

– Sim, para as erguer e não para as embrutecer ainda mais pela servidão. Os homens, durante muito tempo, têm olhado certas raças humanas como animais de trabalho, munidos de braços e mãos, que se julgaram no direito de os vender como bestas de carga. Eles se creem de um sangue mais puro; insensatos que não veem senão a matéria! Não é o sangue que é mais ou menos puro, mas o Espírito. (361-803).

832 – Há homens que tratam seus escravos com humanidade; que não lhes deixam faltar nada e pensam que a liberdade os exporia a privações maiores; que dizeis deles?

– Digo que estes compreendem melhor seus interesses; eles têm também grande cuidado com seus bois e seus cavalos, a fim

de tirar deles maior proveito no mercado. Não são tão culpados como aqueles que os maltratam, mas não deixam de dispor deles como de uma mercadoria, privando-os do direito de se pertencerem.

LIBERDADE DE PENSAR

833 – Há no homem alguma coisa que escapa a todo constrangimento e pela qual ele desfruta de uma liberdade absoluta?

– É no pensamento que o homem goza de uma liberdade sem limites, porque não conhece entraves. Pode-se deter-lhe o voo, mas não o aniquilar.

834 – O homem é responsável pelo seu pensamento?

– Ele é responsável diante de Deus. Só Deus, o podendo conhecer, o condena ou o absolve segundo a sua justiça.

LIBERDADE DE CONSCIÊNCIA

835 – A liberdade de consciência é uma consequência da liberdade de pensar?

– A consciência é um pensamento íntimo que pertence ao homem, como todos os outros pensamentos.

836 – O homem tem o direito de colocar entraves à liberdade de consciência?

– Não mais do que à liberdade de pensar, porque só a Deus pertence o direito de julgar a consciência. Se o homem regula, por suas leis, as relações de homem para homem, Deus, por suas leis da Natureza, regula as relações do homem com Deus.

837 – Qual é o resultado dos entraves postos à liberdade de consciência?

– Constranger os homens a agirem de modo contrário ao que pensam, é torná-los hipócritas. A liberdade de consciência é um dos caracteres da verdadeira civilização e do progresso.

838 – Toda crença é respeitável, mesmo que seja notoriamente falsa?

– Toda crença é respeitável, quando é sincera e conduz à prática do bem. As crenças repreensíveis são as que conduzem ao mal.

839 – É repreensível escandalizar na sua crença aquele que não pensa como nós?

– É faltar com a caridade e ofender a liberdade de pensar.

840 – É ofender a liberdade de consciência opor entraves às crenças de natureza a perturbar a sociedade?

– *Podem-se reprimir os atos, mas a crença íntima é inacessível.*

Reprimir os atos exteriores de uma crença, quando esses atos trazem algum prejuízo a outrem, não é ofender a liberdade de consciência, porque essa repressão deixa à crença sua inteira liberdade.

841 – Deve-se, em respeito à liberdade de consciência, deixar se propagarem doutrinas perniciosas, ou se pode, sem ofender a essa liberdade, procurar trazer de novo ao caminho da verdade aqueles que se perderam por falsos princípios?

– *Certamente se pode e, mesmo, se deve; mas ensinai, a exemplo de Jesus,* ***pela suavidade e a persuasão*** *e não pela força, o que seria pior que a crença daquele a quem se quer convencer. Se há alguma coisa que seja permitido se impor, é o bem e a fraternidade. Mas não cremos que o meio de fazê-los admitir seja o de agir com violência: a convicção não se impõe.*

842 – Todas as doutrinas, tendo a pretensão de ser a única expressão da verdade, por que sinais se pode reconhecer aquela que tem o direito de se colocar como tal?

– *Será aquela que faz mais homens de bem e menos hipócritas, quer dizer, praticante da lei de amor e de caridade na sua maior pureza e na sua mais larga aplicação. Por esse sinal reconhecereis que uma doutrina é boa, porque toda doutrina que tiver por consequência semear a desunião e estabelecer uma demarcação entre os filhos de Deus, não pode ser senão falsa e perniciosa.*

LIVRE-ARBÍTRIO

843 – O homem tem o livre-arbítrio dos seus atos?

– *Uma vez que ele tem a liberdade de pensar, tem a de agir. Sem livre-arbítrio o homem seria uma máquina.*

844 – O homem goza do livre-arbítrio desde o seu nascimento?

– *Há liberdade de agir desde que haja vontade de fazer. Nos primeiros tempos da vida a liberdade é quase nula; ela se desenvolve e muda de objeto com as faculdades. A criança, tendo pensamentos relacionados com as necessidades de sua idade, aplica seu livre-arbítrio às coisas que lhe são necessárias.*

845 – As predisposições instintivas que o homem traz ao nascer, não são um obstáculo ao exercício do livre-arbítrio?

– *As predisposições instintivas são as do Espírito antes de sua encarnação; conforme for ele mais ou menos avançado, elas podem solicitá-lo para atos repreensíveis, e ele será secundado nisso pelos Espíritos que simpatizam com essas disposições; mas não há arrebatamento irresistível, quando se tem a vontade de resistir. Lembrai-vos de que querer é poder. (361).*

846 – O organismo é sem influência sobre os atos da vida, e se ele tem uma influência, não o faz às custas do livre-arbítrio?

– O Espírito, certamente, é influenciado pela matéria que o pode entravar em suas manifestações. Eis porque, nos mundos onde os corpos são menos materiais que sobre a Terra, as faculdades se desdobram com mais liberdade, mas o instrumento não dá a faculdade. De resto, é preciso distinguir aqui as faculdades morais das faculdades intelectuais; se um homem tem o instinto de homicida, é seguramente seu próprio Espírito que o possui e que lhe dá, mas não seus órgãos. Aquele que anula seu pensamento para não se ocupar senão com a matéria, torna-se semelhante ao bruto, e pior ainda, porque ele nem sonha mais em se precaver contra o mal, e é nisto que é culpado, uma vez que age assim por sua vontade. (Ver nºs 367 e seguintes. ***Influência do organismo****).*

847 – A aberração das faculdades tira ao homem o livre-arbítrio?

– Aquele cuja inteligência está perturbada por uma causa qualquer, não é mais senhor do seu pensamento e, desde então, não tem mais liberdade. Essa aberração, frequentemente, é uma punição para o Espírito que, em uma outra existência, pode ter sido vão e orgulhoso e ter feito mau uso de suas faculdades. Ele pode renascer no corpo de um idiota, como o déspota no corpo de um escravo, e o mau rico no de um mendigo; mas o Espírito sofre esse constrangimento, do qual tem perfeita consciência; é aí que está a ação da matéria. (371 e seguintes).

848 – A aberração das faculdades intelectuais por embriaguez desculpa os atos repreensíveis?

– Não, porque o bêbado está voluntariamente privado de sua razão para satisfazer paixões brutais: em lugar de uma falta, ele comete duas.

849 – Qual é, no homem em estado selvagem, a faculdade dominante: o instinto ou o livre-arbítrio?

– O instinto, o que não o impede de agir com uma inteira liberdade para certas coisas. Mas, como a criança, aplica essa liberdade às suas necessidades, e ela se desenvolve com a inteligência. Por conseguinte, tu que és mais esclarecido que um selvagem, és também mais responsável pelo que fazes do que um selvagem.

850 – A posição social, não é, algumas vezes, um obstáculo à inteira liberdade dos atos?

– *O mundo tem, sem dúvida, suas exigências. Deus é justo: leva tudo em conta, mas vos deixa a responsabilidade do pouco esforço que fazeis para superar os obstáculos.*

FATALIDADE

851 – Há uma fatalidade nos acontecimentos da vida, segundo o sentido ligado a essa palavra, quer dizer, todos os acontecimentos são predeterminados? Nesse caso, em que se torna o livre-arbítrio?

– *A fatalidade não existe senão pela escolha que fez o Espírito, em se encarnando, de suportar tal ou tal prova. Escolhendo, ele se faz uma espécie de destino que é a consequência mesma da posição em que se encontra colocado. Falo das provas físicas, porque para o que é prova moral e tentações, o Espírito, conservando seu livre-arbítrio sobre o bem e sobre o mal, é sempre senhor de ceder ou de resistir. Um bom Espírito o vendo fraquejar, pode vir em sua ajuda, mas não pode influir sobre ele de maneira a dominar sua vontade. Um Espírito mau, quer dizer, inferior, mostrando-lhe, exagerando-lhe um perigo físico, pode abalá-lo e assustá-lo; mas a vontade do Espírito encarnado não fica menos livre de todo entrave.*

852 – Há pessoas que uma fatalidade parece perseguir, independentemente de sua maneira de agir; a infelicidade não está no seu destino?

– *Pode ser que sejam provas que elas devem suportar e que escolheram. Mas, ainda uma vez, levais à conta do destino o que não é, o mais frequentemente, senão a consequência de vossa própria falta. Nos males que te afligem, esforça-te para que a tua consciência seja pura, e serás consolado em parte.*

As ideias justas ou falsas que fazemos das coisas, nos fazem vencer ou fracassar, segundo nosso caráter e nossa posição social. Achamos mais simples e menos humilhante para nosso amor-próprio, atribuir, nossos fracassos, à sorte ou ao destino, do que à nossa própria falta. Se a influência dos Espíritos contribui para isso algumas vezes, podemos sempre nos subtrair dessa influência, repelindo as ideias que eles nos sugerem, quando elas são más.

853 – Certas pessoas não escapam de um perigo mortal senão para cair num outro; parece que elas não poderiam escapar à morte. Não há nisso fatalidade?

– Não há de fatal, no verdadeiro sentido da palavra, senão o instante da morte. Quando esse momento chega, seja por um meio ou por outro, não podeis dela vos livrar.

853.a – Assim, qualquer que seja o perigo que nos ameace, não morremos se a hora não é chegada?

– Não, tu não perecerás, e disso tens milhares de exemplos; mas, quando é chegada a tua hora de partir, nada pode te subtrair dela. Deus sabe, antecipadamente, de qual gênero de morte partirás daqui e, frequentemente, teu Espírito o sabe também, porque isso lhe é revelado quando faz escolha de tal ou tal existência.

854 – Da infalibilidade da hora da morte, segue-se que as precauções que se tomam para a evitar são inúteis?

– Não, porque as precauções que tomais vos são sugeridas para evitar a morte que vos ameaça; são um dos meios para que ela não ocorra.

855 – Qual o objetivo da Providência ao nos fazer correr perigos que não devem ter consequência?

– Quando tua vida é posta em perigo, é uma advertência que tu mesmo desejaste, a fim de te desviar do mal e te tornares melhor. Quando escapas desse perigo, ainda sob a influência do perigo que correste, sonhas, mais ou menos fortemente, segundo a ação mais ou menos forte dos bons Espíritos, em te tornares melhor. O mau Espírito sobrevindo (digo mau subentendendo o mal que ainda há nele), pensas que escaparás do mesmo modo de outros perigos, e deixas de novo tuas paixões se desencadearem. Pelos perigos que correis, Deus vos lembra vossas fraquezas e a fragilidade de vossa existência. Se se examinar a causa e a natureza do perigo, ver-se-á que, o mais frequentemente, as consequências teriam sido a punição de uma falta cometida ou ***de um dever negligenciado****. Deus vos adverte, assim, para vos recolher em vós mesmos e vos corrigir. (526-532).*

856 – O Espírito sabe antecipadamente o gênero de morte pelo qual deve sucumbir?

– Ele sabe que o gênero de vida que escolheu o expõe a morrer de tal maneira antes que de tal outra; mas sabe igualmente as lutas que terá de sustentar para o evitar, e que, se Deus o permitir, não sucumbirá.

857 – Há homens que enfrentam os perigos dos combates com esta persuasão de que sua hora não chegou; há alguma coisa de fundada nessa confiança?

– Muito frequentemente o homem tem o pressentimento do seu fim, como pode ter o de que não morrerá ainda. Esse pressentimento lhe vem dos seus Espíritos protetores que o querem advertir a estar pronto para partir, ou que levantam sua coragem nos momentos em que ela lhe é mais necessária. Pode-lhe vir ainda da intuição que tem da existência que escolheu, ou da missão que aceitou e que sabe dever cumprir. (411-522).

858 – Por que aqueles que pressentem sua morte a temem, geralmente, menos que os outros?

– É o homem que teme a morte, não o Espírito. Aquele que a pressente, pensa mais como Espírito do que como homem; compreende sua libertação, e a espera.

859 – Se a morte não pode ser evitada quando ela deve ter lugar, ocorre o mesmo em todos os acidentes que nos atingem no curso da vida?

– Frequentemente, essas são coisas muito pequenas, das quais poderíamos vos prevenir e, algumas vezes, as fazer evitar, dirigindo vosso pensamento, porque não amamos o sofrimento material; mas isso é pouco importante para a vida que escolhestes. A fatalidade, verdadeiramente, não consiste senão na hora em que deveis aparecer e desaparecer deste mundo.

859.a – Há fatos que, forçosamente, devam acontecer e que a vontade dos Espíritos não possa evitar?

– Sim, mas que tu, quando no estado de Espírito, viste e pressentiste, ao fazer a tua escolha. Entretanto, não creiais que tudo o que ocorre esteja escrito, como se diz. Um acontecimento é, frequentemente, a consequência de uma coisa que fizeste por um ato de tua livre vontade, de tal sorte que se não tivesses feito essa coisa, o acontecimento não ocorreria. Se queimas o dedo, isso não é nada; é o resultado de tua imprudência e a consequência da matéria; não há senão as grandes dores, os acontecimentos importantes e podendo influir sobre o moral, que são previstos por Deus, porque são úteis à tua depuração e à tua instrução.

860 – O homem, por sua vontade e por seus atos, pode fazer com que os acontecimentos que deveriam ocorrer não ocorram, e vice-versa?

– Ele o pode, desde que esse desvio aparente possa entrar na vida que escolheu. Ademais, para fazer o bem, como o deve ser, e como é o único objetivo da vida, pode impedir o mal, sobretudo aquele que poderia contribuir para um mal maior.

861 – O homem que comete um homicídio sabe, ao escolher sua existência, que se tornará um assassino?

– Não. Ele sabe que, escolhendo uma vida de luta, há a **chance**, *para ele, de matar um dos seus semelhantes, mas ignora se o fará, porque há, quase sempre, nele, deliberação antes de cometer o crime. Ora, aquele que delibera sobre uma coisa, está sempre livre para fazê-la, ou não fazê-la. Se o Espírito sabia, de antemão, que, como homem, deveria cometer um homicídio, é que isso estava predestinado. Sabei, pois, que não há ninguém predestinado ao crime e que todo crime, ou todo ato qualquer, é sempre o fato da vontade e do livre-arbítrio.*

– De resto, confundis sempre duas coisas bem distintas: os acontecimentos materiais da vida e os atos da vida moral. Se, algumas vezes, há fatalidade, é nos acontecimentos materiais cuja causa está fora de vós, e que são independentes da vossa vontade. Quanto aos atos da vida moral, eles emanam sempre do próprio homem, que tem sempre, por conseguinte, a liberdade de escolha; para esses atos, pois, ***jamais*** *há fatalidade.*

862 – Há pessoas para as quais nada sai bem, e que um mau gênio parece perseguir em todos os seus empreendimentos; não está aí o que se pode chamar fatalidade?

– É bem da fatalidade, se a queres chamar assim; ela, porém, se prende à escolha do gênero de existência, porque essas pessoas quiseram ser experimentadas por uma vida de decepção, a fim de exercitar sua paciência e sua resignação. Entretanto, não creiais que essa fatalidade seja absoluta; frequentemente, ela é o resultado de um caminho falso que tomaram, e que não está em relação com sua inteligência e suas aptidões. Aquele que quer atravessar um rio a nado, sem saber nadar, tem grande chance de se afogar; assim é na maior parte dos acontecimentos da vida. Se o homem não empreendesse senão coisas compatíveis com suas faculdades, ele teria êxito quase sempre; o que o perde é seu amor próprio e sua ambição que o fazem sair de seu caminho e tomar, por uma vocação, o desejo de satisfazer certas paixões. Ele fracassa e a culpa é sua; mas, em lugar de a tomar sobre si, prefere acusar sua estrela. Tal seria um bom operário e ganharia honradamente sua vida, que seria um mau poeta e morreria de fome. Haveria lugar para todo o mundo, se cada um soubesse se colocar no seu lugar.

863 – Os costumes sociais não obrigam, frequentemente, um homem a seguir tal caminho antes que tal outro, e não está ele submetido ao controle da opinião na escolha de suas

ocupações? O que se chama o respeito humano não é um obstáculo ao exercício do livre-arbítrio?

– São os homens que fazem os costumes sociais e não Deus; se se submetem a eles, é porque isso lhes convém, e está ainda aí um ato de seu livre-arbítrio, uma vez que, se o quisessem, poderiam se libertar deles; então, por que se lamentar? Não são aos costumes sociais que devem acusar, mas seu tolo amor-próprio que os faz preferir morrer de fome antes que os derrogar. Ninguém lhes levará em conta esse sacrifício feito à opinião, ao passo que Deus terá em conta o sacrifício de sua vaidade. Isso não quer dizer que seja preciso enfrentar essa opinião sem necessidade, como certas pessoas que têm mais de originalidade que de verdadeira filosofia. Há tanto contra-senso em fazer piada em público, ou ser olhado como um animal curioso, quanto há de sabedoria em descer voluntariamente, e sem murmurar, quando não se pode manter-se no topo da escada.

864 – Se há pessoas às quais a sorte é contrária, outras parecem ser favorecidas, porque tudo lhes sai bem; a que se prende isso?

– Frequentemente, é porque elas sabem melhor se arranjar; mas isso pode ser também um gênero de provas. O sucesso as embriaga e confiam-se ao seu destino, e pagam, com frequência, mais tarde, esses mesmos sucessos por cruéis revezes que teriam podido evitar com a prudência.

865 – Como explicar a chance que favorece certas pessoas nas circunstâncias em que nem a vontade nem a inteligência participam? O jogo, por exemplo?

– Certos Espíritos escolheram anteriormente certas espécies de alegria; a chance que os favorece é uma tentação. Aquele que ganha como homem, perde como Espírito: é uma prova para seu orgulho e sua cupidez.

866 – A fatalidade que parece presidir aos destinos materiais de nossa vida seria, pois, ainda o efeito de nosso livre-arbítrio?

– Tu mesmo escolheste a tua prova; quanto mais rude ela for e melhor a suportares, mais te elevarás. Aqueles que passam sua vida na abundância e na felicidade humana são Espíritos frouxos que permanecem estacionários. Assim, o número dos infortunados sobrepuja em muito o dos felizes desse mundo, já que os Espíritos procuram, na maioria, a prova que resulte a mais frutífera. Eles veem muito bem a futilidade das vossas grandezas e das vossas alegrias. Aliás, a vida mais feliz é sempre agitada, sempre perturbada: não o seria senão pela ausência da dor. (525 e seguintes).

867 – De onde vem a expressão: Nascido sob uma feliz estrela?
– *Velha superstição que ligava as estrelas ao destino de cada homem; alegoria que certas pessoas têm a tolice de tomar ao pé da letra.*

CONHECIMENTO DO FUTURO

868 – O futuro pode ser revelado ao homem?
– *Em princípio, o futuro lhe é oculto e não é senão em casos raros e excepcionais que Deus permite a revelação.*

869 – Com que objetivo o futuro está oculto ao homem?
– *Se o homem conhecesse o futuro, negligenciaria o presente, e não agiria com a mesma liberdade, porque seria dominado pelo pensamento de que, se uma coisa deve acontecer, não tem que se ocupar dela, ou então, procuraria dificultá-la. Deus não quis que fosse assim, a fim de que cada um concorresse para a realização das coisas,* ***mesmo às quais gostaria de se opor****. Assim, tu mesmo, frequentemente, preparas, sem desconfiar disso, para os acontecimentos que sobrevirão no curso da tua vida.*

870 – Uma vez que é útil que o futuro seja desconhecido, por que Deus, algumas vezes, permite a sua revelação?
– *É quando esse conhecimento prévio deve facilitar a realização da coisa em lugar de a dificultar, obrigando a agir de modo diverso do que se faria sem esse conhecimento. Aliás, frequentemente, é uma prova. A perspectiva de um acontecimento pode despertar pensamentos mais ou menos bons; por exemplo, se um homem deve saber que receberá uma herança, com a qual não conta, poderá ser solicitado por sentimento de cupidez, pela alegria de aumentar seus gozos terrestres, pelo desejo de possuir mais cedo, talvez, desejando a morte daquele que deve lhe deixar a fortuna. Ou, então, essa perspectiva despertará nele bons sentimentos e pensamentos generosos. Se a predição não se cumpre, é uma outra prova: a da maneira pela qual ele suportará a decepção. Mas não lhe será menor, por isso, o mérito ou o demérito dos pensamentos bons ou maus que a crença no acontecimento fez nele nascer.*

871 – Uma vez que Deus sabe tudo, sabe, igualmente, se um homem deve, ou não, sucumbir em uma prova; desde então, qual a necessidade dessa prova, uma vez que ela não pode ensinar nada a Deus, que já não saiba, sobre a conta desse homem?

– Com isso queres perguntar por que Deus não criou o homem perfeito e realizado (119); por que o homem passa pela infância antes de atingir a idade adulta (379). A prova não tem o objetivo de esclarecer a Deus sobre o mérito desse homem, porque Deus sabe perfeitamente o que ele quer, mas de deixar a esse homem toda a responsabilidade de sua ação, uma vez que tem a liberdade de fazer ou não fazer. Tendo o homem a escolha entre o bem e o mal, a prova tem por efeito o colocar em luta com a tentação do mal e lhe deixar todo o mérito da resistência. Ora, embora Deus saiba muito bem, e antecipadamente, se ele triunfará ou não, não pode, em sua justiça, nem o punir nem o recompensar por um ato que ainda não foi praticado. (258).

Assim o é entre os homens. Por mais capaz que seja um estudante, por mais certeza que se tenha de o ver triunfar, não se lhe confere nenhum grau sem exame, quer dizer, sem prova. Da mesma forma, o juiz não condena um acusado senão por um ato consumado e não pela previsão de que ele pode ou deve consumar esse ato.

Quanto mais se reflita sobre as consequências que resultariam para o homem o conhecimento do futuro, mais se vê quanto a Providência foi sábia ao ocultá-lo. A certeza de um acontecimento feliz, o mergulharia na inanição; a de um acontecimento infeliz, no desencorajamento; em um e outro caso suas forças estariam paralisadas. Por isso, o futuro não é mostrado ao homem senão como **um fim** que ele deve atingir por seus esforços, mas sem conhecer o processo pelo qual deve passar para o atingir. O conhecimento de todos os incidentes do caminho diminuiria sua iniciativa e o uso do seu livre-arbítrio; ele se deixaria arrastar pela tendência fatal dos acontecimentos, sem exercitar suas faculdades. Quando o sucesso de uma coisa está assegurado, ninguém se preocupa mais com ela.

RESUMO TEÓRICO DA MOTIVAÇÃO DAS AÇÕES DO HOMEM

872 – A questão do livre-arbítrio pode ser resumida assim: O homem não é fatalmente conduzido ao mal; os atos que ele realiza não estão antecipadamente escritos; os crimes que ele comete não são o fato de uma sentença do destino. Ele pode, como prova e como expiação, escolher uma existência em que terá os arrastamentos do crime, seja pelo meio em que está colocado, seja pelas circunstâncias que sobrevirão, mas está sempre livre para agir ou não agir. Assim, no estado de Espírito, o livre-arbítrio existe na escolha da existência e das provas, e no estado corporal, na faculdade de ceder, ou de resistir, aos arrastamentos aos quais estamos voluntariamente submetidos. Cabe à educação combater essas más tendências; ela o fará utilmente quando estiver baseada no estudo profundo da natureza moral do homem. Pelo conhecimento das leis que regem essa natureza moral, chegar-se-á a modificá-la, como se modifica a inteligência pela instrução, e o temperamento pela higiene.

O Espírito liberto da matéria, e no estado errante, faz a escolha de suas existências corporais futuras, segundo o grau de perfeição que alcançou, e é nisso, como dissemos, que consiste, sobretudo, seu livre-arbítrio. Essa liberdade não é anulada pela encarnação; se cede à influência da matéria, é porque sucumbe sob as próprias provas que escolheu e é para ajudá-lo a superá-las, que ele pode invocar a assistência de Deus e dos bons Espíritos. (337).

Sem o livre-arbítrio, o homem não tem nem demérito no mal, nem mérito no bem, e isso é de tal modo reconhecido que, no mundo, se proporciona sempre a censura ou o elogio à intenção, quer dizer à vontade. Ora, quem diz vontade, diz liberdade. O homem, portanto, não saberia procurar uma desculpa de suas faltas no seu organismo, sem abdicar de sua razão e de sua condição de ser humano, para se assemelhar ao animal. Se assim o é para o mal, o será também para o bem. Mas quando o homem faz o bem, tem grande cuidado em dele se fazer um mérito, e não procura, por isso, gratificar seus órgãos, o que prova que, instintivamente, ele não renuncia, apesar da opinião de alguns sistemáticos, ao melhor privilégio de sua espécie: a liberdade de pensar.

A fatalidade, tal como é vulgarmente entendida, supõe a decisão prévia e irrevogável de todos os acontecimentos da vida, qualquer que seja a sua importância. Se isso estivesse na ordem das coisas, o homem seria um máquina sem vontade. Para que lhe serviria sua inteligência, uma vez que seria invariavelmente dominado, em todos os seus atos, pela força do destino? Uma tal doutrina, se fosse verdadeira, seria a destruição de toda liberdade moral. Não haveria mais responsabilidade para o homem e, por conseguinte, nem bem, nem mal, nem crimes, nem virtudes. Deus, soberanamente justo, não poderia castigar sua criatura por faltas que não dependeu dela cometer, nem a recompensar por virtudes das quais ela não teria o mérito. Uma semelhante lei seria, além do mais, a negação da lei do progresso, porque o homem, que esperasse tudo da sorte, não tentaria nada para melhorar sua posição, uma vez que, com isso, não seria nem mais nem menos.

A fatalidade, entretanto, não é uma palavra vã. Ela existe na posição que o homem ocupa sobre a Terra e nas funções que ele aí cumpre, por consequência do gênero de existência que seu

Espírito escolheu, como *prova*, *expiação* ou *missão*. Ele sofre, fatalmente, todas as vicissitudes dessa existência, e todas as tendências, boas ou más, que a ela são inerentes. Mas aí se detém a fatalidade, porque depende de sua vontade ceder, ou não, a essas *tendências*. *O detalhe dos acontecimentos está subordinado às circunstâncias que ele próprio provoca por seus atos*, e sobre as quais podem influir os Espíritos pelos pensamentos que lhe sugerem. (459).

A fatalidade, pois, está nos acontecimentos que se apresentam, uma vez que são a consequência da escolha da existência feita pelo Espírito. Ela pode não estar no resultado desses acontecimentos, posto que pode depender do homem lhes modificar o curso pela sua prudência. *Ela não está jamais nos atos da vida moral*.

É na morte que o homem está submetido, de maneira absoluta, à inexorável lei da fatalidade, porque não pode fugir à sentença que fixa o termo de sua existência, nem ao gênero de morte que deve lhe interromper o curso.

Segundo a doutrina vulgar, o homem possuiria todos os instintos em si mesmo; eles proviriam, seja de sua organização física, pela qual não poderia ser responsável, seja de sua própria natureza, na qual pode procurar uma escusa, aos seus próprios olhos, dizendo que isso não é sua falta, desde que foi feito assim. A Doutrina Espírita, evidentemente, é mais moral. Ela admite, no homem, o livre-arbítrio em toda a sua plenitude, e lhe dizendo que se ele faz o mal, cede a uma sugestão má exterior, deixa-lhe toda a responsabilidade uma vez que lhe reconhece o poder de resistir, coisa, evidentemente, mais fácil que se tivesse que lutar contra sua própria natureza. Assim, segundo a Doutrina Espírita, não há arrastamento irresistível: o homem pode sempre fechar o ouvido à voz oculta que o solicita ao mal em seu foro íntimo, como o pode fechar à voz material de quem lhe fala. Ele o pode por sua vontade, pedindo a Deus a força necessária, e reclamando, para isso, a assistência dos bons Espíritos. É o que Jesus nos ensina na prece sublime da *Oração dominical*, quando nos faz dizer: "Não nos deixeis sucumbir à tentação, mas livrai-nos do mal".

Essa teoria, da causa excitante de nossos atos, ressalta evidentemente de todo o ensino dado pelos Espíritos. Não somente ela é sublime em moralidade, mas acrescentaremos que ela resgata o homem aos próprios olhos. Ela o mostra livre para sacudir um jugo obsessor, como é livre para fechar sua casa aos importunos. Ele não é mais uma máquina agindo por um impulso independente de sua vontade, é um ser racional, que escuta, que julga e que escolhe livremente entre dois conselhos. Acrescentemos que, apesar disso, o homem não está privado de sua iniciativa, não age menos por impulso próprio, uma vez que, em definitivo, ele não é senão um Espírito encarnado que conserva, sob o envoltório corporal, as qualidades e os defeitos que tinha como Espírito. As faltas que cometemos têm, pois, sua fonte primeira nas imperfeições de nosso próprio Espírito, que não atingiu ainda a superioridade moral que terá um dia, mas que nem por isso tem diminuído o seu livre-arbítrio. A vida corporal lhe é dada para se livrar das suas imperfeições pelas provas que nela suporta, e são precisamente essas imperfeições que o tornam mais fraco, e mais acessível, às sugestões dos outros Espíritos imperfeitos, que delas se aproveitam para tratarem de o fazer sucumbir nas lutas que empreende. Se ele sai vencedor dessa luta, se eleva; se fracassa, permanece o que era, nem pior nem melhor. É uma prova para recomeçar, e pode durar muito tempo assim. Quanto mais ele se depura, mais suas fraquezas diminuem, e menos cede àqueles que o solicitam para o mal. Sua força moral cresce em razão de sua elevação, e os maus Espíritos se afastam dele.

Todos os Espíritos, mais ou menos bons, quando estão encarnados, constituem a espécie humana; e, como nossa Terra é um dos mundos menos avançados, aqui se encontram mais maus Espíritos, do que bons; eis porque aqui vemos tanta perversidade. Façamos, portanto, todos os esforços para aqui não retornar depois desta estada, e para merecer ir repousar num mundo melhor, num desses mundos privilegiados, onde o bem reina sem oposição, e onde não nos lembraremos de nossa passagem neste mundo, senão como de um tempo de exílio.

CAPÍTULO 11

X. LEI DE JUSTIÇA, DE AMOR E DE CARIDADE

Justiça e direitos naturais • Direito de propriedade. Roubo • Caridade e amor do próximo • Amor maternal e filial

JUSTIÇA E DIREITOS NATURAIS

873 – O sentimento de justiça está na Natureza ou resulta de ideias adquiridas?
– *Tanto está na Natureza, que vos revoltais ao pensamento de uma injustiça. O progresso moral desenvolve, sem dúvida, esse sentimento, mas não o dá: Deus o colocou no coração do homem. Eis porque encontrareis, frequentemente, entre os homens simples e primitivos, noções mais exatas da justiça que entre os que têm muito saber.*

874 – Se a justiça é uma lei natural, como ocorre que os homens a entendam de maneira tão diferente, e que um ache justo aquilo que parece injusto a outro?
– *É que, frequentemente, aí misturam paixões que alteram esse sentimento, como a maioria dos outros sentimentos naturais, e fazem ver as coisas sob um falso ponto de vista.*

875 – Como se pode definir a justiça?
– *A justiça consiste no respeito aos direitos de cada um.*

875.a – O que determina esses direitos?
– *O são por duas coisas: a lei humana e a lei natural. Tendo os homens feito leis apropriadas aos seus costumes e ao seu caráter, essas leis estabeleceram direitos que puderam variar com o progresso das luzes. Vede se vossas leis de hoje, sem serem perfeitas, consagram os mesmos direitos da Idade Média. Esses direitos antiquados, que vos parecem monstruosos, pareciam justos e naturais naquela época. O direito estabelecido pelos homens, portanto, não está sempre conforme a justiça. Aliás, ele não regula senão certas relações sociais, enquanto que, na vida particular, há*

uma multidão de atos que são unicamente da alçada do tribunal da consciência.

876 – Fora do direito consagrado pela lei humana, qual é a base da justiça fundada sobre a lei natural?

– O Cristo vo-la deu: ***Desejar para os outros o que quereríeis para vós mesmos.*** *Deus colocou no coração do homem a regra de toda a verdadeira justiça, pelo desejo de cada um de ver respeitar seus direitos. Na incerteza do que deve fazer em relação ao seu semelhante em uma dada circunstância, o homem se pergunta como ele desejaria que se fizesse para com ele em circunstância semelhante: Deus não poderia lhe dar um guia mais seguro do que a sua própria consciência.*

O critério da verdadeira justiça é, com efeito, desejar para os outros o que se desejaria para si mesmo, e não de desejar para si o que se desejaria para os outros, o que não é a mesma coisa. Como não é natural querer o mal para si, tomando seu desejo pessoal por modelo ou ponto de partida, se está certo de não se desejar jamais senão o bem para o seu próximo. Em todos os tempos, e em todas as crenças, o homem tem sempre procurado fazer prevalecer o seu direito pessoal. **O sublime da religião cristã foi de tomar o direito pessoal por base do direito do próximo.**

877 – A necessidade para o homem de viver em sociedade lhe ocasiona obrigações particulares?

– Sim, e a primeira de todas é a de respeitar o direito dos seus semelhantes. Aquele que respeitar esses direitos será sempre justo. No vosso mundo, onde tantos homens não praticam a lei de justiça, cada um usa de represálias, e é isso o que faz a perturbação e a confusão de vossa sociedade. A vida social dá direitos e impõe deveres recíprocos.

878 – Podendo o homem se iludir sobre a extensão de seu direito, o que pode lhe fazer conhecer o limite?

– O limite do direito que reconhece ao seu semelhante em relação a ele, na mesma circunstância, e reciprocamente.

878.a – Mas se cada um se atribui os direitos de seu semelhante, que se torna a subordinação para com os superiores? Não é a anarquia de todos os poderes?

– Os direitos naturais são os mesmos para todos os homens, desde o menor até o maior. Deus não fez uns de um limo mais puro que os outros, e todos são iguais diante dele. Esses direitos são eternos; os que o homem estabeleceu perecem com suas instituições. De resto, cada um sente bem sua força ou sua fraqueza,

e saberá ter sempre uma espécie de deferência para aquele que a mereça pela sua virtude e sua sabedoria. É importante destacar isso, a fim de que aqueles que se creem superiores conheçam seus deveres, para merecer essas deferências. A subordinação não estará comprometida, quando a autoridade for dada à sabedoria.

879 – Qual seria o caráter do homem que praticasse a justiça em toda a sua pureza?

– O verdadeiro justo, a exemplo de Jesus, porque praticaria também o amor ao próximo e a caridade, sem os quais não há verdadeira justiça.

DIREITO DE PROPRIEDADE. ROUBO

880 – Qual é o primeiro de todos os direitos naturais do homem?

– O de viver. Por isso, ninguém tem o direito de atentar contra a vida de seu semelhante, nem de fazer nada que possa comprometer a sua existência corporal.

881 – O direito de viver dá ao homem o direito de ajuntar o que necessitar para viver e repousar, quando não puder mais trabalhar?

– Sim, mas o deve fazer em família, como a abelha, por um trabalho honesto, e não amontoar como um egoísta. Mesmo certos animais lhe dão o exemplo da previdência.

882 – O homem tem o direito de defender o que ajuntou pelo trabalho?

– Deus não disse: Não furtarás; e Jesus: é preciso dar a César o que pertence a César?

O que o homem amontoa por um trabalho **honesto** é uma propriedade legítima que tem o direito de defender, porque a propriedade, que é fruto do trabalho, é um direito natural tão sagrado quanto o de trabalhar e de viver.

883 – O desejo de possuir está na Natureza?

– Sim, mas quando é só para si, e para a sua satisfação pessoal, é egoísmo.

883.a – No entanto, não é legítimo o direito de possuir, uma vez que, aquele que tem de que viver, não é carga para ninguém?

– Há homens insaciáveis e que acumulam sem proveito para ninguém, ou para satisfazer suas paixões. Crês que isso seja bem visto por Deus? Aquele que, ao contrário, amontoa por seu trabalho,

tendo em vista ir em ajuda aos seus semelhantes, pratica a lei de amor e caridade, e seu trabalho é abençoado por Deus.

884 – Qual é o caráter da propriedade legítima?

– *Não há propriedade legítima, senão aquela que foi adquirida sem prejuízo para outrem. (808).*

A lei de amor e de justiça proibindo fazer a outrem o que não desejáramos que nos fizessem, condena por isso mesmo todo meio de aquisição contrário a essa lei.

885 – O direito de propriedade é indefinido?

– *Sem dúvida, tudo o que é adquirido legitimamente é uma propriedade. Mas, como o dissemos, a legislação dos homens, sendo imperfeita, consagra, frequentemente, direitos de convenção que a justiça natural reprova. Por isso, eles reformam suas leis à medida que o progresso se realiza, e que compreendem melhor a justiça. O que parece perfeito num século, parece bárbaro no século seguinte. (795).*

CARIDADE E AMOR DO PRÓXIMO

886 – Qual é o verdadeiro sentido da palavra *caridade*, como a entendia Jesus?

– *Benevolência para com todos, indulgência para com as imperfeições alheias, perdão das ofensas.*

O amor e a caridade são o complemento da lei de justiça, porque amar seu próximo é lhe fazer todo o bem que está em nosso poder, e que gostaríamos nos fosse feito a nós mesmos. Tal é o sentido das palavras de Jesus: **Amai-vos uns aos outros, como irmãos**.

A caridade, segundo Jesus, não está restrita à esmola. Ela abrange todas as relações que temos com nossos semelhantes, quer sejam nossos inferiores, nossos iguais ou nossos superiores. Ela nos ordena a indulgência, porque nós mesmos temos necessidade dela. Proíbe-no de humilhar o infortúnio, contrariamente ao que se pratica muito frequentemente. Se uma pessoa rica se apresenta, tem-se por ela mil atenções, mil amabilidades; se é pobre, parece não haver mais necessidade de se incomodar com ela. Quanto mais sua posição seja de se lastimar, mais se deve respeitar, antes de aumentar seu sofrimento pela humilhação. O homem verdadeiramente bom procura realçar o inferior aos seus próprios olhos, diminuindo a distância.

887 – Disse Jesus também: *Amai mesmo vossos inimigos*. Ora, o amor por nossos inimigos não é contrário às nossas tendências naturais e a inimizade não provém da ausência de simpatia entre os Espíritos?

– Sem dúvida, não se pode ter por seus inimigos um amor terno e apaixonado; não foi isso que ele quis dizer. Amar seus inimigos é lhes perdoar e lhes restituir o bem pelo mal. Por aí se lhes torna superior; pela vingança, coloca-se abaixo deles.

888 – Que pensar da esmola?

– O homem reduzido a pedir esmola se degrada moral e fisicamente: ele se embrutece. Numa sociedade baseada sobre a lei de Deus e a justiça, deve-se prover a vida do **fraco** *sem humilhação para ele. Ela deve assegurar a existência daqueles que não podem trabalhar, sem deixar sua vida* **à mercê do acaso** *e da boa vontade.*

888.a – Reprovais a esmola?

– Não, não é a esmola que é reprovável, frequentemente, é a maneira pela qual é feita. O homem de bem, que compreende a caridade segundo Jesus, se antecipa ao infeliz sem esperar que ele lhe estenda a mão.

A verdadeira caridade é sempre boa e benevolente; ela está tanto na maneira quanto no fato. Um serviço feito com delicadeza duplica de valor; se é feito com ostentação, a necessidade pode fazê-lo aceitar, mas o coração não é tocado por ele.

Lembrai-vos também que a ostentação, aos olhos de Deus, tira o mérito do benefício. Disse Jesus: Que a vossa mão esquerda ignore o que dá vossa mão direita; ele vos ensina com isso a não deslustrar a caridade pelo orgulho.

É preciso distinguir a esmola propriamente dita da beneficência. O mais necessitado não é sempre aquele que pede; o receio de uma humilhação retém o verdadeiro pobre e, frequentemente, ele sofre sem se lamentar. É a este que o homem, verdadeiramente humano, sabe ir procurar sem ostentação.

Amai-vos uns aos outros é toda a lei; lei divina pela qual Deus governa os mundos. O amor é a lei de atração para os seres vivos e organizados; a atração é a lei de amor para a matéria inorgânica.

Não olvideis jamais que o Espírito, qualquer que seja seu grau de adiantamento, sua situação como reencarnação ou erraticidade, está sempre colocado entre um superior que o guia e o aperfeiçoa, e um inferior diante do qual tem os mesmos deveres a cumprir. Portanto, sede caridosos, não somente dessa caridade que vos leva a tirar de vossa bolsa o óbolo que dais friamente àquele que ousa vo-lo pedir, mas ide ao encontro das misérias ocultas. Sede indulgentes para com os defeitos dos vossos semelhantes; em lugar de menosprezar a ignorância e o vício, instruí-os e moralizai-os; sede dóceis e benevolentes para tudo o que vos é inferior; sede o mesmo com relação aos seres mais ínfimos da criação, e tereis obedecido à lei de Deus. (SÃO VICENTE DE PAULO).

889 – Não há homens reduzidos à mendicância por suas faltas?

– *Sem dúvida, mas se uma boa educação moral os houvesse ensinado a praticar a lei de Deus, eles não cairiam nos excessos que causam sua perda; é disso sobretudo que depende o melhoramento do vosso globo. (707).*

AMOR MATERNAL E FILIAL

890 – O amor maternal é uma virtude ou um sentimento instintivo comum aos homens e aos animais?

– *É uma e outra. A Natureza deu à mãe o amor pelos seus filhos no interesse de sua conservação. Mas entre os animais esse amor é limitado às necessidades materiais: cessa quando os cuidados se tornam inúteis. Entre os homens ele persiste por toda a vida, e comporta um devotamento e uma abnegação que são da virtude. Sobrevive mesmo à morte, e segue o filho além do túmulo. Bem vedes que há nele outra coisa do que no animal. (205-385).*

891 – Uma vez que o amor maternal está na Natureza, por que há mães que odeiam os filhos, e isso desde o seu nascimento?

– *Algumas vezes, é uma prova escolhida pelo Espírito do filho, ou uma expiação se ele mesmo foi mau pai ou mãe má ou mau filho, numa outra existência (392). Em todos os casos, a mãe má não pode ser animada senão por um mau Espírito, que trata de entravar a existência do filho, a fim de que ele sucumba sob as provas que aceitou; mas esta violação das leis da Natureza não ficará impune, e o Espírito do filho será recompensado pelos obstáculos que haja superado.*

892 – Quando os pais têm filhos que lhes causam desgostos, não são desculpáveis por não terem para com eles a ternura que o teriam em caso contrário?

– *Não, porque é um fardo que lhes é confiado, e sua missão é a de fazer todos os esforços para os reconduzir ao bem (582-583). Mas esses desgostos são, frequentemente, o resultado dos maus costumes que os deixaram tomar desde o berço: colhem, então, o que semearam.*

CAPÍTULO 12
PERFEIÇÃO MORAL

As virtudes e os vícios • Das paixões • Do egoísmo • Caracteres do homem de bem • Conhecimento de si mesmo

AS VIRTUDES E OS VÍCIOS

893 – Qual é a mais meritória de todas as virtudes?

– Todas as virtudes têm seu mérito, porque todas são sinais de progresso no caminho do bem. Há virtude toda vez que há resistência voluntária ao arrastamento das más tendências. Mas o sublime na virtude consiste no sacrifício do interesse pessoal para o bem do seu próximo, sem segunda intenção. A mais meritória é aquela que está fundada sobre a caridade mais desinteressada.

894 – Há pessoas que fazem o bem por um movimento espontâneo, sem que tenham que vencer nenhum sentimento contrário; têm elas tanto mérito quanto as que têm de lutar contra sua própria natureza e que a superam?

– As que não têm que lutar, é porque nelas o progresso está realizado, já lutaram outrora e triunfaram. Por isso, os bons sentimentos não lhes custam nenhum esforço, e suas ações lhes parecem todas simples: o bem se tornou para elas um hábito. Deve-se honrá-las, como velhos guerreiros que conquistaram suas posições.

Como estais ainda longe da perfeição, esses exemplos vos espantam pelo contraste, e os admirais tanto mais porque são raros. Mas, sabei bem que, nos mundos mais avançados que o vosso, é a regra o que entre vós é uma exceção. Ali o sentimento do bem é por toda a parte espontâneo, porque não são habitados senão por bons Espíritos, e uma só má intenção ali seria uma exceção monstruosa. Eis porque os homens lá são felizes e o será assim sobre a Terra quando a Humanidade estiver transformada, e quando compreender e praticar a caridade na sua verdadeira acepção.

895 – À parte dos defeitos e dos vícios, sobre os quais ninguém poderia se enganar, qual é o sinal mais característico da imperfeição?

– O interesse pessoal. As qualidades morais, frequentemente, são como a douração colocada sobre um objeto de cobre e que não resiste à pedra de toque. Um homem pode possuir qualidades reais que o fazem, para todo o mundo, um homem de bem. Mas essas qualidades, embora sejam um progresso, não suportam sempre certas provas e basta, às vezes, tocar a corda do interesse pessoal, para pôr o fundo a descoberto. O verdadeiro desinteresse é mesmo coisa tão rara sobre a Terra, que é admirado como um fenômeno quando ele se apresenta.

O apego às coisas materiais é um sinal notório de inferioridade, porque quanto mais o homem se prende aos bens deste mundo, menos compreende sua destinação. Pelo desinteresse, ao contrário, ele prova que vê o futuro de um ponto de vista elevado.

896 – Há pessoas desinteressadas, sem discernimento, que prodigalizam seus haveres sem proveito real por falta de lhes fazer um emprego racional; têm elas um mérito qualquer?

– Têm o mérito do desinteresse, mas não o têm do bem que poderiam fazer. Se o desinteresse é uma virtude, a prodigalidade irrefletida é sempre, pelo menos, uma falta de julgamento. A fortuna não é dada mais a alguns para ser jogada ao vento, que a outros para ser enterrada num cofre forte; é um depósito do qual terão que prestar contas, porque terão que responder por todo o bem que estava em seu poder fazer, e que não fizeram; por todas as lágrimas que poderiam ter secado com o dinheiro que deram àqueles que dele não tinham necessidade.

897 – Aquele que faz o bem, não em vista de uma recompensa sobre a Terra, mas na esperança de que lhe será levado em conta na outra vida, e que sua posição ali será tanto melhor, é repreensível, e esse pensamento lhe prejudica o adiantamento?

– É preciso fazer o bem por caridade, quer dizer, com desinteresse.

897.a – Entretanto, cada um tem o desejo bem natural de progredir para sair do estado penoso desta vida; os próprios Espíritos, nos ensinam a praticar o bem com esse objetivo; portanto, é um mal pensar que, em se fazendo o bem, pode-se esperar condição melhor que sobre a Terra?

– Não, certamente. Mas, aquele que faz o bem sem segunda intenção, e tão-só pelo prazer de ser agradável a Deus e ao seu semelhante sofredor, já está num certo grau de adiantamento que lhe permitirá alcançar mais cedo a felicidade que seu irmão, que, mais positivo, faz o bem por raciocínio, e não impelido pelo calor natural do seu coração. (894).

897.b – Não há aqui uma distinção a ser feita entre o bem que se pode fazer ao próximo e o esforço para se corrigir de suas faltas? Concebemos que fazer o bem com o pensamento de que ele será levado em conta na outra vida é pouco meritório; todavia, se emendar, vencer suas paixões, corrigir seu caráter tendo em vista se aproximar dos bons Espíritos e se elevar, é igualmente um sinal de inferioridade?

– Não, não. Por fazer o bem, queremos dizer ser caridoso. Aquele que calcula o que cada boa ação pode lhe resultar na vida futura, assim como na vida terrestre, age egoisticamente. Mas não há nenhum egoísmo em se melhorar visando a se aproximar de Deus, uma vez que esse é o objetivo para o qual cada um deve tender.

898 – Uma vez que a vida corporal não é senão uma estada temporária neste mundo, e que nosso futuro deve ser nossa principal preocupação, é útil se esforçar por adquirir conhecimentos científicos que não tocam senão às coisas e às necessidades materiais?

– Sem dúvida. Primeiro, isso vos coloca em condições de aliviar vossos irmãos; depois, vosso Espírito se elevará mais depressa se já progrediu em inteligência. No intervalo das encarnações, aprendeis em uma hora o que vos exigiria anos sobre a vossa Terra. Nenhum conhecimento é inútil, todos contribuem, mais ou menos, para o progresso, porque o Espírito perfeito deve tudo saber, e porque o progresso, devendo se realizar em todos os sentidos, todas as ideias adquiridas ajudam o desenvolvimento do Espírito.

899 – De dois homens ricos, um nasceu na opulência e não conheceu jamais a necessidade; o outro deve a sua fortuna ao seu trabalho; todos os dois a empregam exclusivamente em sua satisfação pessoal; qual é o mais culpável?

– Aquele que conheceu o sofrimento e ele sabe o que é sofrer. Ele conhece a dor que não alivia, mas, muito frequentemente para ele, dela não se lembra mais.

900 – Aquele que acumula sem cessar e sem fazer o bem a ninguém, encontra uma desculpa válida no pensamento de que amontoa para deixar mais aos seus herdeiros?

– É um compromisso com a má consciência.

901 – De dois avarentos, o primeiro se recusa o necessário e morre de necessidade sobre seu tesouro; o segundo não é avaro senão para os outros: é pródigo para si mesmo; enquanto que ele recua diante do menor sacrifício para prestar serviço

ou fazer uma coisa útil, nada lhe custa para satisfazer seus gostos e suas paixões. Peça-se-lhe um serviço, e ele é sempre difícil; quando quer passar por uma fantasia, sempre tem o bastante. Qual é o mais culpado e qual o que terá o pior lugar no mundo dos Espíritos?

– Aquele que goza: ele é mais egoísta do que avarento. O outro já encontrou uma parte de sua punição.

902 – É repreensível invejar a riqueza, quando é pelo desejo de fazer o bem?

– O sentimento é louvável, sem dúvida, quando é puro; mas esse desejo é sempre bem desinteressado e não esconde nenhuma intenção oculta pessoal? A primeira pessoa à qual se deseja fazer o bem, frequentemente, não é a si mesmo?

903 – Há culpa em estudar os defeitos dos outros?

– Se é para os criticar e divulgar, há muita culpa, porque é faltar com a caridade. Se é para fazê-lo em seu proveito pessoal e evitá-los em si mesmo, isso pode algumas vezes ser útil. Mas é preciso não esquecer que a indulgência pelos defeitos alheios é uma das virtudes contidas na caridade. Antes de fazer aos outros uma censura de suas imperfeições, vede se não se pode dizer a mesma coisa de vós. Esforçai-vos, portanto, em ter as qualidades opostas aos defeitos que criticais nos outros, esse é o meio de vos tornardes superiores. Se os censurais por serem avarentos, sede generosos; por serem orgulhosos, sede humildes e modestos; por serem duros, sede dóceis; por agirem com baixeza, sede grandes em todas as vossas ações; em uma palavra, fazei de tal maneira que não vos possam aplicar estas palavras de Jesus: Ele vê uma palha no olho do seu vizinho, e não vê uma trave no seu.

904 – Há culpa em sondar as chagas da sociedade e as revelar?

– Isso depende do sentimento que o leva a fazê-lo; se o escritor não tem em vista senão produzir escândalo, é um prazer pessoal que ele se proporciona, apresentando quadros que, frequentemente, são antes um mau do que um bom exemplo. O Espírito aprecia, mas pode ser punido por essa espécie de prazer que toma em revelar o mal.

904.a – Como, nesse caso, julgar a pureza das intenções e a sinceridade do escritor?

– Isso não é sempre útil. Se ele escreveu boas coisas, aproveitai-as; se fez mal, é uma questão de consciência que a ele diz respeito. De resto, se deseja provar sua sinceridade, cabe a ele apoiar o preceito pelo seu próprio exemplo.

905 – Certos autores publicaram obras muito bonitas e de grande moralidade que ajudam o progresso da Humanidade, mas das quais, eles mesmos, não se aproveitaram; como Espíritos, lhes será levado em conta o bem que suas obras fizeram?

– A moral sem a ação é a semente sem o trabalho. De que vos serve a semente se não a fazeis frutificar para vos nutrir? Esses homens são mais culpáveis, porque tinham inteligência para compreender; não praticando as máximas que deram aos outros. Renunciaram a lhe colher os frutos.

906 – Aquele que faz o bem, é repreensível por ter dele consciência, e de reconhecer a si mesmo?

– Uma vez que pode ter consciência do mal que faz, ele deve ter também a do bem, a fim de saber se age bem ou mal. É pesando todas as suas ações na balança da lei de Deus, e sobretudo na da lei da justiça, de amor e de caridade, que ele poderá dizer a si mesmo se elas são boas ou más, aprová-las ou desaprová-las. Ele não pode, pois, ser repreensível por reconhecer que triunfou das más tendências, e disso estar satisfeito, contanto que disso não tire vaidade, porque, então, cairia em uma outra falta. (919).

DAS PAIXÕES

907 – Uma vez que o princípio das paixões está na Natureza, ele é mau em si mesmo?

– Não, a paixão está no excesso acrescentado à vontade, porque o seu princípio foi dado ao homem para o bem, e elas podem levá-lo a grandes coisas. É o abuso que delas se faz que causa o mal.

908 – Como definir o limite em que as paixões deixam de ser boas ou más?

– As paixões são como um cavalo que é útil quando está dominado, e que é perigoso, quando ele é que domina. Reconhecei, pois, que uma paixão se torna perniciosa do momento em que não podeis governá-la, e que ela tem por resultado um prejuízo qualquer para vós ou para outrem.

As paixões são alavancas que decuplicam as forças do homem e o ajudam na realização dos objetivos da Providência. Mas se, em lugar de as dirigir, o homem se deixa dirigir por elas, cai nos excessos, e a própria força que, em sua mão, poderia fazer o bem, recai sobre ele e o esmaga.

Todas as paixões têm seu princípio num sentimento ou necessidade natural. O princípio das paixões, portanto, não é um mal, uma vez que repousa sobre uma das condições providenciais de nossa existência. A paixão, propriamente dita, é o exagero de uma necessidade ou de um sentimento. Ela está no excesso e não na causa, e esse excesso se torna um mal quando tem por consequência um mal qualquer.

Toda paixão que aproxima o homem da natureza animal, afasta-o da natureza espiritual.

Todo sentimento que eleva o homem acima da natureza animal, anuncia a predominância do Espírito sobre a matéria e o aproxima da perfeição.

909 – O homem poderia sempre vencer suas más tendências pelos seus esforços?

– Sim, e, algumas vezes, por fracos esforços. É a vontade que lhe falta. Ah! quão poucos dentre vós fazem esforços!

910 – O homem pode encontrar nos Espíritos uma assistência eficaz para superar suas paixões?

– Se ele ora a Deus e ao seu bom gênio com sinceridade, os bons Espíritos virão certamente em sua ajuda, porque é a sua missão. (459).

911 – Não há paixões tão vivas e irresistíveis que a vontade não tenha poder para superá-las?

– Há muitas pessoas que dizem: ***Eu quero****, mas a vontade não está senão nos lábios; elas querem, mas estão bem contentes que assim não seja. Quando se crê não poder vencer suas paixões, é que o Espírito nelas se compraz em consequência de sua inferioridade. Aquele que as procura reprimir, compreende sua natureza espiritual; as vitórias são para ele um triunfo do Espírito sobre a matéria.*

912 – Qual é o meio mais eficaz de se combater a predominância da natureza corporal?

– Fazer abnegação de si mesmo.

DO EGOÍSMO

913 – Dentre os vícios, qual é o que se pode considerar como radical?

– Nós o dissemos muitas vezes: é o ***egoísmo****. Dele deriva todo o mal. Estudai todos os vícios e vereis que no fundo de todos está o egoísmo; inutilmente os combatereis e não chegareis a extirpá-los enquanto não houverdes atacado o mal em sua raiz, enquanto não houverdes destruído a causa. Que todos os vossos esforços, portanto, tendam para esse objetivo, porque aí está a verdadeira*

chaga da sociedade. Todo aquele que quer se aproximar, desde esta vida, da perfeição moral, deve extirpar de seu coração todo sentimento de egoísmo, porque o egoísmo é incompatível com a justiça, o amor e a caridade. Ele neutraliza todas as outras qualidades.

914 – O egoísmo, estando fundado sobre o sentimento de interesse pessoal, parece bem difícil de ser inteiramente extirpado do coração do homem: a isso se chegará?

– À medida que os homens se esclarecem sobre as coisas espirituais, ligam menos valor às coisas materiais. Aliás, é preciso reformar as instituições humanas que o entretêm e o excitam. Isso depende da educação.

915 – O egoísmo, sendo inerente à espécie humana, não seria sempre um obstáculo ao reinado do bem absoluto sobre a Terra?

– É certo que o egoísmo é vosso maior mal, mas ele se prende à inferioridade dos Espíritos encarnados sobre a Terra, e não à Humanidade em si mesma. Ora, os Espíritos, em se depurando pelas encarnações sucessivas, perdem o egoísmo, como perdem suas outras impurezas. Não tendes sobre a Terra nenhum homem desprovido de egoísmo e praticando a caridade? Há deles mais do que acreditais, mas os conheceis pouco porque a virtude não procura se pôr em evidência. Se há um deles, porque não haveria dez; se há dez deles, porque não haveria mil, e assim, sucessivamente?

916 – O egoísmo, longe de diminuir, aumenta com a civilização que parece excitá-lo e entretê-lo; como a causa poderia destruir o efeito?

– Quanto maior o mal, mais ele se torna hediondo. Era preciso que o egoísmo fizesse muito mal, para fazer compreender a necessidade de o extirpar. Quando os homens tiverem se despojado do egoísmo que os domina, eles viverão como irmãos, não se fazendo mal, se entreajudando reciprocamente, pelo sentimento mútuo da ***solidariedade****. Então, o forte será o apoio e não o opressor do fraco, e não se verá mais homens a quem falta o necessário, porque todos praticarão a lei de justiça. É o reino do bem que os Espíritos estão encarregados de preparar. (784).*

917 – Qual é o meio de se destruir o egoísmo?

– De todas as imperfeições humanas, a mais difícil de se desenraizar é o egoísmo, porque ele se prende à influência da matéria, da qual o homem, ***ainda muito próximo da sua origem****, não pôde se libertar, e essa influência tudo concorre para mantê-la: suas leis, sua organização social, sua educação. O egoísmo se enfraquecerá com*

a predominância da vida moral sobre a vida material e, sobretudo, com a inteligência que o Espiritismo vos dá de vosso estado futuro real e não desnaturado pelas ficções alegóricas. O Espiritismo bem compreendido, quando estiver identificado com os costumes e as crenças, transformará os hábitos, os usos e as relações sociais. O egoísmo se funda sobre a importância da personalidade; ora, o Espiritismo bem compreendido, eu o repito, faz ver as coisas de tão alto, que o sentimento da personalidade desaparece, de alguma forma, diante da imensidade. Destruindo essa importância, ou pelo menos fazendo vê-la como ela é, ele combate necessariamente o egoísmo.

É o choque que o homem experimenta do egoísmo dos outros que o torna, frequentemente, egoísta, porque sente a necessidade de se colocar na defensiva. Vendo que os outros pensam em si mesmos e não nele, é conduzido a se ocupar de si mais do que dos outros. Que o princípio da caridade e da fraternidade seja a base das instituições sociais, das relações ***legais*** *de povo a povo, e de homem a homem, e o homem pensará menos em sua pessoa quando verificar que os outros nele pensam. Ele sofrerá a influência moralizadora do exemplo e do contato. Em presença desse transbordamento do egoísmo, é preciso uma verdadeira virtude para renunciar sua personalidade em proveito dos outros que, frequentemente, isso não reconhecem. É, sobretudo, àqueles que possuem esta virtude que o reino dos céus está aberto; àqueles, sobretudo, está reservada a felicidade dos eleitos, porque eu vos digo em verdade, que no dia da justiça, quem não pensou senão em si mesmo, será colocado de lado e sofrerá no seu abandono. (785). (Fénelon)*

Empregam-se, sem dúvida, louváveis esforços para fazer avançar a Humanidade; encorajam-se, estimulam-se, honram-se os bons sentimentos mais do que em nenhuma outra época e, todavia, o verme roedor do egoísmo é sempre a chaga social. É um mal que recai sobre todo o mundo e do qual cada um é, mais ou menos, vítima. É preciso, pois, combatê-lo como se combate uma doença epidêmica. Para isso, é preciso proceder à maneira dos médicos: ir à fonte. Que se procure, pois, em todas as partes do organismo social, desde a família até os povos, desde a cabana até o palácio, todas as causas, todas as influências patentes ou ocultas, que excitam, entretêm e desenvolvem o sentimento do egoísmo. Uma vez conhecidas as causas, o remédio se mostrará por si mesmo. Não se tratará mais senão de combatê-las, senão todas ao mesmo tempo, pelo menos parcialmente e, pouco a pouco, o veneno será extirpado. A cura poderá ser demorada, porque as causas são numerosas, mas não é impossível. A isso não se chegará, de resto, senão tomando o mal em sua raiz, quer dizer, pela educação; não essa educação que tende a fazer homens instruídos, mas a que tende a fazer homens de bem. A educação, se bem entendida, é a chave do progresso moral. Quando se conhecer a arte de manejar os caracteres como se conhece a de manejar as inteligências, poder-se-á endireitá-los, como se endireitam as plantas jovens. Todavia, essa arte exige muito tato, muita experiência e uma profunda observação. É um grave erro crer que basta ter a ciência para a exercer com proveito. Todo aquele que segue o filho do rico, assim como o do pobre, desde o instante do seu nascimento, e observa todas as influências perniciosas que reagem sobre ele em consequência da fraqueza, da incúria e da ignorância daqueles que o dirigem, quando frequentemente, os meios que se empregam para o moralizar falham, não pode se espantar de encontrar no mundo tantos defeitos. Que se faça pelo moral tanto quanto se faz pela inteligência e se verá que, se há naturezas refratárias, há, mais do que se crê, as que pedem apenas uma boa cultura para produzir bons frutos. (872).

O homem quer ser feliz e esse sentimento está na Natureza. Por isso, ele trabalha sem cessar para melhorar sua posição sobre a Terra, procura as causas dos seus males, a fim de os remediar. Quando compreender bem que o egoísmo é uma dessas causas, a que engendra o orgulho, a ambição, a cupidez, a inveja, o ódio, o ciúme, que o magoam a cada instante, que leva a perturbação em todas as relações sociais, provoca as dissensões, destrói a confiança, obriga a se colocar constantemente em defensiva contra seu vizinho, a que, enfim, do amigo faz um inimigo, então ele compreenderá também que esse vício é incompatível com a sua própria felicidade, acrescentamos mesmo, com a sua própria segurança. Quanto mais ele o tenha sofrido, mais sentirá a necessidade de o combater, como combate a peste, os animais nocivos e todos os outros flagelos; ele o será solicitado pelo seu próprio interesse. (784).

O egoísmo é a fonte de todos os vícios, como a caridade é a fonte de todas as virtudes. Destruir um, desenvolver o outro, tal deve ser o objetivo de todos os esforços do homem, se quer assegurar sua felicidade neste mundo, tanto quanto no futuro.

CARACTERES DO HOMEM DE BEM

918 – Por que sinais se pode reconhecer num homem o progresso real que deve elevar seu Espírito na hierarquia espírita?

– O Espírito prova sua elevação quando todos os atos de sua vida corporal são a prática da lei de Deus e quando compreende, por antecipação, a vida espiritual.

O verdadeiro homem de bem é aquele que pratica a lei de justiça, de amor e de caridade na sua maior pureza. Se interroga sua consciência sobre os atos realizados, se pergunta se não violou essa lei, se não fez o mal, se fez todo o bem que **pôde**, se ninguém tem nada a se lamentar dele, enfim, se fez a outrem tudo aquilo que queria que os outros lhe fizessem.

O homem, penetrado do sentimento de caridade e de amor ao próximo, faz o bem pelo bem, sem esperança de compensação, e sacrifica o seu interesse à justiça.Ele é bom, humano e benevolente para todo o mundo, porque vê irmãos em todos os homens, sem exceção de raças nem de crenças.

Se Deus lhe deu o poder e a riqueza, olha essas coisas como **um depósito**, do qual deve fazer uso para o bem, sem disso tirar vaidade, porque sabe que Deus, que os deu, pode retirá-los.

Se a ordem social colocou homens sob sua dependência, trata-os com bondade e benevolência, porque são seus iguais diante de Deus. Usa de sua autoridade para levantar seu moral e não para os esmagar por seu orgulho.

É indulgente para com as fraquezas alheias, porque sabe que, ele mesmo, tem necessidade de indulgência, e se lembra destas palavras do Cristo: **que aquele que está sem pecado lhe atire a primeira pedra**.

Não é vingativo: a exemplo de Jesus, perdoa as ofensas para não se recordar senão dos benefícios, porque sabe que **lhe será perdoado como ele próprio tiver perdoado**.

Respeita, enfim, em seus semelhantes todos os direitos que dão as leis da Natureza, como gostaria que respeitassem os seus.

CONHECIMENTO DE SI MESMO

919 – Qual é o meio prático e mais eficaz para se melhorar nesta vida, e resistir ao arrastamento do mal?

– Um sábio da antiguidade vos disse: ***Conhece-te a ti mesmo.***

919.a – Concebemos toda a sabedoria dessa máxima, mas a dificuldade está precisamente em se conhecer a si mesmo; qual é o meio de conseguir?

– Fazei o que eu fazia, eu mesmo, de minha vida sobre a Terra: ao fim da jornada, eu interrogava minha consciência, passava em revista o que havia feito, e me perguntava se não tinha faltado a algum dever, se ninguém teve do que se lamentar de mim. Foi assim que cheguei a me conhecer e ver o que havia para reformar em mim. Aquele que, cada noite, lembrasse todas suas ações da jornada e se perguntasse o que fez de bem ou de mal, pedindo a Deus e ao seu anjo guardião para o esclarecer, adquiriria uma grande força para se aperfeiçoar, porque, crede-me, Deus o assistiria. Colocai-vos, pois, perguntas e interrogai o que fizestes e com qual objetivo agistes em tal circunstância; se fizestes alguma coisa que censurais da parte de outrem; se fizestes uma ação que não ousaríeis confessar. Perguntai-vos ainda isto: se aprouvesse a Deus me chamar neste momento, reentrando no mundo dos Espíritos, onde

nada é oculto, eu teria o que temer diante de alguém? Examinai o que podeis ter feito contra Deus, depois contra vosso próximo, e enfim, contra vós mesmos. As respostas serão um repouso para vossa consciência ou a indicação de um mal que é preciso curar.

O conhecimento de si mesmo, portanto, é a chave do progresso individual; mas, direis, como se julgar? Não se tem a ilusão do amor-próprio que ameniza as faltas e as desculpa? O avarento se crê simplesmente econômico e previdente; o orgulhoso crê não haver senão a dignidade. Isso é muito verdadeiro, mas tendes um meio de controle que não pode vos enganar. Quando estiverdes indecisos sobre o valor de uma de vossas ações, perguntai-vos como a qualificaríeis se fosse feita por uma outra pessoa; se a censurais em outrem, ela não poderia ser mais legítima em vós, porque Deus não tem duas medidas para a justiça. Procurai saber, também, o que pensam os outros a respeito, e não negligencieis a opinião dos vossos inimigos, porque estes não têm nenhum interesse em dissimular a verdade e, frequentemente, Deus os coloca ao vosso lado como um espelho para vos advertir com mais franqueza do que o faria um amigo. Que aquele que tem a vontade séria de se melhorar explore, pois, sua consciência, a fim de arrancar dela as más tendências, como arranca as más ervas do seu jardim; que faça o balanço de sua jornada moral, como o mercador faz de suas perdas e de seus lucros, e eu vos asseguro que a um lhe resultará mais que a outro. Se ele puder dizer que sua jornada foi boa, pode dormir em paz, e esperar sem receio o despertar de uma outra vida.

Colocai, pois, perguntas claras e precisas e não temais de as multiplicar: se podem dar alguns minutos para conquistar uma felicidade eterna.

Não trabalhais todos os dias com o objetivo de amontoar o que vos dê repouso na velhice? Esse repouso não é o objeto de todos os vossos desejos, o objetivo que vos faz suportar as fadigas e as privações momentâneas? Pois bem! o que é esse repouso de alguns dias, perturbado pelas enfermidades do corpo, ao lado daquele que espera o homem de bem? Isso não vale a pena de fazer algum esforço? Sei que muitos dizem que o presente é positivo e o futuro incerto; ora, eis aí precisamente o pensamento que estamos encarregados de destruir em vós, porque desejamos vos fazer compreender esse futuro de maneira que ele não possa deixar nenhuma dúvida em vossa alma. Por isso, primeiro chamamos vossa atenção para os fenômenos de natureza a impressionar vossos sentidos, depois vos demos instruções que cada um de vós se acha encarregado de divulgar. Foi com esse objetivo que ditamos o Livro dos Espíritos. (Santo Agostinho)

Muitas faltas que cometemos passam despercebidas para nós; se, com efeito, seguindo o conselho de Santo Agostinho, interrogássemos mais frequentemente nossa consciência, veríamos quantas vezes falimos sem o perceber, por falta de perscrutar a natureza e o móvel de nossos atos. A forma interrogativa tem alguma coisa de mais precisa do que uma máxima que, frequentemente, não aplicamos a nós mesmos. Ela exige respostas categóricas, por sim ou por não, que não deixam alternativa; são igualmente argumentos pessoais, e, pela soma das respostas, pode-se calcular a soma do bem e do mal que está em nós.

LIVRO QUATRO

ESPERANÇAS E CONSOLAÇÕES

CAPÍTULO 1

PENAS E GOZOS TERRESTRES

Felicidade e infelicidade relativas • Perda de pessoas amadas • Decepções. Ingratidão. Afeições destruídas • Uniões antipáticas • Medo da morte • Desgosto da vida. Suicídio

FELICIDADE E INFELICIDADE RELATIVAS

920 – O homem pode gozar, sobre a Terra, de uma felicidade completa?

– Não, uma vez que a vida lhe foi dada como prova ou expiação; mas depende dele amenizar seus males e ser tão feliz quanto se pode ser sobre a Terra.

921 – Concebe-se que o homem será feliz sobre a Terra quando a Humanidade estiver transformada; mas, à espera disso, cada um pode se garantir uma felicidade relativa?

– O mais frequentemente, o homem é o artífice de sua própria infelicidade. Praticando a lei de Deus, ele se poupa de muitos males e se proporciona uma felicidade tão grande quanto o comporta sua existência grosseira.

O homem que está bem compenetrado de sua destinação futura não vê na vida corporal senão uma estada temporária. É para ele uma parada momentânea em má hospedaria. Ele se consola facilmente de alguns desgostos passageiros de uma viagem que o deve conduzir a uma posição tanto melhor quanto melhor tenha se preparado.

Somos punidos, desde esta vida, pelas infrações às leis da existência corporal, pelos males que são a consequência dessas infrações e de nossos próprios excessos. Se remontarmos, gradativamente, à origem do que chamamos nossas infelicidades terrestres, nós as veremos, na maioria, serem a consequência de um primeiro desvio do caminho reto. Por esse desvio, entramos num mau caminho e, de consequência em consequência, caímos na infelicidade.

922 – A felicidade terrestre é relativa à posição de cada um; o que basta à felicidade de um, faz a infelicidade de outro. Entretanto, há uma medida de felicidade comum a todos os homens?

– Para a vida material, é a posse do necessário; para a vida moral, a boa consciência e a fé no futuro.

923 – O que seria supérfluo para um, não se torna o necessário para outros, e reciprocamente, segundo a posição?

– Sim, de acordo com as vossas ideias materiais, vossos preconceitos, vossa ambição e todos os vossos defeitos ridículos, aos quais o futuro fará justiça quando compreenderdes a verdade. Sem dúvida, aquele que tinha cinquenta mil libras de renda, e se encontra reduzido a dez, se crê bem infeliz, porque não pode mais fazer uma figura tão grande, ter aquilo que chama sua posição, ter cavalos, lacaios, satisfazer todas as suas paixões, etc. Ele crê lhe faltar o necessário; mas, francamente, o crês poder se lamentar quando ao seu lado há os que morrem de fome e de frio, e não têm um refúgio para repousar sua cabeça? O sábio, para ser feliz, olha abaixo de si, e jamais acima, a não ser para elevar sua alma até o infinito. (715).

924 – Há males que são independentes da maneira de agir, e que atingem o homem mais justo; não há algum meio de se preservar deles?

– Ele deve, então, se resignar e os suportar ***sem murmurar****, se quer progredir; mas ele possui sempre uma consolação na sua consciência, que lhe dá a esperança de um futuro melhor, se faz o que é preciso para o obter.*

925 – Por que Deus favorece, com os dons da fortuna, certos homens que não os parecem merecer?

– É um favor aos olhos daqueles que não veem senão o presente; mas, sabei-o bem, a fortuna é uma prova frequentemente mais perigosa do que a miséria. (814 e seguintes).

926 – A civilização, criando novas necessidades, não é a fonte de aflições novas?

– Os males deste mundo estão em razão das necessidades ***artificiais*** *que vos criais. Aquele que sabe limitar seus desejos e vê*

sem inveja o que está acima de si, poupa-se a muitas decepções desta vida. O mais rico é aquele que tem menos necessidades.

Invejais os gozos daqueles que vos parecem os felizes do mundo; mas sabeis o que lhes está reservado? Se não gozam senão para eles, são egoístas e, então, virá o reverso. Antes, lastimai-os. Deus permite, algumas vezes, que o mau prospere, mas sua felicidade não é para invejar, porque a pagará com lágrimas amargas. Se o justo é infeliz, é uma prova que lhe será tida em conta, se a suportar com coragem. Lembrai-vos destas palavras de Jesus: Felizes aqueles que sofrem, porque serão consolados.

927 – O supérfluo, certamente, não é indispensável à felicidade, mas não é assim com o necessário; ora, a infelicidade daqueles que estão privados do necessário não é real?

– O homem não é verdadeiramente infeliz senão quando sofre a falta do que é necessário à vida e à saúde do corpo. Essa privação é talvez sua culpa e, então, não a deve imputar senão a si próprio; se ela é por culpa de outrem, a responsabilidade recai sobre aquele que lhe é a causa.

928 – Pela especialidade das aptidões naturais, Deus indica evidentemente nossa vocação neste mundo. Muitos dos males não decorrem de que não seguimos essa vocação?

– É verdade, e, frequentemente, são os pais que, por orgulho ou avareza, fazem seus filhos saírem do caminho traçado pela Natureza e, por esse deslocamento, comprometem sua felicidade; eles disso serão responsáveis.

928.a – Assim, acharíeis justo que o filho de um homem altamente colocado no mundo fizesse tamancos, por exemplo, se para isso tinha aptidão?

– Não é preciso cair no absurdo, nem nada exagerar: a civilização tem suas necessidades. Por que o filho de um homem altamente colocado, como dizes, faria tamancos se pode fazer outra coisa? Ele poderá sempre se tornar útil na medida de suas faculdades, se elas não são aplicadas em sentido contrário. Assim, por exemplo, em lugar de um mau advogado, ele poderia, talvez, se tornar um bom mecânico, etc.

O deslocamento dos homens fora de sua esfera intelectual é, seguramente, uma das causas mais frequentes de decepção. A inaptidão pela carreira abraçada é uma fonte perene de reveses. Depois, o amor-próprio, vindo se juntar a isso, impede o homem fracassado de procurar um recurso numa profissão mais humilde e lhe mostra o suicídio como o remédio supremo para escapar ao que ele crê uma humilhação. **Se uma educação moral o tivesse elevado acima dos tolos preconceitos do orgulho, ele não seria jamais apanhado de surpresa**.

929 – Há pessoas que, estando privadas de todos os recursos, então mesmo que a abundância reine ao seu redor, não têm senão a morte por perspectiva; que partido devem tomar? Devem se deixar morrer de fome?

– Não se deve jamais ter a ideia de se deixar morrer de fome; se encontrará sempre meios de se alimentar, se o orgulho não se interpuser entre a necessidade e o trabalho. Diz-se frequentemente: Não há profissão tola; não é a situação que desonra; diz-se para os outros e não para si.

930 – É evidente que, sem os preconceitos sociais pelos quais se deixa dominar, encontrar-se-ia sempre um trabalho qualquer que pudesse ajudar a viver, mesmo rebaixado de sua posição. Mas, entre as pessoas que não têm preconceitos, ou que os deixam de lado, há os que estão na impossibilidade de prover às suas necessidades, em consequência de doenças ou de outras causas independentes de sua vontade?

– Numa sociedade organizada segundo a lei do Cristo, ninguém deve morrer de fome.

Com uma organização social sábia e previdente, não pode faltar ao homem o necessário, senão por sua falta; mas mesmo suas faltas, frequentemente, são o resultado do meio em que ele se encontra colocado. Quando o homem praticar a lei de Deus, tera uma ordem social fundada sobre a justiça e a solidariedade, e ele mesmo também será melhor. (793).

931 – Por que, na sociedade, as classes sofredoras são mais numerosas que as classes felizes?

– Nenhuma é perfeitamente feliz, e, o que se crê a felicidade, esconde, frequentemente, pungentes pesares: o sofrimento está por toda parte. Entretanto, para responder ao teu pensamento, direi que as classes, a que chamas sofredoras, são mais numerosas, porque a Terra é um lugar de expiação. Quando o homem nela tiver feito a morada do bem e dos bons Espíritos, não será mais infeliz e será para ele o paraíso terrestre.

932 – Por que, no mundo, os maus dominam, tão frequentemente, em influência sobre os bons?

– Pela fraqueza dos bons; os maus são intrigantes e audaciosos, os bons são tímidos. Quando estes o quiserem, levantarão a cabeça.

933 – Se o homem, frequentemente, é o artífice dos seus sofrimentos materiais, não ocorre o mesmo com os sofrimentos morais?

– Mais ainda, porque os sofrimentos materiais, algumas vezes, são independentes da vontade; mas o orgulho ferido, a ambição

frustrada, a ansiedade da avareza, a inveja, o ciúme, todas as paixões, em uma palavra, são torturas da alma.

A inveja e o ciúme! Felizes aqueles que não conhecem esses dois vermes roedores! Com a inveja e o ciúme, não há calma, nem repouso possível para aquele que está atacado desse mal: os objetos de sua cobiça, de seu ódio, de seu despeito, se levantam diante dele como fantasmas que não lhe dão nenhuma trégua e o perseguem até no sono. Os invejosos e os ciumentos estão num estado de febre contínua. Portanto, está aí uma situação desejável e não compreendeis que, com suas paixões, o homem criou para si suplícios voluntários, e a Terra se torna para ele um verdadeiro inferno?

Várias expressões pintam energicamente os efeitos de certas paixões; diz-se: estar inchado de orgulho, morrer de inveja, secar de ciúme ou de despeito, perder com isso a bebida e o alimento, etc. Esse quadro não é senão muito verdadeiro. Algumas vezes mesmo o ciúme não tem objetivo determinado. Há pessoas ciumentas por natureza, de tudo o que se eleva, de tudo o que escapa à linha vulgar, então mesmo que não tenham nisso nenhum interesse direto, mas unicamente porque elas não o podem alcançar. Tudo o que parece acima do horizonte as ofusca, e se são a maioria na sociedade, elas querem tudo reconduzir ao seu nível. É o ciúme acrescentado à mediocridade.

O homem, frequentemente, não é infeliz senão pela importância que liga às coisas deste mundo. É a vaidade, a ambição e a cupidez frustradas que fazem sua infelicidade. Se ele se coloca acima do círculo estreito da vida material; se eleva seus pensamentos até o infinito, que é a sua destinação, as vicissitudes da Humanidade lhe parecem, então, mesquinhas e pueris, como as tristezas de uma criança que se aflige com a perda de um brinquedo que representava a sua felicidade suprema.

Aquele que não vê felicidade senão na satisfação do orgulho e dos apetites grosseiros, é infeliz quando não pode satisfazê-los, ao passo que aquele que nada pede ao supérfluo é feliz com o que os outros olham como calamidades.

Falamos do homem civilizado, porque o selvagem, tendo suas necessidades mais limitadas, não têm os mesmos objetos de cobiça e de angústias: sua maneira de ver as coisas é toda diferente. No estado de civilização, o homem raciocina sua infelicidade e a analisa e, por isso, é por ela mais afetado. Mas pode, também, raciocinar e analisar os meios de consolação. Essa consolação, ele a retira **no sentimento cristão que lhe dá a esperança de um futuro melhor, e no Espiritismo que lhe dá a certeza desse futuro.**

PERDA DE PESSOAS AMADAS

934 – A perda de pessoas que nos são queridas não é uma daquelas que nos causam um desgosto tanto mais legítimo

quanto essa perda é irreparável e é independente de nossa vontade?

– *Essa causa de desgosto atinge o rico quanto o pobre: é uma prova ou expiação, e a lei comum; mas é uma consolação poder vos comunicar com vossos amigos pelos meios que tendes,* ***esperando que, para isso, tenhais outros mais diretos e mais acessíveis aos vossos sentidos.***

935 – Que pensar da opinião das pessoas que olham as comunicações de além-túmulo, como uma profanação?

– *Não pode haver nisso profanação quando há recolhimento, e quando a evocação é feita com respeito e decoro. O que o prova, é que os Espíritos que vos afeiçoam vêm com prazer; são felizes com vossa lembrança e por conversarem convosco; haveria profanação em fazê-lo com leviandade.*

A possibilidade de entrar em comunicação com os Espíritos é uma bem doce consolação, uma vez que ela nos proporciona o meio de conversar com nossos parentes e nossos amigos que deixaram a Terra antes de nós. Pela evocação, os aproximamos de nós, eles estão ao nosso lado, nos ouvem e nos respondem; não há, por assim dizer, mais separação entre eles e nós. Eles nos ajudam com seus conselhos, nos testemunham sua afeição e o contentamento que experimentam com nossa lembrança. É para nós uma satisfação sabê-los felizes, aprender **por eles mesmos** os detalhes de sua nova existência, e adquirir a certeza de, por nossa vez, a eles nos reunir.

936 – Como as dores inconsoláveis dos sobreviventes afetam os Espíritos a que se dirigem?

– *O Espírito é sensível à lembrança e aos lamentos daqueles que amou, mas uma dor incessante e irracional o afeta penosamente, porque ele vê nessa dor excessiva uma falta de fé no futuro e de confiança em Deus e, por conseguinte, um obstáculo ao progresso e, talvez, ao reencontro.*

O Espírito, estando mais feliz que sobre a Terra, lamentar-lhe a vida é lamentar que ele seja feliz. Dois amigos são prisioneiros e encerrados no mesmo cárcere; ambos devem ter um dia sua liberdade, mas um deles a obtém antes do outro. Seria caridoso, àquele que fica, estar descontente de que seu amigo seja libertado antes dele? Não haveria mais egoísmo que afeição de sua parte, em querer que partilhasse seu cativeiro e seus sofrimentos tanto tempo quanto ele? Ocorre o mesmo com dois seres que se amam sobre a Terra: aquele que parte primeiro, está livre primeiro, e o devemos felicitar por isso, esperando com paciência o momento em que o estaremos por nossa vez.

Faremos, sobre esse assunto, uma outra comparação. Tendes um amigo que, perto de vós, está numa situação muito penosa; sua saúde ou seu interesse exige que ele vá para um outro país, onde estará melhor sob todos os aspectos. Ele não estará mais perto de vós, momentaneamente, mas estareis sempre em correspondência com ele: a separação não será senão material. Estaríeis descontentes com seu afastamento, uma vez que é para seu bem?

A Doutrina Espírita, pelas provas patentes que dá da vida futura, da presença em torno de nós, daqueles que amamos, da continuidade da sua afeição e da sua solicitude, pelas relações que nos faculta manter com eles, nos oferece uma suprema consolação numa das causas mais legítimas de dor. Com o Espiritismo, não há mais solidão, mais abandono; o homem mais isolado, tem sempre amigos perto de si, com os quais pode conversar.

Suportamos impacientemente as tribulações da vida; elas nos parecem tão intoleráveis que não compreendemos que as possamos suportar. Todavia, se as suportarmos com coragem, se soubermos impor silêncio às nossas murmurações, nós nos felicitaremos quando estivermos fora dessa prisão terrestre, como o paciente que sofre se felicita, quando está curado, de se ter resignado a um tratamento doloroso.

DECEPÇÃO. INGRATIDÃO. AFEIÇÕES DESTRUÍDAS.

937 – As decepções que nos fazem experimentar a ingratidão e a fragilidade dos laços da amizade, não são também, para o homem de coração, uma fonte de amargura?

– *Sim, mas vos ensinamos a lastimar os ingratos e os amigos infiéis: eles serão mais infelizes do que vós. A ingratidão é filha do egoísmo e o egoísta encontrará mais tarde corações insensíveis, como ele próprio o foi. Pensai naqueles que fizeram mais bem do que vós, que valeram mais do que vós, e que foram pagos pela ingratidão. Pensai que o próprio Jesus, em sua vida, foi zombado e desprezado, e tratado de velhaco e impostor, e não vos espanteis que assim seja em relação a vós. Que o bem que houverdes feito seja a vossa recompensa nesse mundo, e não olheis o que dizem sobre ele os que o receberam. A ingratidão é uma prova para a vossa persistência em fazer o bem; ser-vos-á levada em conta e aqueles que vos desconheceram serão punidos por isso, tanto mais quanto houver sido a sua ingratidão.*

938 – As decepções causadas pela ingratidão não são feitas para endurecer o coração e o fechar à sensibilidade?

– *Isso seria um erro; porque o homem de coração, como dizes, está sempre feliz pelo bem que faz. Ele sabe que se o não lembrarem nesta vida, o lembrarão em outra, e que o ingrato disso terá vergonha e remorsos.*

938.a – Esse pensamento não impede seu coração de ser ulcerado; ora, isso não lhe poderia originar a ideia de que seria mais feliz se fosse menos sensível?

– *Sim, se prefere a felicidade do egoísta; é uma triste felicidade esta. Que ele saiba, pois, que os amigos ingratos que o abandonam não são dignos de sua amizade e que se enganou sobre eles; desde então, não deve mais lamentar a sua perda. Mais tarde, encontrará os que o saberão melhor compreender. Lamentai aqueles que têm para vós maus procedimentos que não merecestes, porque haverá para eles um triste retorno; mas não vos aflijais com isso: é o meio de vos colocardes acima deles.*

A Natureza deu ao homem a necessidade de amar e de ser amado. Um dos maiores prazeres que lhe seja concedido, sobre a Terra, é o de reencontrar corações que simpatizam com o seu, o que lhe dá as premissas da felicidade que lhe está reservada no mundo dos Espíritos perfeitos, onde tudo é amor e benevolência: é um prazer que é negado ao egoísta.

UNIÕES ANTIPÁTICAS

939 – Uma vez que os Espíritos simpáticos são levados a se unir, como se dá que, entre os Espíritos encarnados, a afeição, frequentemente, não esteja senão de um lado, e que o amor mais sincero seja recebido com indiferença e mesmo repulsa. Como, de outra parte, a afeição mais viva de dois seres pode mudar em antipatia e, algumas vezes, em ódio?

– *Não compreendeis, pois, que é uma punição, mas que não é senão passageira. Aliás, quantos não há que creem amar perdidamente, porque não julgam senão sobre as aparências, e quando são obrigados a viver com as pessoas, não tardam a reconhecer que isso não é senão uma admiração material. Não basta estar enamorado de uma pessoa que vos agrada, e a quem creiais de belas qualidades; é vivendo realmente com ela que a podereis apreciar. Quantas também não há dessas uniões que, no início, parecem não dever jamais ser simpáticas, e quando um e outro se conhecem bem e se estudam bem, acabam por se amar com um amor terno e durável, porque repousa sobre a estima! É preciso não esquecer que é o Espírito que ama e não o corpo, e, quando a ilusão material se dissipa, o Espírito vê a realidade.*

Há duas espécies de afeições: a do corpo e a da alma, e, frequentemente, se toma uma pela outra. A afeição da alma, quando pura e simpática, é durável; a do corpo é perecível. Eis porque, frequentemente, aqueles que creem se amar, com um amor eterno, se odeiam quando a ilusão termina.

940 – A falta de simpatia entre os seres destinados a viver juntos, não é igualmente uma fonte de desgostos tanto mais amarga quanto envenena toda a existência?
– Muito amarga, com efeito. Mas é uma dessas infelicidades das quais, frequentemente, sois a primeira causa. Primeiro, são vossas leis que são erradas, por que crês que Deus te constrange a ficar com aqueles que te descontentam? E, depois, nessas uniões, frequentemente, procurais mais a satisfação do vosso orgulho e da vossa ambição, do que a felicidade de uma afeição mútua; suportareis, então, a consequência dos vossos preconceitos.

940.a – Mas, nesse caso, não há quase sempre uma vítima inocente?
– Sim, e é para ela uma dura expiação; mas a responsabilidade de sua infelicidade recairá sobre aqueles que lhe foram a causa. Se a luz da verdade penetrou sua alma, ela tirará sua consolação em sua fé no futuro; de resto, à medida que os preconceitos se enfraquecerem, as causas dessas infelicidades íntimas desaparecerão também.

MEDO DA MORTE

941 – O receio da morte é para muitas pessoas uma causa de perplexidade; de onde vem esse temor, uma vez que elas têm diante de si o futuro?
– É errado que tenham esse temor; todavia, que queres tu! se procura as persuadir, em sua juventude, de que há um inferno e um paraíso, mas que é mais certo que elas irão para o inferno, porque lhe dizem que, o que está na Natureza, é um pecado mortal para a alma. Então, quando se tornam grandes, se têm um pouco de julgamento, não podem admitir isso, e se tornam atéias ou materialistas; é assim que as levam a crer que, fora da vida presente, não há mais nada. Quanto às que persistiram em suas crenças da infância, elas temem esse fogo eterno que as deve queimar, sem as destruir.
– A morte não inspira ao justo nenhum medo, porque com **a fé** *ele tem a certeza do futuro;* **a esperança** *lhe faz esperar uma vida melhor, e* **a caridade***, da qual praticou a lei, dá-lhe a segurança de que não reencontrará, no mundo em que vai entrar, nenhum ser do qual deva temer o olhar. (730).*

O homem carnal, mais ligado à vida corporal do que à vida espiritual, tem, sobre a Terra, penas e gozos materiais; sua felicidade está na satisfação fugidia de todos os seus desejos. Sua alma, constantemente preocupada e afetada pelas vicissitudes da vida, está numa ansiedade e numa tortura perpétuas. A morte o assusta, porque ele duvida do seu futuro, e deixa sobre a Terra todas as suas afeições e todas as suas esperanças.

O homem moral, que se eleva acima das necessidades artificiais criadas pelas paixões, tem, desde este mundo, prazeres desconhecidos ao homem material. A moderação dos seus desejos dá ao seu Espírito a calma e a serenidade. Feliz pelo bem que faz, não há para ele decepções, e as contrariedades deslizam sobre sua alma sem deixar aí impressão dolorosa.

942 – Certas pessoas não acharão esses conselhos para ser feliz sobre a Terra um pouco banais? Não verão neles o que chamam lugares comuns, verdades repetidas? Não dirão elas que, em definitivo, o segredo para ser feliz é saber suportar sua infelicidade?

– Há os que dirão isso, e muitos. Mas ocorre com eles o mesmo que com certos doentes a quem o médico prescreve a dieta: gostariam de ser curados sem remédios e continuando a se dar indigestões.

DESGOSTO DA VIDA. SUICÍDIO

943 – De onde vem o desgosto da vida que se apodera de certos indivíduos, sem motivos plausíveis?

– Efeito da ociosidade, da falta de fé e, frequentemente, da saciedade.

Para aquele que exercita suas faculdades com um objetivo útil, e ***segundo suas aptidões naturais****, o trabalho não tem nada de árido e a vida se escoa mais rapidamente. Ele suporta as vicissitudes com tanto mais paciência e resignação, quanto age tendo em vista uma felicidade mais sólida e mais durável que o espera.*

944 – O homem tem o direito de dispor da sua própria vida?

– Não, só Deus tem esse direito. O suicídio voluntário é uma transgressão dessa lei.

944.a – O suicídio não é sempre voluntário?

– O louco que se mata não sabe o que faz.

945 – Que pensar do suicídio que tem por causa o desgosto da vida?

– Insensatos! Por que não trabalhavam? a existência não lhes teria sido uma carga!

946 – Que pensar do suicídio que tem por objetivo escapar às misérias e às decepções deste mundo?

– Pobres Espíritos que não têm a coragem de suportar as misérias da existência! Deus ajuda àqueles que sofrem, e não àqueles que não têm nem força, nem coragem. As tribulações da vida são provas ou expiações; felizes aqueles que as suportam sem murmurar, porque serão recompensados! Infelizes, ao contrário, os que esperam sua salvação do que, em sua impiedade, chamam de acaso ou de fortuna! O acaso ou a fortuna, para me servir de sua linguagem, podem, com efeito, favorecer-lhes um instante, mas é para fazê-los sentir mais tarde, e mais cruelmente, o vazio dessas palavras.

946.a – Os que conduziram o infeliz a esse ato de desespero, suportarão as suas consequências?

– Oh! estes, infelizes deles! ***porque disso responderão como de um homicídio.***

947 – O homem que luta com a necessidade e que se deixa morrer de desespero, pode ser considerado como um suicida?

– É um suicídio, mas aqueles que lhe são a causa, ou que poderiam impedi-lo, são mais culpados do que ele, e a indulgência o espera. No entanto, não creiais que seja inteiramente absolvido se faltou firmeza e perseverança, e se não fez uso de toda a sua inteligência para sair do lamaçal. Infeliz dele, sobretudo, se seu desespero nasce do orgulho; quero dizer, se é desses homens que o orgulho paraliza os recursos da inteligência, que corariam em dever sua existência ao trabalho de suas mãos, e que preferem morrer de fome antes que se rebaixar do que chamam a sua posição social! Não há cem vezes mais grandeza e dignidade em lutar contra a adversidade, em desafiar a crítica de um mundo fútil e egoísta, que não tem boa vontade senão para aqueles que não falta nada, e vos voltam as costas desde que tendes necessidade dele? Sacrificar sua vida à consideração desse mundo, é uma coisa estúpida, porque não têm isso em nenhuma conta.

948 – O suicído que tem por objetivo escapar à vergonha de uma ação má é tão repreensível quanto o que é causado pelo desespero?

– O suicído não se apaga pela falta, ao contrário, nisso há dois em lugar de um. Quando se teve a coragem de fazer o mal, é preciso ter a de lhe sofrer as consequências. Deus julga e, segundo a causa, pode, algumas vezes, diminuir seus rigores.

949 – O suicídio é desculpável quando tem por objetivo impedir a vergonha de recair sobre os filhos ou a família?

– Aquele que age assim não faz bem, mas o crê, e Deus lho tem em conta, porque é uma expiação que impõe a si mesmo. Atenua

a sua falta pela intenção, mas, com isso, não deixa de cometer uma falta. De resto, aboli os abusos de vossa sociedade e vossos preconceitos, e não tereis mais esses suicídios.

Aquele que se tira a vida pra escapar à vergonha de uma ação má, prova que se prende mais à estima dos homens, do que à estima de Deus, porque vai reentrar na vida espiritual carregado de suas iniquidades e se tira os meios de as reparar durante a vida. Frequentemente, Deus é menos inexorável que os homens. Perdoa o arrependimento sincero e nos considera a reparação; o suicídio não repara nada.

950 – Que pensar daquele que tira a própria vida, na esperança de alcançar, mais cedo, a uma melhor?

– Outra loucura! que ele faça o bem e estará mais seguro de a ela chegar; porque retarda sua entrada num mundo melhor, e ele mesmo pedirá para vir ***terminar*** *essa vida que cortou por uma falsa ideia. Uma falta, qualquer que seja, não abre jamais o santuário dos eleitos.*

951 – O sacrifício de sua vida não é meritório, algumas vezes, quando tem por objetivo salvar a de outrem, ou de ser útil aos seus semelhantes?

– Isso é sublime, segundo a intenção, e o sacrifício de sua vida não é um suicídio. Mas Deus se opõe a um sacrifício inútil e não o pode ver com prazer se é deslustrado pelo orgulho. Um sacrifício não é meritório senão pelo desinteresse e aquele que o realiza, tem, algumas vezes, uma segunda intenção, que lhe diminui o valor aos olhos de Deus.

Todo sacrifício feito às custas de sua própria felicidade é um ato soberanamente meritório aos olhos de Deus, porque é a prática da lei de caridade. Ora, a vida sendo o bem terrestre ao qual o homem atribui maior valor, aquele que a renuncia para o bem de seus semelhantes não comete um atentado: ele faz um sacrifício. Mas, antes de o cumprir, deve refletir se sua vida não pode ser mais útil do que sua morte.

952 – O homem que perece vítima do abuso de paixões que ele sabe dever apressar seu fim, mas às quais ele não tem mais o poder de resistir, porque o hábito fez delas verdadeiras necessidades físicas, comete um suicídio?

– É um suicídio moral. Não compreendeis que o homem é duplamente culpado nesse caso? Há nele falta de coragem e animalidade, e além disso, o esquecimento de Deus.

952.a – É mais, ou menos, culpado que aquele que se tira a vida por desespero?

– É mais culpado, porque tem tempo de raciocinar seu suicídio; no que o faz instantaneamente há, algumas vezes, uma espécie

de descaminho ligado à loucura. O outro será muito mais punido, porque as penas são sempre proporcionais à consciência que se tem das faltas cometidas.

953 – Quando uma pessoa vê diante de si uma morte inevitável e terrível, é ela culpada por abreviar de alguns instantes seus sofrimentos por uma morte voluntária?

– Sempre se é culpado por não esperar o termo fixado por Deus. Aliás, se está bem certo de que esse termo tenha chegado, apesar das aparências, e que não se pode receber um socorro inesperado no último momento?

953.a – Concebe-se que nas circunstâncias normais o suicídio seja repreensível, mas suponhamos o caso em que a morte é inevitável, e em que a vida não é abreviada senão de alguns instantes?

– É sempre uma falta de resignação e de submissão à vontade do Criador.

953.b – Quais são, nesse caso, as consequências dessa ação?

– Uma expiação proporcional à gravidade da falta, conforme as circunstâncias, como sempre.

954 – Uma imprudência que compromete a vida sem necessidade é repreensível?

– Não há culpabilidade quando não há intenção ou consciência positiva de fazer o mal.

955 – As mulheres que, em certos países, se queimam voluntariamente sobre o corpo de seu marido, podem ser consideradas suicidas, suportando disso as consequências?

– Elas obedecem a um preconceito e, frequentemente, mais à força que por sua própria vontade. Elas creem cumprir um dever, e esse não é o caráter do suicídio. Sua desculpa está na nulidade moral da maioria, dentre eles, e na sua ignorância. Esses usos bárbaros e estúpidos desaparecem com a civilização.

956 – Os que, não podendo suportar a perda de pessoas que lhe são queridas, se matam na esperança de ir reencontrá-las, atingem seu objetivo?

– O resultado, para eles, é diferente do que esperam, e, em lugar de estar reunido ao objeto de sua afeição, dele se distanciam por maior tempo, porque Deus não pode recompensar um ato de covardia, e o insulto que lhe é feito, duvidando de sua providência. Eles pagarão esse instante de loucura por desgostos maiores que

aqueles que acreditavam abreviar, e não terão para os compensar a satisfação que esperavam. (934 e seguintes).

957 – Quais são, em geral, as consequências do suicídio sobre o estado do Espírito?

– As consequências do suicídio são muito diversas: não há penas fixadas e, em todos os casos, são sempre relativas às causas que provocaram. Mas uma consequência à qual o suicida não pode fugir, é o desapontamento. De resto, a sorte não é a mesma para todos: depende das circunstâncias. Alguns expiam a sua falta imediatamente, outros em uma nova existência que será pior do que aquela cujo curso interromperam.

A observação mostra, com efeito, que as consequências do suicídio não são sempre as mesmas. Mas há as que são comuns a todos os casos de morte violenta, e a consequência da interrupção brusca da vida. Há primeiro a persistência mais prolongada e mais tenaz do laço que une o Espírito e o corpo, esse laço estando quase sempre na plenitude de sua força, no momento em que foi quebrado, enquanto que, na morte natural, ele se enfraquece gradualmente e, no mais das vezes, se rompe antes que a vida esteja completamente extinta. As consequências desse estado de coisa são a prolongação da perturbação espírita, depois a ilusão de que, durante um tempo mais ou menos longo, faz o Espírito crer que está ainda entre os vivos. (155 e 165).

A afinidade que persiste entre o Espírito e o corpo produz, em alguns suicidas, uma espécie de repercussão do estado do corpo sobre o Espírito, que sente assim, apesar dele, os efeitos da decomposição e dela sente uma sensação plena de angústias e de horror, e esse estado pode persistir tanto tempo quanto deveria durar a vida que interromperam. Esse efeito não é geral, mas, em nenhum caso, o suicida está isento das consequências de sua falta de coragem e, cedo ou tarde, expia sua falta de uma ou de outra maneira. É assim que certos Espíritos que foram infelizes sobre a Terra, disseram ser suicidas em sua precedente existência e estar voluntariamente submetidos a novas provas, para tentar suportá-las com mais resignação. Em alguns, é uma espécie de ligação à matéria da qual eles procuram em vão se desembaraçar, para alçar aos mundos melhores, mas nos quais o acesso lhes é interditado; na maioria, é o desgosto de ter feito uma coisa inútil, visto que dela não experimentaram senão a decepção.

A religião, a moral, todas as filosofias condenam o suicídio como contrário à lei natural; todas nos dizem, em princípio, que não se tem o direito de abreviar voluntariamente a vida; mas por que não se tem esse direito? Por que não se é livre para pôr termo aos seus sofrimentos? Estava reservado ao Espiritismo demonstrar, pelo exemplo daqueles que sucumbiram, que isso não é só uma falta como infração a uma lei moral, consideração de pouca importância para certos indivíduos, mas um ato estúpido, uma vez que, com ele, nada se ganha, longe disso, não é a teoria que nos ensina, mas os fatos que ele coloca sob nossos olhos.

CAPÍTULO 2

PENAS E GOZOS FUTUROS

Nada. Vida futura • Intuição das penas e gozos futuros • Intervenção de Deus nas penas e recompensas • Natureza das penas e gozos futuros • Penas temporais • Expiação e arrependimento • Duração das penas futuras • Ressurreição da Carne • Paraíso, inferno e purgatório

NADA. VIDA FUTURA

958 – Por que o homem tem, instintivamente, horror ao nada?

– *Porque o nada não existe.*

959 – De onde vem ao homem o sentimento instintivo da vida futura?

– *Já o dissemos: antes de sua encarnação, o Espírito conhece todas essas coisas, e a alma guarda uma vaga lembrança do que sabe e do que viu em seu estado espiritual. (393).*

Em todos os tempos o homem se preocupou com o seu futuro de além-túmulo, e isso é muito natural. Qualquer importância que ele ligue à vida presente, não pode impedir de considerar quanto ela é curta, e, sobretudo, precária, uma vez que pode ser cortada a cada instante e ele não está jamais seguro do dia de amanhã. Que se torna depois do instante fatal? a questão é séria, porque não se trata de alguns anos, mas da eternidade. Aquele que deve passar longos anos num país estrangeiro se inquieta com a posição que aí terá; como, pois, não nos preocuparíamos com a que teremos deixando este mundo, uma vez que é para sempre?

A ideia do nada tem alguma coisa que repugna à razão. O homem mais negligente durante sua vida, chegado o momento supremo, se pergunta o que vai se tornar, e involuntariamente espera.

Crer em Deus sem admitir a vida futura seria um contrasenso. O sentimento de uma existência melhor está no foro íntimo de todos os homens. Deus não o colocou aí em vão.

A vida futura implica a conservação de nossa individualidade depois da morte. Que nos importaria, com efeito, sobreviver ao nosso corpo, se nossa essência moral deveria se perder no oceano do infinito? As consequências para nós seriam as mesmas que o nada.

INTUIÇÃO DE PENAS E GOZOS FUTUROS

960 – De onde vem a crença, que se encontra entre todos os povos, de penas e recompensas futuras?

– É sempre a mesma coisa: pressentimento da realidade, trazido ao homem pelo Espírito nele encarnado; porque, sabei-o bem, não é em vão que uma voz interior vos fala: vosso erro está em não a escutar bastante. Se nisso pensásseis bem, frequentemente, vos tornaríeis melhores.

961 – No momento da morte, qual é o sentimento que domina na maioria dos homens: a dúvida, o medo ou a esperança?

– A dúvida para os céticos endurecidos, o medo para os culpados, e a esperança para os homens de bem.

962 – Por que há céticos visto que a alma traz ao homem o sentimento das coisas espirituais?

– Há deles menos do que se crê. Muitos se fazem Espíritos fortes, durante sua vida, por orgulho, mas, no momento de morrer, não são tão fanfarrões.

A consequência da vida futura é a responsabilidade de nossos atos. A razão e a justiça nos dizem que, na repartição da felicidade à qual todo homem aspira, os bons e os maus não podem ser confundidos. Deus não pode querer que uns gozem, sem trabalho, de bens aos quais outros não conseguem senão com esforço e perseverança.

A ideia que Deus nos dá da sua justiça e da sua bondade, pela sabedoria de suas leis, não nos permite crer que o justo e o mau estejam num mesmo nível aos seus olhos, nem de duvidar que eles receberão um dia, um a recompensa, o outro o castigo, do bem ou do mal que tenham feito. É por isso que o sentimento inato que temos da justiça nos dá a intuição das penas e das recompensas futuras.

INTERVENÇÃO DE DEUS NAS PENAS E RECOMPENSAS

963 – Deus se ocupa pessoalmente de cada homem? Ele não é muito grande e nós muito pequenos para que cada indivíduo em particular tenha alguma importância aos seus olhos?

– Deus se ocupa de todos os seres que criou, por menores que sejam; nada é muito pequeno para a sua bondade.

964 – Deus tem necessidade de se ocupar de cada um dos nossos atos para nos recompensar ou nos punir, e a maioria desses atos não são insignificantes para ele?

– Deus tem suas leis que regulam todas as vossas ações; se as violais é vossa falta. Sem dúvida, quando um homem comete um excesso, Deus não pronuncia um julgamento contra ele para lhe dizer, por exemplo: foste guloso, e vou te punir. Mas ele traçou um limite; as doenças e, frequentemente, a morte, são a consequência dos excessos: eis aí a punição. Ela é o resultado da infração à lei. Assim é em tudo.

Todas as nossas ações estão submetidas às leis de Deus. Não há nenhuma, **por insignificante que nos pareça**, que não possa lhe ser a violação. Se suportamos as consequências dessa violação, não a devemos imputar senão a nós mesmos que nos fazemos, assim, os próprios artífices de nossa felicidade ou de nossa infelicidade futura.

Essa verdade se torna sensível pelo apólogo seguinte:

"Um pai deu ao seu filho a educação e a instrução, quer dizer, os meios de saber se conduzir. Ele lhe cede um campo para cultivar e lhe diz: Eis a regra a seguir e todos os instrumentos necessários para tornar esse campo fértil e assegurar tua existência. Dei-te instruções para compreender essa regra; se a seguires, teu campo produzirá muito e te proporcionará o repouso na tua velhice; caso contrário, não produzirá nada e morrerás de fome. Dito isso, deixa-o agir à sua vontade."

Não é verdade que esse campo produzirá em razão dos cuidados dados à cultura, e que toda negligência será em detrimento da colheita? O filho será, pois, na velhice, feliz ou infeliz segundo tenha seguido ou negligenciado a regra traçada por seu pai. Deus é ainda mais previdente, porque nos adverte, a cada instante, se fazemos bem ou mal: ele nos envia os Espíritos para nos inspirar, mas não os escutamos. Há ainda esta diferença de que Deus dá sempre ao homem um recurso nas suas novas existências para reparar seus erros passados, enquanto que o filho de quem falamos, não o tem mais, se empregou mal seu tempo.

NATUREZA DAS PENAS E GOZOS FUTUROS

965 – As penas e os gozos da alma, depois da morte, têm alguma coisa de material?

– Elas não podem ser materiais, uma vez que a alma não é material: o bom-senso o diz. Essas penas e esses gozos não têm nada de carnal e, portanto, são mil vezes mais vivos que os que experimentais sobre a Terra, porque o Espírito, uma vez livre, é mais impressionável e a matéria não enfraquece mais suas sensações. (237 a 257).

966 – Por que o homem faz das penas e dos gozos da vida futura, uma ideia, frequentemente, tão grosseira e tão absurda?

– Inteligência que não está ainda bastante desenvolvida. A criança compreende como o adulto? Aliás, isso depende também daquilo que se lhe ensinou; é aí que há necessidade de uma reforma.

Vossa linguagem é muito incompleta para exprimir o que está fora de vós; então, foram necessárias comparações e são essas imagens e essas figuras que tomastes pela realidade. Mas, à medida que o homem se esclarece, seu pensamento compreende as coisas que sua linguagem não pode exprimir.

967 – Em que consiste a felicidade dos bons Espíritos?

– Conhecer todas as coisas, não ter nem ódio, nem ciúme, nem inveja, nem ambição, nem qualquer das paixões que fazem a infelicidade dos homens. O amor que os une é para eles a fonte de uma suprema felicidade. Eles não sentem nem as necessidades, nem os sofrimentos, nem as angústias da vida material. São felizes do bem que fazem. De resto, a felicidade dos Espíritos é sempre proporcional à sua elevação. Só os Espíritos puros gozam, é verdade, uma felicidade suprema, mas todos os outros não são infelizes. Entre os maus e os perfeitos há uma infinidade de graus em que os gozos são relativos ao estado moral. Os que estão bastante avançados compreendem a felicidade dos que chegaram antes deles: a ela aspiram. Mas é para eles um objeto de emulação e não de ciúme. Sabem que deles depende alcançá-la, e trabalham para esse fim, mas com a calma da boa consciência, e são felizes por não terem que sofrer o que sofrem os maus.

968 – Colocais a ausência das necessidades materiais entre as condições de felicidade para os Espíritos; mas a satisfação dessas necessidades não é para o homem uma fonte de prazeres?

– Sim, os prazeres do animal; e quando não podes satisfazer essas necessidades, é uma tortura.

969 – O que é preciso entender quando se diz que os Espíritos puros estão reunidos no seio de Deus, e ocupados em cantar seus louvores?

– É uma alegoria que pinta a inteligência que eles têm das perfeições de Deus, porque o veem e o compreendem, mas que não é preciso mais prender à letra como muitas outras. Tudo na Natureza, desde o grão de areia, canta, quer dizer, proclama o poder, a sabedoria e a bondade de Deus. Mas não creias que os Espíritos bem-aventurados estejam em contemplação durante a eternidade; isso seria uma felicidade estúpida e monótona. Seria mais a do egoísta, uma vez que sua existência seria uma inutilidade sem fim. Eles não têm mais as tribulações da existência corporal: já é um gozo. Aliás, como o dissemos, eles conhecem e sabem todas as coisas e aproveitam a inteligência que adquiriram para ajudar o progresso dos outros Espíritos: é sua ocupação e, ao mesmo tempo, um prazer.

970 – Em que consistem os sofrimentos dos Espíritos inferiores?

– Eles são tão variáveis quanto as causas que os produziram, e proporcionais ao grau de inferioridade, como os gozos o são para os graus de superioridade. Podem se resumir assim: Invejarem tudo o que lhes falta para serem felizes e não o poderem obter, verem a felicidade e não a poderem atingir, desgosto, ciúme, raiva, desespero daquilo que os impede de ser feliz, remorso, ansiedade moral indefinível. Eles têm o desejo de todos os prazeres e não os podem satisfazer, e é o que os tortura.

971 – A influência que os Espíritos exercem, uns sobre os outros, é sempre boa?

– Sempre boa da parte dos bons Espíritos, claro. Mas os Espíritos perversos procuram desviar do caminho do bem e do arrependimento os que eles creem suscetíveis de se deixar arrastar, e que, frequentemente, arrastaram ao mal durante a vida.

971.a – Assim, a morte não nos livra da tentação?

– Não, mas a ação dos maus Espíritos é muito menor sobre os outros Espíritos que sobre os homens, porque eles não têm por auxiliares as paixões materiais. (996).

972 – Como fazem os maus Espíritos para tentar os outros Espíritos visto que não dispõem do socorro das paixões?

– Se as paixões não existem materialmente, elas existem ainda no pensamento dos Espíritos atrasados. Os maus mantêm esses pensamentos, arrastando suas vítimas para os lugares onde elas têm o espetáculo dessas paixões e tudo o que as pode excitar.

972.a – Mas por que essas paixões, uma vez que não têm mais objeto real?

– Está precisamente aí o seu suplício: o avarento vê o ouro que não pode possuir; o debochado, as orgias nas quais não pode tomar parte; o orgulhoso, as honras que ele inveja e das quais não pode gozar.

973 – Quais são os maiores sofrimentos que podem suportar os maus Espíritos?

– Não há descrição possível das torturas morais que são a punição de certos crimes; mesmo os que as experimentam teriam dificuldade em vos dar uma ideia delas. Mas, seguramente, a mais horrível é o pensamento de serem condenados para sempre.

O homem se faz das penas e dos gozos da alma depois da morte uma ideia mais ou menos elevada, segundo o estado de sua inteligência.

Quanto mais ele se desenvolve, mais essa ideia se depura e se liberta da matéria. Ele compreende as coisas sob um ponto de vista mais racional e deixa de prender à letra as imagens de uma linguagem figurada. A razão mais esclarecida, nos ensinando que a alma é um ser todo espiritual, nos diz, por isso mesmo, que ela não pode ser afetada pelas impressões que não agem senão sobre a matéria. Mas não se segue, por isso, que esteja isenta de sofrimentos, nem que não receba a punição de suas faltas. (237).

As comunicações espíritas têm por resultado nos mostrar o estado futuro da alma, não mais como uma teoria, mas como uma realidade. Elas colocam sob nossos olhos todas as peripécias da vida de além-túmulo. Mas no-las mostram ao mesmo tempo como consequências perfeitamente lógicas da vida terrestre, e, ainda que liberto do aparelho fantástico criado pela imaginação dos homens, elas não são menos penosas para aqueles que fizeram um mau uso de suas faculdades. A diversidade dessas consequências é infinita, mas pode-se dizer em tese geral: cada um é punido naquilo em que pecou. É assim que uns o são pela visão incessante do mal que fizeram, outros pelos desgostos, pelo medo, pela vergonha, pela dúvida, pelo isolamento, pelas trevas, pela separação dos seres que lhe são caros, etc.

974 – De onde vem a doutrina do fogo eterno?

– Imagem, como tantas outras coisas, tomada pela realidade.

974.a – Mas esse medo não pode ter um bom resultado?

– Vede, pois, se ele reprime muito, mesmo entre os que a ensinam. Se ensinais coisas que a razão rejeita mais tarde, fareis uma impressão que não será nem durável, nem salutar.

O homem não podendo mostrar, pela sua linguagem, a natureza desses sofrimentos, não encontrou comparação mais enérgica do que a do fogo, porque para ele o fogo é o tipo do mais cruel suplício e o símbolo da ação mais enérgica. É por isso que a crença no fogo eterno remonta à mais alta antiguidade, e os povos modernos a herdaram dos povos antigos. É porque também que, em sua linguagem figurada, ele diz: o fogo das paixões; queimar-se de amor, de ciúme, etc. etc.

975 – Os Espíritos inferiores compreendem a felicidade do justo?

– Sim, e é o que faz seu suplício, porque compreendem que estão privados dela por sua falta. É por isso que o Espírito, liberto da matéria, aspira depois a uma nova existência corporal, porque cada existência pode abreviar a duração desse suplício, ***se ela é bem empregada****. Ele faz, então, a escolha das provas pelas quais poderá expiar suas faltas, porque, sabei-o bem, o Espírito sofre por todo o mal que fez, ou do qual foi a causa voluntária, por todo o bem que teria podido fazer e que não fez,* ***e por todo o mal que resulta do bem que ele não fez.***

O Espírito errante não tem mais véu, ***está como saído do nevoeiro*** *e vê o que o afasta da felicidade. Então, sofre mais, porque compreende o quanto é culpado. Para ele* ***não há mais ilusão****: vê a realidade das coisas.*

O Espírito, no estado errante, abraça de um lado todas as suas existências passadas, do outro vê o futuro prometido e compreende o que lhe falta para o atingir. Tal como um viajor que chegou ao alto de uma montanha, vê o caminho percorrido e o que lhe resta a percorrer para chegar ao seu objetivo.

976 – A visão dos Espíritos que sofrem não é para os bons uma causa de aflição? Em que se torna sua felicidade, se essa felicidade é perturbada?

– Não é uma aflição, uma vez que sabem que o mal terá um fim; eles ajudam os outros a progredirem e lhes estendem a mão: está aí sua ocupação e um prazer quando têm êxito.

976.a – Isso se concebe da parte dos Espíritos estranhos ou indiferentes; mas a visão dos pesares e dos sofrimentos daqueles que amaram sobre a Terra, não perturba sua felicidade?

– Se não vissem esses sofrimentos, é que vos seriam estranhos depois da morte. Ora, a religião vos diz que as almas vos veem; mas elas consideram vossas aflições sob um outro ponto de vista; sabem que esses sofrimentos são úteis ao vosso adiantamento se os suportais com resignação. Eles se afligem, pois, mais com a falta de coragem que vos retarda que com os sofrimentos em si mesmos, que são passageiros.

977 – Os Espíritos, não podendo se esconder reciprocamente seus pensamentos, e todos os atos da vida sendo conhecidos, seguir-se-ia que o culpado está na presença perpétua de sua vítima?

– Isso não pode ser de outro modo, o bom senso o diz.

977.a – Essa divulgação de todos os nossos atos repreensíveis e a presença perpétua daqueles que lhe foram as vítimas são um castigo para o culpado?

– Maior do que se pensa, mas somente até que ele tenha expiado suas faltas, seja como Espírito, seja como homem, em novas existências corporais.

Quando estivermos, nós mesmos, no mundo dos Espíritos, todo o nosso passado estando a descoberto, o bem e o mal que tivermos feito serão igualmente conhecidos. É em vão que aquele que fez o mal queira escapar da visão de suas vítimas: sua presença inevitável será para ele um castigo e um remorso incessante até que tenha expiado seus erros, enquanto que o homem de bem, ao contrário, não encontrará por toda parte senão olhares amigos e benevolentes. Para o mau, não há maior tormento sobre a Terra do que a presença de suas vítimas; por isso, ele as evita sem cessar. Que será quando a ilusão das paixões estando dissipada, ele compreenderá o mal que fez, verá seus atos mais secretos revelados, sua hipocrisia desmascarada, e não podendo se subtrair à sua visão?

Ao passo que a alma do homem perverso está atormentada pela vergonha, pelo desgosto e pelo remorso, a do justo goza de uma serenidade perfeita.

978 – A lembrança das faltas que a alma pôde cometer, quando era imperfeita, não perturba sua felicidade? Mesmo depois que ela está depurada?

– Não, porque resgatou suas faltas e saiu vitoriosa das provas às quais se submeteu ***com esse fim****.*

979 – As provas que restam a suportar para rematar sua purificação não são, para a alma, uma apreensão penosa, que perturba a sua felicidade?

– Para a alma que está ainda enlameada, sim. É por isso que ela não pode gozar de uma felicidade perfeita senão quando esteja inteiramente purificada; mas para aquela que já se elevou, o pensamento das provas que lhe restam a suportar, nada tem de penoso.

A alma que chegou a um certo grau de pureza já goza a felicidade. Um sentimento de doce satisfação a penetra e ela é feliz por tudo aquilo que vê, por tudo que a cerca. O véu se levanta para ela sobre os mistérios e as maravilhas da criação, e as perfeições divinas lhe aparecem em todo o seu esplendor.

980 – O laço simpático que une os Espíritos da mesma ordem, é para eles uma fonte de felicidade?

– A união dos Espíritos que se simpatizam para o bem é, para eles, uma das maiores alegrias, porque não temem ver essa união perturbada pelo egoísmo. Eles formam, no mundo inteiramente espiritual, famílias com o mesmo sentimento, e é nisso que consiste a felicidade espiritual, como no teu mundo vos agrupais em categorias, e sentis um certo prazer quando vos reunis. A afeição pura e sincera que sentem, e da qual eles são o objeto, é uma fonte de felicidade, porque lá não há falsos amigos, nem hipócritas.

O homem sente as primícias dessa felicidade sobre a Terra, quando encontra almas com as quais pode se confundir numa união pura e santa. Em uma vida mais depurada, essa alegria será inefável e sem limites, porque não reencontrará senão almas simpáticas **que o egoísmo não arrefece**, porque tudo é amor na Natureza: é o egoísmo que o mata.

981 – Há para o estado futuro do Espírito uma diferença entre aquele que, em vida, teme a morte e aquele que a vê com indiferença e mesmo com alegria?

– *A diferença pode ser muito grande. Entretanto, frequentemente, ela se apaga diante das causas que dão esse temor ou esse desejo. Quer a tema, quer a deseje, pode-se estar movido por sentimentos muito diversos e são esses sentimentos que influem sobre o estado do Espírito. É evidente, por exemplo, que naquele que deseja a morte unicamente porque vê nela o termo de suas tribulações, é uma espécie de murmuração contra a Providência e contra as provas que deve suportar.*

982 – É necessário fazer profissão de fé Espírita e de crer nas manifestações para assegurar nossa sorte na vida futura?

– *Se fosse assim, seguir-se-ia que todos aqueles que não creem, ou que não tiveram o mesmo modo de se esclarecer, são deserdados, o que seria absurdo. É o bem que assegura a sorte futura; ora, o bem é sempre o bem, qualquer que seja o caminho que a ele conduz. (165-799).*

A crença no Espiritismo ajuda a se melhorar em fixando as ideias sobre certos pontos do futuro. Ela apressa o adiantamento dos indivíduos e das massas, porque permite conhecer o que seremos um dia; é um ponto de apoio, uma luz que nos guia. O Espiritismo ensina a suportar as provas com paciência e resignação. Ele desvia os atos que podem retardar a felicidade futura e é assim que contribui para essa felicidade, mas não diz que sem isso não se pode alcançá-la.

PENAS TEMPORAIS

983 – O Espírito que expia suas faltas numa nova existência não tem sofrimentos materiais e, então, é exato dizer que, depois da morte, a alma não tem senão sofrimentos morais?

– *É bem verdade que, quando a alma está reencarnada, as tribulações da vida são para ela um sofrimento; mas não tem ela senão o corpo que sofre materialmente.*

Dizeis, frequentemente, daquele que está morto, que ele nada mais tem a sofrer; isso não é sempre verdadeiro. Como Espírito, ele não tem mais dores físicas; mas, segundo as faltas que cometeu, pode ter dores morais mais pungentes e, numa nova existência, pode ser ainda mais infeliz. O mau rico nela pedirá esmola e será vítima de todas as privações da miséria; o orgulhoso de todas as humilhações; aquele que abusa de sua autoridade e trata seus subordinados com desprezo e dureza, será forçado a obedecer a um senhor mais duro do que ele o foi. Todas as penas e as tribulações da vida são a expiação das faltas de uma outra existência, quando não são a consequência das faltas da vida atual. Quando houverdes saído daqui, vós o compreendereis. (273, 393, 399).

O homem que se crê feliz sobre a Terra, porque pode satisfazer suas paixões, é o que faz menos esforços para se melhorar. Frequentemente, ele expia desde esta vida essa felicidade efêmera, mas a expiará certamente em uma outra existência, também toda material.

984 – As vicissitudes da vida são sempre a punição de faltas atuais?

– Não; já o dissemos: são provas impostas por Deus, ou escolhidas por vós mesmos no estado de Espírito e antes da vossa reencarnação, para expiar as faltas cometidas em uma outra existência, porque jamais a infração às leis de Deus, e sobretudo à lei de justiça, fica impune. Se não é nesta vida será, necessariamente, em uma outra, é porque aquele que é justo aos vossos olhos, frequentemente, está marcado pelo seu passado. (393).

985 – A reencarnação da alma num mundo menos grosseiro é uma recompensa?

– É a consequência de sua depuração, porque à medida que os Espíritos se depuram, eles se encarnam em mundos cada vez mais perfeitos, até que tenham se despojado de toda a matéria e estejam lavados de todas as suas manchas, para gozar eternamente da felicidade dos Espíritos puros, no seio de Deus.

Nos mundos onde a existência é menos material que neste mundo, as necessidades são menos grosseiras e todos os sofrimentos físicos menos vivos. Os homens não conhecem mais as más paixões que, nos mundos inferiores, os fazem inimigos uns dos outros. Não tendo nenhum objeto de ódio, nem de ciúme, eles vivem entre si em paz, porque praticam a lei da justiça, do amor e da caridade. Eles não conhecem os aborrecimentos e as inquietações que nascem da inveja, do orgulho e do egoísmo, e que fazem o tormento da nossa existência terrestre. (172-182).

986 – O Espírito que progrediu na sua existência terrestre pode, algumas vezes, reencarnar no mesmo mundo?

– Sim, se não pôde cumprir a sua missão, ele mesmo pode pedir para a completar em uma nova existência; mas, então, isso não é mais para ele uma expiação. (173).

987 – Em que se torna o homem que, sem fazer o mal, nada faz para sacudir a influência da matéria?

– Uma vez que nada fez na direção da perfeição, deve recomeçar uma existência da natureza da que deixou; fica estacionário, e é assim que ele pode prolongar os sofrimentos da expiação.

988 – Há pessoas cuja vida se escoa numa calma perfeita; que, não tendo necessidade de nada fazer para si mesmas, estão isentas de cuidados. Essa existência feliz é uma prova de que elas nada têm a expiar de uma existência anterior?

– Conhece-as muito? Se o crês, enganas-te; frequentemente, a calma é aparente. Podem ter escolhido essa existência, mas, quando a deixam, percebem que ela não lhes serviu ao progresso e, então, como o preguiçoso, lamentam o tempo perdido. Sabei bem que o Espírito não pode adquirir conhecimentos, e se elevar, senão pela atividade; se adormece na negligência, não avança. Ele é semelhante àquele que tem necessidade (segundo vossos usos) de trabalhar e que vai passear ou deitar, e isso na intenção de nada fazer. ***Sabei bem, também, que cada um terá que prestar contas da inutilidade voluntária de sua existência; essa inutilidade é sempre fatal à felicidade futura.*** *A soma da felicidade futura está em razão da soma do bem que se fez; a da infelicidade está na razão do mal e dos infelizes que se tenham feito.*

989 – Há pessoas que, sem serem positivamente más, tornam infelizes todos aqueles que as cercam, pelo seu caráter; qual é para elas a consequência?

– Essas pessoas, seguramente, não são boas, e o expiarão pela visão daqueles que tornaram infelizes, e isso será para elas uma censura. Depois, numa outra existência, suportarão o que fizeram suportar.

EXPIAÇÃO E ARREPENDIMENTO

990 – O arrependimento tem lugar no estado corporal ou no estado espiritual?

– No estado espiritual; mas ele pode também ter lugar no estado corporal, quando compreendeis bem a diferença do bem e do mal.

991 – Qual é a consequência do arrependimento, no estado espiritual?

– O desejo de uma nova encarnação, para se purificar. O Espírito compreende as imperfeições que o privam de ser feliz, e, por isso, aspira a uma nova existência, em que poderá expiar suas faltas. (332-975).

992 – Qual é a consequência do arrependimento no estado corporal?

– Avançar, ***desde a vida presente****, se se tem o tempo de reparar suas faltas. Quando a consciência faz uma censura e mostra uma imperfeição, sempre se pode melhorar.*

993 – Não há homens que não têm senão o instinto do mal e são inacessíveis ao arrependimento?

– Já te disse que se deve progredir sem cessar. Aquele que, nesta vida, não tem senão o instinto do mal, terá o do bem em uma outra, ***e é por isso que ele renasce várias vezes****, porque é preciso que todos avancem e atinjam o objetivo, somente que alguns em um tempo mais curto, e os outros em um tempo mais longo, segundo seu desejo. Aquele que não tem senão o instinto do bem já está depurado, porque pôde ter o do mal numa existência anterior. (804).*

994 – O homem perverso, que não reconheceu suas faltas durante a vida, as reconhecerá sempre depois da morte?

– Sim, ele as reconhecerá sempre, e, então, sofre mais, porque ***sente todo o mal que fez****, ou do qual foi a causa voluntária. Entretanto, o arrependimento não é sempre imediato; há Espíritos que se obstinam no mau caminho, apesar dos seus sofrimentos. Mas, cedo ou tarde, eles reconhecerão o falso caminho no qual estão empenhados, e o arrependimento virá. É para os esclarecer que trabalham os bons Espíritos, e que vós mesmos podeis também trabalhar.*

995 – Há Espíritos que, sem serem maus, sejam indiferentes à sua sorte?

– Há Espíritos que não se ocupam com nada útil: estão na expectativa. Mas sofrem, nesse caso, proporcionalmente, e, como devem ter seu progresso em tudo, esse progresso se manifesta pela dor.

995.a – Não têm eles o desejo de abreviar seus sofrimentos?

– Sem dúvida o têm, mas não dispõem de bastante energia para querer o que poderia alivia-los. Quantas pessoas tendes entre vós, que preferem morrer de miséria a trabalhar?

996 – Uma vez que os Espíritos veem o mal que resulta para eles de suas imperfeições, como se dá que haja os que agravam sua posição e prolongam seu estado de inferioridade, fazendo o mal como Espíritos, desviando os homens do bom caminho?

– São aqueles cujo arrependimento é tardio, que agem assim. O Espírito que se arrepende pode, em seguida, deixar-se arrastar de novo no caminho do mal por outros Espíritos ainda mais atrasados. (971).

997 – Veem-se Espíritos de uma inferioridade notória acessíveis aos bons sentimentos e tocados pelas preces que se fazem por eles. Como se dá que outros Espíritos, que se deveria crer mais esclarecidos, mostrem um endurecimento e um cinismo dos quais nada pode triunfar?

– A prece não tem efeito senão em favor do Espírito que se arrepende. Aquele que, possuído pelo orgulho, se revolta contra Deus e persiste no seu descaminho, exagerando-o ainda, como o fazem os Espíritos infelizes, sobre eles a prece nada pode e não poderá nada, senão no dia em que uma luz de arrependimento se manifeste neles. (664).

Não se deve perder de vista que o Espírito, depois da morte do corpo, não se transforma subitamente; se sua vida foi repreensível, é porque ele era imperfeito. Ora, a morte não o torna imediatamente perfeito; ele pode persistir em seus erros, em suas falsas opiniões, em seus preconceitos, até que seja esclarecido pelo estudo, pela reflexão e pelo sofrimento.

998 – A expiação se cumpre no estado corporal ou no estado de Espírito?

– A expiação se cumpre durante a existência corporal pelas provas às quais o Espírito está submetido, e na vida espiritual, pelos sofrimentos morais ligados ao estado de inferioridade do Espírito.

999 – O arrependimento sincero durante a vida basta para apagar as faltas e fazer encontrar graça diante de Deus?

– O arrependimento ajuda o progresso do Espírito, mas o passado deve ser expiado.

999.a – Se, de acordo com isso, um criminoso dissesse que, uma vez que deve, em todo estado de causa, expiar seu passado, não tem necessidade de arrependimento, em que resultaria isso para ele?

– Se ele se endurece no pensamento do mal, sua expiação será mais longa e mais penosa.

1000 – Podemos nós, desde esta vida, resgatar nossas faltas?

– Sim, em as reparando. Mas não creiais as resgatar por algumas privações pueris, ou doando depois de vossa morte, quando não tereis mais necessidade de nada. Deus não tem em nenhuma

conta um arrependimento estéril, sempre fácil, e que não custa senão a pena de se bater no peito. A perda de um pequeno dedo trabalhando, apaga mais faltas que o suplício da carne sofredora durante anos, sem outro objetivo que ***si mesmo****. (726).*

O mal não é reparado senão pelo bem, e a reparação não tem nenhum mérito, se não atinge o homem ***nem em seu orgulho, nem em seus interesses materiais.***

De que lhe serve, para sua justificação, restituir depois da sua morte o bem mal adquirido, então que se lhe torna inútil e que deles se aproveitou?

De que lhe serve a privação de alguns prazeres fúteis e de algumas superfluidades, se o mal que ele fez a outro permanece o mesmo?

De que lhe serve, enfim, se humilhar diante de Deus, se conserva seu orgulho diante dos homens? (720-721).

1001 – Não há nenhum mérito em assegurar, depois da sua morte, um emprego útil dos bens que possuímos?

– Nenhum mérito não é a palavra; isso vale sempre mais que nada. Mas o mal é que aquele que não dá senão depois da sua morte, frequentemente, é mais egoísta que generoso. Quer ter a honra do bem, sem lhe ter o trabalho. Aquele que se priva, na sua vida, tem duplo proveito: o mérito do sacrifício e o prazer de ver os felizes que faz. Mas o egoísmo lá está e lhe diz: O que dás suprimes dos teus gozos. E como o egoísmo grita mais alto que o desinteresse e a caridade, ele guarda, sob pretexto de suas necessidades, e das necessidades da sua posição. Ah! lamentai aquele que não conhece o prazer de dar; este é verdadeiramente deserdado de uma das mais puras e mais suaves alegrias. Deus, submetendo-o à prova da fortuna, tão difícil e tão perigosa para seu futuro, quis lhe dar, por compensação, a felicidade da generosidade da qual ele pode gozar desde este mundo. (814).

1002 – O que deve fazer aquele que, na hora da morte, reconhece suas faltas, mas não tem tempo de repará-las? Arrepender-se basta nesse caso?

– O arrependimento apressa sua reabilitação, mas não o absolve. Não há diante dele o futuro que não lhe é jamais fechado?

DURAÇÃO DAS PENAS FUTURAS

1003 – A duração dos sofrimentos do culpado, na vida futura, é arbitrária ou subordinada a uma lei qualquer?

– *Deus não age jamais por capricho e tudo, no Universo, está regido por leis onde se revelam a sua sabedoria e a sua bondade.*

1004 – Sobre o que está baseada a duração dos sofrimentos do culpado?

– *Sobre o tempo necessário ao seu aperfeiçoamento. O estado de sofrimento e de felicidade sendo proporcional ao grau de depuração do Espírito, a duração e a natureza dos seus sofrimentos depende do tempo que ele emprega para se melhorar. À medida que ele progride e que os seus sentimentos se depuram, seus sofrimentos diminuem e mudam de natureza. (SÃO LUÍS)*

1005 – Para o Espírito sofredor o tempo parece tão longo, ou menos longo, como se estivesse vivo?

– *Ele lhe parece ainda mais longo: o sono não existe para ele. Não é senão para os Espíritos que atingiram um certo grau de depuração que o tempo se apaga, por assim dizer, diante do infinito. (240).*

1006 – A duração dos sofrimentos do Espírito pode ser eterna?

– *Sem dúvida, se for eternamente mau, quer dizer, se não deva jamais se arrepender, nem se melhorar, ele sofrerá eternamente. Mas Deus não criou seres para que sejam perpetuamente devotados ao mal; ele não os criou senão simples e ignorantes, e todos devem progredir num tempo mais ou menos longo, segundo sua vontade. A vontade pode ser mais ou menos tardia, como há crianças mais ou menos precoces, contudo, ela vem, cedo ou tarde, pela irresistível necessidade que o Espírito sente de sair de sua inferioridade e ser feliz. A lei que rege a duração das penas é, pois, eminentemente sábia e benevolente, uma vez que subordina essa duração aos esforços do Espírito; ela não lhe tira jamais seu livre-arbítrio: se dela faz mau uso, suporta-lhe as consequências. (SÃO LUÍS)*

1007 – Há Espíritos que jamais se arrependem?

– *Há Espíritos nos quais o arrependimento é muito tardio; mas pretender que eles não se melhorem jamais seria negar a lei do progresso e dizer que a criança não pode se tornar adulto. (SÃO LUÍS)*

1008 – A duração das penas depende sempre da vontade do Espírito, e não há as que lhe são impostas por um tempo dado?

– *Sim, as penas podem lhe ser impostas por um tempo, mas Deus, que não quer senão o bem de suas criaturas, acolhe sempre o arrependimento, e o desejo de se melhorar não é jamais estéril. (SÃO LUÍS)*

1009 – Segundo esse entendimento, as penas impostas não o seriam jamais pela eternidade?

– Interrogai vosso bom senso, vossa razão, e perguntai-vos se uma condenação perpétua, por alguns momentos de erro, não seria a negação da bondade de Deus? Que é, com efeito, a duração da vida, fosse ela de cem anos, em relação à eternidade? Eternidade! compreendeis bem essa palavra?, sofrimentos, torturas sem fim, sem esperança, por algumas faltas! Vosso julgamento não rejeita semelhante pensamento? Que os antigos tenham visto no senhor do Universo um Deus terrível, ciumento e vingativo, isso se concebe; na sua ignorância, emprestaram à divindade as paixões dos homens. Mas não está aí o Deus dos cristãos, que coloca o amor, a caridade, a misericórdia, o esquecimento das ofensas, no lugar das primeiras virtudes: poderia ele próprio faltar às qualidades das quais faz um dever? Não há contradição em lhe atribuir a bondade infinita e a vingança infinita? Dizeis que antes de tudo ele é justo, e que o homem não compreende sua justiça, mas a justiça não exclui a bondade, e ele não seria bom se consagrasse penas horríveis, perpétuas, à maior parte de suas criaturas. Poderia fazer a seus filhos uma obrigação da justiça, se não lhes tivesse dado os meios de a compreender? Aliás, não é o sublime da justiça, unida à bondade, fazer depender a duração das penas dos esforços do culpado para se melhorar? Aí está a verdade desta palavra: "A cada um segundo suas obras". (SANTO AGOSTINHO)

Interessai-vos, por todos os meios que estão em vosso poder, em combater, em destruir a ideia da eternidade das penas, pensamento blasfematório, contrário à justiça e à bondade de Deus, a mais fecunda fonte da incredulidade, do materialismo e da indiferença, que invadiu as massas desde que sua inteligência começou a se desenvolver. O Espírito, em vias de se esclarecer, não fora senão mesmo desbastado, dela cedo compreendeu a monstruosa injustiça; sua razão a repele e, então, falta-lhe raramente confundir, num mesmo ostracismo a pena que o revolta e o Deus ao qual a atribui: daí os males inumeráveis que se precipitaram sobre vós e aos quais viemos vos trazer remédio. A tarefa que vos assinalamos vos será tanto mais fácil quanto as autoridades sobre as quais se apóiam os defensores dessa crença, têm todas evitado de se pronunciarem formalmente; nem os concílios, nem os Pais da Igreja decidiram essa grave questão. Se, segundo os próprios Evangelistas, e tomando ao pé da letra as palavras emblemáticas do Cristo, ele ameaçou os culpados com um fogo que não se apaga, com um fogo eterno, não há absolutamente nada nessas palavras que prove tê-los condenado ***eternamente***

Pobres ovelhas desgarradas, sabei ver chegar à vós o bom Pastor que, longe de vos querer banir para sempre de sua presença, vem ele mesmo ao vosso reencontro para vos reconduzir ao aprisco. Filhos pródigos, abandonai vosso exílio voluntário; voltai vossos passos para a morada paterna: o pai vos estende os braços e se mantém sempre pronto para festejar vosso retorno à família. (LAMMENAIS)

Guerras de palavras! guerras de palavras! não fizestes verter bastante sangue! é preciso, pois, ainda reacender as fogueiras? Discutem-se sobre as palavras: eternidade das penas, eternidade dos castigos. Não sabeis, pois, que o que entendeis hoje por **eternidade***, os antigos não o entendiam como vós? Que o teólogo consulte as fontes, e como todos vós, descobrirá nelas que o texto hebreu não deu à palavra que os Gregos, os Latinos e os modernos traduziram por penas* **sem fim, irremissíveis***, a mesma significação. Eternidade dos castigos corresponde à eternidade do mal. Sim, enquanto que o mal exista entre os homens, os castigos subsistirão; é no sentido relativo que importa interpretar os textos sagrados. A eternidade das penas, portanto, não é senão relativa e não absoluta. Dia virá em que todos os homens se revestirão, pelo arrependimento, com a túnica da inocência, e nesse dia não mais haverá gemidos e ranger de dentes. Vossa razão humana é limitada, é verdade, mas tal qual é, é um presente de Deus, e com essa ajuda da razão, não há um só homem de boa fé que compreenda de outro modo a eternidade dos castigos. A eternidade dos castigos! Como! seria preciso, pois, admitir que o mal fosse eterno. Só Deus é eterno e não pôde criar o mal eterno; sem isso, seria preciso lhe arrancar o mais sublime dos seus atributos: o soberano poder, porque não é soberanamente poderoso quem pode criar um elemento destruidor de suas obras. Humanidade! Humanidade! não mergulhes, pois, mais teus melancólicos olhares nas profundezas da Terra, para aí procurar os castigos; chora, espera, expia e te refugia no pensamento de um Deus intimamente bom, absolutamente poderoso, essencialmente justo. (PLATÃO)*

– Gravitar para a unidade divina, tal é o destino da Humanidade. Para o alcançar, três coisas são necessárias: a justiça, o amor e a ciência; três coisas lhe são opostas e contrárias: a ignorância, o ódio, e a injustiça. Pois bem! digo-vos, em verdade, mentis a esses princípios fundamentais comprometendo a ideia de Deus pelo exagero de sua severidade; duplamente a comprometeis, deixando penetrar no Espírito da criatura a ideia de que há nela mais de clemência, de mansuetude, de amor e de verdadeira justiça, do que não atribuís ao ser infinito. Destruís mesmo a ideia do inferno,

tornando-o ridículo e inadmissível às vossas crenças, como o é ao vosso coração o hediondo espetáculo dos carrascos, das fogueiras e das torturas da Idade Média. Pois que! É quando a era das represálias cegas já foi para sempre banida das legislações humanas, que a esperais manter no ideal? Oh! crede-me, crede-me, irmãos em Deus e em Jesus Cristo, crede-me, ou resignai-vos em deixar perecer entre vossas mãos todos os vossos dogmas antes de os deixar variar, ou bem os vivificai abrindo-os aos benfazejos eflúvios que os Bons lhe vertem nesse momento. A ideia do inferno com suas fornalhas ardentes, com suas caldeiras ferventes, pôde ser tolerada, quer dizer, perdoável, em um século de ferro; mas no décimo-nono, isso não é mais que um vão fantasma próprio, quando muito, para assustar as criancinhas e no qual as crianças não creem mais quando são grandes. Persistindo nessa mitologia assustadora, engendrais a incredulidade, mãe de toda a desorganização social; eis porque tremo vendo toda uma ordem social abalar e desabar sobre sua base falsa de sanção penal. Homens de fé ardente e viva, vanguardeiros do dia da luz, ao trabalho, portanto! não para manter velhas fábulas e, de hoje em diante, sem crédito, mas para reavivar, revificar a verdadeira sanção penal, sob formas relacionadas com os vossos costumes, vossos sentimentos e as luzes de vossa época.

Que é, com efeito, o culpado? É aquele que por um desvio, por um falso movimento da alma, se distancia do objetivo da criação, que consiste no culto harmonioso do belo, do bem, idealizados pelo arquétipo humano, pelo Homem-Deus, por Jesus Cristo.

Que é o castigo? A consequência natural, derivada desse falso movimento; uma soma de dores necessária para o desgostar de sua disformidade, pela experimentação do sofrimento. O castigo é o aguilhão que excita a alma, pela amargura, a se curvar sobre si mesma e a retornar para o caminho da salvação. O objetivo do castigo não é outro senão a reabilitação, a libertação. Querer que o castigo seja eterno, por uma falta que não é eterna, é lhe negar toda a razão de ser.

Oh! digo-vos em verdade, cessai, cessai de colocar em paralelo, na sua eternidade, o Bem, essência do Criador, com o Mal, essência da criatura; isso seria aí criar uma penalidade injustificável. Afirmai, ao contrário, a amortização gradual dos castigos e das penas pela transmigração, e consagrareis, com a razão unida ao sentimento, a unidade divina. (PAULO, APÓSTOLO)

Vê-se excitar o homem ao bem, e o afastar do mal, pelo engodo de recompensas e o medo de castigos; mas se esses castigos são apresentados de maneira a que a razão se recusa a acreditar neles, não terão sobre o homem nenhuma influência; longe disso, ele rejeitará tudo: a forma e o fundo. Que se lhe apresente, ao contrário, o futuro de maneira lógica, e então ele não o rejeitará. O Espiritismo lhe dá essa explicação.

A doutrina da eternidade das penas, no sentido absoluto, faz do ser supremo um Deus implacável. Seria lógico dizer de um soberano que ele é muito bom, muito benevolente, muito indulgente, que não quer senão a felicidade dos que o cercam, mas que, ao mesmo tempo, é ciumento, vingativo, inflexível no seu rigor, e que pune com o último suplício as três quartas partes de seus indivíduos, por uma ofensa, ou uma infração, às suas leis, aqueles que faliram por não tê-las conhecido? Não estaria aí uma contradição? Ora, Deus pode ser menos bom do que o seria um homem?

Uma outra contradição se apresenta aqui. Uma vez que Deus tudo sabe, sabia, pois, criando uma alma, que ela faliria; ela foi, portanto, desde sua formação, votada à infelicidade eterna: isso é possível, racional? Com a doutrina das penas relativas, tudo está justificado. Deus sabia, sem dúvida, que ela faliria, mas lhe dá os meios de se esclarecer por sua própria experiência, por suas próprias faltas. É necessário que ela expie seus erros para ser melhor consolidada no bem, mas a porta da esperança não lhe é fechada para sempre, e Deus faz depender o momento de sua libertação dos esforços que faz para o atingir. Eis o que todo o mundo pode compreender, o que a lógica, a mais meticulosa, pode admitir. Se as penas futuras tivessem sido apresentadas sob este ponto de vista, haveria bem menos céticos.

A palavra **eterno**, frequentemente, é empregada, na linguagem vulgar, como figura, para designar uma coisa de longa duração, e da qual não se prevê o fim, embora se saiba muito bem que esse fim existe. Dizemos, por exemplo, os gelos eternos das altas montanhas, dos pólos, embora saibamos, de um lado, que o mundo físico pode ter um fim, e, de outra parte, que o estado dessas regiões pode mudar pelo deslocamento natural do eixo ou por um cataclisma. A palavra eterno, nesse caso, não quer, pois, dizer perpétuo, até o infinito. Quando sofremos uma longa moléstia, dizemos que nosso mal é eterno; que há, pois, de espantar em que os Espíritos que sofrem depois de anos, séculos, de milhares de anos mesmo, o digam igualmente? Não olvidemos, sobretudo, que sua inferioridade, não lhes permitindo ver o extremo do caminho, creem sofrer sempre, o que é para eles uma punição.

De resto, a doutrina do fogo material, das fornalhas e das torturas emprestadas ao Tártaro do paganismo, está hoje completamente abandonada pela alta teologia, e não é mais senão nas escolas que esses assustadores quadros alegóricos, são ainda dados como verdades positivas, por alguns homens mais zelosos do que esclarecidos, e isso erradamente, porque essas imaginações jovens, uma vez saídas do seu terror, poderão aumentar o número dos incrédulos. A teologia reconhece hoje que a palavra fogo é empregada figuradamente, e deve se entender como um fogo moral. (974).

Os que seguiram como nós as peripécias da vida e dos sofrimentos de além-túmulo, nas comunicações espíritas, puderam se convencer de que, por não ter nada de material, elas não são menos pungentes. Com relação mesmo à sua duração, certos teólogos começam a admiti-la no sentido restrito, indicado acima, e pensam que, com efeito, a palavra **eterno** pode se entender como as penas em si mesmas, como consequência de uma lei imutável, e não sua aplicação a cada indivíduo. No dia em que a religião admitir essa interpretação, assim como algumas outras, que são a consequência do progresso das luzes, ela reunirá muitas das ovelhas desgarradas.

RESSURREIÇÃO DA CARNE

1010 – O dogma da ressurreição da carne, é a consagração da reencarnação, ensinada pelos Espíritos?

– Como quereis que o seja de outro modo? Essas palavras, como tantas outras, não parecem insensatas aos olhos de certas pessoas senão porque as tomam ao pé da letra, por isso, conduzem à incredulidade. Mas lhes dai uma interpretação lógica, e aqueles que chamais livres pensadores as admitirão sem dificuldade, precisamente porque eles refletem; porque, não vos enganeis, esses livres pensadores não desejam mais do que crer. Eles têm, como os outros, talvez mais que os outros, sede do futuro, mas não podem admitir o que é contestado pela ciência. A doutrina da pluralidade das existências está conforme a justiça de Deus. Só ela pode explicar o que, sem ela, é inexplicável; como quereríeis que o princípio não estivesse na própria religião?

1010.a – Assim a Igreja, pelo dogma da ressurreição da carne, ensina ela mesma a doutrina da reencarnação?

– Isso é evidente. Essa doutrina, aliás, é a consequência de muitas coisas que passaram despercebidas e que não se tardará a compreender nesse sentido. Logo se reconhecerá que o Espiritismo ressalta a cada passo do próprio texto das Escrituras sagradas. Os Espíritos não vêm, pois, destruir a religião, como alguns o pretendem; mas, ao contrário, vêm confirmá-la, sancioná-la, por provas irrecusáveis. Mas como é chegado o tempo de não mais empregar a linguagem figurada, eles se exprimem sem alegoria, e dão às coisas um sentido claro e preciso, que não possa estar sujeito a nenhuma interpretação falsa. Eis porque, dentro de algum tempo, tereis mais pessoas sinceramente religiosas e crentes do que as que tendes hoje. (SÃO LUÍS)

A ciência, com efeito, demonstra a impossibilidade da ressurreição segundo a ideia vulgar. Se os restos do corpo humano permanecessem homogêneos, fossem dispersos e reduzidos a pó, se conceberia ainda a reunião em um momento dado; mas as coisas não se passam assim. O corpo é formado de elementos diversos: oxigênio, hidrogênio, azoto, carbono, etc. Pela decomposição, esses elementos se dispersam para servir na formação de novos corpos; de tal sorte que, a mesma molécula, de carbono por exemplo, terá entrado na composição de vários milhares de corpos diferentes (não falamos senão dos corpos humanos, sem contar os dos animais); que tal indivíduo, talvez tenha no seu corpo moléculas que pertenceram aos homens das primeiras idades; que essas mesmas moléculas orgânicas que absorveis na vossa alimentação, provêm, talvez, do corpo de tal indivíduo que conhecestes, e assim por diante. A matéria, sendo em quantidade definida e suas transformações em quantidades indefinidas, como cada um desses corpos poderia se reconstruir dos mesmos elementos? Há nisso uma impossibilidade material. Não se pode, pois, racionalmente, admitir a ressurreição da carne senão como uma figura simbolizando o fenômeno da reencarnação, e, então, não há nada que choque a razão, nada que esteja em contradição com os dados da Ciência.

É verdade que, segundo o dogma, essa ressurreição não deve ter lugar senão no fim dos tempos, enquanto que, segundo a Doutrina Espírita, ela ocorre todos os dias. Mas não há ainda, nesse quadro do julgamento final, uma grande e bela figura que esconde, sob o véu da alegoria, uma dessas verdades imutáveis, que não encontrará mais céticos quando for restabelecida em sua verdadeira significação? Que se queira bem meditar a teoria espírita, sobre o futuro das almas, e sobre sua sorte em consequência das diferentes provas que elas devem suportar, e se verá que, à exceção da simultaneidade, o julgamento que as condena, ou que as absolve, não é uma ficção, assim como pensam os incrédulos. Observemos, ainda, que ela é a consequência natural da pluralidade dos mundos, hoje, perfeitamente admitida, enquanto que, segundo a doutrina do juízo final, a Terra é considerada o único mundo habitado.

PARAÍSO, INFERNO E PURGATÓRIO

1012 – Um lugar circunscrito no Universo está destinado às penas e aos gozos dos Espíritos, segundo seus méritos?[1]

– *Já respondemos a essa questão. As penas e os gozos são inerentes ao grau de perfeição dos Espíritos. Cada um possui em si mesmo o princípio de sua própria felicidade ou infelicidade, e como eles estão por toda a parte, nenhum lugar circunscrito, nem fechado, não está destinado a um antes que a outro. Quanto aos*

---

[1] A pergunta nº 1011 foi suprimida pelo Codificador desde a 2ª edição francesa, de março de 1860. Como o texto foi mantido assim, mesmo nas quatorze edições que se seguiram até a desencarnação de Allan Kardec, mantivemos também a numeração original.

Espíritos encarnados, são mais ou menos felizes ou infelizes, conforme o mundo que eles habitem sejam mais ou menos avançado.

1012.a – Segundo isso, o inferno e o paraíso não existiriam tais como o homem os representa?

– Não são senão figuras: há por toda a parte Espíritos felizes e infelizes. Entretanto, como também já o dissemos, os Espíritos da mesma ordem se reúnem por simpatia; mas podem se reunir onde querem, quando são perfeitos.

A localização absoluta dos lugares de penas e recompensas não existe senão na imaginação do homem. Provém de sua tendência a **materializar** e a **circunscrever** as coisas das quais ele não pode compreender a essência infinita.

1013 – Que se deve entender pelo *purgatório*?

– Dores físicas e morais: é o tempo da expiação. Quase sempre, é sobre a Terra que fazeis vosso purgatório e que Deus vos faz expiar vossas faltas.

O que o homem chama **purgatório** é também uma figura pela qual se deve entender, não um lugar determinado qualquer, mas o estado dos Espíritos imperfeitos que estão em expiação até a purificação completa, que os deve elevar ao nível dos Espíritos bem-aventurados. Essa purificação se operando nas diversas encarnações, o purgatório consiste nas provas da vida corporal.

1014 – Como se dá que Espíritos que, por sua linguagem, revelam sua superioridade, tenham respondido a pessoas muito sérias a respeito do inferno e do purgatório, conforme a ideia que deles se faz vulgarmente?

– Eles falam uma linguagem compreendida pelas pessoas que os interrogam. Quando essas pessoas são muito imbuídas de certas ideias, não as querem chocar muito bruscamente para não melindrar suas convicções. Se um Espírito viesse dizer, sem precauções oratórias, a um muçulmano, que Maomé não é um profeta, ele seria muito mal recebido.

1014.a – Se concebe que possa ser assim da parte dos Espíritos que querem nos instruir; mas como se dá que os Espíritos interrogados sobre sua situação tenham respondido que sofriam as torturas do inferno ou do purgatório?

– Quando são inferiores, e não completamente desmaterializados, conservam uma parte de suas ideias terrestres e exprimem suas impressões pelos termos que lhes são familiares. Eles se encontram em um meio que não lhes permite, senão pela metade, sondar o futuro e é por causa disso que, frequentemente, os Espíritos errantes ou recém-desencarnados falam como o fariam em

vida. ***Inferno*** *pode se traduzir por uma vida de prova, extremamente penosa, com a* ***incerteza*** *de uma melhora; purgatório, uma vida também de prova, mas com consciência de um futuro melhor. Quando experimentas uma grande dor, não dizes para ti mesmo que sofres como um condenado? Não são mais que palavras, e sempre em sentido figurado.*

1015 – Que se deve entender por uma alma em pena?

– Uma alma errante e sofredora, incerta de seu futuro, e à qual podeis proporcionar um alívio que, frequentemente, ela solicita vindo se comunicar convosco. (664).

1016 – Em que sentido se deve entender a palavra céu?

– Crês que ele seja um lugar, como os Campos Elíseos dos antigos, onde todos os bons Espíritos são amontoados, desordenadamente, sem outro cuidado que o de gozar pela eternidade uma felicidade passiva? Não, é o espaço universal, são os planetas, as estrelas, e todos os mundos superiores, onde os Espíritos gozam de todas as suas faculdades, sem ter as tribulações da vida material, nem as angústias inerentes à inferioridade.

1017 – Os Espíritos disseram habitar o quarto, o quinto céu, etc.; que entendiam por isso?

– Vós lhes perguntais qual céu habitam, porque tendes a ideia de vários céus, colocados como os andares de uma casa. Então, vos respondem segundo vossa linguagem, mas, para eles, essas palavras, quarto, quinto céu exprimem diferentes graus de depuração e, por conseguinte, de felicidade. É absolutamente como quando se pergunta a um Espírito se ele está no inferno; se é infeliz dirá sim, porque para ele ***inferno*** *é sinônimo de sofrimento. Mas ele sabe muito bem que não se trata de uma fornalha. Um pagão teria dito que estava no* ***Tártaro****.*

É o mesmo que outras expressões análogas, tais como cidade das flores, cidade dos eleitos, primeira, segunda ou terceira esfera, etc., que não são senão alegorias empregadas por certos Espíritos, seja como figuras, seja algumas vezes por ignorância da realidade das coisas e mesmo das mais simples noções científicas.

Segundo a ideia restrita que se fazia antigamente dos lugares de penas e de recompensas, e sobretudo na opinião de que a Terra era o centro do Universo, que o céu formava uma abóboda e que havia uma região de estrelas e se colocava **o céu em cima e o inferno em baixo**; daí as expressões subir ao céu, estar no mais alto dos céus, ser precipitado no inferno. Hoje que a Ciência demonstrou que a Terra não é senão um dos menores mundos entre tantos milhões de outros, sem importância especial; que ela historiou sua formação e descreveu sua constituição, provou que o espaço é infinito e não há nem alto nem baixo no Universo, foi preciso renunciar em colocar o céu acima das nuvens e o inferno nos lugares baixos. Quanto ao purgatório, nenhum lugar lhe foi assinalado. Estava reservado ao Espiritismo dar a todas essas coisas a explicação mais racional, a mais grandiosa, e ao mesmo tempo a mais consoladora para a Humanidade. Assim, pode-se dizer que carregamos conosco nosso inferno e nosso paraíso; nosso purgatório o encontramos na nossa encarnação, nas nossas vidas corporais ou físicas.

1018 – Em que sentido é preciso entender estas palavras do Cristo: Meu reino não é deste mundo?

– Assim respondendo, o Cristo falava num sentido figurado. Ele queria dizer que não reina senão sobre os corações puros e desinteressados. Ele está por toda a parte, onde domina o amor ao bem; mas os homens ávidos de coisas deste mundo e ligados aos bens da Terra, não estão com ele.

1019 – O reino do bem, jamais poderá ter lugar sobre a Terra?

– O bem reinará sobre a Terra quando, entre os Espíritos que a vêm habitar, os bons vencerem sobre os maus; então, farão nela reinar o amor e a justiça que são a fonte do bem e da felicidade. É pelo progresso moral e pela prática das leis de Deus que o homem atrairá sobre a Terra os bons Espíritos e que dela afastará os maus. Mas os maus não a deixarão senão quando dela forem banidos o orgulho e o egoísmo.

A transformação da Humanidade foi predita e tocais esse momento, que apressam todos os homens que ajudam o progresso. Ela se cumprirá pela encarnação de Espíritos melhores, que constituirão sobre a Terra uma nova geração. Então, os Espíritos dos maus, que a morte ceifa cada dia, e todos aqueles que tentem atrasar a marcha das coisas, dela serão excluídos, porque estarão deslocados do convívio com os homens de bem, dos quais perturbariam a felicidade. Eles irão para mundos novos, menos avançados, cumprir missões ***penosas****, onde poderão trabalhar para seu próprio adiantamento, ao mesmo tempo que trabalharão para o adiantamento de seus irmãos ainda mais atrasados. Não vedes, nessa exclusão da Terra transformada, a sublime figura do* ***Paraíso perdido****, e no homem chegado sobre a Terra em semelhantes condições, e trazendo em si o germe de suas paixões e os traços de sua inferioridade primitiva, a figura não menos sublime do* ***pecado original****. O pecado original, considerado sob esse ponto de vista, se prende à natureza ainda imperfeita do homem que não é responsável senão por si mesmo e por suas faltas, e não das de seus pais.*

– Todos vós, homens de fé e de boa vontade, trabalhai, portanto, com zelo e coragem na grande obra da regeneração, porque colhereis centuplicado o grão que houverdes semeado. Infelizes aqueles que fecham os olhos à luz, porque se preparam longos séculos de trevas e de decepções. Infelizes os que colocam todas as suas alegrias nos bens deste mundo, porque sofrerão mais privações do que tiveram de prazeres. Infelizes, sobretudo, os egoístas, porque não encontrarão ninguém para os ajudar a carregar o fardo de suas misérias. (SÃO LUÍS)

CONCLUSÃO

I

Aquele que não conhece como fato do magnetismo terrestre senão o jogo dos patinhos imantados que se faz manobrar sobre a água de uma bacia, dificilmente poderia compreender que esse brinquedo encerra o segredo do mecanismo do Universo e do movimento dos mundos. O mesmo ocorre com aquele que não conhece do Espiritismo senão o movimento das mesas; nele não vê senão um divertimento, um passatempo de sociedade, e não compreende que esse fenômeno tão simples e tão vulgar conhecido da antiguidade, e mesmo de povos semi-selvagens, pudesse se prender às mais graves questões da ordem social. Para o observador superficial, com efeito, que relação uma mesa que gira pode ter com a moral e o futuro da Humanidade? Mas todo aquele que reflete, se lembra que da simples panela que tem fervido desde a antiguidade, saiu o possante motor com o qual o homem transpõe o espaço e suprime as distâncias. Pois bem! Vós que não credes em nada fora do mundo material, sabei, pois, que, dessa mesa que gira e provoca sorrisos desdenhosos, saiu toda uma ciência, assim como a solução de problemas que nenhuma filosofia havia ainda podido resolver. Apelo a todos os adversários de boa fé, eu os adjuro a dizer se se deram ao trabalho de estudar o que criticam; porque, em boa lógica, a crítica não tem valor senão quando aquele que a faz conhece aquilo de que fala. Zombar de uma coisa que não se conhece, que não se sondou com o escalpelo do observador consciencioso, isso não é criticar, é fazer prova de imprudência, e dar uma pobre ideia de seu próprio julgamento. Seguramente, se tivéssemos apresentado esta filosofia como sendo a obra de um cérebro humano, ela teria encontrado menos desdém e seria honrada com o exame daqueles que pretendem dirigir a opinião. Mas, ela vem dos Espíritos; que absurdo! ela mal merece um dos seus olhares; julgam-na sobre o título, como o macaco da fábula julgou a noz pela casca. Fazei, se o quiserdes, abstração da origem; suponde que este *livro* seja a obra de um homem e dizei, em vossa alma e consciência, se, depois de o ter lido *seriamente*, nele achais matéria para zombar.

II

O Espiritismo é o mais terrível antagonista do materialismo. Não é, pois, de espantar que ele tenha os materialistas por adversários; mas como o materialismo é uma doutrina que se ousa mal confessar (prova de que os que a professam não se creem bem fortes e são dominados por sua consciência), eles se cobrem com o manto da razão e da ciência; e, coisa bizarra, os mais céticos falam mesmo em nome da religião, que não conhecem e não compreendem melhor que o Espiritismo. Sua mira, é, sobretudo, o *maravilhoso*, e o *sobrenatural* que não admitem; ora, segundo eles, estando o Espiritismo fundado sobre o maravilhoso, não pode ser senão uma suposição ridícula. Não refletem que, fazendo, sem restrição, o processo ao maravilhoso e ao sobrenatural, fazem o da religião. Com efeito, a religião está fundada sobre a revelação e os milagres; ora, que é revelação senão comunicações extrahumanas? Todos os autores sagrados, desde Moisés, falaram dessas espécies de comunicações. Que são os milagres senão os fatos maravilhosos e sobrenaturais, por excelência, uma vez que são, no sentido litúrgico, derrogações às leis da Natureza; portanto, rejeitando o maravilhoso e o sobrenatural, eles rejeitam as próprias bases da religião. Mas não é sob esse ponto de vista que devemos examinar a coisa. O Espiritismo não tem que examinar se há, ou não, milagres, quer dizer, se Deus pôde, em certos casos, derrogar as leis eternas que regem o Universo. Ele deixa, a esse respeito, toda a liberdade de crença. Diz, e prova, que os fenômenos sobre os quais se apóia, não têm de sobrenatural senão a aparência. Esses fenômenos não são assim, aos olhos de certas pessoas, senão porque são insólitos e fora dos fatos conhecidos. Mas eles não são mais sobrenaturais que todos os fenômenos, aos quais a Ciência hoje dá a solução, e que pareceram maravilhosos numa outra época. Todos os fenômenos espíritas, *sem exceção*, são a consequência de leis gerais; nos revelam um dos poderes da Natureza, poder desconhecido, ou, dizendo melhor, incompreendido até aqui, mas que a observação demonstra estar na ordem das coisas. O Espiritismo repousa, pois, menos sobre o maravilhoso e o sobrenatural que a própria religião. Aqueles que o atacam, a esse respeito, é porque não o conhecem, e fossem eles os homens mais sábios nós lhes diríamos: se vossa ciência, que vos ensina tantas coisas, não vos ensinou que o domínio da Natureza é infinito, não sois sábios senão pela metade.

III

Quereis, segundo dizeis, curar vosso século de uma mania que ameaça invadir o mundo. Gostaríeis mais que o mundo fosse invadido pela incredulidade que procurais propagar? não é à ausência de toda crença que é preciso atribuir o relaxamento dos laços de família e a maioria das desordens que minam a sociedade? Demonstrando a existência e a imortalidade da alma, o Espiritismo estimula a fé no futuro, levanta os ânimos abatidos, faz suportar com resignação as vicissitudes da vida; ousaríeis chamar a isso um mal? Duas doutrinas se confrontam: uma que nega o futuro, outra que o proclama e o prova; uma que não explica nada, outra que explica tudo e, por isso mesmo, recorre à razão; uma é a consagração do egoísmo, a outra dá uma base à justiça, à caridade e ao amor dos semelhantes; a primeira não mostra senão o presente e aniquila toda esperança, a segunda consola e mostra o campo vasto do futuro; qual é a mais perniciosa?

Certas pessoas, e entre as mais céticas, se fazem os apóstolos da fraternidade e do progresso; mas a fraternidade supõe o desinteresse, a abnegação da personalidade. Com a verdadeira fraternidade o orgulho é uma anomalia. Com que direito impondes um sacrifício aquele a quem dizeis que quando morrer tudo está findo para ele; que, talvez, amanhã não será mais que uma velha máquina deslocada e atirada de lado? que razão há para se impor uma privação qualquer? não é mais natural que durante os curtos instantes que lhe concedeis ele procure viver o melhor possível? Daí o desejo de possuir mais para melhor gozar; desse desejo nasce o ciúme contra aqueles que possuem mais do que ele; e desse ciúme à inveja de tomar o que eles têm, não há senão um passo. Que o detém? É a lei? mas a lei não alcança todos os casos? Direis que é a consciência, o sentimento do dever? Mas sobre o que baseais o sentimento do dever? Esse sentimento tem alguma razão de ser com a crença de que tudo termina com a vida? Com essa crença uma só máxima é racional: cada um para si. As ideias de fraternidade de consciência, de dever, de humanidade, de progresso mesmo, não são senão palavras vãs. Oh! vós, que proclamais semelhantes doutrinas, não sabeis todo o mal que fazeis à sociedade, nem de quantos crimes assumis a responsabilidade? Mas falo eu de responsabilidade? para o cético não há isso, pois ele não rende homenagem senão à matéria.

IV

O progresso da Humanidade tem seu princípio na aplicação da lei de justiça, de amor e de caridade; essa lei está fundada sobre a certeza do futuro; tirai essa certeza e lhe tirareis sua pedra fundamental. Dessa lei derivam todas as outras, porque ela encerra todas as condições da felicidade do homem, só ela pode curar as chagas da sociedade, e ele pode julgar, pela comparação das épocas e *dos povos*, quanto sua condição melhora à medida que essa lei é melhor compreendida e melhor praticada. Se uma aplicação parcial e incompleta produz um bem real, que será, pois, quando fizer dela a base de todas suas instituições sociais! Isso é possível? sim, porque uma vez que deu dez passos, pode dar vinte deles, e assim por diante. Pode-se, pois, julgar o futuro pelo passado. Já vimos se apagarem, pouco a pouco, as antipatias de povo a povo; as barreiras que os separam diminuem diante da civilização; eles se dão as mãos, de uma à outra extremidade do mundo; uma maior justiça preside às leis internacionais; as guerras se tornam mais e mais raras, e não excluem o sentimento de humanidade; a uniformidade se estabelece nas relações; as distinções de raças e de castas se apagam, e os homens de crenças diferentes fazem calar os preconceitos de seita para se confundirem na adoração de um só Deus. Falamos dos povos que caminham à frente da civilização (789-793). Sob todos esses aspectos, se está ainda longe da perfeição, e há ainda muitas velhas ruínas para se abater até que tenham desaparecido os últimos vestígios da barbárie. Mas essas ruínas poderão se opor à força irresistível do progresso, essa força viva que é, em si mesma, uma lei da Natureza? Se a geração presente é mais avançada que a geração passada, por que a que nos sucederá não o seria mais que a nossa? Ela o será pela força das coisas; primeiro, porque com as gerações desaparecem cada dia alguns defensores dos velhos abusos e assim a sociedade se forma, pouco a pouco, de elementos novos, que estão despojados dos velhos preconceitos; em segundo lugar, porque o homem, querendo o progresso, estuda os obstáculos e se aplica em os destruir. Desde que o movimento progressivo é incontestável, o progresso futuro não deveria ser duvidoso. O homem quer ser feliz, e isso está na Natureza. Ora, ele não procura o progresso senão para aumentar a soma de sua felicidade, sem o que o progresso seria sem objetivo. Onde estaria o progresso, para ele, se esse progresso não devesse melhorar sua posição? Mas quando tiver a soma de prazeres que pode dar o progresso intelectual, ele se aperceberá de que não tem a felicidade completa; reconhecerá que essa felicidade é impossível sem a segurança das relações sociais, e essa segurança não a pode encontrar senão no progresso moral; portanto, pela força das coisas, ele próprio encaminhará o progresso para esse caminho, e o Espiritismo lhe oferecerá a mais poderosa alavanca para atingir esse objetivo.

V

Aqueles que dizem que as crenças espíritas ameaçam invadir o mundo, proclamam-lhe, com isso, a força, porque uma ideia sem fundamento e despida de lógica não poderia se tornar universal. Se, pois, o Espiritismo se implanta por toda a parte, se faz adeptos sobretudo nas classes esclarecidas, assim como cada um o reconhece, é porque tem um fundo de verdade. Contra essa tendência todos os esforços de seus detratores serão vãos, e o que o prova é que o ridículo com o qual o procuram cobrir, longe de lhe deter o impulso, parece lhe ter dado uma nova vida. Esse resultado justifica plenamente o que, muitas vezes, nos disseram os Espíritos: "Não vos inquieteis com a oposição, tudo o que se fizer contra vós tornará para vós, e *vossos maiores adversários servirão à vossa causa, sem o querer*. Contra a vontade de Deus a má vontade dos homens não poderia prevalecer".

Pelo Espiritismo, a Humanidade deve entrar numa fase nova, a do progresso moral, que é a sua consequência inevitável. Portanto, cessai de vos espantar da rapidez com a qual se propagam as ideias espíritas; a sua causa está na satisfação que elas proporcionam a todos os que as aprofundam, e que nelas veem outra coisa que um fútil passatempo. Ora, como se quer a felicidade antes de tudo, não é de admirar que se interesse por uma ideia que torna feliz.

O desenvolvimento dessas ideias, apresenta três períodos distintos: o primeiro é o da curiosidade provocada pela estranheza dos fenômenos que se produzem; o segundo o do raciocínio e da filosofia; o terceiro o da aplicação e das consequências. O período da curiosidade passou. A curiosidade não tem senão um tempo, uma vez satisfeita, muda o objeto, para passar a um outro. O mesmo não sucede com aquele que se dirige ao pensamento sério e ao julgamento. Começado o segundo período, o terceiro o seguirá inevitavelmente. O Espiritismo tem progredido, sobretudo, depois que foi melhor compreendido em sua essência íntima, depois que se lhe viu a importância, porque toca a corda mais sensível do homem: o da sua felicidade, mesmo neste mundo. Aí está a causa da sua propagação, o segredo da força que o fará triunfar. Ele torna felizes aqueles que o compreendem, à espera de que sua influência se estenda sobre as massas. Mesmo aquele que não teve nenhum testemunho material de manifestação, diz: além desses fenômenos, há a filosofia que me explica o que NENHUMA outra me havia explicado; nela encontro, só pelo raciocínio, uma demonstração *racional* de problemas que interessam, no mais alto grau, ao meu futuro; ela me proporciona a calma, a segurança e a confiança; me livra do tormento da incerteza: ao lado disso, a questão dos fatos materiais é uma questão secundária. Vós todos, que o atacais, quereis um meio de o combater com sucesso? Eis aqui: Substituí-o por qualquer coisa melhor; encontrai uma solução, MAIS FILOSÓFICA a todas as questões que ele resolve; dai ao homem uma OUTRA CERTEZA que o torne mais feliz, e compreendei bem a importância dessa palavra *certeza*, porque o homem não aceita como *certo* senão o que lhe parece *lógico*. Não vos contenteis em dizer que isso não é, pois é muito fácil; provai, não por uma negação, mas por fatos, que isso não é, jamais foi, e não PODE ser. Se não o é, dizei, sobretudo, o que haveria em seu lugar. Provai, enfim, que as consequências do Espiritismo não são de tornar os homens melhores e, portanto, mais felizes, pela prática da mais pura moral evangélica, moral que se glorifica muito, mas que se pratica pouco. Quando houverdes feito isso, tereis o direito de o atacar. O Espiritismo é forte porque ele se apóia sobre as próprias bases da religião: Deus, a alma, as penas e as recompensas futuras; sobretudo, porque mostra essas penas e essas recompensas como consequências naturais da vida terrena, e que nada, no quadro que ele oferece do futuro, pode ser negado pela mais exigente razão. Vós, cuja doutrina total consiste na negação do futuro, que compensação ofereceis para os sofrimentos deste mundo? Vós vos apoiais sobre a incredulidade, ele se apóia sobre a confiança em Deus. Enquanto ele convida os homens à felicidade, à esperança, à verdadeira fraternidade, vós lhes ofereceis o NADA por perspectiva e o EGOÍSMO por consolação. Ele explica tudo, vós não explicais nada. Ele prova pelos fatos e vós não provais nada. Como quereis que se hesite entre as duas doutrinas?

VI

Seria fazer uma ideia bem falsa do Espiritismo crer que ele haure sua força na prática de manifestações materiais e que assim, entravando essas manifestações, pode-se miná-lo em sua base. Sua força está em sua filosofia, no apelo que faz à razão e ao bom senso. Na antiguidade, ele foi objeto de estudos misteriosos, cuidadosamente ocultos ao vulgo; hoje, nada tem de secreto para ninguém. Ele fala uma linguagem clara, sem ambiguidade. Nele nada há de místico, de alegorias suscetíveis de falsas interpretações. Ele quer ser compreendido por todos, porque é chegado o tempo de fazer o homem conhecer a verdade. Longe de se opor à difusão da luz, a quer para todo o mundo. Não reclama uma crença cega, mas quer que se saiba porque se crê. Em se apoiando sobre a razão, será sempre mais forte do que aqueles que se apóiam sobre o nada. Os entraves que tentarem lhe trazer à liberdade das manifestações as poderiam abafar? Não, porque produziriam o efeito de todas as perseguições: o de excitar a curiosidade e o desejo de conhecer o que foi proibido. Por outro lado, se as manifestações espíritas fossem o privilégio de um só homem, não há dúvida que, colocando esse homem de lado, se colocaria fim às manifestações; infelizmente para os adversários, elas estão à disposição de todo o mundo, que as usam, desde o menor até o maior, desde o palácio até a mansarda. Pode-se lhe interditar o exercício público; mas se sabe precisamente que não é em público que elas se produzem melhor: é na intimidade. Ora, cada um podendo ser médium, quem pode impedir uma família no recesso do seu lar, um indivíduo no silêncio do quarto, o prisioneiro sob os ferrolhos, de ter comunicações com os Espíritos, com o desconhecimento, e em face mesmo, dos esbirros? Se as interditarem num país, poderão ser impedidas nos países vizinhos, no mundo inteiro, uma vez que não há uma região, nos dois continentes, onde não haja médiuns? Para encarcerar todos os médiuns, seria preciso encarcerar a metade do gênero humano. Viessem mesmo, o que não seria mais fácil, a queimar todos os livros espíritas, e no dia seguinte eles seriam reproduzidos, porque a sua fonte é inatacável, e não se pode nem encarcerar e nem queimar os Espíritos que são seus verdadeiros autores.

O Espiritismo não é a obra de um homem. Ninguém se pode dizer o seu criador, porque é tão velho quanto a criação. Ele se encontra por toda a parte, em todas as religiões, e mais ainda na religião católica, e com mais autoridade que em todas as outras, porque nele se encontra o princípio de tudo: os Espíritos de todos os graus, seus intercâmbios ocultos e patentes com os homens, os anjos guardiães, a reencarnação, a emancipação da alma durante a vida, a dupla vista, as visões, as manifestações de todo gênero, as aparições e mesmo as aparições tangíveis. Com relação aos demônios, não são outra coisa que os maus Espíritos e, salvo a crença de que os primeiros são perpetuamente votados ao mal, enquanto que o caminho do progresso não é interditado aos outros, não há entre eles senão uma diferença de nome.

Que faz a ciência espírita moderna? Reúne em um corpo, o que estava esparso; explica, em termos próprios, o que não o era senão em linguagem alegórica; elimina o que a superstição e a ignorância geraram para não deixar senão a realidade e o positivo: eis o seu papel. Mas o de fundadora não lhe pertence; ela mostra o que é, coordena, mas não cria nada, porque suas bases são de todos os tempos e de todos os lugares. Portanto, quem ousaria se considerar bastante forte para a sufocar sob os sarcasmos e mesmo sob a perseguição? Se se a proscreve de um lado, ela renascerá em outros lugares, sobre o terreno mesmo de onde se a houver banido, porque está na Natureza, e não é dado ao homem destruir uma força da Natureza, nem de colocar seu *veto* sobre os decretos de Deus.

De resto, que interesse haveria em se entravar a propagação das ideias espíritas? Essas ideias, é verdade, se erguem contra os abusos que nascem do orgulho e do egoísmo; mas esses abusos dos quais alguns aproveitam, prejudicam a coletividade. Ela terá a seu favor a massa, e não terá por adversários sérios senão os que estão interessados em manter esses abusos. Pela sua influência, ao contrário, essas ideias, tornando os homens melhores, uns para com os outros, menos ávidos de interesses materiais e mais resignados aos ditames da Providência, são uma garantia de ordem e de tranquilidade.

VII

O Espiritismo se apresenta sob três aspectos diferentes: o fato das manifestações, os princípios de filosofia e de moral que dela decorrem, e a aplicação desses princípios. Daí três classes, ou antes, três graus entre os adeptos: 1º) os que creem nas manifestações e se limitam em as constatar: é para eles uma ciência experimental; 2º) os que lhe compreendem as consequências morais; 3º) os que praticam, ou se esforçam por praticar, essa moral. Qualquer que seja o ponto de vista, científico ou moral, sob o qual se examinem esses fenômenos estranhos, cada um compreende que é toda uma nova ordem de ideias que surgiu, cujas consequências não podem ser senão uma profunda modificação no estado da Humanidade, e cada um compreende também que essa modificação não pode ocorrer senão no sentido do bem.

Quanto aos adversários, pode-se também classificá-los em três categorias: 1º) Os que negam sistematicamente tudo o que é novo, ou não vem deles, e que falam sem conhecimento de causa. A essa classe pertencem todos aqueles que não admitem nada fora do testemunho dos sentidos; eles nada viram, nem querem nada ver, e ainda menos aprofundar. Ficariam mesmo irritados de ver muito claro com medo de serem forçados em convir que não têm razão. Para eles o Espiritismo é uma quimera, uma loucura, uma utopia, não existe; é cedo dizer. São os incrédulos que tomaram partido. Ao lado desses, pode-se colocar aqueles que se dignaram lançar um golpe de olhar para desencargo de sua consciência, a fim de poderem dizer: Eu quis ver e não vi nada; eles não compreendem que seja preciso mais de meia hora para se conscientizar de toda uma ciência. 2º) Os que sabendo muito bem em que se apoiar sobre a realidade dos fatos, os combatem, contudo, por motivos de interesse pessoal. Para eles, o Espiritismo existe, mas têm medo de suas consequências; o atacam como um inimigo. 3º) Os que encontram na moral espírita uma censura muito severa de seus atos ou de suas tendências. O Espiritismo, tomado a sério, embaraçaria-os; eles não rejeitam nem aprovam: preferem fechar os olhos. Os primeiros são solicitados pelo orgulho e pela presunção; os segundos pela ambição; os terceiros pelo egoísmo. Concebe-se que essas causas de oposição, não tendo nada de sólidas, devem desaparecer com o tempo, porque em vão procuraríamos uma quarta classe de antagonistas, a que se apoiasse sobre provas contrárias patentes, e atestando um estudo consciencioso e laborioso da questão. Todos não opõem senão a negação, nenhum traz demonstração séria e irrefutável.

Seria presumir demasiado da natureza humana, crer que ela pudesse se transformar subitamente pelas ideias espíritas. Sua ação não é, seguramente, nem a mesma, nem do mesmo grau entre todos aqueles que as professam; mas qualquer que seja o resultado, mesmo fraco, é sempre um progresso, mesmo seja apenas o de dar a prova da existência de um mundo extracorpóreo, o que implica na negação das doutrinas materialistas. Isto é a consequência mesma da observação dos fatos. Mas entre os que compreendem o Espiritismo filosófico, e nele veem outra coisa além dos fenômenos mais ou menos curiosos, há outros efeitos. O primeiro, e o mais geral, é desenvolver o sentimento religioso naquele mesmo que, sem ser materialista, não tem senão indiferença pelas coisas espirituais. Disso resulta nele o desprezo pela morte; não dizemos o desejo da morte, longe disso, porque o espírita defenderá sua vida como qualquer outro, mas uma indiferença que faz aceitar, sem murmurar e sem desgosto, uma morte inevitável, como uma coisa antes feliz que terrível, pela certeza do estado que lhe sobrevirá. O segundo efeito, quase tão geral quanto o primeiro, é a resignação nas vicissitudes da vida. O Espiritismo faz ver as coisas de tão alto, que a vida terrena, perdendo três quartas partes de sua importância, não aflige tanto com as atribulações que a acompanham: daí mais coragem nas aflições, mais moderação nos desejos; daí também o afastamento do pensamento de abreviar seus dias, porque a ciência espírita ensina que, pelo suicídio, se perde sempre o que se queria ganhar. A certeza de um futuro que depende de nós mesmos tornar feliz, a possibilidade de estabelecer contato com os seres que nos são caros, oferecem ao espírita uma suprema consolação. Seu horizonte aumenta ao infinito, pelo espetáculo incessante que ele tem da vida de além-túmulo, da qual pode sondar as misteriosas profundezas. O terceiro efeito é excitar à indulgência pelas faltas alheias. Mas é necessário o dizer, o princípio egoísta, e tudo o que dele decorre, é o que há de mais tenaz no homem, e, por conseguinte, o mais difícil de se desarraigar. Fazem-se sacrifícios voluntários, desde que nada custem, e, sobretudo, de nada privem. O dinheiro tem ainda, para a maioria, um atrativo irresistível, e bem poucos compreendem a palavra supérfluo, quando se trata de sua pessoa. Também a abnegação da personalidade é o mais eminente sinal de progresso.

VIII

Os Espíritos, dizem certas pessoas, nos ensinam uma moral nova, alguma coisa superior à que disse o Cristo? Se essa moral não é outra senão a do Evangelho, por que o Espiritismo? Esse raciocínio se assemelha singularmente ao do califa Omar falando da biblioteca de Alexandria: "Se ela não contém, disse, senão o que há no Alcorão, é inútil, portanto, é preciso a queimar; se ela encerra outra coisa, é má, portanto, é preciso ainda a queimar". Não, o Espiritismo não encerra uma moral diferente da de Jesus; mas perguntaremos, por nossa vez, se, antes de Cristo, os homens não tinham a lei dada por Deus a Moisés? Sua doutrina não se encontra no Decálogo? Dir-se-á, por isso, que a moral de Jesus era inútil? Perguntaremos ainda àqueles que negam a utilidade da moral espírita, por que a do Cristo é tão pouco praticada, e por que estes mesmos que lhe proclamam, a justo título, a sublimidade, são os primeiros a violar a primeira de suas leis: *A caridade universal*?

Os Espíritos vêm não somente a confirmar, mas nos mostram sua utilidade prática. Eles tornam inteligíveis e patentes, verdades que não haviam sido ensinadas senão sob a forma alegórica; e ao lado da moral, vêm definir os problemas mais abstratos da psicologia.

Jesus veio mostrar aos homens o caminho do verdadeiro bem. Por que Deus, que o havia enviado para lembrar sua lei esquecida, não enviaria hoje os Espíritos para a lhes lembrar de novo, e com mais precisão, quando a esquecem para tudo sacrificar ao orgulho e à cupidez? Quem ousaria pôr limites ao poder de Deus, e lhe traçar seus caminhos? Quem diz que, como afirmam os Espíritos, os tempos preditos não estão cumpridos, e que não atingimos aqueles em que as verdades mal compreendidas ou falsamente interpretadas devem ser ostensivamente reveladas ao gênero humano para apressar seu progresso? Não há alguma coisa de providencial nessas manifestações que se produzem simultaneamente sobre todos os pontos do globo? Não é um só homem, um profeta que vem nos advertir, é a luz que surgiu de toda a parte, é todo um mundo novo que se desenrola aos nossos olhos. Como a invenção do microscópio nos descobriu o mundo dos infinitamente pequenos, que não suspeitávamos; como o telescópio nos descobriu os milhares de mundos que não suspeitávamos mais; as comunicações espíritas nos revelam o mundo invisível que nos cerca, que nos acotovela sem cessar e, sem que o saibamos, toma parte em tudo o que fazemos. Algum tempo ainda e a existência desse mundo, que é o que nos espera, será também incontestável quanto a do mundo microscópico e dos globos perdidos no espaço. Portanto, não é nada nos ter feito conhecer todo um mundo? ter-nos iniciado nos mistérios da vida de além-túmulo? É verdade que essas descobertas, se lhes pode dar esse nome, contrariam um pouco certas ideias firmadas; mas todas as grandes descobertas científicas igualmente não modificaram, transtornaram mesmo, as ideias mais acreditadas? não foi necessário que o nosso amor-próprio se curvasse diante da evidência? Ocorrerá o mesmo com respeito ao Espiritismo, e, dentro em pouco, ele terá direito de cidadania entre os conhecimentos humanos.

As comunicações com os seres de além-túmulo tiveram por resultado nos fazer compreender a vida futura, de nos fazer vê-la, de nos iniciar nas penas e os gozos que nela nos esperam segundo nossos méritos, e, por isso mesmo, de reconduzir ao *espiritualismo* aqueles que não viam em nós senão a matéria, senão uma máquina organizada. Por isso, tivemos razão em dizer que o Espiritismo matou o materialismo pelos fatos. Não tivesse produzido senão esse resultado, e a ordem social lhe deveria reconhecimento; mas ele faz mais: mostra os inevitáveis efeitos do mal e, por conseguinte, a necessidade do bem. O número daqueles que ele reconduziu a sentimentos melhores, dos quais neutralizou as más tendências e desviou do mal, é maior do que se crê, e aumenta todos os dias. É que, para eles, o futuro não é mais incerto, não é uma simples esperança, é uma verdade que se compreende, que se explica, quando se *veem* e quando se *ouvem*, aqueles que nos deixaram, se lamentar ou se felicitar do que fizeram sobre a Terra. Quem quer que disso é testemunha, põe-se a refletir e sente a necessidade de se conhecer, de se julgar e de se corrigir.

IX

Os adversários do Espiritismo não deixaram de se armar contra ele com algumas divergências de opiniões, sobre certos pontos da doutrina. Não é de admirar que, no início de uma ciência, quando as observações são ainda incompletas e cada um a examina sob seu ponto de vista, sistemas contraditórios tenham podido se produzir. Mas já três quartos desses sistemas, hoje, estão tombados diante de um estudo mais aprofundado, a começar por aquele que atribuía todas as comunicações ao Espírito do mal, como se tivesse sido impossível a Deus enviar aos homens os bons Espíritos: doutrina absurda, porque é desmentida pelos fatos; ímpia, porque é a negação do poder e da bondade do Criador. Os Espíritos sempre nos disseram para não nos inquietarmos com essas divergências, e que a unidade se faria: ora, a unidade está já feita sobre a maioria dos pontos e as divergências tendem, cada dia, a se apagar. A esta questão: À espera que a unidade se faça, sobre o que o homem imparcial e desinteressado pode se basear para ajuizar? Eis a sua resposta:

"A luz mais pura não é obscurecida por nenhuma nuvem; o diamante sem mancha é o que tem maior valor; julgai, pois, os Espíritos pela pureza dos seus ensinos. Não vos esqueçais de que, entre os Espíritos, há os que não se despojaram ainda das ideias da vida terrestre; sabei os distinguir pela sua linguagem; julgai-os pelo conjunto do que vos dizem; vede se há encadeamento lógico em suas ideias; se nada neles revela ignorância, orgulho ou malevolência; numa palavra, se suas palavras estão sempre marcadas com o selo da sabedoria, que revela a verdadeira superioridade. Se o vosso mundo fosse inacessível ao erro, seria perfeito e ele está longe disso; estais ainda aprendendo a distinguir o erro da verdade; necessitais das lições da experiência para exercer o vosso julgamento e vos fazer avançar. A unidade se fará do lado em que o bem jamais se misturou ao mal; é desse lado que os homens se reunirão pela força das coisas, porque eles julgarão que lá está a verdade.

Que importam, aliás, algumas dissidências que estão mais na forma que no fundo! Observai que os princípios fundamentais são os mesmos por toda parte e devem vos unir num pensamento comum: o amor de Deus e a prática do bem. Quaisquer que sejam, portanto, o modo de progressão que se admita, ou as condições normais da existência futura, o objetivo final é o mesmo: fazer o bem; ora, não há duas maneiras de fazê-lo".

Se, entre os adeptos do Espiritismo, há os que diferem de opinião sobre alguns pontos da teoria, todos concordam sobre os pontos fundamentais. Há, pois, unidade, se não da parte daqueles, em muito pequeno número, que não admitem ainda a intervenção dos Espíritos nas manifestações, e que as atribuem, ou a causas puramente físicas – o que é contrário a este axioma: Todo efeito inteligente deve ter uma causa inteligente – ou ao reflexo de nosso pensamento, o que é desmentido pelos fatos. Os outros pontos não são senão secundários, e não atingem em nada as bases fundamentais. Pode, pois, haver escolas que procurem se esclarecer sobre as partes ainda controvertidas da ciência; não deve haver seitas rivais umas das outras. Não haveria antagonismo senão entre aqueles que querem o bem e aqueles que fariam ou desejariam o mal; ora, não há um espírita sincero e compenetrado das grandes máximas morais ensinadas pelos Espíritos, que pudesse querer o mal, nem desejar o mal do próximo, sem distinção de opinião. Se um deles está no erro, a luz, cedo ou tarde, se fará para ele, se a procura de boa fé e sem prevenção. À espera disso, todos têm um laço comum que os deve unir num mesmo pensamento; todos têm um mesmo objetivo; pouco importa, pois, o caminho, contanto que esse caminho a ela conduza. Nenhuma deve se impor pelo constrangimento material ou moral, e só esta estaria no erro se lançasse anátema sobre a outra, porque agiria, evidentemente, sob a influência dos maus Espíritos. A razão deve ser o supremo argumento e a moderação assegurará melhor o triunfo da verdade do que a crítica envenenada pela inveja e pelo ciúme. Os bons Espíritos, não pregam senão a união e o amor ao próximo, e jamais um pensamento malévolo ou contrário à caridade, pode ter vindo de uma fonte pura. Ouçamos, sobre esse assunto, e para terminar, os conselhos do Espírito de Santo Agostinho.

"Por muito tempo, os homens têm se dilacerado mutuamente e anatematizado em nome de um Deus de paz e de misericórdia, e Deus se ofende com tal sacrilégio. O Espiritismo é o laço que os unirá um dia, porque lhes mostrará onde está a verdade e onde está o erro. Mas haverá, por muito tempo ainda, escribas e fariseus que o negarão, como negaram o Cristo. Quereis saber, pois, sob a influência de quais Espíritos, estão as diversas seitas que se dividem o mundo? Julgai-as pelas suas obras e pelos seus princípios. Jamais os bons Espíritos foram os instigadores do mal; jamais aconselharam nem legitimaram o homicídio e a violência; jamais excitaram os ódios dos partidos nem a sede das riquezas e das honras nem a avidez dos bens da Terra; só aqueles que são bons, humanos e benevolentes para com todo o mundo, são os seus preferidos, e são também os preferidos de Jesus, porque seguem o caminho que lhes indicou para chegarem até ele." (SANTO AGOSTINHO)

Errata[1]

Página 103, no final da nota *acrescentai*: Na morte natural, a perturbação começa antes da cessação da vida orgânica, e o Espírito perde toda a consciência de si mesmo no momento da morte; De onde se segue que jamais se é testemunha do último suspiro; as próprias convulsões da agonia são efeitos nervosos dos quais não se é quase nunca afetado; dizemos quase, porque, em certos casos, esses sofrimentos podem lhe ser impostos como expiação.

Página 130, nº 226, no fim da nota, *acrescentai*: Entre os Espíritos não encarnados, há os que têm missões a cumprir, ocupações ativas e que gozam de uma felicidade relativa; outros flutuam no vago e na incerteza; estes últimos são errantes na verdadeira acepção da palavra, e são, em realidade, os que se designam sob o nome de *almas em pena*. Os primeiros não se consideram sempre como *errantes*, porque fazem uma distinção entre a sua situação e a dos outros.

Página 150, nº 285, *acrescentai*: Eles podem igualmente, quando isso é necessário, se reconhecerem pela aparência que tinham quando vivos. Ao Espírito recém-chegado, e ainda pouco familiarizado com seu novo estado, os Espíritos que o vêm receber se apresentam sob uma forma que lhes permite os reconhecerem.

Página 189, nº 437, *acrescentai*: ver nº 257; ensaio teórico sobre a sensação nos Espíritos.

Página 203, nº 479, *acrescentai*: vede O Livro dos Médiuns, cap. da Obsessão.

---

[1] *Pelo tradutor ter sido fiel à 2ª edição francesa, mantivemos a errata como consta no original - nota da editora.*

ÍNDICE REMISSIVO

A

ABORTO
consequências do 165

ACASO
causa primeira e 49, 59
manifestações e 17
provas e 345
simpatia e 173

ADÃO
crenças religiosas e 64
época de 65
povoamento da
terra e 62, 65
quem foi 62

ADORAÇÃO
coletiva e particular 253
Deus e a 252
exterior 251, 252
formas de 252
lei de 250, 251
o que é 251
objetivo da 251
prece e 253
verdadeira 251

AFLIÇÕES
civilização e 338
Espírito protetor e as 206
progresso e 209, 356

AGOSTINHO (SANTO)
mensagem de 208, 335
.... 365, 387, 388

ALMA
afeição da 343
anatomia e 28
antes da
encarnação 244, 350
antes do nascimento 91
atuação da 93
bagagem da 97
como se opera
a separação 99
corpo e 91, 92, 117
definição de 12, 35, 96
depois da morte 97, 98
134, 150, 158, 221, 352, 358
depuração da 103
do mundo 94
dor e 99
dos animais 237
dos cretinos e idiotas 168
dos Espíritos superiores .. 84
durante a vida 359
durante o sono 179,
.... 180, 181, 183
e reencarnação 103
em pena 372
emancipação da 179
erraticidade da 130
espelho da 117
espírita 14
Espiritismo e 28
estado da 110
êxtase e 190, 195, 196
faculdades da 167
felicidade da 357
hereditariedade e 114
imortalidade da 127
individualidade da 22
intelectual 14
laços da 100
momento da
separação da 100
na cepa 46
na criança 93
na morte violenta 101
no feto 164
no instante da
morte 97, 102
no mundo espiritual 22
nos animais 237, 238
o que é 9, 11, 21,
.... 91, 96, 354
panteísmo e 98
pensamento e 75
percepções da 133, 137,139
perturbação da 101
posição da 93
possessão e 202
preexistência da 123, 125
primitiva 110
princípio vital e 13, 91
qualidades da 22
reencarnação da 105,
.... 111, 129, 359
reencarnação e 22
sede da 94
segunda vista e 192, 196
separação do
corpo e da 99
ser moral 11
sonambulismo e 186,
.... 187, 189, 193, 195
sonhos e 181,182, 195
teoria da subdivisão da 93
todo universal e 97
união ao corpo
e da 161, 162
unicidade de
existência e a 293
universal 11
vida orgânica e 92
vital 14

AMOR
à pátria 156
ao próximo 24, 250,
.... 294, 320, 332
aos inimigos 322
caridade e ... ao
próximo 319
de Deus.. 123, 207, 365, 386
de mãe 172
dos bons Espíritos 81
dos Espíritos .. 152, 156, 353

dos pais........................ 172
filial e paternal................ 261
lei de.............................. 256
lei de atração e 322
lei de caridade e de........ 246
.... 285, 306, 321
lei de justiça, e de caridade
....250, 318, 328, 377
maternal e filial....... 322, 323
no casamento................ 343
nos Espíritos 114
próprio.................. 126, 152,
.... 308, 312, 339

ANIMAIS

alma dos................ 236, 238
alma intelectual e............ 14
alma vital e....................... 14
amor maternal e os........ 322
aperfeiçoamento dos...... 281
carne dos 273
composição dos 233
desenvolvimento dos 109
destruição dos............... 275
destruição e os.............. 276
e o homem............ 235, 241
e mundos avançados..... 242
erraticidade e os 237
espécies de................... 242
geração dos 60
imitação dos.................. 236
individualidade dos......... 237
instinto nos.................... 234
inteligência dos 238
inteligência nos 237
laços de família e os...... 286
linguagem dos............... 236
livre-arbítrio e os 236
metempsicose e..... 240, 241
origem dos 242
princípio inteligente 236
progresso das raças 264
progresso dos 237
reprodução dos 265
sacrifício dos .. 257, 258, 259
seres orgânicos............... 67
sobrevivência dos 237
trabalho dos 261
transmigração e os 120
vida de relação dos........ 236
vontade nos................... 235

ANJO GUARDIÃO

necessidade do............. 209
nome do 210
protegidos do 208
quem é 206, 213

ARREPENDIMENTO

Deus e o......... 347, 363, 365
estado corporal e 360
estado espiritual e.......... 360
expiação e...... 152, 360, 362
porta do......................... 282
prece e 255, 362
quando chega o 356
reabilitação e.......... 363, 366
socorro e 256
tardio 365

AVAREZA

Espíritos impuros e 80

B

BENS TERRENOS

prazeres dos 290

BÍBLIA

a criação e a 64

BONS ESPÍRITOS

afeição dos.................... 205
céu dos.......................... 371
como chamá-los.... 252, 253,
.... 255, 256, 326, 328, 373
felicidade dos................ 353
futuro da Terra e 292, 339
influência dos 343
injustiça e 214
manifestação dos 28
matéria e 22
mundos sup. e 143, 324
o que fazem 20, 48, 140,
...... 144, 200, 203 205, 209,
...... 217, 223, 224, 226, 309,
.... 361, 387, 388
o que são 79
provas e 315, 316
reencontro com 151
segunda ordem na
escala.............................. 81

BOTÂNICA

definição da 35
metodos da 82

C

CARIDADE

amor ao próximo
e.......... .... 320, 321
crença e................ 306, 378
cristã.................... 272, 293
crítica e.......................... 327
Deus e a......................... 365
e a lei humana 291
e a lei natural 250
e amor ao próximo......... 320
e as leis......................... 291
e Deus.............................. 54
egoísmo e 291, 330,
... . 332, 363
esmola e......................... 323
indulgência e.................. 328
instituições sociais e 331
Jesus e a........................ 323
lei de....... 262, 298, 344, 347
lei de amor e de 246,
.... 285, 321
lei de justiça, de amor e de
.... 320, 328, 332, 378
misérias ocultas e 323
orgulho e 323
quando é 272, 278
sentimento de................ 273
universal........................ 384
verdadeira 325
virtude e 324, 332

CASAMENTO

abolição do.................... 265
celibato e....................... 265
fundamento do 266
indissolubilidade do........ 266
o que é 265
progresso e 266

CATACLISMO

geológico.................... 64, 65

CATALEPSIA

ação magnética e........... 186
letargia e 186
o que é 186
percepção e 185

CAUSA PRIMEIRA

da dor 137
da loucura 37
das coisas 49
Deus e............... 48, 49, 219

CEGOS

de nascimento e a
luz..................... 63, 139

CELIBATO

casamento e.................. 265
loucura e 38
renúncia e 266
voluntário........................ 266

CEPA DE VINHA
desenho da 46

CÉREBRO
depois da morte 170
do cretino e do idiota...... 169
e predisposições............ 168
impressão da dor e 137
loucura e 38
vida orgânica do............ 101

CHARLATANISMO
ciência e......................... 193
e proveito 29
magnetismo e................. 204

CIÊNCIA
bases da........................... 77
bem-estar e.................... 269
Bíblia e 64, 88
competência da............... 27
descobertas e.................. 26
do Espiritismo.................. 35
do infinito......................... 35
econômica...................... 262
espírita 42, 79, 382, 385
Espiritismo e.............. 26, 34
estudo e 27
experimental................... 383
fenômenos e 40, 377
flagelos e....................... 277
Gênese e.......................... 64
humana 35
início de uma.................. 386
leis da.............................. 45
leis físicas e 244
loucura e 37
mesa girante e 375
obra divina e 64
presunção e 95
produção e 269
progresso e 53
psicológica 94
raças e 264
razão e 64, 65
reencarnação e 371
religião e.......... 66, 126, 370
ressurreição e 370
sacra 247
sensações e................... 139
sonambulismo e 193
Terra diante da.............. 372
vulgares........................... 34

CIÚME
angústias do.................... 79
bons Espíritos e 81
crítica e.......................... 387
desejo de posse e.......... 378
egoísmo e 333
febre do 340
inveja e.......................... 340
mundos inferiores e 359
o que é 354
os Espíritos e o 175
paixões animais e 142
suplício voluntário 340

CIVILIZAÇÃO
aperfeiçoamento e 292
barbárie e.............. 292, 348
barreiras e 378
completa........................ 293
Egito e 66
egoísmo e 330
emancipação e............... 301
estado de 339
estado natural e 287
ferocidade na 147
graus da 293
incompleta...................... 293
liberdade de
consciência e 306
necessidades e 269,
.... 294, 338
o que é 293
pena de morte e............ 281
progresso e 293
progresso moral e.......... 293
reencarnação e 291
senso moral e 271
trabalho e 260, 269
verniz da........................ 280

COMETAS
o que são 59

CONSCIÊNCIA
agonia e 100
animais e.............. 233, 237
ao deixar o corpo na morte..
.... 101
atos da 332, 347
calma de........................ 142
crença e 306
criança e........................ 172
culpabilidade e 348
das existências
passadas........................ 177
de nós mesmos 12
de si mesmo.................. 228
decapitação e................ 101
desencargo de 383
do dever 378
do futuro........................ 240
do passado..................... 240
dos atos......................... 228
encarnação e 163
erraticidade e 142
Espírito e....................... 237
Espíritos atrasados e 220
exame de 333, 334, 335
idiotia e.......................... 169
instinto e.......................... 71
inteligência e 70
intuição e....................... 176
lei de Deus e 245
liberdade de 305, 306
livre-arbítrio e 85, 200
loucura e 170
mediunidade e.................. 19
morte e 184, 221
mundo invisível e 119
o que é 305
origem espiritual e.......... 110
paixões e....................... 110
plantas e........................ 233
preexistência e 123
progresso e 361
pura 101, 102
reencarnação e 163
remorsos e 107
sede da 138
segunda vista e 192
sonhos e........................ 187
tranquila 337
transporte e 75
tribunal da 319
utilidade e...................... 227
voz da............ 176, 177, 178
.... 208, 215

CONSERVAÇÃO
abuso e 269
amor maternal e............. 323
caridade e 278
da individualidade.... 242, 351
destruição e........... 275, 278

instinto de............190, 234, ...235, 239, 240, 265, 267, ...269, 272, 273, 286
lei de......250, 267, 271, 272, ...274, 281
meios de........................267
necessidades de.............67
trabalho e..............260, 261

CONTRADITORES
ideia nova e......................14
interesses dos.........47, 295

CONVULSIONÁRIOS
crises coletivas..............204
Espíritos e.....................205
faculdades nos..............204
insensibilidade física dos.......................204

CRENÇA
ausência de...................377
dos adivinhos................223
dos povos atrasados........88
e sentimento intuitivo.....241
instintiva..........................12
íntima............................306
liberdade da..................306
na etern. das penas.......366
na metempsicose...........120
na mitologia...................219
nas penas e recompensas futuras..........................351
no Espiritismo................358
no fogo..........................355
no nada..........................377
nocivas..........................306
popular no Espiritismo.....295
prova e..........................184
respeitabilidade da.........306
tradição e........................86

CRETINOS
alma dos........................169
expiação dos.................170

CRIANÇA(S)
aborto e a......................165
adiantamento da............113
alma da...................93, 165
aptidões das..................120
charlatanismo e...............29
choro da........................172
depois da morte.....113, 171
destino das............113, 126
docilidade da...................84
evolução da.............86, 171
hábitos anteriores das....172
inocência da..................171
instintos nas..................113
inviáveis........................173
limitações da.................171
maldade nas..................231
morte prematura e.........113
nascimento da...............161
predestinação da....161, 162
segredos das.................171
siamesas.......................116
sonhos da......................171
vícios das.....................120
vida intra-uterina e........164

CRISTÃO
ensino...........................126
sentimento.....................340

CRISTIANISMO
adoração e....................256
escravidão e..................304
Espiritismo e..................295
paganismo e..................295

CRUELDADE
Espíritos impuros e..........79
instinto de destruição e....279
o que é...........................279
povos primitivos e..........279
sacrifícios e...................257
senso moral e................279

CULTO
dos ancestrais...............115

D

DECÁLOGO
doutrina moral e............382

DEMÔNIO(S)
expulsão dos.................203
o que se deve entender por..................................87
quem são................84, 85

DESTINO
acontecimentos e..........142
crimes e........................314
da Humanidade..............365
das crianças..................125
das crianças depois da morte............................112
depois da morte...............99
do homem......................240
do mundo.......................274
dos sem luz...................122
Espíritos e......................160
fracasso e......................311
eterno............................119
fatalidade e............308, 315
livro do..........................195
morte e..........................216
que nos está reservado...90
sucesso e.......................311
unicidade e....................121

DESTRUIÇÃO
abuso na........................275
crueldade e....................279
do corpo..................21, 279
guerra e.........................220
instinto de.......269, 274, 277
instinto de conservação e. 267
lei de.............................274
morte e............................97
necessária.....................267
necessária e abusiva.....272
necessidade de......249, 272
o que é..........................274
regeneração moral e......276

DEUS
a espécie humana e.........21
a Gênese e......................59
a vontade de..................216
acaso e............................49
adoração a............251, 252
advertência de...............309
agentes da vontade de..219
ajuda de........................346
alimentação e................272
alma universal e..............12
amor de.........................387
animais e.......................238
aptidões e......................297
arrependimento e..........360
assistência de...............200
atividade de.....................48
atributos de.........50, 52, 88
bens materiais e............269
bens terrenos e.............289
bons Espíritos e...............81
causa primeira e..............48
celibato e.......................265
ciência e.................49, 264
crer em....................42, 43
criação de.................49, 59, ...72, 73, 263
criador e pai....................49

crianças e ... 172
crime e ... 278
demônios e ... 87
desigualdade e ... 297
destruição e ... 274
direito de vida e ... 345
direitos naturais e ... 319
dos antigos ... 372
dos cristãos ... 365
e o infinito ... 48
encarnação e ... 90
erraticidade e ... 130
escravidão e ... 304
Espíritos e ... 72, 74, 256
Espíritos imperfeitos e ... 232
Espíritos puros e ... 83
Espíritos superiores e ... 82
eternidade de ... 72
existência de ... 48
existência moral e ... 195
expiação e ... 106, 144, 148
faculdades e ... 188, 189, 241, 298
fatalidade e ... 310, 311
flagelos e ... 276
fortuna e ... 337, 363
futuro e ... 231, 313, 350
guerras santas e ... 258
homem de bem e ... 332
homem e ... 43, 51, 62, 234, 247, 266, 286, 305, 352
homicídio e ... 278
humilhação e ... 363
igualdade de direitos e ... 300
injustiça de ... 174
instinto de conservação e ... 267, 275
inteligência suprema ... 56
intenção e ... 259
intervenção de ... 351
intuição de ... 49,79
Jesus e ... 245, 384
juízo de ... 280
justiça de. 103, 104, 113,124, 125, 127, 175, 255, 282, 315, 319, 334, 346, 369
lei de ... 24, 165, 173, 243, 244, 245, 246, 247, 248, 250, 262, 270, 275, 291, 301, 304, 322, 323, 328, 332, 336, 337, 339, 352, 364, 373, 376
lei de conservação e ... 267
lei de igualdade e ... 297
lei de sociedade e ... 284
lei do progresso e ... 287, 315, 364
lei do trabalho e ... 260
lembrança do passado e ... 174
lembrança instintiva de ... 118
liberdade de consciência ... 305
liberdade de pensar e ... 305
livre-arbítrio e ... 307
loucura e ... 37
mal e ... 249
matéria e ... 54
meios de conservação e ... 267
mérito e ... 249
ministros de ... 45
Moisés e ... 384
Natureza e ... 239, 382
natureza íntima de ... 50
no seio de ... 96
o homem e ... 27
o que é ... 36, 48
objetivo e ... 208
obras de ... 176
orar a ... 329, 333
ordens de ... 135
orgulho, ambição e ... 47
os mistérios de ... 61
ostentação e ... 322
pais e ... 173
panteísmo e ... 51
pena de morte e ... 282
pena eterna e ... 364
penas eternas e ... 365, 366
perfeição e ... 86, 104, 134
perfeições de ... 50, 51
permissão de ... 31, 53, 96, 121, 142, 152, 165, 176, 181, 200, 213, 217, 218, 219, 223, 246, 256, 298, 309, 313, 338
poligamia e ... 266
politeísmo e ... 256
população e ... 263
povoação dos mundos e ... 62
prece e ... 253
prepostos de ... 94
privações e ... 271
provas da existência de ... 48
provas e ... 84, 113, 142, 300, 314, 359
punição de ... 106
purgatório e ... 370
raças humanas e ... 304
reencarnação e ... 103, 120, 147, 160, 162, 369
renovação dos mundos e ... 60
revolta contra ... 362
riquezas e ... 321
sabedoria de ... 86
sacrifícios e ... 257, 347, 384
segredos de ... 242
seio de ... 353, 359
selvagens e ... 49
sentimento de justiça e .. 318
sofrimentos e ... 272
submissão a ... 84
suicídio e ... 345
tarefas e ... 208
tentações e ... 201
trabalho e ... 260
unicidade e ... 291
único ... 166, 256
Universo e ... 59
vida de isolamento e ... 284
vida eterna e ... 98
visão de ... 135
visão do futuro e ... 134
vocação e ... 338
vontade de ... 84, 142, 144, 165, 219, 224, 226, 228, 258, 269, 277, 379

DEVER

conjugal ... 348
de conservação ... 272
diante de Deus ... 269
do Espírito protetor ... 206
dos cristãos ... 365
dos pais ... 116, 172, 231
negligenciado ... 309
sentimento do ... 377

DILÚVIO

de Noé ... 65
e a existência do homem... 65
segundo Moisés ... 65

DOR

da separação ... 341
e progresso ... 361

felicidade e ... 312
impressão da ... 137
instrumento da ... 137
nos Espíritos ... 138
nos suplícios ... 204
percepção da ... 137
plantas e a ... 233
sofrimento e ... 326

DOUTRINA ESPÍRITA
adeptos da ... 26, 30, 32
antiguidade da ... 120
antiguidade e a ... 120
e O Livro dos Espíritos ... 11
homem e a ... 124
introdução ... 11
moralidade na ... 316
o que é ... 11
precursores da ... 94
reencarnação e ... 120
ressurreição e ... 369
separação e ... 342
verdadeira ... 42

DUELO
homicídio e ... 280
o que é ... 280
orgulho e ... 281
suicídio e ... 281

DUPLA VISTA
faculdade de ... 191

E

ECLESIASTES
e o tempo para cada coisa ... 226

EDUCAÇÃO
aptidões e ... 123
criança e ... 112
dos animais ... 234
egoísmo e ... 330
evolução e ... 124
instituições humanas e ... 330
intuição de Deus e ... 49
julgamento e ... 300
lei de Deus e ... 323
más tendências e ... 314
moral ... 262, 301, 339
o que é ... 262
pelos pais ... 116
progresso moral e ... 332
razão e ... 71
reforma íntima e ... 295
segunda vista e ... 191

EGITO
Hebreus no ... 65

EGOÍSMO
afeição e ... 341, 357
amor e ... 357
bens terrenos e ... 363
bons Espíritos e ... 81
caridade e ... 290
causa de males sociais .. 332
celibato e ... 265
chaga social ... 329, 331
civilização e ... 294, 330
combate ao ... 331
como destruir o ... 330
convivência fraterna e ... 330
desejo e ... 320
desigualdade e ... 298
educação e ... 330
Espiritismo e ... 376, 382
Espíritos e ... 23, 205
Espíritos imperfeitos e ... 78
Espíritos puros e ... 108
evolução e ... 329
família e ... 285
flagelos e ... 277
fonte de vício e ... 332
ingratidão e ... 342
instinto e ... 70
meios de existência e ... 268
moral espírita e ... 329
nos mundos melhores ... 359
perfeição moral e ... 346
prática do bem e ... 305
progresso e ... 288
reclusão absoluta e ... 285
riqueza e ... 299
sofrimentos voluntários e ... 272
vida ascética e ... 271

ELETRICIDADE
das auroras boreais ... 63
efeitos da ... 15
fenômeno espírita e ... 15
fluido magnético e ... 55, 138
fluido universal e ... 186
no Sol ... 109
outros mundos e ... 62

ELIAS
João Batista e ... 126

EPILÉPTICOS
possessão e ... 202

ERRATICIDADE
animais e ... 237
mundos transitórios e ... 131
o que é ... 130

ESCRITA DIRETA
dos Espíritos ... 18

ESMOLA
beneficência e ... 322
caridade e ... 322
o que é ... 322

ESPAÇO UNIVERSAL
céu e ... 372
Espíritos e ... 109

ESPÍRITA(S)
adepto ... 11
alma ... 12
ciência ... 42,78
comunicações ... 31, 96, 355, 369, 385
crença ... 9, 379
escala ... 77
futuro e o ... 384
hierarquia ... 219, 332
ideias ... 219, 379, 382
infância ... 110
livros ... 381
louco ... 37
manifestações .. 39, 256, 380
moral ... 383
morte e o ... 383
mundo ... 20, 30, 45, 74, 79
natureza ... 107
o mal e o ... 387
perturbação ... 101, 349
verdadeiro ... 38
vida ... 129, 141,156, 160, 174, 210, 226
visitas ... 183

ESPIRITISMO
adversários do ... 383
antiguidade do ... 120
aspectos do ... 382
bases do ... 376
chave do ... 247
ciência e ... 25
comunicações e ... 23
conhecimento do ... 101
consequências do ... 380

crença no 358
criador do 381
egoísmo e 329
espiritualismo e 385
estudo do 35
estudo e 375
evolução do 257
evolução dos seres e 226
futuro e 96, 340, 358, 368
individualidade da alma e.. 97
loucura e 38
magnetismo e 224
manifestações e 381
maravilhoso e 376
materialismo e 376
medo e 38
milagres e 376
moral de Jesus e o 384
nova era e 378
o que é 11
papel do 295
prático 34
progresso do 287
progresso e 287
religião e 96
ressurreição da carne e .. 369
sonambulismo e 193
suicídio e 38, 349
unidade no 386

ESPÍRITO

aborto e o 165
ações do 255
afeições do 158, 180, 212, 343, 365
alma e 21, 91
anjo guardião do 206
arrependimento do 360
benevolente 216
caráter do 79
comunicações do 31, 182, 185
concepção e o 163
conhecimento do futuro e. 134
consciência e 142
convulsionários e o 203
corpo 117, 153
cretinos, idiotas e o 168
criança e o 171
da criança depois da morte 112
de Deus 258
decomposição e 99
demônio e 203
depois da morte 134
descobertas e o 185
desejos do 344
desenvolvimento intelectual do 279
desligamento do 99
deslocamento do 75
divisão do 75, 92
do animal 236
do homem 240
do mal 31
durante o sono 179, 187
e dor 137
emancipação da alma e o 196
emancipação do 182
encarnação do 21, 90, 97, 103, 110, 118, 130, 156, 161, 178, 229, 232, 240, 315, 360, 373
encarnado 165
enterro e o 157
errante 129, 355
erraticidade e o 130
escolha do 108, 143, 161, 200, 314
escrita do 33
estado errante e o 146
evocação do 215
evolução do 239
expiação do 143, 323
expiação e o 362
êxtase e o 190
faculdades do 119, 165, 293
fadiga do 136
falência do 230
faltas e o 317
familiar 206
fascinação inconsciente e o 202
fatalidade e o 308
fenômenos naturais e o. .. 219
feto e o 163
finados e o 157
futuro e o 134
gênero de morte e o 309
guardião 206
herança e o 158
hereditariedade e 115
homenagens e o 157
ideias dos 156
ideias inatas e 118
identidade do 32
idiotia e o 168
imperfeições do 91
imperfeito 212
individualidade do 248
infância do 107
infância e o 171
inferior e Deus 134
infinidade do 73
influência do 218
influência do mau 199
influências sobre o 86
inteligência e 133
lei de destruição e o 274
lei de igualdade e o 297
lei do trabalho e o 260
lembranças do passado e o 153, 174
letargia, catalepsia 186
liberdade do 179
libertação do 238
livre-arbítrio e o 85, 142, 177, 306
loucura e 37, 168
lugar de enterramento e.... 158
manifestação do 32, 54
matéria e 21, 54, 98,130 107, 138, 167, 183, 238, 307
matéria e o 315, 355
memória no 154
metade do 152
metempsicose e o 241
missão do 229
missão do protetor 206
morte da criança e 112
morte e 140, 310, 344
morte prematura e o 163
mundo invisível e 119
mundos diferentes e 105
mundos superiores e 129
natimortos e o 165
nos combates 221
o que é 72, 91
objetos pessoais do 154
origem do 239, 241, 242
os sonhos e o 179, 180, 181, 187
pactos e o 222
paixões e o 329
pena de morte e o 282

pensamento e 199
pensamento intruso e o . 199
percepções do........ 133, 135
.... 140, 188
perigos e o 309
perispírito e 21, 75, 92
.... 111, 137, 138, 139
perturbação na
morte e.................. 137, 156
perturbação no 100
poder no mal e 223
possuído......................... 201
prece e o 253, 256
predisposições
instintivas do 307
pressentimentos do........ 214
progresso do.... 84, 103, 106
.... 107, 110, 111, 113,
.... 131, 139, 146, 147
.... 177, 229, 240, 289, 298
.... 326, 332, 359, 364
proteção oculta do 209
protetor... 206, 209, 210, 211
.... 212, 213, 218
protetor e seu protegido .. 206,
.... 207, 208
provas do.. 141, 142, 143, 144
punição do...................... 356
qualidades do......... 166, 168
raças e 114
reencontro e................... 100
reflexos do............. 117, 149
repouso do 136
reunião do 184
sede do 93
segunda vista
e o................. 190, 192, 194
sensações do......... 137, 139
sensações no 221
sentimentos nos............ 150
separação do corpo
e do 221
sexo no.......................... 113
simpatia entre os........... 152
simpáticos 212
sobrevivência do 242
sofrimentos do........ 235, 355
.... 358, 364
sonambulismo e o.......... 186
.... 187, 188, 189, 194, 195
sonho e o 195
suicídio e o 349
temor do 357
tempo da gestação
e o 163, 172
tendências e o............... 177
trabalho do 227
ubiquidade do.................. 74
união do corpo
e do 162, 248
viabilidade e o 164
vícios e o 166
vida do........................... 110
vida espírita e................ 146
vida eterna e 97
visitas do 182, 183, 184

ESPÍRITOS BATEDORES
o que são 81

ESPÍRITOS BENEVOLENTES
o que são 82

ESPÍRITOS BONS
caráter do povo e os 117

ESPÍRITOS IMPERFEITOS
ação dos........... 86, 200, 202
.... 213, 224
ação sobre os 202
animosidade dos 151
caracteres dos...... 76, 82, 88
limitações aos 149, 188
o que são 78
paixões dos...................... 82
purgatório e os 371

ESPÍRITOS LEVIANOS
ação dos........................ 217
o que são 77, 80

ESPÍRITOS NEUTROS
o que são 81

ESPÍRITOS PERFEITOS
mundo dos 343
quem são 86

ESPÍRITOS PSEUDO-SÁBIOS
quem são 93

ESPÍRITOS PUROS
Espírito errante e 130
felicidade dos 353, 359
o que fazem 353
o que são 76, 78, 87
.... 89, 130
onde habitam 108
perispírito dos................ 108
vida eterna e 98

ESPÍRITOS SÁBIOS
o que são 82

ESPÍRITOS SUPERIORES
como agem 35, 79
.... 178, 204
como agir com os............. 28
comunicações dos 30, 47
e a Doutrina Espírita 45
e Deus............................ 134
e proteção 210, 214
encarnação dos...... 180, 245
ensino dos............ 24, 79, 92
linguagem dos.................. 23
moral dos 24
o que os atrai 23, 24
o que são 21, 82
onde vivem.................... 109
visão dos........................ 134

ESPIRITUALISMO
comunicações
espíritas e...................... 385
o que é 11

ETERNIDADE
castigos e................ 87, 365
das leis de Deus 243
das penas......... 51, 365, 367
Deus e a.................... 51, 72
Espíritos e a 153, 353
homem e a 72
matéria e 54
nosso mundo e 87
o que é 365
unicidade e.................... 113
Universo e 59
vida corporal e 122

ETERNO
castigo........................... 367
Deus é.......... 20, 50, 72, 366
Fogo....... 112, 344, 355, 365
mal 366
mundo espírita é 20
o que é 368
ociosidade 226

EVANGELHO
demônios no.................. 203
Espiritismo e.................. 384
estudo do 88
prece no 255

reencarnação no 126

EVOCAÇÃO DOS ESPÍRITOS

na história do Espiritismo ... 18

EXORCISMO

uso do 202, 203

ÊXTASE

no momento da morte 99
o que é 190, 195, 197
resumo teórico do 191
sonambulismo e 190

F

FACULDADE(S)

adquiridas 298
atributos da alma e 194
da alma 166
da inteligência 71
da segunda vista 192, 196
de certas espécies orgânicas 13
de Espírito 129, 188
de ouvir 135
de pensar 70, 234
de progredir 301
de se transportar 135
de todas as percepções. 140
de ver 135, 140
deformação das 307
depois da morte 242
desenvolvimento das 191, 280
desigualdades das 298
diversidade das 299
do alienado 170
do Espírito 110, 139
.... 168, 293, 372
do feto 164
do homem 50, 53, 167,
.... 240, 280, 284
do sonâmbulo 189
dos Espíritos superiores .. 228
dos feiticeiros 224
e liberdade 306
e livre-arbítrio 314
emprego das 24
exercício das 167
gozo das 37
influência dos órgãos nas 167
instintivas 70
intelectuais 39, 86, 119
intuitivas 119, 224
livre-arbítrio e 306, 314
matéria e 167
medianímica 18
morais e intelectuais 165
.... 166, 167, 306
no renascimento 165
no selvagem 307
nos animais 237
nos convulsionários 204
nos mundos melhores 306
órgãos e 167, 169
perispírito e 167
sonambulismo e. 187, 188, 189
sono e 102, 179, 183
uso das 241, 261, 285
.... 311, 338, 345, 355

FAMÍLIA

ar de 118
celibato e 266
culto dos ancestrais e 114
de Noé 65
dos filhos de Deus 298
humana 264
laços de 114, 261, 285
povo 117
protetores da 213, 214
sociedade e 261
tumba comum da 158

FASCINAÇÃO

exercida por Espírito 202
por pessoas 213

FATALIDADE

destino e 308
dos acontecimentos .. 308, 311
escolha e 308, 311, 315
livre-arbítrio e 312
momento da morte e 315
o que é 315
quando ocorre 310

FEITICEIROS

o que são 224

FELICIDADE

afeição sincera e 357
aparente 340
caridade e 363
completa 152, 336
da lembrança 155
Deus e a 123
direito à 291
do bruto 287
do caridoso 325
do egoísta 343
do Espírito 155
do homem 378
do justo 355
do mal 338
dos bons 79
dos bons Espíritos 353
dos eleitos 331
dos Esp. puros .. 83, 353, 359
durante o sono 180
efêmera 359
esperada 345
Espíritos imperfeitos e 79
Espiritual 357
Eterna 84, 98, 104, 113
.... 125, 145, 155, 208, 334
fonte da 373
fugidia 344
futura 352, 358, 360
graus de 372
humana 312
inefável 141
infinita 150
lei de Deus e 243
maior e durável 289
na afeição mútua 344
neste mundo 332
nos mundos melhores 175, 190
o que é 96, 353
passageira 218
passiva 372
perfeita 287, 357
perturbação da 356, 357
procura da 131, 268, 355
progresso e 378
prometida 84
provas e 145
relativa 291, 336
repartição da 351
reservada 343
sacrificada 347
supérfluo e 338
suprema 122, 125
.... 146, 152, 340
terrestre 337

FENÔMENOS

condições dos 16
da Natureza 52, 197, 219
.... 232, 242, 334

da vida 69
dança das mesas 16
do êxtase 191
do sonambulismo 191
.... 192, 193
do sonambulismo natural 192
dos convulsionários .. 203, 204
espíritas 25, 30, 42, 45,
.... 137, 197, 219, 246, 256
.... 376, 379, 382, 383
Espíritos e 17, 22
físicos 59, 81
fortes dos 39, 167, 224
influência nos 59
inteligentes 16
teorias dos 39

FLUIDO
humano 16
magnético 68,137, 187
nervoso 139
universal 55, 68, 76, 97
.... 109, 137, 149, 187, 208
vital 13, 69, 92, 186, 187

FOGO ETERNO
ideia do 112
medo da morte e 344
no Evangelho 365
origem da doutrina do 355

FOME
flagelo destruidor 277
morrer de 337, 339, 346

FRANKLIN
prolegômenos 46
relatório de 26

FRATERNIDADE
deveres da 115
o que é 377
pode ser imposta 306
princípio da 331

FRAUDE
nos fenômenos 16, 29, 34

FULTON
sistema de 26

FUTURO
certeza do 378, 384
conhecimento do 134, 140
.... 231, 313, 314, 371
consciência do 233, 239, 371
de além-túmulo 350, 355
do espírita 38
dos animais 242
dúvida do 334
Espiritismo e 95, 295
.... 332, 340, 358, 368
.... 369, 377, 380, 385
fé no 337, 341, 344
ideia do 95
incerteza do 372
intuição do 107, 187
livre-arbítrio e 142, 145
morte e 344
negação do 380
paternidade e 231
pressentimento do 181
previsão do 179
provas e 177, 178, 276, 362
reencarnação e 105, 113,
.... 121, 125, 160, 369
revelação do 313
vida material e 326
visão do .. 100, 101, 325, 355

G

GÊNIOS
alma dos 94
bons 82
Espíritos ou 20
expiação dos 169
humildade dos 239
maus 80
por acaso? 169
protetores 82, 232
representação dos 74

GEOLOGIA
e a Gênese 64

GNOMOS
Espíritos levianos 80

GRAVIDADE
fluido universal e 55
relatividade da 56

GUERRAS
causa das 278
de palavras 366
nos mundos superiores 107
santas 258

H

HEBREUS
emigração do Egito 65

HOMEM DE BEM
caracteres do 332
caridade do 322
encarnação do . 22, 111, 166
flagelos e 276
futuro do 334, 356
lei de Deus e o 244
linguagem do 33
memória do 302
méritos do 243
na morte 102
profeta e 245
qualidades do 325

HOMEM MAU
Deus e o 223

HOMICÍDIO
bons Espíritos e 388
culpa e 278
duelo e 280
fatalidade no 311
instinto de 113
legítima defesa e 278
livre-arbítrio e 311
no suicídio 346
o que é 278
pena de morte e 283
prece e 253
situações críticas e 269
tendência ao 200

I

IDEIA FIXA
loucura e 37

IDEIAS INATAS
de onde vêm 118, 123
no sonâmbulo 188
o que são 118

IDIOTA
encarnação do 307
no estado de Espírito 169
quem é 168

IGREJA
inferno e 96
movimento do Sol e 126
Pais da 365
reencarnação e a 126
ressurreição da carne e a 369

IMPERFEIÇÕES
consequências das 112
da criatura 50

Deus e as ... 51
dos Espíritos ... 77, 91, 361
e egoísmo ... 330
encarnação e ... 317, 360
físicas ... 124, 161
indulgência e ... 321
próprias ... 51, 238, 327

INCRÉDULOS
comunic. esp. e os ... 96, 257
doutrina do fogo e os ... 368
e o bom-senso ... 30
e o Espiritismo ... 38
... 296, 370, 383
Kardec e os ... 47

INDULGÊNCIA
caridade e ... 321, 327
do homem de bem ... 333
prece e ... 254

INFERNO
chamas do ... 96
Deus e o ... 366
Espíritos no ... 371
fornalha e ... 372
ideia do ... 366, 371
medo da morte e ... 344
o que é ... 370, 371, 372
paraíso, purgatório e ... 370
verdadeiro ... 340

INFINITO
ciência do ... 200
Deus e o ... 36, 48, 50, 51, 52
espaço ... 140, 154, 373
espaço universal e ... 57
Espíritos e ... 74
o que é ... 48
ser ... 366
vida e ... 277

INGRATIDÃO
decepção, afeições destruídas e ... 342
decepções e ... 342
dos filhos ... 178
homem de coração e a .. 342
o que é ... 342

INIMIGOS
amor aos ... 321
evocação dos ... 23
no mundo dos Espíritos ... 150, 151
nos combates ... 221
opinião dos ... 334
perdoar aos ... 283
perseguição dos ... 217
sacrifício dos ... 258

INJUSTIÇA
justiça divina e ... 291
justiça e ... 318
lei de Deus e ... 291
peso da ... 248, 299

INSPIRAÇÃO
homem de gênio e ... 221
no momento da morte ... 99
o que é ... 199

INSTINTO
cego e natural ... 234
de conservação ... 190
... 234, 241, 267, 269
... 273, 275, 285
de destruição ... 265
... 274, 279
de homicida ... 307
de imitação ... 236
do bem ... 361
do mal ... 280, 361
do roubo ... 143
inteligência e ... 70, 235
lei natural e ... 267
livre-arbítrio e ... 307
no homem ... 21
nos animais ... 235
o que é ... 70
voz do ... 214

INVEJA
bons Espíritos e ... 82
ciúme e ... 377
desejos e ... 338
egoísmo e ... 332
Espíritos imperfeitos e ... 21, 79, 81
mal por ... 149, 200
mundos superiores ... 359
o que é ... 340
orgulho e ... 354
provas e ... 143
provas morais e ... 340
razão e ... 387

INVENÇÕES
civilização e ... 293

J

JULGAMENTO FINAL
ressurreição e ... 370

JÚPITER
encarnação em ... 109
habitantes de ... 109
superioridade de ... 109

JUSTIÇA
acusado e ... 281
bondade e ... 365
caráter e ... 314
civilização e ... 293
da reencarnação ... 103,
... 127, 244, 291, 377
de Deus ... 51, 103, 104,
... 113, 124, 125, 127, 147,
... 175, 255, 282, 305, 314,
... 321, 334, 351, 365, 369
dia da ... 252, 331
direito dos homens e ... 318
direitos naturais e ... 318
divina ... 288, 291
egoísmo e ... 330
guerra e ... 220
lei de ... 301, 318, 323
... 328, 330, 332, 359, 378
lei de Deus e .. 278, 301, 339
lei natural e ... 318
leis humanas e ... 293
natural ... 321
o que é ... 318
pena de morte e ... 282
privilégio e ... 301
reino do bem e ... 373
sentimento de ... 318
sublime da ... 365

JUSTIÇA DIVINA
leis dos homens e ... 288
reencarnação e ... 291

L

LAÇO FLUÍDICO
concepção e ... 163

LEGISLAÇÃO HUMANA
pena de morte e ... 281
progresso da ... 287, 294

LEI DE AMOR
atração e ... 322
e de caridade .. 285, 306, 321
e de justiça ... 321

LEI DE CARIDADE
desigualdades e a ... 298
sacrifício e ... 347

LEI DE DEUS
aborto e 165
amor ao próximo e a 250
balança da 328
como obedecer à 322
conhecimento da 244
consciência e a 244
destruição e a 275
diversidade e 248
divisão da 250
escravidão e 304
esmola e a 322
eternidade da 243
felicidade e 336
guerra e a 275
homem de bem e a 332
igualdade e 301
Jesus e as 246
lei humana e 291
lei natural 243
mendicância e a 322
o bem e a 247
o mal e a 247
ordem social e a 339
punição na 270
revelação da 244
subversão à 248
supérfluo e a 270
trabalho e a 262
universalidade da 248
violação da 24

LEI DIVINA
lei de amor e união 256
o que é 322
ou natural 243

LEI DO TRABALHO
como se cumpre 285
isenção da 260
lei de conservação e 272
o que é 260

LEI NATURAL
adoração e 251
alimentação animal 272
assistência recíproca e .. 261
caracteres da 243
casamento e 264
conhecimento da 244
desigualdades e 298
direitos e 318
divisão da 250
escravidão e 303
estado natural e 287
eternidade da 243
imutabilidade da 294
indissolubilidade do casamento e 265
injustiça e 318
instinto de conservação e 267
isolamento absoluto e 284
justiça e 318
laços de família e 286
leis humanas e 294
limites na 247
o que é 243, 250
ou lei divina 243
poligamia e 265
progresso e 247, 264, 287
repouso e 262
reprodução e 264
suicídio e 349
trabalho e 260
unidade da 247

LEIS DA NATUREZA
ação dos Espíritos e 215, 216
ciência e 64
fatos magnéticos e .. 223, 224
homem de bem e as 333
homem e as 297, 305
maternidade e 323
milagres e 376
o que são 243
progresso e 62

LETARGIA
catalepsia, mortes aparentes e 186
Espírito e 186
magnetismo e 186
o que é 186
sonâmbulo e 188

LIBERDADE
absoluta 303
abuso de 275
animais e 236, 249
criança e 307
de ação 312
de agir 211, 306
de consciência 200, 304, 305
de crença 376
de escolha 85, 142, 145, 178, 311
de fazer 314
de pensar 304, 305, 306
estado de 136, 249
guerra e 278
instinto e 71, 307
lei de 303
lei natural e 250
livre-arbítrio e 315
moral 315
natural 303
órgãos e 167, 306
patologia e 169
sono e 179, 181, 182

LINGUAGEM
alegórica 88, 382
caráter e 79
diversidade de fontes 39
do Espiritismo 381
dos animais 235
dos Espíritos 23, 30, 32, 33, 34, 79, 80, 81, 82, 185, 190, 191, 371, 386
dos peixes 235
figurada 64, 355, 369
humana 36, 54, 55, 92, 93, 139, 353, 372
imitação da 235
insuficiente 73
limites da humana 50
pensamento e 36
vulgar 153, 368

LIVRE-ARBÍTRIO
ação dos Espíritos e 209
animais e 236, 237
caminho do mal e 85, 86
consciência e 85, 220
costumes sociais e 312
crime e 311
deformação de faculdade e 307
destruição e 275
do homem 306, 316
encarnação e 127
erraticidade e 130
escolha das provas e 314
Espírito e 143, 178
fatalidade e 312, 314
gênero de provas e 142
influência da matéria e ... 141
infl. espiritual e 221
instinto e 71, 307
lei penal e 364

lembrança do passado e ... 176
liberdade de pensar e ... 314
o que é ... 314
organismo e ... 306
predisposições instintivas e ... 306
progresso e.. 86, 240, 297, 316
provas morais e ... 308
sacrifícios e ... 258

LOUCURA
causas da ... 37, 38
corpo e ... 170
depois da morte ... 170
Espiritismo e ... 38
Espírito na ... 169
ideia fixa e ... 38
idiotismo e ... 168
predisposições orgânicas e.. 37
preocupações do Espírito e ... 38
suicídio e ... 170, 347

M

MAGNETISMO
afinidade e ... 174
convulsionários e ... 204
fluidoterapia ... 186
sonambulismo e ... 39
superstição e ... 224
terrestre ... 375

MARAVILHOSO
Espiritismo e ... 376
homem e ... 216
milagres e ... 376
religião e ... 376

MARTE
evolução de ... 109

MATÉRIA
animalizada ... 67
ciências vulgares e ... 24
constituição da ... 55
corpo e ... 90, 181
corpo espiritual e ... 76
decomposição da ... 69
Deus e a ... 50, 52
dos seres de outros mundos ... 107
elementar ... 56
eletricidade e ... 55
Espírito e ... 12, 13, 21, 24, 37, 54, 55, 67, 70, 73, 75, 78, 81, 83, 91, 99, 167, 170, 187, 216, 219, 238, 329, 349
fluido universal e ... 54
formação primeira e ... 49
leis da ... 243
materialismo e ... 94
morte e ... 100, 101
na cepa de vinha ... 45
na formação dos mundos ... 58, 59
na Natureza ... 233
o que é ... 54
patologia e ... 169
perispírito e ... 137
princípio da ... 54
princípio vital e ... 12, 67
propriedades da ... 49, 55, 56
seres e ... 70
seres inorgânicos e ... 67
seres orgânicos e ... 67
sofrimento e ... 140
sonambulismo e ... 187
universal ... 67
universo e ... 55

MATERIALISMO
ciência e ... 94
Espiritismo e.... 295, 376, 386
Espiritualismo e ... 11
o que é ... 94
puro ... 12
sonambulismo, êxtase e... 191

MÉDIUNS
e fenômenos ... 39
escreventes ... 29
Espiritismo e ... 381
ignorados ... 208
mensagem do prolegômeno ... 46
o que fazem ... 23
o que são ... 18
pensamento dos ... 41

MESAS GIRANTES
fenômeno das ... 14

METEMPSICOSE
doutrina da ... 241
encarnação e ... 22, 120, 241
o que é ... 241
Pitágoras e a ... 120

MILAGRES
Espiritismo e ... 376
Espíritos e os ... 215
o que são ... 376
religião e ... 376

MISTIFICAÇÕES
Espíritos inferiores e ... 23
Espíritos levianos e ... 80
identidade e ... 34

MORAL ESPÍRITA
moral cristã e ... 384

MORTE
a alma depois da ... 97
a vida e a ... 68
acidental ... 100
alma depois da ... 12, 134
alma e instante da ... 97
alma espírita e ... 13
animais depois da ... 236
aparente ... 186
bens depois da ... 362
causa da ... 68
coletiva ... 101
consequências da ... 92
crença no futuro e ... 121
criança e a ... 112
criança na ... 171
crianças depois da ... 112
decomposição na ... 98
Espírito depois da ... 362
Espíritos e ... 20, 21
faculdades depois da ... 189, 242
fatalidade da ... 310, 316
fatalidade na ... 308
gênero da ... 309
homem de bem e a ... 101
hora da ... 269, 309
identidade e ... 33
ilusão do Espírito na ... 101
individualidade depois da ... 97
inevitável ... 348, 383
instante da ... 308
lembranças depois da ... 154, 170, 173, 240
libertação na ... 98
materialismo e ... 95
medo da ... 344
momento da..98, 99, 101, 350
mundos superiores e a ... 108
natural ... 98, 349

o que é 68, 69, 98
pena de 281, 282
perispírito e 137, 138
perturbação depois da ... 101
por suicídio 170, 348
pressentimentos
da 183, 185, 310
reações depois da 299
reunião depois da 151
sensações depois da 137
sentimentos depois
da 155, 158, 222
separação na 98
sofrimento na 98
sofrimentos depois
da 152, 358, 361
temor da 180, 274, 358
tentação depois da 354
todo universal e a 97
violenta ... 100, 101, 222, 349
visão depois da 140

MULHER
direitos da 300, 301
encarnação como 114
fraqueza da 300
funções da 301
inferioridade da 301

MÚSICA
Celeste 136
prazer na 136

N

NADA
horror ao 350
ideia do 350
vida futura e 350

NATUREZA
agentes ocultos da 14
animais e 260
belezas da 136
Deus e a 256
divindade e 51
Espiritismo e 295
Espíritos e a 218
fenômenos da 51, 197,
.... 218, 219, 222, 232
forças da 22, 60, 64, 74
lei de Deus e 237
leis da 61, 64, 115, 120,
...... 215, 216, 223, 224, 243,
...... 247, 260, 263, 265, 269,
...... 270, 274, 275, 284, 297,
...... 304, 305, 318, 323, 328,
.... 333, 376, 378, 382
movimento na 14
reinos da 233
segredos da 53
transição e 234, 240
utilidade da 132

O

OBSESSÃO
prece e 203

ÓDIO
entre os Espíritos 151
nas relações 343

ORGULHO
afeição e 344
ciência e 53
de raça 115, 213
desigualdades sociais e . 298
dos pais 338
duelo e 281
Espíritos e 47
necessidade e 340
necessidades e 338
no túmulo 302
prece e 362
reparação e 363
suicídio e 338, 346, 347

P

PACTOS
com os Espíritos 222
dos 222

PAGANISMO
o que era 295
Tártaro do 368

PAIS
animais e seus 285
da Igreja 365
dever dos 115, 173, 231
expiação para os 113
herança dos 114, 116
influência dos 116
inocência infantil e os 172
lei natural, filhos e .. 261, 285
missão dos 231, 323
pecado original e 373
prova para os 163, 165
responsabilidade dos 231
semelhança com filho 115
vocação e 338

PAIXÕES
animais 107, 141
brutais 144, 307
como superar as 329
das 328
dos Espíritos 130
Espíritos e ... 76, 79, 80, 149,
.... 151, 156, 166, 173, 201
...... 213, 228, 238, 309, 354
guerras e 278
humanas 130
ilusão das 357
justiça e 318
lei de Deus e 245
lei natural e 294
limites da 328
matéria e 22, 107
mentais 354
natureza animal e 24
nos mundos superiores 359
o que são 110, 328
oração e 328
princípio da 328
progresso e 110, 130, 359
riqueza e 300
riqueza hereditária 298
sono e 184
suicídio moral e 298
suplícios e 354
torturas da alma 340

PANTEÍSMO
doutrina do 12, 51

PARAÍSO
conceito de 370
inferno e 371
terrestre 108, 339

PECADO
mortal 344
original 85, 373
primeira pedra e 333

PENA DE MORTE
arrependimento e 281
criminalidade e 281
duração da 281
em nome de Deus 282
necessidade da 281

PENA DE TALIÃO
o que é 282

PENAS FUTURAS
duração das 363

PENSAMENTO

ação e 254
adoração e 253
antipatia e...................... 174
atração e 154, 157, 223
comum 387
comunicação e... 36, 40, 191
consciência e 305
do médium 40, 41
espaço e.......................... 75
Espíritos e 22, 35, 75, 77
.... 135, 185, 227
exaltação do.................. 204
fato e 260
fluido universal e 149
influência oculta
sobre o 199
instrumento do 37
inteligência e 70
irradiação e 135
liberdade de 305
linguagem e.................... 353
matéria e 307
materialismo e.................. 95
mau 79
penetração do 198
senso moral e 50
seres orgânicos e............ 13
sugerido 200, 201
.... 215, 254, 310
transmissão do....... 140, 194
transmissão oculta do 185
transporte pelo 135
voz da consciência e...... 178

PERCEPÇÕES
de vidas anteriores......... 118
do cego 73
dos Espíritos 107, 133
Espíritos e 136, 140
Intuitivas 39
no mundo dos Espíritos.... 133
no sonambulismo 187
plantas e........................ 233

PERISPÍRITO
alma e 93, 97
depuração do 112
dos Espíritos elevados... 139
individualidade e 150
matéria e 75
morte e..... 99, 101, 102, 138
natureza do 140
o que é...21, 76, 91, 137, 138
outros mundos e 108
percepções do................ 139
progresso e 139
sensações e 139
separação do 138

PITÁGORAS
reencarnação e 120

PLANTAS
aperfeiçoamento das...... 280
atração entre as 233
instinto e........................ 233
nos mundos superiores.. 234
o que são 233
percepções nas............. 233
reino da natureza 233
sensibilidade das........... 233
ser orgânico 67

PLATÃO
mensagem de 366
prolegômenos 46

POLIGAMIA
monogamia e 266
o que é 266

POLITEÍSMO
antiguidade do............... 256

POSSESSÃO
o que é 202

POVOS
Degenerados.................. 289

PRECE
ação da 254
agradável a Deus 253
caráter da 253
do coração 157, 253
efeito da 259, 362
longa 254
o que é 253
obsessão e.................... 203
pelos bons Espíritos....... 255
pelos mortos.................. 255
por nós mesmos 254
utilidade da 253, 254

PRESSENTIMENTOS
nos sonhos.................... 182
o que são 134, 214
segunda vista e 192, 197

PRINCÍPIO VITAL
ação do 67
alma e 91
capítulo sobre.................. 67
corpo e 21, 91
fluido universal e 67
fonte do 91
na morte 69
o que é 13, 67
seres orgânicos e............. 69

PROFETA
verdadeiro 245

PROGRESSO
da legislação humana 294
futuro 378

PROPRIEDADE
direito de 320, 321
direito natural e 321
egoísmo e 321
escravidão e................... 304
legítima.......................... 321
trabalho e 321

PROVAS
a suportar 357
aborto e 165
aceitação das 84
bons Espíritos e 22
compulsórias 161
da existência de Deus...... 49
da riqueza 300
da riqueza e da miséria.... 300
da vida...... 38, 104, 112, 114
...... 143, 144, 206, 214, 217
.... 222, 269, 300, 317,
.... 323, 346, 359, 371
de identidade............. 33, 34
escolha das 142, 144
.... 177, 355
escolha de 142, 144,
.... 312, 314
Espiritismo e.................. 358
expiação e 362
fatais............................... 308
físicas 308
flagelos e 277
gênero de 142
incerteza nas.................. 162
isenção das 85, 113
isenção de 143
mal suportadas............... 153
materiais......................... 146
natureza das 178
pelo futuro 177
pelo passado 177
penosas.......................... 144

preces e ... 254
progresso e ... 111, 147, 161 ... 175, 177, 200, 209
vantajosas ... 144
voluntárias ... 144, 349

PSICOLOGIA
Espiritismo e ... 193, 385
experimental ... 195

PURGATÓRIO
o que é ... 371, 373

R

RAÇAS HUMANAS
aperfeiçoamento ... 263
causas da diversidade ... 62
desigualdade das ... 62
diferenças físicas ... 62
diferenças morais ... 62
dilúvio e ... 62
diversidades das ... 62
escravidão de ... 304
fontes das ... 304
futuro das ... 304
melhoramento das ... 304
Noé e ... 304
origem das ... 304
primitivas ... 304
progresso das ... 304
renovação das ... 263
sucessão das ... 263

REENCARNAÇÃO
conhecimento da ... 160
da ... 103
de Elias ... 126
doutrina da ... 103, 104, ... 120, 123, 126
em outros mundos ... 359
Espíritos puros ... 83
justiça da ... 103, 322
laços de família e ... 114
metempsicose e ... 241
momento da ... 163
natureza da ... 162
necessidade da ... 121, 147, 160
nos mundos superiores ... 129
objetivo da ... 103
perturbação na ... 171
religião e ... 126
ressurreição da carne e ... 369, 370
tempo para a ... 163
última ... 103
unicidade e ... 123, 126

RELIGIÃO
ciência e ... 126
crença e ... 252
cristã ... 319
Espiritismo e ... 96, 381
fundamentos da ... 376
guerras santas e ... 258
materialismo e ... 96, 376
moral e ... 126
racionalidade e ... 126
reencarnação e ... 127
sofrimentos e ... 395
suicídio e ... 349

REPRODUÇÃO
destruição e ... 274
lei da natureza ... 263
lei de ... 263
lei de Deus e ... 250, 263
leis da ... 61
nociva ... 264
obstáculos à ... 263, 264
sensualidade e ... 264

RESSURREIÇÃO
ciência e ... 369
da carne ... 128
dogma da ... 369
Espiritismo e ... 370
reencarnação e ... 369, 370

REVELAÇÃO
do futuro ... 313
metempsicose e ... 120
recusada ... 189
reencarnação e ... 104
religião e ... 376

RIQUEZA
caridade e ... 376
e excessos ... 299
homem de bem e ... 333
igualdade das ... 298
no túmulo ... 302
paixões e ... 300
provas da ... 143, 299

S

SACRIFÍCIOS
à Deus ... 257
de animais ... 257
e adoração ... 257
e religião ... 257
humanos ... 258
no coração ... 258

SATANÁS
alegoria de ... 222
significado de ... 86, 89

SATURNO
alegoria do tempo e ... 89
posição de ... 109

SAÚDE
do corpo ... 338
higiene e ... 269
lei de conservação e ... 271, 272

SEGUNDA VISTA
consciência da ... 192
desenvolvimento da ... 191
estado na ... 196
faculdades da ... 196
feiticeiros e ... 237
hereditariedade e ... 191
inspiração e ... 221
o que é ... 191
origem da ... 196
perspicácia e ... 192
poder da ... 197
resumo teórico da ... 192

SENSAÇÕES
nos Espíritos ... 133

SER ESPIRITUAL
sonâmbulo e ... 195

SERES ESPIRITUAIS
individualidade dos ... 150
mundo dos ... 45

SERES INORGÂNICOS
Natureza e ... 233

SERES ORGÂNICOS
e inorgânicos ... 233
fluido vital e ... 13, 68
formação dos ... 132
lei de atração e ... 67
matéria e ... 95
morte dos ... 68
Natureza e ... 67, 233
o que são ... 67
princípio vital e ... 68
vitalidade e ... 13

SERES VIVOS
alimentação dos ... 269, 274
aparecimento dos ... 60,64

criação dos 64
formação dos 60
inst.de conservação e.... 266
lei de amor e 322
lei de destruição e.......... 274
matéria e 107
origem dos 60, 241
povoação dos mundos e ..62
princípio vital e 13
progresso dos 108
renovação dos................. 60
reprodução dos 263, 264
segredos de Deus e......... 60

SEXO
nos Espíritos 114
organismo e 114

SOBRENATURAL
Espiritismo e.................. 376
feitiçaria e...................... 256
milagres e...................... 376
politeísmo e o................ 256
religião e........................ 376

SOCIEDADE
abusos da...................... 347
casamento e.................. 265
chagas da....... 327, 330, 377
classes da 339
depravada 294
dos homens de bem 280
dos seres superiores...... 180
doutrinas e 377
egoísmo e 284
família e......................... 286
força das coisas e.......... 378
homem e 284
igualdade da riqueza e... 299
inveja, ciúme e 340
lei de............................. 250
lei de Deus e 284
leis naturais e................ 294
leis particulares e 294
leis penais e 294
materialismo e.......... 95, 295
miséria e........................ 299
no mundo dos Esp. 31
papel da 261
pena de morte e............ 281
posição na..................... 248
progresso e 284
vícios e 293
viver em......................... 319

SOFRIMENTO
aprendizado e 326
corpo e 136, 359
deste mundo 141
Espíritos imperfeitos e ... 200
estado de 363
humilhação e................. 321
inferno e 372
material 310
na Terra......................... 339
perpétuo 122
punição e........ 247, 282, 367

SONAMBULISMO
causa do........................ 197
convulsionários 204
corpos opacos e............ 187
desperto 39, 204
Espiritismo e................. 193
êxtase e................. 190, 191
fatos do 187
magnético.............. 187, 192
natural 186, 192
o que é 187, 195
resumo teórico do 192
segunda vista e............. 191
sonho e 195
visão à distância e 189

SONHOS
espécies de................... 181
inteligentes.................... 180
lembrança dos............... 181
na criança...................... 171
Natureza e..................... 197
o que são 179, 181, 187
o sono e os 179
pressentimentos e.......... 181
significação dos............. 181
sonambulismo
natural e 187
verdadeiros 181

SONO
alma no 180
completo........................ 182
despertar do.... 101,164, 170
durante o 179, 185,
.... 201, 230, 340
efeitos do....................... 180
Espírito sofredor e.......... 364
fadiga e 183
influência do.................. 180
liberdade e 181, 182
liberdade no 187
o que é 181
sonambulismo e............ 189
sonâmbulos e................ 101
sonho e 180
sonhos e o 179
visitas em 183

SUICÍDIO
caráter do...................... 348
causas do........................ 38
conseq. do...... 346, 349, 384
desgosto da vida e......... 345
duelo e 281
expiação do................... 349
humilhação e................. 339
intenção no.................... 347
loucura e 170
moral 347
morte inevitável e........... 347
objeto do 346
objetos do...................... 345
perturbação e 101
perturbação no 349
prova e 164
raciocinado.................... 347
sacrifício e..................... 347
voluntário....................... 345

T

TALISMÃS
poder oculto e 223

TÁRTARO
do paganismo......... 368, 372

TEMPOS PREDITOS
cumprimento dos............ 385

TEOLOGIA
doutrina do fogo
material e 368
fogo moral e 368
movimento da Terra e...... 64

TERRA
Adão e a.......................... 61
alma da 94
aprendizado na 325
arquivos da...................... 61
Bíblia e a 63
categoria dos Espíritos
da 317, 340
coisas da......................... 47
conhecidos da 100
contagem do tempo na .. 109

criação da................ 60, 64
destruição na................ 276
doutrina do juízo final
e a................................ 370
egoísmo na.................... 330
eletricidade na........... 62, 63
encarnação na......... 83, 105
.... 106, 111, 121, 144
.... 147, 150, 156, 239
encarnações na................ 22
espécie humana.............. 61
felicidade na.......... 287, 336
.... 343, 344, 356, 357
formação da.............. 60, 64
futuro dos povos
da.................. 291, 292, 324
guerra na....................... 277
habitantes da................. 106
habitantes do interior
da................................. 222
homem da........................ 63
Jesus e a........................ 245
longevidade na.............. 109
missão na............. 229, 230
movimento da....... 63, 64, 88
mundo transitório e........ 132
música na...................... 136
necessidade do mal na.. 143
noites polares na............. 63
pena de morte na........... 281
população da................. 263
posição da..................... 109
posição na..................... 372
posição social na........... 148
povoamento da.... 60, 61, 64
primazia da...................... 62
princípios orgânicos na.... 60
purgatório e a................ 371
raças humanas na... 61, 263
raças na................. 65, 108
reino do bem na............ 373
relações depois da........ 150,
.... 152, 155, 156, 211
seres de Júpiter e da..... 109
seres vivos na................. 60
simpatia na.................... 180
transformação da........... 372
transformações na......... 108

TOURNEFORT
botânica e........................ 36

TRABALHO
animais de..................... 304
aptidões e...................... 299
da Natureza................... 260
de Allan Kardec................ 46
direito de viver e............ 320
do corpo........................... 46
do criador......................... 46
dos animais.................... 260
e Espírito.......................... 46
equidade e...................... 226
esclarecedor.................. 367
excesso de..................... 261
exemplo de..................... 122
fadiga e.......................... 194
força, saúde e........ 271, 272
fruto do.......................... 320
honesto.......................... 320
incapacidade de............. 260
isenção no...................... 260
lei da Natureza............... 260
lei do.................... 260, 285
lei do trabalho................ 250
limite do.......................... 262
mérito do........................ 250
mérito e............................ 90
necessidade do.............. 260
necessidade e....... 260, 339
necessidades e.............. 268
no bem............................ 363
nos mundos superiores.... 260
o que é............................ 260
ociosidade e................... 345
orgulho e........................ 346
pelos pais....................... 261
por que é imposto.......... 260
preparatório do Esp........ 239
progresso e.... 191, 261, 264
repouso e....................... 261
suspensão do................. 262
velhice e......................... 262
vida de........................... 229

U

UBIQUIDADE
forma e............................. 74
o que é............................. 75

UNIVERSO
alma e.............................. 12
criação do................. 20, 59
Deus e o..... 49, 51, 142, 364
elementos do....... 56, 57, 67
Espírito e......... 53, 176, 227
imutabilidade do.............. 51
mundos do............... 62, 106
o que é............................. 59
princípios gerais do.......... 53

V

VELHICE
repouso e....... 262, 334, 352

VÊNUS
posição de...................... 109

VICENTE DE PAULO
em Prolegômenos............ 46

VIDA FUTURA
compreensão da............ 385
Deus e............................ 350
Espiritismo e.................. 342
êxtase e.......................... 191
individualidade e............ 350
intuição da..................... 350
Nada e.................. 125, 350
penas, gozos e............... 352
pressentimento da.......... 119
punição e.............. 231, 363
responsabilidade e......... 350
segurança da.................. 358
sonambulismo e............. 191
vida terrena e................. 154

VIDA PASSADA
memória da.... 154, 176, 181
relações e....................... 150

VIDA PRESENTE
arrependimento e........... 361
homem e a..................... 350
nada e............................ 344
sonambulismo e............. 190

VIDA SOCIAL
direitos e deveres da...... 319
e vida espiritual................ 85
isolamento e................... 284
necessidade da.............. 284
Natureza e..................... 284

VIRTUDES
caridade e...................... 332
Deus e as....................... 365
e os vícios...................... 324
fatalidade e.................... 315
indulgência e.................. 332
instintos de.................... 124
méritos das.................... 324
o que é........................... 324
o sublime da.................. 324
vícios e.......................... 250

Hippolyte Leon Denizard Rivail
— Allan Kardec —

Para melhor compreensão do espiritismo deve-se em primeiro lugar conhecer os acontecimentos anteriores ao espiritismo e os seus precursores e saber o porquê de Allan Kardec e da doutrina espírita ou dos espíritos.

Nascido a 3 de Outubro de 1804, na cidade de Lyon, aquele que se celebrizou sob o pseudônimo de Allan Kardec, de tradicional família francesa de magistrados e professores, filho de Jean Baptiste Antoine Rivail e de Jeanne Louise Duhamel, recebeu o nome de Hippolyte Leon Denizard Rivail na igreja de Saint Dennis de La Croix-Rousse. Em Lyon fez os seus primeiros estudos, seguindo depois para Yverdon, na Suíça, onde estudou no instituto do célebre professor Pestalozzi, que era um dos mais respeitados em toda a Europa, reputado como escola modelo, por onde passaram sábios escritores do velho continente.

Denizard (Allan Kardec) foi um dos mais eminentes discípulos de Pestalozzi, um colaborador inteligente e dedicado que exerceu mais tarde grande influência sobre o ensino na França. Regressa a Paris depois dos estudos tornando-se um conceituado mestre, não só em letras como também em ciências, distinguindo-se como notável pedagogo, divulgador do método pestalozziano e membro de várias sociedades científicas. Contrai matrimônio com Amelie-Gabrielle Boudet, culta, inteligente, autora de livros didáticos. Como pedagogo, edita numerosos livros didáticos e apresenta na época planos e métodos referentes à reforma do ensino francês. Formula cursos como o curso teórico e prático de aritmética, gramática francesa clássica, catecismo gramatical da língua francesa e cursos de física, astronomia e fisiologia.

Em 1854 ouve falar pela primeira vez nas mesas girantes através do seu amigo senhor Fortier, um pesquisador emérito do magnetismo. Allan Kardec mostra-se céptico, no início, apesar dos seus estudos sobre o magnetismo, mas não é intransigente em face da sua livre posição de pensador, de homem austero, sincero e observador. Exigindo provas, dedica-se à observação mais profunda dos ruidosos fatos amplamente divulgados pela imprensa francesa.

Assistindo aos propalados fenômenos, finalmente, na casa da família Baudin, recebe muitas mensagens através da mediunidade das jovens Caroline e Julie. Depois de inúmeras e exaustivas observações, conclui que se tratava de fenômenos inteligentes produzidos por espíritos. Tendo verificado que os fatos e os princípios observados pelo espiritismo se perdem na noite dos tempos, pois neles se encontram traços das crenças de todos os povos, de todas as religiões, na maioria dos escritores sagrados e profanos, tendo observado que a própria doutrina que os espíritos hoje ensinam nada tem de novo, pois se encontra fragmentada, na maioria dos filósofos da Índia, do Egito e da Grécia e inteira, nos ensinamentos de Cristo, chega à conclusão de que o espiritismo tem por base as verdades fundamentais de todas as religiões e que, como crença nos espíritos, ele é igualmente de todas as religiões.

Após muitas observações em todos os pontos da Europa, formula todos os conceitos observados e analisados e adota o método intuitivo racionalista Pestalozziano nos seus estudos desta nova ciência. Recomenda a utilização de uma memória racional, fazendo o uso complexo da razão, para reter as ideias, de modo a evitar o processo de repetição das palavras nas suas obras. Procura despertar no estudo a curiosidade do observador de modo a avivar a atenção e a percepção. Entende que todo bom método deve partir do conhecimento dos fatos adquiridos pela observação, pela experiência e analogia, para daí se extraírem, por indução, os resultados que cheguem a ser enunciados e que possam ser utilizados como base ao raciocínio, dispondo-se esses materiais com ordem e sem lacuna.

Resta acrescentar que a adoção do pseudônimo de Allan Kardec deve-se à revelação da médium que lhe disse ter sido ele um druida de nome Allan Kardec, o que ele aceitou com o objetivo de as pessoas adquirirem a sua obra não por ser conhecido em toda a França por Denizard, mas sim, pelo interesse da matéria divulgada.

AMÉLIE-GABRIELLE BOUDET

Madame Rivail nasceu em Thiais, Val-de-Marne, França, no dia 02 de novembro de 1795.

Desde cedo revelou grande vivacidade e forte interesse pelos estudos. Fez a Escola Normal em Paris, diplomando-se professora de 1ª classe. Foi professora de Belas Artes e de Letras, poetisa e pintora.

Culta e inteligente, escreveu três obras: Contos Primaveris (1825); Noções de Desenho (1826) e O Essencial em Belas-Artes (1828).

De estatura baixa, olhos serenos, gentil e graciosa, vivaz nos gestos e nas palavras e dona de um sorriso terno e bondoso, logo se fez notar pelo Professor Rivail, com quem se casou em 06 de fevereiro de 1832. Tinha 9 anos mais do que o marido, no entanto aparentava a mesma idade dele. Essa diferença jamais constituiu empecilho à felicidade de ambos. A testa larga e alta acusava sua capacidade intelectual.

Como professora e como esposa de Rivail, deu-lhe total apoio na Instituição fundada em 1826, revelando-se terna e solícita com as crianças, especialmente com os alunos mais jovens e necessitados de cuidados especiais. Juntos, introduziram na França o método educacional de Pestalozzi e lutaram pela educação feminina, pois discordavam das desigualdades de direitos então vigentes, que discriminavam as mulheres.

Na Revista Espírita de 1865, ao falar de seus sacrifícios em prol do Espiritismo, Kardec não se esqueceu do quanto devia à Amélie Boudet: "Minha mulher aderiu plenamente aos meus intentos e me secundou na minha laboriosa tarefa, como o faz ainda, através de um trabalho frequentemente acima de suas forças, sacrificando, sem pesar, os prazeres e as distrações do mundo aos quais sua posição de família havia habituado."

Ante a partida do querido companheiro para a Espiritualidade, portou-se como verdadeira espírita, cheia de fé e estoicismo. Pelo espaço de 40 anos foi a companheira amante e fiel do seu marido e, com seus atos e palavras, ajudou-o em tudo quanto ele empreendeu de digno e de bom.

Única proprietária legal das obras de Allan Kardec, Amélie doou à Caixa Geral do Espiritismo o excedente dos lucros da venda dos livros e das assinaturas da "Revue Spirite". Os artigos da "Revue" passaram a ser sancionados por ela e pela comissão de redação.

Desencarnou a 21 de janeiro de 1883, aos 87 anos de idade. Sua existência inteira foi um poema cheio de coragem, perseverança, caridade e sabedoria.

Sem herdeiros, legou seus bens à "Sociedade para a Continuação das Obras Espíritas de Allan Kardec".

QUANDO O AMOR TRIUNFA

Giseti Marques

432 páginas | Romance | 16x23 cm | 978-85-8353-049-7

França, século XIX. Em meio à tumultuosa onda de revolta que se levantava no país com o surgimento de uma iminente revolução, o duque Cédric Lefevre, oficial do exército francês, homem duro de coração e com um passado envolto em sofrimento, depara-se com um sentimento que, para ele, até então era desconhecido. Ao ver Charlotte, uma linda jovem, doce e bem diferente das moças da época, o nobre sente seu mundo abalado pelo que agora clama seu coração. Contudo, um acontecimento inesperado trará de volta a amarga realidade à vida do nobre.

Como vencer o orgulho? Como aceitar que a vida nem sempre tem as cores com as quais a pintamos? Intriga, ódio, vingança – esses são alguns dos obstáculos com os quais os personagens deste livro vão se deparar.

Para auxiliar nos contratempos, no entanto, está um sábio espírito na figura de uma criança: Henry, o deficiente e doce irmão de Charlotte, traz a reflexão a todos os que o rodeiam com seus exemplos – atitudes que podem transformar uma existência.

boanova editora

17 3531.4444 | boanova@boanova.net | www.boanova.net